国家社科基金
GUOJIA SHEKE JIJIN HOUQI ZIZHU XIANGMU
后期资助项目

高校思想政治教育者角色伦理研究

周海燕　著

学习出版社

图书在版编目（CIP）数据

高校思想政治教育者角色伦理研究 / 周海燕著．北京 ：学习出版社，2024. 9. -- ISBN 978-7-5147-1275-9

Ⅰ. G641

中国国家版本馆 CIP 数据核字第 202481Z54L 号

高校思想政治教育者角色伦理研究

GAOXIAO SIXIANG ZHENGZHI JIAOYUZHE JUESE LUNLI YANJIU

周海燕　著

责任编辑：李紫薇
技术编辑：朱宝娟
封面设计：杨　洪

出版发行：学习出版社
北京市崇外大街11号新成文化大厦B座11层（100062）
010-66063020　010-66061634　010-66061646
网　　址：http://www.xuexiph.cn
经　　销：新华书店
印　　刷：北京市密东印刷有限公司

开　　本：710毫米×1000毫米　1/16
印　　张：21.25
字　　数：360千字
版次印次：2024年9月第1版　2024年9月第1次印刷

书　　号：ISBN 978-7-5147-1275-9
定　　价：46.00元

国家社科基金后期资助项目

出版说明

后期资助项目是国家社科基金设立的一类重要项目，旨在鼓励广大社科研究者潜心治学，支持基础研究多出优秀成果。它是经过严格评审，从接近完成的科研成果中遴选立项的。为扩大后期资助项目的影响，更好地推动学术发展，促进成果转化，全国哲学社会科学工作办公室按照“统一设计、统一标识、统一版式、形成系列”的总体要求，组织出版国家社科基金后期资助项目成果。

全国哲学社会科学工作办公室

摘　要

高校思想政治教育者角色是一种在高校中从事思想政治教育活动的综合性教育职业化社会角色，承担把大学生培养成社会主义事业建设者和接班人的责任。从思想政治教育学、伦理学、社会学跨学科理论维度出发，考察高校思想政治教育者角色内在蕴含的伦理逻辑，旨在打通高校思想政治教育者角色精神的“人伦之理”“道德应当”价值诉求与角色实践活动中具体的“权利义务”“行为规范”之间的屏障，实现高校思想政治教育者角色伦理关系内外和谐，推进高校思想政治教育事业发展。

高校思想政治教育的社会主义伦理向度同时包含社会公平、正义、和谐的要求和个体自由、发展、幸福的关切，体现为高校思想政治教育者角色两个层次的伦理期望：一是从现实出发维护社会主义社会基本政治制度、伦理道德秩序，依据党和国家对思想政治教育工作的要求承担对大学生开展思想政治教育义务；二是引导树立普遍的社会理想，弘扬崇高的精神境界，养成高尚道德人格的理想伦理追求，享有在高校思想政治教育活动中实现自我的权利。高校思想政治教育者角色的伦理期望通过其角色伦理责任的承担落到实处。高校思想政治教育者角色的政治伦理责任、文化伦理责任、社会伦理责任、教育伦理责任鲜明、集中、具体地体现着社会主义核心价值观追求，形成与之同构的角色伦理体系，包含知识伦理、情感伦理、意志伦理、能力伦理、行为伦理等内容。

角色伦理期望必然要在和谐的角色伦理关系中实现。在具体的实践过程中，高校思想政治教育者角色伦理关系尚存在诸多问题，角色内外部关系在结构和环境的双重作用下常常处于紧张状态，形成多种类型的角色伦理冲突。通过多种形态的伦理冲突案例分析可以发现，解决高校思想政治教育者角色伦理冲突应构建以社会主义核心价值观为支撑的角色伦理秩序，明确角色伦理的价值指向和行动边界。只有各角色以及角色之间形成牢固的、基本一致的社会主义伦理价值诉求，才能够合理解决角色冲突，优化角色结构，发挥角色功能。高校思想政治教育者应具备完整的角色权利能力和角色行为能力，通过角色伦理行为的学习、培养，养成自律的角色伦理行为习惯，成长为一个成熟的高校思想政治教育者。高校思想政治教育者在角色活动中由于复杂主客观因素的作用仍然会发生角色伦理失范行为，因此还需要健全高校思想政治教育者角色伦理失范行为矫正机制。

健康的高校思想政治教育者角色伦理生活，于外，利国利民，宜人宜事；于内，精神和谐，生命阔达。构建和谐的角色伦理情境，培养强烈的角色伦理共同体归属感和强大的角色自我实现能力，是高校思想政治教育者通达德福一致角色伦理生活的实践路径。

目　　录

Contents

绪论　概念辨析及基本论域

从社会角色的角度理解高校思想政治教育者看见的是一个个具有不同个性的人塑造出的一个共同形象。这个形象是丰富的，每一位高校思想政治教育者都各有其性格；这个形象又是统一的，符合高校思想政治教育者和他们的社会关联者的共同期待。觉察到这一份共同期待的高校思想政治教育者便自然地合乎高校思想政治教育之道，合乎高校思想政治教育之德。

高校思想政治教育者角色是一个职业角色，高校思想政治教育者角色伦理也是一种职业角色伦理。职业角色伦理为高校思想政治教育者提供了一种关于高校思想政治教育活动的组织原则和选择结构，是高校思想政治教育者角色活动的基本依据。作为一种社会角色的高校思想政治教育者角色是复杂的高校思想政治教育关系中的具体节点，也是社会关系中重要的组成要素，对它的认识和理解不仅要在高校思想政治教育关系中进行，还要在整个社会的价值体系的建构中进行。高校思想政治教育者角色在实践中形成，在实践中发展。高校思想政治教育者角色的价值判断以及道德的追求也是在实践中生成和淬炼，在协调实践关系的过程中接受检验。从实践观出发，在社会结构和高校具体的思想政治教育关系中把握高校思想政治教育者的伦理判断，认识高校思想政治教育者角色内蕴的价值追求、必须承担的道德责任是自然而合理的。

第一节　职业道德、职业伦理与职业角色伦理

职业道德、职业伦理与职业角色伦理之间有许多共同之处。职业道德、职业伦理、职业角色伦理都与从业者的职业身份相关，关涉从业者的道德义务和行为规范，具有一定的强制性，且相对稳定并持续，并对职业

共同体的维系和职业活动的规范有着相似的作用，对从业者的道德人格具有重要的影响力。在许多研究者那里，职业道德与职业伦理的概念常常被混用。职业角色伦理的概念出现得比较晚，是职业伦理与角色伦理的交叉。将这 3 个概念进行区分有助于厘清本书的思路，尝试开启高校思想政治教育队伍建设的新视角。

一、职业道德

职业道德指从业者应当承担的与其职业活动相适应的道德责任和义务，既包括某一个从业者在职业活动中的道德行为规范，也包括这一职业对社会所承担的道德责任、义务[①]。职业道德除包括调整职业社会关系的道德规范、从业者的职业行为规范外，还包括对从业者个人道德品质的要求。一般认为，分工早期职业道德就是一种朴素的行业道德观念，是个体美好的德性在某种特殊活动中的具体体现。一个人的道德修养得到社会的认可，其职业活动成果也能得到社会其他成员的信任。

随着分工的进一步扩大和细化，各行各业的行为规范越来越具体而明确。到了资本主义时期，生产分工和广泛交换成为人类社会基本的存在方式，对职业行为的规范更加专业化、具体化和可操作化，开始把宽泛的关于职业的伦理道德要求以规章制度的形式表现出来。此时，“职业道德无论是在职业道德规范的总类，还是在职业道德的理论研究方面，都比过去任何一个社会形态的职业道德有了长足的进步”，进入成熟期[②]。人们的注意力开始从生产产品（服务）的人的德性上转移到产品（服务）的质量上。对人的职业道德要求倾向于为了保证劳动产品（服务）质量，而不是满足生产者自身的道德修养和精神需求。

对劳动产品（服务）质量的追求在分工的细化和交换生态的发展中表现为对“专业化”的要求，重视从业者的专业知识和专业技能。规范、严谨的专业精神成为职业道德最重要的组成部分。专业精神和专业能力影响从业者的社会责任承担质量，为自己、所在组织及其行业赢得信任，因此敬业是职业道德的核心。然而，专业精神直接关涉的是从业者与事物之间的关系而不是从业者与他人的关系。一个一般意义上的好人未必能成为一个好的专业人士，一个好的专业人士未必具备高尚的道德修养。此时，职

① 元三:《职业道德》，沈阳，辽宁人民出版社 1984 年版，第 35 页。
② 王易、邱吉主编:《职业道德》，北京，中国人民大学出版社 2009 年版，第 14~15 页。

业道德成为麦金太尔所谓的一种内含于职业内的实有德性而非期望中的卓越品质。

职业道德的特殊性与社会道德伦理的普遍性在职业分工和竞争中被进一步割裂。职业道德对从业者的抽象德性要求很难落实到具体的职业活动中。在实践过程中，普遍存在这样一种现象，或者社会鼓励从业者具备超越任何一个职业界限的崇高道德品质，例如，牺牲奉献、严谨求真、宽厚包容等，个人之德覆盖了职业之殊，掩盖了在具体职业活动空间人与人基于利益产生的冲突；或者行业单位在具体的管理规范中只鼓励那些能够为组织带来直接效益、现实利益的行为，有职业之殊而无关个人之德，加剧了职业活动空间人与组织、人与人关系的撕裂。职业活动追求效益，由于"在其特定工作或劳动中的特殊行为规范"更符合"经济社会关系"伦理，与更普遍和广泛的"社会一般性道德要求"之间存在一定的矛盾冲突，符合某行业"职业道德"却违背社会普遍性道德要求的"不道德"现象便层出不穷。因此，职业道德与立足职业特殊要求协调人与人之间的关系，作为"促进理性目的"的"特殊职责"将个人德性与职业属性有机结合的职业道德理想之间尚存在很大距离，在实践中也常常遭遇挫折。

职业道德难以落地还因为职业道德强调从业人员的责任与义务，侧重职业的外部评判，更多考虑满足外部的需要，缺乏对从业者需求的根本关切，具有更多的强制性。事实上，职业活动在承担了大量社会责任的同时也具备反社会的一面。逐利性是现代职业的典型特征。个体为了获得生存与发展的物质资源进入职场，常常会为了获得更多的物质回报牺牲自己的兴趣和特长，服从岗位需要。组织和从业人员对职业活动的社会后果缺乏关心，更在意维护自身的存在和发展的实际利益。以教育为例，教育机构和教育者常常会为了迎合具有显著效益的评比排名而牺牲长期扎实的教育投入。为弥补职业活动的逐利属性给社会带来的损害，职业道德对个体的德性要求就更严厉、更理想化。牺牲个人生活、幸福的奉献精神的职业道德与职业的逐利性形成巨大的落差，职业道德被悬置在纸上，对于普通从业人员只是空洞无用的道理。具体起作用的是利益之诱导和规矩之压迫。只要分工还不是基于从业者的自愿，而是一种异己的、同从业者对立的力量，职业道德也就是一种同从业者的幸福相背离的外部强制义务。

二、职业伦理

资本主义时代，分工成为“生物学意义上的普遍现象”[①]，交换成为职业活动的主要目的，职业道德向不涉及职业角色承担者个人品质的特定职业准则和规范的方向发展。为提高职业效率同时消除职业活动带来的社会负面影响，职业伦理建设被提上日程。职业伦理和职业道德最大的差异在于抛弃了职业道德对从业者个体德性的要求，而是“不涉及对职业从业人员品质的‘好’与‘坏’的评价”，而只关注不同职业的从业人员在处理相关人员关系时的不同要求[②]，是职业共同体换取社会大众对其垄断社会职业资源的容忍的自我约束[③]，一开始就具有“成本”投入的意味。

职业伦理代表了职业组织的集体利益，也表现了职业的社会责任，将专业技能与职业行为规范有效地结合在一起。职业伦理的这一特征，为在实践中将抽象的伦理道德具化为可执行、可操作的细致行为规范打开了方便之门。事实上，目前各种组织，尤其是生产经营组织的“职业道德”建设大多就是这样的职业伦理建设。由于职业伦理建设能落到实处，组织更倾向于采取这种管理方法，将各种职业行为都“数据化”“指标化”，提高了对从业者行为的规范力度和管理效率。与此同时，从业者作为复杂、独立、有情感的人的需求被降到最低。对于组织中的个体，“县官不如现管”，岗位职责和完成职务工作的数量和品质成为构建职业伦理体系的核心价值。职业伦理作为特定职业关系的反映，具有显著的“业务特征”，常常以规章制度、工作守则、服务公约、劳动规程、行为须知等令从业者确知的有形规范形式表现出来。对于从业者而言，职业伦理是一种外在性强制规范，其服从职业伦理的主要目的只是换取有形的利益。职业伦理的发展不可避免地令从业者不关心职业活动的社会后果。组织管理者也更多地从维护组织的存在和利益出发来考虑和社会的关系，而不是首先考虑社会整体利益。虽然在遵循职业伦理的训练中从业者也能感受到个体与组织之间的关系，形成一定的共同体意识，但距离真正的社会共同体

① ［法］埃米尔·涂尔干：《社会分工论》，渠敬东译，北京，生活·读书·新知三联书店 2000 年版，第 5 页。

② 夏正林、冯健鹏：《从职业道德到职业伦理——对我国法官职业伦理的重述》，《华南理工大学学报（社会科学版）》2012 年第 6 期。

③ ［美］罗伯特·默顿：《社会研究与社会政策》，林聚任等译，北京，生活·读书·新知三联书店 2001 年版，第 125~156 页。

意识还很远。

职业伦理具有极强的时空界限，可能成为人的道德实践障碍。现代社会，人们的职业活动隶属于具体的组织机构，是市场生态中的一个环节、一个部分，环环紧扣地连接在一起。清晰规范的职业行为为高效市场竞争提供了保证，任何环节容不得出错，职业伦理简化为越来越具体化的可操作、可执行的行动指南，变成市场的强制命令。这种关系的职业边界非常清楚，与之相应的职业伦理时空边界也非常清晰，“做一天和尚撞一天钟”，不做和尚便不需要撞钟。职业伦理对从业者的职责要求以社会成员承担该职业的业务范围和工作时间为界，转行、退休、下班都可以解除主体的职责。这在一定程度上可以解释现代人为何对“加班”深恶痛绝。从业者的职业伦理与公民的社会责任在个体身上出现割裂，职业伦理只是换取职业报酬的权宜之计，个体愿意付出的成本是有限度的。在职业伦理的实践中，个体的社会关系被截然分割成不同时空中毫无关系甚至彼此对立的存在，例如，职业伦理与家庭伦理的剧烈冲突。由于“这些伦理与共同意识并无深层的联系，因此他们不是所有社会成员共有的伦理”①，甚至不是个体在另外一个时空的伦理。个体无法形成探索道德完善的完整生活体验，常常感受到心理困惑、思维冲突和精神压抑。

由于从业者在资本主义的生产方式中只是资本增值的耗材，职业伦理的非人化特征在资本的激烈竞争下更是形成难以解决的职业利益冲突和社会撕裂。“每个人都只能履行一种职业，于是这些不同的道德形式便完全适合个人所组成的不同群体。上述差别甚至发展到了截然对立的地步。这些道德不仅各自有别，某些类型甚至势不两立……在每个社会，我们都可以找到并起作用的各种各样的义务……这种特殊道德主义（假如可以这样说的话）没有给个体道德留出任何地盘，它体现于家庭道德之中，在职业伦理中发展到了极致状态，并在公民道德中而衰败，最后在伴随着把人与人的关系当作人类来治理的道德而寿终正寝。”② 在私人占有的社会形态中，以职业特殊性为基础的职业伦理越发达，公民道德越衰微。而且，由于公共道德在特殊性的职业伦理中“得不到个体之间频繁联系的有效保

① ［法］埃米尔·涂尔干：《职业伦理与公民道德》，渠敬东译，北京，商务印书馆 2017 年版，第 7 页。

② ［法］埃米尔·涂尔干：《职业伦理与公民道德》，渠敬东译，北京，商务印书馆 2017 年版，第 5~6 页。

证，那么它也不可能对个体行动实行充分的控制”[①]，从业者会想尽方法钻规范的空子，突破规范的束缚。

只有在实现了的社会主义生产阶段，职业消灭了高低贵贱之分，其不再是人谋取经济利益的平台，而是服务于社会共同利益的不同分工，上述种种非伦理现象才能消失。只有在社会主义社会，一切职业活动才真正可能“最终都是为了社会的利益”[②]。在社会主义初级阶段，多种经济形态共存，大多数人尚未摆脱社会分工带来的发展局限，行业利益、组织利益有时还会凌驾于社会利益与从业者利益之上，行业伦理、组织伦理与社会公共道德之间还存在着一定程度上的背离乃至严重冲突。但以公有制为主体的社会物质生产方式，为凝聚超越职业伦理的公共道德奠定了重要基石。

社会主义社会坚持职业角色承担者的劳动主人翁地位。职业应当作为从业者实现其人生价值的途径，而不应当是将其束缚于其中的牢笼。在社会主义社会，职业伦理与社会普遍道德伦理要求的根本一致普遍体现在职业伦理与职业角色伦理的统一上。角色承担者在职业活动中得以感知体悟社会普遍伦理的道德要求，并通过遵循职业伦理不断自我超越，完善其人格德性。在过渡阶段，关注到职业角色承担者作为伦理活动主体意义的职业角色伦理则是推动社会主义职业伦理建设的必然要求。

三、职业角色伦理

职业角色伦理是社会角色伦理和职业伦理之间的交叉概念，强调从业者的职业身份不仅是一种职业角色，更是广泛意义上的社会角色。职业角色伦理提出的依据是，由于不同职业组织所规定的义务各不相同，有时甚至严重对立，必须诉诸功能性的职业规范要求、共同生活的集体情感和价值要求的职业集体权威[③]，使之形成一种相互开放的功能空间。从业者的角色身份提供了开启这一空间的钥匙，它立足职业却属于整个社会。因此，基于从业者职业身份形成的伦理准则与规范，职业角色伦理不仅关注职业、职业组织对从业者的要求，还要求把握职业角色与社会角色的辩证关系，主张以社会角色共同认可的社会主流价值观念统御职业伦理体系。

---

① [法] 埃米尔·涂尔干:《职业伦理与公民道德》，渠敬东译，北京，商务印书馆 2017 年版，第 11 页。

② [美] 米切尔·贝里斯:《职业伦理学》，郑文川等译，北京，学苑出版社 1989 年版，第 3 页。

③ [法] 埃米尔·涂尔干:《职业伦理与公民道德》，渠敬东译，北京，商务印书馆 2017 年版，第 4~19 页。

职业角色是一种特殊的社会角色，具有社会角色的一般特征。角色是社会生活剧场中存在的拟制人格，既是虚拟的又是实在的。所谓虚拟的——角色是社会生活中占据同样社会地位、享有同样权利、承担同样义务、遵循同样规范、发挥同样社会功能的人的形象和行为的共同抽象物，是看不见摸不着的。所谓实在的——角色存在于每一个角色扮演者的形象和行为中，由角色扮演者呈现出来，是角色扮演者存在的基础和意义，是人的具体存在形态。角色作为具体存在的、由不同的扮演者在特定时空中各具特色地演绎而成的某种特定社会身份的抽象，是对于该社会身份的共有属性的认识和把握，其行为模式具有规范性，扮演者不能随意更改，也就是说同一社会角色在特定的时空中对任一扮演者都具有共同的要求。随着社会分工的发展和现代家庭、日常生活交往关系的减弱，无论从客观上还是现代人主观的重视程度上，职业角色已渐渐取代家庭角色成为现代人的主要社会角色。在同一类别职业中，从业人员的劳动条件、工作对象、生产工具、劳动方式相同或近似，会逐渐形成同一的行为模式、语言习惯以及道德规范。美国学者泰勒认为："职业的社会学概念，可以解释为一套成为模式的、与特殊工作经验有关的人群关系。这种成为模式的工作关系的整合，促进了职业结构的发展和职业意识形态的显现。"[①] 日本社会学家尾高邦雄认为："职业是社会与个人，或者整体与个人的结合点。通过这一点的动态相关，形成了人类社会共同生活的基本结构。整体靠个体通过职业活动来实现，个体则通过职业活动对整体的存在和发展做出贡献。"职业角色对于人自身的塑造力越来越强。职业活动中形成的价值观念、道德习惯、能力素质渐渐构成了每一个现代人的人格特质。

从业者对于自身所扮演职业角色的地位、内容、功能、价值、规范等的理解和确认通过与其他社会角色建立关系而获得。个人通过角色扮演融入社会，社会也通过角色规范要求嵌入个人。社会通过个体的角色活动实现其存在，人类个体也通过社会角色扮演（履行社会职责）表现自我、获得自我存在的意义。任何一个社会角色都需要和其他社会角色以这种或者那种的形式联系在一起，并遵循一定的关系范式与其他角色互动。个人通过社会角色嵌入到社会结构中，并被其塑造和指引，在接受社会角色的过程中，人逐渐被社会化，社会的规范通过人的社会角色扮演变成了人自身行为结构的一部分。角色在与其他社会角色互动中所遵循的价值原则、道

① ［美］李·泰勒：《职业社会学》，张逢沛译，台北，国立编译馆1972年版，第10页。

德要求、行为规范便构成了角色伦理。角色伦理是个体基于关系中的身份作出的指向和谐关系的价值选择和人际职责承诺，“是道德自觉和道德应当，引导角色主体认识到自己担当的社会角色和相应的伦理责任和道德义务”[①]。某一社会角色越是重要，其所接受的角色道德规范要求越高，其角色伦理水平对于社会关系的状况影响越大。

任何一种职业角色都有其独有的社会交往体系，不同的职业角色有不同的伦理体系。同一职业角色不管是由谁来扮演，都要满足社会对于这个职业角色的基本期望，完成这个职业角色应该完成的任务，在这个职业身份的规范框架内活动，表现出这个角色应有的形象，呈现出这个角色应有的基本内容。与此同时，作为多种社会角色扮演者（多种社会关系的聚合体）的每一个个体都具有思想、行为的独特性，既在职业角色扮演的时候赋予角色以丰富的个性，又是职业角色伦理的塑造者。职业角色伦理既是外在的约束，也是从业者内在的自由选择。职业角色伦理的实现意味着职业角色关系的和谐。专业活动的二重性使从业者，即职业角色伦理的实践主体的职业观念与职业行为模式与社会普遍的伦理规范之间总是存在着紧张关系。职业角色伦理注重把握从业者全部社会角色与职业角色之间的辩证关系，强调以社会普遍认可的美好价值统御包括职业角色在内的全部社会角色的价值追求和行为规范。职业角色仅是从业者的社会角色之一，对于职业角色伦理与社会责任关系的自觉则是从业者即职业角色扮演者，将职业角色与其他社会角色冲突控制在合理范围，实现自我与社会、自我与他人、自我（多重社会角色）内在和谐一致的前提。

职业角色伦理是个人基于职业中的身份做出的指向和谐社会关系的价值选择和人际承诺。角色承担者的社会责任就是其通过职业活动对其他社会角色承担者的责任，以满足其他社会相关角色的期待和要求为目标，关注人与人之间关系的和谐发展，而不仅仅是“职业的要求”。职业角色伦理既重视从业者的专业能力，也要求个人具有超越其职业专业的认知和修养。职业角色伦理的形成不是来自某种职业道德规定，不是圣哲依据抽象逻辑演绎出来的，也不是某种职业利益的直接表达。丰富的职业实践活动才是职业角色伦理形成的现实土壤和展示舞台。关于职业角色的道德期望和伦理要求都来自具体的人与人的职业交往实践。职业角色道德期望和伦理要求在无数次人与人的职业交往中慢慢浮现出来，一点点地汇聚、删

① 田秀云：《儒家名分论中的合理内涵与现代角色伦理建设》，《道德与文明》2007 年第 6 期。

补、修整，最终形成一套生动的职业角色行为体系。这套角色行为体系中既规定着职业活动中具体人际问题的处理规则和处理方式，也包含着对社会理想交往关系的描绘与期待。因此，职业角色伦理就是在特定的职业位置上“存在的一套对角色行为和角色意识进行规范和评价的价值标准”①，是人与人实践交往关系在职业中的应然与实然有机统一。

第二节　指向社会主义核心价值观的角色伦理诉求

社会角色是社会舞台上反映社会结构、演绎社会关系、呈现社会现象的载体，其全部的活动都围绕着特定的“社会剧本”展开。“剧本”的质量决定了角色的发展空间和存在意义。优质的“剧本”一定具有清晰的叙事结构和伦理诉求。“伦理诉求是在人类发展过程中对规范和价值的追求，包含规范和价值的双重依托和需要，伦理本身具有内生的诉求，同时，因一切活动都处于社会环境之中，又包含外发的诉求。”② 伦理的内生诉求表达的是伦理主体基于自身根本利益形成的善恶判断以及对善的追求，体现了伦理主体的自由精神，表现为个体的德性追求，是人类精神的自律，也可以称为个体伦理诉求。伦理的外发诉求表达的是社会环境、社会关系对伦理主体的限制，是维系社会秩序、实现社会和谐的要求，表现为伦理规范，是一种外部的他律力量，也可以称为社会伦理诉求。内生诉求与外发诉求的矛盾解决水平体现了伦理诉求的正义境界。伦理诉求是伦理规范的价值前提，是解决人与自然、人与人、人与社会、人与自身矛盾的原则。伦理规范只有通达伦理诉求的实现才具有正当性，而伦理诉求也必须借助外部的伦理规范才能实现。

伦理诉求体现的是一定时代、一定社会生存和发展的个体和社会的基本利益要求，是该社会体系化的价值认识、价值判断和价值取舍在不同层面的反映。社会价值体系是在一定的社会生产方式制约下由社会崇尚和倡导的思想理论、道德准则、理想信念等一系列价值观所构成的逻辑体系，在外在形态上表现为某种获价值主体意识认同的理论学说或知识系统。任

---

① 田秀云等:《角色伦理——构建和谐社会的伦理基础》，北京，人民出版社 2014 年版，第 108~148 页。

② 张东:《德性与理性：大学教学管理伦理诉求研究》，北京，中国社会科学出版社 2018 年版，第 1 页。

何社会的秩序和规范的建构都需要一套相对稳定的价值体系作为基础。也只有在这样的价值体系的基础上，社会中的各种角色才能清楚自身的位置并理解自己的行为模式。社会角色遵循同一套价值体系，才能进行有效互动，社会才能有序地发展。在阶级社会中，反映统治阶级和集团利益的基本价值准则、由制度确认并有效地统摄社会各阶层的价值目标、规制社会心理和意识的理论学说就是特定历史时期和社会的主流价值体系。社会主流价值观涵盖社会发展的指导思想和价值取向，是一定的社会系统得以正常运转、一定的社会秩序得以维持的强力支撑和精神依托，也是角色功能建构以及社会伦理诉求的依据。[①]

在阶级社会，社会主流价值观是统治阶级最根本利益的集中表达，表达着符合统治阶级利益的伦理诉求。马克思指出："统治阶级的思想在每一时代都是占统治地位的思想。这就是说，一个阶级是社会上占统治地位的物质力量，同时也是社会上占统治地位的精神力量。支配着物质生产资料的阶级，同时也支配着精神生产资料，因此，那些没有精神生产资料的人的思想，一般地是隶属于这个阶级的。"[②]不同的物质生产资料占有者具有不同的伦理诉求。由于统治阶级与被统治阶级之间在根本利益上存在冲突，统治阶级的伦理诉求与被统治阶级的伦理诉求必然是根本冲突的。统治阶级为了维护其统治，就将其伦理诉求包装成社会共同的伦理诉求，并利用其掌握的社会传播渠道，如学校、媒体进行教化。"通过传统和教育承受了这些情感和观点的个人，会以为这些情感和观点就是他的行为的真实动机和出发点"[③]，使社会成员普遍认同统治阶级的伦理诉求。被统治阶级的伦理诉求则在精神上被遮蔽或压抑。由于被统治阶级的根本利益在阶级统治下得不到实现，被统治阶级在现实生活中感受到的痛苦和压抑会令其不断产生对统治阶级伦理诉求的疑惑，产生破坏伦理规范的冲动。因此，统治阶级在教化的同时还必然诉诸强制的管理和约束，以惩罚的方式规训社会成员的行为。对于被统治阶级，其伦理内生诉求与外发诉求之间具有不可调和的矛盾，在精神上感受到强烈的压迫感和人格的分裂。在这种以阶级对立为基础的社会交往中，统治阶级成员也并没有获得其伦理诉求的内在和谐。遮蔽了被统治阶级伦理价值追求的统治阶级伦理诉求也扭

① 王立胜、聂家华：《论中国社会核心价值体系的演进逻辑与经验启示》，《当代世界与社会主义》2009 年第 1 期。

② 《马克思恩格斯文集》第 1 卷，北京，人民出版社 2009 年版，第 550 页。

③ 《马克思恩格斯文集》第 2 卷，北京，人民出版社 2009 年版，第 498 页。

曲着统治阶级的伦理诉求，其内生的伦理诉求同样处于分裂状态。一方面，在其价值体系中维护自身的统治是符合正义的；另一方面，他又不得不面对残酷的来自本阶级的竞争，为了在竞争中保有自身的阶级地位，不得不迫使自己延长工作日和增加劳动过程的强度，放弃生活的自主权，感受到强烈的压抑，对这种伦理诉求产生抵触。总之，在阶级社会中，个人与社会不是和谐的而是对立的。个体的伦理诉求与社会的伦理诉求形成尖锐对抗，社会伦理秩序只有通过扭曲、遮蔽以及强制手段压抑个体的伦理诉求才能得以实现。

基于私人占有和市场交换为基础的现代社会中，个体与社会的分裂已经成为不争的事实，这既带来了个体德性生活的碎片化、无根化，时刻感受到公共伦理规范的强制而让不断增强的个人意识体会到强烈的自由丧失感、精神空虚感；与此同时，缺乏一致的、建立在个体经验和主观感受上的“私人德性”也不断冲击着社会公共生活中的伦理规范，社会伦理对个体的指导和约束力不断下降。于是，人们感到“自己已然被抛入了一种无法挽回的道德不确定状态……覆盖着人们心灵的则是一种焦灼、茫然、矛盾、模棱两可的心理状态”①。为解决这一矛盾，中外思想家纷纷陷入冥思苦想，然而提供的不外乎是接受这种分裂状态，要求个体在不同的生活领域遵守不同的伦理要求。例如马基雅维利告诫君主与个人生活相关的价值标准和行为规范都不可带入公共生活之中；或者用私人的伦理诉求统一社会伦理诉求，例如梁启超所谓“公德者私德之推也”②；或者是以社会公共伦理诉求统一私人伦理诉求，例如康德、费希特主张的道义论强调“道德价值既不来自它所得到的也不来自它所期望得到的效果，而是来自一种形式原则或准则，也就是实行自己的责任，而不管责任是什么”③。黑格尔把握住了两者的关系，指出道德是主观的、内在的，是主体内在的操守、良知，表达了人向善的可能性；伦理则是社会客观关系，是一种生活秩序，因此，伦理内在地包含了道德。④黑格尔虽然很好地解决了个体伦理诉求与社会伦理诉求的矛盾，但由于其统一的基础是“绝对理念”，外在于人的实际生活，其解决的方案也只能停留在人们的头脑中，无法降落到现世。

---

① 张伟：《从分裂到融合的个体道德与公共伦理》，南京，南京大学出版社2014年版，第11~12页。

② 张品兴主编：《梁启超全集》第2册，北京，北京大学出版社1999年版，第714页。

③ ［德］康德：《道德形而上学原理》，苗力田译，上海，上海人民出版社2005年版，第101页。

④ 李彧可：《一种替代罗尔斯正义论的正义观念：一种黑格尔式的探讨》，“面向实践的当今哲学：西方应用哲学”国际学术研讨会论文，哈尔滨，2010年7月，第382~410页。

不能解决的社会与个体在伦理诉求上的分裂带来了社会角色内部的伦理冲突。社会角色是个体获得自我、确认自我的载体，也是个体与社会联系的桥梁。一个人的自我与其社会角色有机地融合在一起的状态能够帮助他获得确定感，否则社会角色于他而言就是暂时覆盖其真实自我的面具。当社会角色内在的伦理追求与扮演者个体的道德追求相拮抗，社会角色形象背离其角色扮演者的自我期待时，遵守社会角色规范对于角色扮演者就是“不得不”如此的勉强。一旦外部伦理的“监控”力量减弱，便可能会出现不符合社会角色期待的行为。当然，由于个体的自我获得离不开社会角色的扮演，“在面具与真实自我的冲突中，通常作为反面势力出现的面具最后几乎总是能取得胜利。为什么？因为这种具有社会学先决条件的冲突表现着两种不同价值取向的遭遇：‘自我’体现着这个人先前掌握的道德原则和其他原则，面具体现着现实社会环境迫使个人适应的要求。但是，面具比‘自我’强大不仅是因为它包括某些社会绝对命令。这些社会绝对命令也无形地存在于‘自我’”①。个体如果摆脱社会角色的强制而想要保留“真我”，他便会发现这个“真我”是虚幻的。事实上，个体关于真实自我的错觉是因为社会价值体系的内在冲突。个体在现实中在不同空间占据不同的地位，具有不同的角色，不同角色的伦理诉求之间的冲突令个体产生自我与角色之间的分离感，推动他怀疑所扮演角色的意义，质疑社会角色的伦理规范。总之，个体关于社会角色的伦理内生诉求与其外发诉求之间如果不能形成一致，无论对社会还是对个体都是有害的。个体随着现代化的进程，扮演的社会角色越来越多，各种社会角色之间如果没有统一的价值体系，社会角色的伦理诉求就总是处于对抗之中。

社会角色伦理诉求冲突的解决需要一套具有广泛代表性的，同时具有现实实在性的价值体系。在这样一种价值体系中，人所扮演的多种社会角色的外部伦理规范指向一致，个体的内在伦理诉求也因此而统一。个体在社会角色扮演的过程中实现自我的伦理诉求也就是作为自由自为的人实现其自我价值。社会在个体扮演社会角色的活动中实现了社会的伦理诉求，秩序、和谐、繁荣、富有生命力。这种最具广泛代表性的社会价值体系只能存在于消灭个人与社会对立的现实基础之上，存在于共产主义社会。“社会主义、共产主义所以是比资本主义更高发展的历史阶段，从根本意义来

① ［苏］伊·谢·科恩：《自我论》，佟景韩等译，北京，生活·读书·新知三联书店1986年版，第211页。

说，就在于它是个人获得的独立性以后的自由人的联合体，因而能够为一切个人的全面发展和自由人格的发挥提供最充裕的社会条件。”[①] 人类的发展历史在一定程度上就是人类自由的获得史。人在不同历史时期的自由依托于特定历史时期社会的联结形式，也受制于这个联结形式。马克思认为，人在通向自由的道路上经历 3 种形态：一是人对人的依赖关系阶段。在这一阶段，个人对其所在的共同体是一种直接依赖的关系，社会大多数成员对于共同体象征的少数成员的绝对服从则是这种依赖关系的一种表现形式。在这种形式的共同体中，包括占据统治地位的全部个体，都是没有独立性和个性的，是共同体的附属物。这一时期，人的自由程度最低，社会伦理规范对于个体具有绝对的宰制权，社会伦理诉求完全压制个体伦理诉求。社会不同阶层的角色伦理界限分明，“国君死社稷，大夫死众，士死制”（《礼记·曲礼下第二》）不可逾越。社会成员必须谨守伦理规范“非礼勿视，非礼勿听，非礼勿言，非礼勿动”（《论语·颜渊》），不可越雷池一步。二是人对物的依赖阶段。随着人类对自然世界的掌控力加强并建立起现代生产方式之后，人类逐渐摆脱了对人的依附关系，在商品交换的市场上成为“契约”双方的签订者，获得相对的独立和平等。然而，这一时期人却又沦为人造物，即商品、货币、资本的奴隶。物与物的交换关系成为人与人关系的写照，人在商品价值的占有和交换中获得自我价值的认可。“每个个人的生产，依赖于其他一切人的生产；同样，他的产品转化为他本人的生活资料，也要依赖于其他一切人的消费。”[②] 由于“以交换价值和货币为中介的交换，诚然以生产者互相间的全面依赖为前提，但同时又以生产者的私人利益完全隔离和社会分工为前提”[③]，个体实现自我自由发展的愿望日益增强，同时由于人与人之间的分裂与对立，又对社会的强制力量具有很大的依赖性，体现在伦理诉求上就是内生诉求与外发诉求的尖锐对立。个体总是能够感受到来自外部社会规范的压抑。三是自由而全面发展的阶段。这一阶段人类实现了对高度发达的生产力的共同支配、对生产产品“按需分配”，个体不再依附于自然、依附于他人，也不再依附于工具。马克思称之为，“建立在个人全面发展和他们共同的、社会的生产能力成为从属于他们的社会财富这一基础上的自由个性”，这一个社会阶段，“外部世界对

---

① 高清海：《面向未来的马克思》，北京，中央编译局 2018 年版，第 262 页。

② 《马克思恩格斯文集》第 8 卷，北京，人民出版社 2009 年版，第 50 页。

③ 《马克思恩格斯文集》第 8 卷，北京，人民出版社 2009 年版，第 52 页。

个人才能的实际发展所起的推动作用为个人本身所驾驭”[①]，个体真正获得全面的自由。这一阶段，由于“每个人的自由发展是一切人的自由发展的条件”[②]，因此人与自然、人与人、人与社会的矛盾得到了全面的解决，个体的伦理内生诉求外化为社会伦理诉求，社会伦理诉求内化为个体的伦理诉求，对于伦理规范的遵守完全出自个体的自由意志，成为真正自觉的行为，达到“主观的善和客观的、自在自为地存在的善”[③]的现实统一。

唯物史观从历史和逻辑两个层面清楚论证了共产主义必然会实现，但实现共产主义的道路漫长而曲折，不是突然的社会跃迁，而是要经过相当长的过渡期。社会主义作为共产主义的初级阶段，就是从资本主义向共产主义的过渡阶段。社会主义社会是还没有摆脱资产阶级法权的社会形态，其伦理体系的建立也具有过渡的性质。作为指向共产主义的社会形态，其价值体系的核心和最高准则是共产主义道德，具有崇高的境界和向上的开放性；作为扬弃了资本主义的社会形态，其价值体系吸收了人类社会发展以来形成的优秀成果；作为现实的发展中的社会形态，其价值体系要能够“确立反映全国各族人民共同认同的价值观‘最大公约数’，使全体人民同心同德、团结奋进”[④]，利于国家的光明前途，益于人民的幸福安康。社会主义价值体系是一个庞大复杂的系统，要覆盖社会生产、社会管理和社会生活的方方面面，必须具有巨大的包容性和灵活性。同时，价值体系的核心价值观念则必须是清晰而稳定的。“社会主义核心价值观是社会主义核心价值体系的内核，体现社会主义核心价值体系的根本性质和基本特征，反映社会主义核心价值体系的丰富内涵和实践要求，是社会主义核心价值体系的高度凝练和集中表达。”[⑤]习近平总书记指出：“核心价值观，其实就是一种德，既是个人的德，也是一种大德，就是国家的德、社会的德。国无德不兴，人无德不立。”[⑥]社会主义核心价值观作为科学社会主义核心价值观在中国人民伦理道德生活中的具体呈现，不仅为新时代中国社会发展指明了前进方向和进步趋向，也为个人的人生问题提供了根本解答，为每个人的人生发展提供了基本遵循。社会主义核心价值观倡导的富

① 《马克思恩格斯全集》第 3 卷，北京，人民出版社 1960 年版，第 330 页。
② 《马克思恩格斯文集》第 2 卷，北京，人民出版社 2009 年版，第 53 页。
③ ［德］黑格尔：《法哲学原理》，范扬、张企泰译，北京，商务印书馆 1961 年版，第 162 页。
④ 习近平：《论党的青年工作》，北京，中央文献出版社 2022 年版，第 71 页。
⑤ 《关于培育和践行社会主义核心价值观的意见》，北京，人民出版社 2013 年版，第 1 页。
⑥ 《习近平著作选读》第 1 卷，北京，人民出版社 2023 年版，第 238~239 页。

强、民主、文明、和谐，自由、平等、公正、法治，爱国、敬业、诚信、友善，体现了古圣先贤的思想，体现了仁人志士的夙愿，体现了革命先烈的理想，也寄托着各族人民对美好生活的向往。社会主义核心价值观尊崇道德、高扬道德、坚守道德，代表了中华民族所追求的美好崇高的道德境界，表明了中国特色社会主义发展进步的价值追求所在[①]，也是科学社会主义核心价值观在中华民族伟大复兴实践中的真实表达。科学社会主义核心价值观确立了我国当代社会伦理体系的基本立场。

基于社会主义核心价值观建构的伦理体系，人与人之间的关系是平等而和谐的，伦理关系是诚信而友善的，道德评价标准建立在个人与社会的统一基础之上。社会主义伦理体系既不会强制个人一味地适应社会，也不是简单地主张社会一定要符合个人的需要，而是建立在个人自觉基础上的合目的性与合规律性的统一。在社会主义伦理体系中，个体的内在伦理诉求与外部社会伦理诉求没有根本性的对抗，个体实现自我道德追求的同时也满足了社会普遍的道德期待。社会主义道德建设具有层次性，既能够鼓励先进，又能够照顾多数；既肯定一般性的道德要求，也大力弘扬先进性的道德要求；既能够关照每一个社会成员的今天，又能够面向他们的未来。社会主义核心价值观要真正成为人民团结奋斗的共同思想基础，有效促进人的全面发展、引领社会全面进步，就必须“体现到经济建设、政治建设、文化建设、社会建设、生态文明建设和党的建设各领域”，做到“培育和践行社会主义核心价值观同实际工作融为一体、相互促进”[②]，也就是必须成为社会成员角色扮演的基本伦理要求。对于大多数社会成员，在社会角色的扮演过程中遵循社会主义伦理体系中的一般性道德要求不仅符合其需要和能力，也能够使其获得心灵满足。对社会先进分子而言，在进行社会角色扮演的过程中，社会主义伦理诉求的崇高境界既能够提供其自身追求道德完善、完美人格的丰富资源，也帮助其成功塑造完美的角色形象。社会主义伦理体系对于全体社会成员而言，既提供了基本的角色伦理规范，符合人们在社会生活中的利益诉求，又提供了追求更高道德境界的广阔空间和明确指向，能够不断地靠近先进性道德，获得更加丰富的自我价值满足感。社会主义核心价值观导向的角色伦理体系是在现实社会条件下最大限度实现个体角色伦理诉求和社会角色伦理诉求统合的伦理体

---

① 戴木才：《新时代公民道德建设的价值指引》，《光明日报》2019 年 11 月 1 日。

② 《关于培育和践行社会主义核心价值观的意见》，北京，人民出版社 2013 年版，第 19 页。

系，实现了广泛性与先进性的有机统一。因此，构建社会主义核心价值观导向的社会角色既是历史发展规律的必然结果和时代的要求，也是具体的、现实的人的内在要求，是人通达自我成就、幸福满足的要求。

第三节　研究的目标和现实出发点

高校思想政治教育者角色是一个复杂的角色集，由多重角色组成。一个人扮演高校思想政治教育者角色需要努力按照高校思想政治教育情境的要求做出可持续的稳定性行为，表现出这个角色应有的样子。同时，由于高校思想政治教育是情境性、动态性的活动，高校思想政治教育者角色的扮演又需要充分发挥扮演者的个性，发挥扮演者高超的创造力以赋予角色丰富的形态，才能够真正发挥出角色的社会功能。因此，高校思想政治教育者角色伦理的研究成果既应当提供扮演者行为的边界，也应当打开扮演者的发展空间。

高校思想政治教育者角色伦理的梳理首先要明确思想政治教育者的角色是什么。思想政治教育者的角色由思想政治教育的性质决定。在马克思主义的发展过程中对思想政治教育有过多种表达方式。马克思和恩格斯在《共产党宣言》中揭露了教育就是“政治教育”的阶级属性，明确了无产阶级思想政治教育的目的是“教育工人尽可能明确地意识到资产阶级和无产阶级的敌对的对立 ”。[①] 列宁也多次使用“政治教育”这个概念，在《怎么办?》(1901~1902 年）和《进一步，退两步》(1904 年）中使用了“政治工作”指称宣传鼓动、组织工作等，在《新经济政策和政治教育委员会的任务》(1921 年）中提出“政治教育”是提高人们同官僚主义、贪污腐化作斗争的“文化素养”的工作。“列宁以后，关于实际的思想政治教育现象和党的思想政治工作，苏联和中国的马克思主义政党努力坚持经典作家的基本思想和观念并沿用了已有的‘政治教育’的表述”[②]，但也使用过“政治思想工作”“思想工作”和“宣传和思想工作”的提法[③]。中国

① 《马克思恩格斯文集》第 4 卷，北京，人民出版社 2009 年版，第 4 页。

② 武东生、冯乐:《对“政治教育”到“思想政治教育”概念演变的解析》,《思想理论教育导刊》2014 年第 8 期。

③ 《在党的第十七次代表大会上关于联共（布）中央工作的总结报告（摘录)》，载《斯大林选集》(下)，北京，人民出版社 1979 年版，第 330、第 461 页。

共产党在革命和建设历史上使用过“政治教育”“思想教育”“政治思想教育”“思想政治教育”“思想工作”“政治思想工作”“思想政治工作”“宣传教育工作”等多种表达方式。这些表达方式虽然所代表的意义和重点各有不同，但都具备基本的含义，指“教育者与受教育者根据社会和自身发展的需要，以正确的思想、政治、道德理论为指导，在适应与促进社会发展的过程中，不断提高思想、政治、道德素质和促进全面发展的过程”①。当前，经常使用的就是思想政治教育和思想政治工作这两个概念。细究起来，思想政治工作外延更大，除思想政治教育外还包含党的组织工作、统一战线工作、群众工作等，思想政治教育则侧重思想理论方面的教育，但一般认为，关于思想政治教育和思想政治工作的表述和提法，在语言形式上的差别，主要表现了使用者基于不同的社会历史条件和现实情况在特定语境下要强调的内容有所不同，这两种表述和提法并没有什么原则上的区别②，尤其在高校中面向大学生的时候，这两个概念常常混用，大学生思想政治工作就是大学生思想政治教育，也可以统称为高校思想政治教育，是一种通过理论知识传授、日常生活管理、心理辅导、环境建设等传递社会主义的价值观，帮助大学生形成或牢固社会主义道德追求，养成符合社会主义道德规范要求行为习惯的综合性教育活动。

广义的高校思想政治教育者包括高校中所有的教职员工。2016 年 12 月 8 日，习近平总书记在全国高校思想政治工作会议上指出，高校“要坚持把立德树人作为中心环节，把思想政治工作贯穿教育教学全过程，实现全程育人、全方位育人”③。高校全体教职员工都肩负着对大学生进行思想政治教育的责任，在此意义上，每一位高校教职员工都是思想政治教育者。狭义的高校思想政治教育者指直接对大学生进行思想政治教育的高校教师。根据 2004 年中共中央、国务院印发的《关于进一步加强和改进大学生思想政治教育的意见》精神，高校思想政治教育队伍由高校党政干部、共青团干部、思想政治理论课教师、哲学社会科学课教师、辅导员和班主任以及心理咨询教师组成。我们所谓的高校思想政治教育者角色是指狭义

① 教育部思想政治工作司：《大学生思想政治教育理论与实践》，北京，高等教育出版社 2009 年版，第 2 页。

② 武东生、冯乐：《对“政治教育”到“思想政治教育”概念演变的解析》，《思想理论教育导刊》2014 年第 8 期。

③《习近平在全国高校思想政治工作会议上强调　把思想政治工作贯穿教育教学全过程　开创我国高等教育事业发展新局面》，《人民日报》2016 年 12 月 9 日。

的高校思想政治教育者角色，即上述在高校中主要承担大学生思想政治教育工作的社会角色。因此，高校思想政治教育者包含高校党政干部、共青团干部、思想政治理论课教师、哲学社会科学课教师、辅导员、班主任以及心理咨询教师。“随着现代社会分化与职业分工，思想政治教育不再以单一的活动形式呈现，而是成为具有独立性与自足性的职业领域与活动场域。”[①]思想政治教育内部也逐渐形成专门的思想政治宣传工作者角色、思想政治管理工作者角色、思想政治理论工作者角色的分工。这些角色既有共同的性质和特征，也有各自的特性。作为高校思想政治教育者角色，他们有共同的目标和任务，要教育引导大学生不断树立为共产主义远大理想和中国特色社会主义共同理想而奋斗的信念和信心，引导大学生正确认识时代责任和历史使命成长为德智体美劳全面发展的社会主义事业建设者和接班人；有共同的舞台——在高校之中；有共同的行为特征——必须接受中国共产党的领导，通过宣传、教学、管理等方式传播马克思主义科学理论，培育和弘扬社会主义核心价值观；有共同的角色客体——大学生；有共同的角色符号——思想政治教育话语。由于具体的工作分工，党政干部、共青团干部、思想政治理论课教师、哲学社会科学课教师、辅导员和班主任以及心理咨询教师的角色各有侧重，输出不同的思想政治教育内容，承担高校思想政治教育不同的功能。高校党政干部主要发挥高校思想政治教育者角色的领导功能、管理功能，其角色客体主要是其他高校思想政治教育者角色和大学生；共青团干部、辅导员和班主任也承担高校思想政治教育者角色的管理职责，但角色客体主要是大学生。思想政治理论课教师和哲学社会科学课教师主要发挥思想政治理论教育功能，角色客体也都是大学生。高校思想政治理论课教师的角色语言符号主要是马克思主义理论话语，而哲学社会科学课教师的角色语言符号则是其自身学科的话语与马克思主义话语体系的结合。心理咨询教师发挥心理疏导功能，是一个辅助角色，其角色客体是大学生，角色语言符号主要运用社会工作话语。

党政干部、共青团干部、思想政治理论课教师、哲学社会科学课教师、辅导员和班主任以及心理咨询教师角色既是作为一个高校思想政治教育者角色系统的要素，其自身也是一个个独立的较小的角色系统，是高校思想政治教育者角色系统的子系统。他们相互联系并与其他社会角色构成

---

① 叶舒凤、叶方兴：《论思想政治教育职业群体的社会责任》，《学校党建与思想教育》2015年第9期。

复杂的社会关系网络。因此，高校思想政治教育者角色相互之间具有特定的伦理结构，同时与其他角色之间也形成一种伦理关系。高校思想政治教育者角色互动关联的主要社会角色有高校思想政治教育的上级管理者；大学生；高校从事管理、教学、服务的其他人员；社会其他人员，包括大学生的家长、高校思想政治教育者社会服务的服务对象；等等。

高校思想政治教育者角色是一个什么样的社会角色，既不是由高校思想政治教育者自己决定，也不是由大学生决定，不是由任何一种社会角色决定，而是由其所处的社会地位所决定。高校思想政治教育者角色是一个客观的存在，是历史的必然。虽然我国高校思想政治教育者角色是由中国共产党及中国政府设置的，很多人会下意识地认为这就是一个人为设立的角色，并不具备存在的客观必然性，但事实上思想政治教育者角色、高校思想政治教育者角色具有普遍存在性，是意识形态生产与再生产中间环节，也是人成为人的必经环节。马克思主义认为，意识形态是由生产关系和交换关系生产出来的各种具体的意识形式：政治思想、法律思想、经济思想、社会思想、教育、伦理、艺术、宗教、哲学等构成的有机思想体系。根据意识形态与经济基础的距离可以分为 3 个层次：由政治思想、法律思想和经济思想组成的第一层次与经济基础关系最近，相互之间的作用力也最强；社会思想、教育、伦理和艺术组成的第二层次距离经济基础较远，但对人们的日常生活影响非常大；哲学、宗教组成的第三层次距离经济基础最远，却是意识形态的灵魂。[①] 意识形态起着维护社会生产关系和阶级统治秩序的作用，契合统治阶级的根本利益。在现代社会，意识形态主要通过学校教育进行传播和再生产，是国家、社会存在与发展的重要精神支柱和思想保障。意识形态也"是个人进入并生活于某个社会的许可证。个人只有通过教化与意识形态认同，才可能与以这种意识形态为主导思想的社会认同。所以，黑格尔早已告诉我们，一个人在社会中接受的教化越多，他在该社会中具有的现实的力量就越大。这样一来，我们就明白了：个人越是与某种意识形态认同，他在以这种意识形态为主导思想的社会中就越显得得心应手"[②]。因此，任何社会的稳定和发展都离不开意识形态的教育，新生的一代也需要接受意识形态的教育，不管人们是否意识到这一点。高校思想政治教育者就是将特定社会的主流意识形态传授给社会

---

① 俞吾金：《意识形态论》，北京，人民出版社 2009 年版，第 132~133 页。

② 俞吾金：《意识形态论》，北京，人民出版社 2009 年版，第 2 页。

新生代大学生的社会角色。从意识形态工作角度看，高校思想政治教育者角色不仅在中国存在，在现代任何一个国家和社会都存在；不仅现在存在，从大学诞生之日就存在，并将伴随着国家的存在而存在下去。不同的社会制度下的高校思想政治教育者角色带有各自所处意识形态价值体系的鲜明烙印。社会主义意识形态是建立在以公有制为经济基础之上的，以马克思主义理论为指导，以社会主义制度为支撑，以社会主义文化为载体，以实现人的解放为终极价值追求的系统化的思想价值观念体系。从其本质而言，西方高校的“思想政治教育者”角色与社会主义高校的思想政治教育者角色根本不同。资本主义国家的“思想政治教育”是通过假托的“公民教育”“政治社会化”“宗教教育”“通识教育”“博雅教育”的名义掩盖其进行“思想控制”的目的的社会实践活动。社会主义的思想政治教育则是为了开启教育对象全面提升自己的认识水平和实践能力，帮助教育对象科学地进行社会实践，成就自我的社会实践活动。

社会主义核心价值观是社会主义意识形态最坚固的价值内核。“一个民族的文明进步，一个国家的发展壮大，需要一代又一代人接力努力，需要很多力量来推动，核心价值观是其中最持久最深沉的力量。”① 社会主义核心价值观是中国社会每一个社会角色都必须遵循的基本伦理原则。高校思想政治教育者角色作为国家意识形态的建构者、守护者、宣传者，也必须是优秀的行为示范者。因此，社会主义核心价值观在高校思想政治教育者角色伦理中具有更高的要求和更严格的规范。随着以互联网为代表的新兴技术的发展，随着世界经济文化交融的进一步深化，国际国内意识形态领域也发生了复杂的变化，不同价值体系的相互渗透不断加深，不同社会制度之间的核心价值观斗争日趋激烈。对于中国，“能否做好意识形态工作，事关党的前途命运，事关国家长治久安，事关民族凝聚力和向心力”②。坚守社会主义价值体系阵地，维护国家意识形态安全成为这个时代至关重要的任务。高校思想政治教育者必须成为巩固、坚守、扩大这个阵地的主力军，成为打破非社会主义核心价值观念进攻的突击队。这是高校思想政治教育者角色必须实现的社会功能。高校思想政治教育者的伦理诉求必须符合这一社会伦理诉求，也就是说，社会主义国家的高校思想政治教育者角色伦理必须符合社会主义核心

① 《习近平在参加北京市海淀区民族小学庆祝“六一”国际儿童节活动时强调　让社会主义核心价值观的种子在少年儿童心中生根发芽》，《人民日报》2014 年 5 月 31 日。

② 中共中央宣传部：《习近平新时代中国特色社会主义思想三十讲》，北京，学习出版社 2018 年版，第 213 页。

价值观的要求，否则角色功能就不能实现，角色的存在和发展也就失去了基础。社会主义核心价值观的终极指向是建构高校思想政治教育者角色伦理的目标和根本原则。从这个意义上，本研究注重高校思想政治教育者角色伦理研究的应然，强调角色的社会期望及其角色扮演者个人的道德追求。

从现实的角度看，高校思想政治教育者角色是一种职业角色。不同职业之间的社会功能通过劳动交换相互联系，结合成一个社会运转的整体系统。每一种社会具体的职业都有自己的工作目标、内容、方式、场所。担负不同职业角色的人获得的报酬和待遇也各不相同。不同职业的从业人员在素质要求上也有很大差异，对社会影响越大、社会地位越高，对从业人员的素质要求往往越高。不同的职业承担着不同的社会期望，因此社会对不同职业的评价尺度也有很大差异，对某些职业，例如教师的评价尺度往往蕴含更多“应然”价值期望，而不仅仅停留在“工作完成”这个普遍的职业评价标准上。职业和社会对于从事不同职业活动的人具有与之相应的行为期待，包括信仰、价值、主观的可能性，权利与义务的行使等。这一切便构成了职业角色的内容。职业角色就是指社会和职业规范对从事相应职业活动的人所形成的一种期望行为模式。[①] 由于个体一生的大部分时间都在为职业做准备、寻找职业、从事职业劳动和谋求职业发展中度过，职业角色成为现代社会中人们投入时间、精力最多的社会角色。职业角色的学习和扮演也就因此成为现代人满足自己的需要、塑造自我人格、完成个体社会化的基本途径。高校思想政治教育者角色作为一种职业角色，同样具有一般职业发展的规定性，而且这种规定性对于思想政治者角色的观念和行为都具有重要的影响。因此，从现实出发，本研究的对象——高校思想政治教育者，也必然要放在职业角色的框架里探讨其实然的状态、关系，直面问题和冲突。

一个明显的事实是，随着高等教育的发展，高校思想政治教育队伍日益壮大，越来越多的人加入高校思想政治教育者角色扮演中。能否扮演好这个角色，既关乎国家民族的未来、关乎大学生的健康成长，也关乎高校思想政治教育者自身的幸福。角色伦理是角色的灵魂，只有把握住高校思想政治教育者角色伦理性质、伦理关系发展规律和伦理行为规范，高校思想政治教育者才能演绎好这个角色。

---

① 李辉：《高校教师职业角色的现代性困惑及其出路——兼谈教师职业“去圣化”的双重效应》，《中山大学学报（社会科学版）》2007 年第 6 期。

第一章 高校思想政治教育者角色伦理精神的分析

高校思想政治教育者的角色伦理是围绕着思想政治教育者角色伦理精神展开的，而思想政治教育的伦理追求则是思想政治教育者角色伦理精神的支点。思想政治教育的目标、内容、实施、反馈、修正都贯穿着明确的伦理追求，蕴含着强烈的伦理精神。思想政治教育内蕴的伦理精神是高校思想政治教育者角色伦理形成的道德信念和精神动力，也是判断高校思想政治教育者角色伦理正当性、角色伦理实践效度的根本价值依据。

第一节 思想政治教育的伦理追求

伦理包括向善的价值追求以及实践善的行为规范。思想政治教育向善的价值追求以及围绕善所形成的人际关系和行为规范也就是思想政治教育伦理。思想政治教育所追求的善是思想政治教育实践的全部道德规范的出发点和落脚点，提供了处理教育者与教育者，教育者与受教育者，受教育者与受教育者，教育者或受教育者与国家、社会、高校、部门等相互关系的基本原则，构成了关系各方行为的元规则。那么，思想政治教育追求的“善”是何种善？思想政治教育的内容与方法选择是否符合“善”？思想政治教育有没有结出“善”果？由于“个人与社会的关系是一切社会问题的根源”[1]，关于这些问题的回答都离不开思想政治教育对于个人与社会关系问题的伦理判断。

① ［英］鲍桑葵：《关于国家的哲学理论》，汪淑钧译，北京，商务印书馆1995年版，第78页。

一、思想政治教育价值立场的变与不变

思想政治教育的价值立场并非形而上的绝对，而是随着思想政治教育实践的发展不断在演化。受到历史长期影响形成的固有观念，思想政治教育的早期形态——传统的思想道德教育所追求的主要是社会价值，即让思想道德教育的对象单向地接受在社会占主导地位的思想道德观念，使他们从精神上到思想上都符合社会现存政治秩序、经济秩序、文化秩序的要求，成为现存社会体系认可的伦理精神载体。这是因为，在传统社会政治仅为“肉食者谋”，作为社会变革主体的广大人民群众被视为“牧放”的羊群，无须让他们理解“政治”，也谈不上“政治思想教育”，只要令他们遵守“先圣”所制定的“道德”即可。另外，人的意识来自实践。传统社会由于生产力水平低下，人类个体异常孱弱，必须直接依附于自然、群体才能获得生存与发展的机会和条件，个体与他人、群体“共在”是一种实在的、可触摸的、强烈的生活体验。基于此生存体验和共在感，人类个体一般难以产生“独立性自我”意识，其一生中对自我的认同都等同于其个人对所在环境、所属群体的认同，具有深刻的“天人合一”“家国同构”思想。个体不可避免地成为社会组织结构中的细小“部分”，没有独立性，也没有太大的独立价值。个人没有能力决定自身命运，只能诉诸群体。群体的利益实现程度决定着个体利益的实现程度，因此传统思想道德教育主要关注社会价值，反对任何强调个体独立性的主张，追求社会整体的秩序与和谐，以实现社会团结，获得更多生存发展机会。在这种思想政治教育的伦理追求中很难看到个体存在的价值，个体的道德完满追求则是以维护社会整体秩序为第一要义。纵观中国历史上记录的“圣人”“君子”无一不是“一心为公”的，而“奸佞”“小人”又无一不是“自私自利”之人。在传统社会，一个人为了多数人、为了他人的利益不惜牺牲自己的一切毫无疑问就是道德人格高尚的表现。这种群体价值高于个体价值的伦理取向在几千年的文化传承中一直具有坚不可摧的正义性，在现代社会虽然受到了冲击，但依然有着强大的感召力。

进入现代社会，生产力的发展使人类走出以群体为本位的生存方式，多样性、创造性的实践要求最大限度地发挥个体的能力，使越来越多的独立个体成为推动生产发展的主体。现代生产实践创造也要求个人具有独立的人格，并通过市场的普遍分工和交换的方式相互连接。在资本主义生产关系、交往关系中，个体的人与人之间、个人与群体之间长期的、直接

的、牢固的联系被短暂的、间接的、不那么牢固的联系替代。同时，个体与世界其他“非我族类”的联系变得越来越广泛和频繁，个体原本经由血缘和共同生活形成的共同体意识开始减退。在这样的生产和交往形式中，个人被承认为是自身利益的主体，个人对自我利益的追求日益取得伦理上的合法性。传统思想道德教育强调的公共利益绝对优先于个人利益的道德观受到巨大冲击。教育者作为传统思想代言人在思想政治教育活动中的中心地位也受到了动摇。思想教育、政治教育、道德教育服务于受教育个体的主张开始唱响。这种在现代世界具有广泛、深远影响力的教育主张遮蔽了对我国思想政治教育价值追求的正确认识。有人主张，“个体价值是思想政治教育价值的基本向度，不是单向度，也不是‘单义决定论’，是辩证统一中的主要矛盾或矛盾的主要方面”[①]，主张思想政治教育对教育对象个人发展的效用和意义才具有真正的教育意义，主张思想政治教育个体价值的实现是思想政治教育的基本价值立场，要求突出思想政治教育对象的主体性，强调满足教育对象的物质与精神需要才应该是思想政治教育的目标。追求个体价值的思想政治教育明确提出要改变思想政治教育的理念和方法，反对将教育对象的个性淹没在抽象的整体之中，反对采用简单粗暴的“填鸭式”灌输方法进行思想政治教育。

思想政治教育社会价值与个体价值之间冲突的根源是社会与个人之间的冲突。个人的概念相对比较清晰，无论何种理论或生活中使用的含义，个人都是指单位最小的、单独存在的，具有思想能力、活动能力的“一个”人。社会的概念比较复杂，不同学科有不同的界定，日常生活中“社会”概念的使用更是五花八门，甚至在使用中超出人类范畴，但我们依然可以归纳出这样几个共有的内容：社会是多个个体的集合体，是一种关系结构，由某种东西连接而成。社会“存在的条件不仅影响思想在历史上的发源，还构成了思想产物的主要部分，并且使人们可以在思想产物的内容和形式中感到它们”[②]。关于社会价值和个体价值关系的思想发展历史与社会与个人生产生活关系的发展历史一致。社会与个人关系的发展历史与人类生产力发展、生活方式变化一致。个人与社会的关系原初是同一的。在人类历史早期，由于人的生产力、创造力还处于低级阶段，生物性也就是自然性作为人的本质属性，必须以群的形式才能延续其种属，这一阶段个

① 杨建义：《个体价值：思想政治教育价值的基本向度》，《思想教育研究》2014 年第 3 期。

② ［德］卡尔·曼海姆：《意识形态与乌托邦》，黎鸣、李书崇译，北京，商务印书馆 2000 年版，第 284 页。

体的人完全消融在群体之中，个体意识非常微弱，也不能允许普遍的个人意识出现。随着生产能力的提高和人类智慧的增长，早期需要大规模群体才能完成的生产任务逐渐可以由较小的群体完成，乃至个体完成。个体的力量在人类社会力量的壮大中壮大起来。个体对群体的依附感也在此过程中逐渐减弱，个体意识日益增强。进入资本主义社会，随着生产目的的全面商品化，个体成为市场交换的主体（无论是出卖物品还是出卖自己的劳动），个体意识全面高涨，个人与社会的冲突也达到顶峰。

资本主义制度是一种共在感社会关系逐渐退隐幕后，个体强烈经验自我独立存在，适合于单个人自主活动的社会形式。资本主义作为市场活动自发联系的产物，顺应了个人走向独立化的历史趋势，也为人类注入了理性、独立的新道德元素。在资本主义制度下，社会关系依然是个人一切力量的源泉，只是社会对个人的赋能不再是以过去那种人与人之间的直接交往而具有强烈的“体感”。传统社会，个体感受到的社会帮助往往来自具体的他人、上位者给予的利益，个人能否得到利益满足与个人、与他人，尤其是掌握资源者的关系密切度直接相关，“感恩”作为一种美好的德性也就非常自然地树立起来了。资本主义社会建立了人与人之间最广泛而普遍的联系，利益分配以制度的方式进行，个体根据制度安排争取自身的利益，逐渐产生“我所获得的一切都是我自己努力得来的”感觉，个体利益至上的价值观在社会上也逐渐大行其道。然而，资本主义社会并没有给人带来道德的完满和人生的幸福，个人前所未有地感觉到的是空虚和寂寞，感觉疲惫和焦虑。因为在资本主义，个人之间的联系从传统血脉相依的亲密感化为物与物交换的疏离感，个体成为“一切的源泉”。事实上，在资本主义社会，人的本质同样“不是单个人所固有的抽象物，在其现实性上，它是一切社会关系的总和”[①]，“不管个人在主观上怎样超脱各种关系，他在社会意义上总是这些关系的产物”[②]。人的社会性本质并不因为人自身的否定而消失，只不过这种社会性以一种更深刻、广泛却隐蔽的形态作用于每个个人的日常生活。传统社会群体性的、地域性的生产模式需要人与人无间的合作，较为狭小的生活空间和有限资源让更多的人生活在同一空间之中，人与人的关联性，或者说人的社会性是每一个人终其一生最深刻的体验。归属社会，对他人负责，对社会负责是个人道德的基本追求，为

① 《马克思恩格斯文集》第1卷，北京，人民出版社2009年版，第505页。
② 《马克思恩格斯文集》第5卷，北京，人民出版社2009年版，第10页。

国家、社会“鞠躬尽瘁，死而后已”是个人最完满的道德形象。这种整体主义或者国家主义价值观的终极理想是秩序井然的“大同社会”。现代社会，在个人所感知的交往中是流动的、暂时的，人对具体生产单位及其生产单位中的他人的归属感降到最低。生产与生活空间的彻底分隔，个人很难体会到自我与他人之间存在长期稳固的亲密关系，在激烈的竞争中，个人将自我与他人对立起来，所感受到的更多是他人对自我的妨碍。在这样的关系中，个人因“淹没在利己主义的冰水中”而感到窒息和沉闷，在改造自然力上的单向度发展中，追求个性的人变成了完全没有了个性的拜物教徒，靠外在的物质的丰富来装点灵魂上的苍白。以个人的利益为出发点，按照自我理性的指导选择自己的生活方式并做出独立的道德判断被视为“善”，主张个人只需要对自己的行为负责，无论是在精神上还是在行为上都拥有对自己的最高主导权。[①]“超人”是其完满的道德形象。所谓教育的个体价值追求受到追捧。西方现代教育的个人主义价值理念也模糊了人们对思想政治教育价值追求的理解，“在许多人看来，个人价值得以彰显是时代的要求，是社会与人的发展的要求，是思想政治教育的价值回归。社会发展的一切都是为了人，只有也唯有个人价值，才是思想政治教育的最根本价值”[②]。

然而，真正的、马克思主义的思想政治教育，从根本上是建立在唯物史观之上的，人民群众作为改造客观世界的主体，掌握先进的知识、理论，团结奋斗，科学地进行实践的新型政治实践形态，不同于过去任何一种道德教育、政治教育。思想政治教育是应“当人民群众怀着十分纯朴的心情，略嫌鲁莽地下决心自己开始创造历史，毫不犹豫地去直接实现‘原则和理论’”[③]的需要而诞生的。思想政治教育从一开始就具有鲜明的马克思主义色彩，内蕴着“每个人的自由”与“一切人的自由”相统一的价值追求。达成这一目标的道路是曲折的，思想政治教育作为一种新型的社会政治实践形态，还不够成熟和完善，和传统的思想道德教育和现代资本主义的道德教育、政治教育纠缠在一起，呈现出多种现实的冲突。

二、思想政治教育价值冲突的实质

随着市场经济的确立和多种经济形式的共同作用，社会出现明显的利

---

① 杨明、张伟：《个人主义：西方文化的核心价值观》，《南京社会科学》2007 年第 4 期。

② 李合亮：《思想政治教育社会价值与个人价值关系新解》，《教学与研究》2015 年第 5 期。

③ 《列宁全集》第 39 卷，北京，人民出版社 2017 年版，第 429 页。

益的分化，社会与个人之间的对抗加剧。与此同时，思想政治教育的价值立场也呈现出社会价值追求与个体价值追求的激烈冲突，经历了从一体化到强调社会价值再到向个体价值的倾斜发展过程。

社会上普遍主张思想政治教育首先应当追求社会价值，认为思想政治教育的价值主要应当从阶级、政党、国家、社会角度进行理解。“思想政治教育社会价值是指思想政治教育活动对整个社会的正常运行和良性发展需要的满足。”①“思想政治教育是整个社会系统中的一个子系统，它与其他社会子系统之间存在着相互联系、相互促进的关系。这种关系从宏观角度出发，是就整个社会而言，而非针对某一个体。”②“纵观人类社会发展，思想政治教育从一开始便作为社会要素，与道德、法律、政治等共建社会价值系统，维护社会结构的良好发展。”③学界对思想政治教育社会性价值的确认是基于对思想政治教育本质的判断，无论认为思想政治教育的本质是意识形态性、阶级性与政治性，或是认为思想政治教育的本质是主导性价值建构、教育和传播实践活动，抑或是认为思想政治教育的本质是社会化、掌握群众抑或社会治理④，归根结底都认为思想政治教育着眼的是群体而不是个人，服务的是社会而不是个体，思想政治教育的本质是社会性的，思想政治教育功能是服务于社会需要的。回顾我国思想政治教育的发展史，思想政治教育一直是中心工作的“生命线”，围绕中心工作展开。从这个角度而言，维护社会价值理应是而且事实是思想政治教育的价值立场。

思想政治教育提出尊重、发展个体价值也有其历史渊源。第一次鸦片战争之后，中国社会普遍产生对传统文化及传统教育的质疑和批判，面对腐败的政府，救国的革命力量只能寄希望于社会中的每一个个体的思想觉醒。先进的知识分子提出了培养“健全个人”的教育理念，认为“欲解决中国社会之基本问题，非尊重个人价值不为功，欲养成适当之特才，非发展个性不为功”⑤，认为“欲言人类之价值，当先言个人之价值，不知个人之价值者，不知人类之价值也”⑥。然而，思想工作、政治工作等思想政治

---

① 罗洪铁：《思想政治教育专题研究》，北京，中央文献出版社2007年版，第123页。

② 王瑕莉：《论思想政治教育社会性的本质规定及其在当代的彰显》，《思想教育研究》2018年第1期。

③ 李敏：《论思想政治教育社会属性的本质规定及实践运行》，《思想教育研究》2018年第8期。

④ 陈秉公：《思想政治教育本质研究现状及建议》，《思想教育研究》2014年第6期。

⑤ 孙希磊：《中国现代教育思想史十论》，北京，首都师范大学出版社2012年版，第21页。

⑥ 孙希磊：《中国现代教育思想史十论》，北京，首都师范大学出版社2012年版，第154页。

教育概念出现以来，真正明确提出思想政治教育根本价值是个体价值的观点则是随着我国市场经济的发育而逐渐受到追捧。有些学者提出，“从思想政治教育的逻辑价值始点和历史价值始点看，个体价值应该是思想政治教育价值的基本向度”[①]，“思想政治教育价值首先体现为对个人的价值，思想政治教育的个体价值是其社会价值实现的基础和中介”[②]，“思想政治教育的最终价值在于‘现实的个人’，‘现实的个人’是思想政治教育的价值回归”[③]等。这部分学者认为，思想政治教育是人的实践活动，以人为对象，也以人为目的，以满足人的需要，为了培养健全的人、自由的人而存在的，这个人不是抽象的人，是活生生的人。在这里，显然主张者忽略了社会环境与人的思想、道德发展之间的辩证关系，过度强调了作为个体的人的需要，反而将这个他们强调的“活生生的人”变成了抽象的个人，脱离了现实的社会关系。

如前所述，思想政治教育社会价值与个人价值的冲突反映的是社会与个人的冲突。从个人与社会的关系而言，个人与社会的分离只是在人们的认知逻辑中才存在，在人类生活的客观世界中，个人与社会事实上是相互交融、不可分割的，是互为存在前提的。这个世界上既不存在没有个人的社会，也不存在离开社会存在的个人。社会是个人的社会，个人也是社会的个人。何以社会与个人会在人的意识中乃至社会生产生活实践中产生冲突？不过是社会存在的私人占有状态导致的一部分人对另一部分人的冲突，而并不是社会与个人的冲突。诚如主张思想政治教育个体价值者所言，思想政治教育的社会价值发挥长期以来都建立在国家或社会本位的基础上，“在价值取向上过分规制思想政治教育适应社会发展的价值而忽视其促进个人发展的价值”[④]，有意无意地忽略了社会是由具体的、活生生的人所构成的这一事实。抽离了具体的个人的社会或国家，只能是一个抽象的存在，而在现实中只能通过具象的物来感知，因此，只强调思想政治教育社会价值很容易陷入“见物不见人”的粗暴和僵化之中。由人组成的社会为何要把活生生的个人抽离出去？为何要让具体的人为抽象的社会牺牲现实的利益？马克思在《德意志意识形态》中指出，分工产生了特殊利益与共同利益的矛盾，各阶级的利益斗争在虚幻的共同体中进行，并努力将

① 杨建义：《个体价值：思想政治教育价值的基本向度》，《思想教育研究》2014年第3期。
② 褚凤英、孔超：《论思想政治教育的人本价值》，《学校党建与思想教育》2010年第20期。
③ 马宁：《思想政治教育的价值复归：现实的个人》，《湖北社会科学》2010年第3期。
④ 杨建义：《个体价值：思想政治教育价值的基本向度》，《思想教育研究》2014年第3期。

自己的特殊利益说成是普遍的利益，而个人却追求着自己特殊的、对他们来说是同他们的共同利益不相符合的利益。[①] 有需要的、有情感的、具体的、活生生的人的存在（理念中）恰恰成为否定社会这种虚幻共同体的威胁。个人在思想中从社会消失，正是为了在现实中将人变成工具，变成维护现有社会秩序的工具。也就是说，社会被说成是先验性、第一性的存在，个人是服务社会的工具，是为了掩盖一部分人压迫、剥削另一部分人的事实，是为了合理化、合法化私人占有社会财富的事实，是为了维护统治者统治的秩序。“思想政治教育”在国家、阶级存在的历史阶段，就是“一定的阶级或政治集团，为实现一定的政治目标，有目的地对人们施加意识形态的影响”[②]，使人的思想、行为符合一定阶级或政治集团需要的有目的、有计划、有组织的系统性教育活动。对于在根本利益上与一定阶级或集团不一致或冲突的社会成员，“思想政治教育”所强调的社会价值必然要对个体的主体性进行压抑或否定。这种不以人的解放而以人的奴化为目的的活动，其实并不能称之为“思想政治教育”，与马克思主义唤醒人，把人的精神世界还给人的思想政治教育背道而驰。

事实上，主张思想政治教育个体价值的一方似乎在高扬“人的价值”，在关切人的现实需求，却犯下了与主张思想政治教育社会价值一方同样的错误——把个体视为先验性的、第一性的存在，认为社会是基于个体的利益需要而结成的“合伙公司”。“人的本质不是单个人所固有的抽象物，在其现实性上，它是一切社会关系的总和。”[③] 人不同于大自然中的任何其他物种。人的独特在于他是有思想的、离不开精神享受的存在。这是思想政治教育得以存在的重要原因。思想政治教育的内核和起点是思想，但思想的起源却是社会实践。思想具有共同认知特性，人类共同的认知、共同理想、共同规范、团体精神、集体意识、社会团结等都存在于思想之中。[④] 正是因为人们的思想具有共同性，社会及其社会中的人才需要思想政治教育。帮助人们的思想转变成思想政治教育所期望的那种思想，认同占统治地位的思想及价值观念是思想政治教育的功能，也是思想政治教育的存在价值。[⑤] 黑格尔说：“我们在现世界所具有的自觉的理性，并不是一下

---

① 《马克思恩格斯文集》第 1 卷，北京，人民出版社 2009 年版，第 536~537 页。

② 陆庆壬：《思想政治教育学原理》，上海，复旦大学出版社 1986 年版，第 4 页。

③ 《马克思恩格斯文集》第 1 卷，北京，人民出版社 2009 年版，第 505 页。

④ 孙其昂：《当前思想政治教育研究中的重要课题》，《学校党建与思想教育》2012 年第 3 期。

⑤ 孙其昂：《思想政治教育学前沿研究》，北京，人民出版社 2013 年版，第 153 页。

子得来的，也不是从现在的基础上生长起来的，而是本质上原来就具有的一种遗产，确切点说，乃是一种工作的成果——人类所有过去各时代的成果。”[①] 人的思想虽然存在于一个个人的头脑之中，但思想不同于肉体，也不同于情绪完全属于个人。思想是社会性的，个人的思想在一定程度上都是社会生活的反映，个体独特的身体的“感受”也要经由“社会化”才能成为“观念”。对个人价值的主张恰恰是在社会生产力的发展中，个人的活动脱离了特殊的空间限制，“单个人随着自己的活动扩大为世界历史性的活动，越来越受到对他们来说是异己的力量的支配（他们把这种压迫想象为所谓世界精神等等的圈套），受到日益扩大的、归根结底表现为世界市场的力量的支配”[②]，从而“把所有前后相继、彼此相联的个人想象为从事自我产生这种神秘活动的唯一的个人”[③]。这样的个人只是人类社会特定社会发展阶段的产物，即使这样的社会也早就在其内部孕育着克服它的力量，因此，这样的个人也只是存在于人类头脑中或肉体组织中的个人，而不是现实中灵与肉统一的、理性与感性俱在的、思想与情感共存的，具有历史发展性的真正的人。

人在社会中生成，也在社会中获得自由。自然存在的、完全不与社会发生关联的纯粹个人是不存在的。无论人的身体还是人的精神，都是在社会中才能得到。从这一点而言，人的具体的、现实的存在方式就是社会存在方式。那种孤立的、不与他人发生联系的个人乃是仅仅存在思维逻辑中的抽象存在。因此，主张思想政治教育个体价值的观点，最后都会用“人”这个概念替代“个人”概念。思想政治教育的个人价值恰恰就是要帮助个人认识到个人的社会性存在本质，帮助人们认识到个体的自我作为一种社会性存在应当具有的生命姿态，从而更好地行动，在社会实践中感受自己存在的意义和价值，并在社会生活中不断完善自我，获得归属感、幸福感。“思想政治教育在社会层面上作用于生活秩序、社会整合、体制系统，在个体层面上作用于境界的提升，使人通过潜能的多方面实现而‘占有自己全面的本质’，走向真实、具体、完善的存在。”[④] 思想政治教育活动展现出的社会性、政治性、阶级性和个人的存在、发展形式有机地结

① ［德］黑格尔：《哲学史讲演录》第1卷，贺麟、王太庆译，北京，商务印书馆1959年版，第8页。

② 《马克思恩格斯文集》第1卷，北京，人民出版社2009年版，第541页。

③ 《马克思恩格斯文集》第1卷，北京，人民出版社2009年版，第542页。

④ 胡凯、王灵芝：《思想政治教育的马克思主义人学之维》，《求实》2009年第2期。

合在一起，正是人的实践存在方式，是真实的人、具体的人、现实的人的存在方式。人在社会生活实践中，在社会斗争中不断占有自己的本质，逐步从偶然的个性走向自由而全面发展。当人们克服了生产的私人占有形式进入无阶级的共产主义社会“才是人的本质的现实的生成，是人的本质对人来说的真正的实现，或者说，是人的本质作为某种现实的东西的实现”。[①] 因此，思想政治教育既是为了社会也是为了个人，是为了使人能够“作为一个完整的人，占有自己的全面的本质”[②] 的教育活动。

三、思想政治教育者角色价值定位之争

角色价值的评判所依托的就是角色活动价值的评判。高校思想政治教育者角色具有何种价值的答案归根结底是关于高校思想政治教育具有何种价值的判断。高校思想政治教育是思想政治教育重要的组成部分，其基本价值与思想政治教育基本价值之间具有根本上的一致性。

思想政治教育者角色究竟以维护社会利益为本，首先具有社会价值，还是以实现个人价值为本，首先具有个人价值？这不仅是一个理论问题，更是一个实践问题，往往导致角色承担者不同的行为取向。部分角色承担者坚持社会利益本位原则，认为思想政治教育者就是通过思想教育维护社会利益的社会角色，反对者认为这就让思想政治“教育”变成了思想政治“控制”，不能从心灵深处打动教育对象，把思想政治教育者角色与教育对象的关系变成了主从关系，甚至主客关系，教育对象的思想很难真正被触动而觉悟，与思想政治教育立德树人的目标背道而驰。部分思想政治教育者则主张个人利益本位原则，强调思想政治教育者是满足教育对象实现个人价值的社会角色，反对者认为这必然导致思想政治教育陷入千人千面的嘈杂从而失去方向乃至完全丧失存在意义。有学者提出，“思想政治教育的个人价值和社会价值是相互同构、相互生成，有机地统一在思想政治教育过程中的两种价值形态”[③]，思想政治教育者能够同时满足社会利益和个体利益的需求。这样似乎就解决了双方的分歧。然而，如果进入思想政治教育实践的具体历史空间和社会环境，这种论断“存在着对二者辩证关系笼统泛论的问题”[④]。思想政治教育的社会价值与个人价值以何种方式统

---

① 《马克思恩格斯文集》第 1 卷，北京，人民出版社 2009 年版，第 217 页。

② 《马克思恩格斯文集》第 1 卷，北京，人民出版社 2009 年版，第 189 页。

③ 李月玲：《思想政治教育价值再释义》，《理论月刊》2012 年第 1 期。

④ 马宁：《思想政治教育的价值复归：现实的个人》，《湖北社会科学》2010 年第 3 期。

一，归根结底要在思想政治教育实践中落实才行。思想政治教育者角色的维护社会公共伦理的功能与促进个体道德人格完善的价值也不能稳定地平分秋色。通过考察“现实的人”的存在发展历史，思想政治教育应该是一种长期以社会价值统御个人价值的教育活动，其最后归宿是走向个人价值与社会价值在“现实的个人”身上的完美统一、共同实现。因此，思想政治教育者是以满足社会公共利益要求为基础兼顾个体发展需要，追求社会公共伦理与个体道德生活有机统一的社会角色。

“思想政治教育本质从根本上讲是由其存在依据决定的，从而使其能够成为它本身而不是其他事物，因而这也就决定了其本质应当是‘一’，不可能像事物的属性或本质属性一样可以有多个，思想政治教育不可能既是这个又是那个；同时在思想政治教育的存在依据没有发生重大变化、其本身没有发生根本性转变之前，思想政治教育的本质应当是相对稳定的。”① 思想政治教育的存在依据—实现某种实践需要—决定了思想政治教育的价值，在思想政治教育的存在依据没有发生重大变化、其本身没有发生根本性转变之前，思想政治教育的价值立场也不可能发生根本性转移。思想政治教育的起源与意识形态政治的产生具有一致性，是意识形态政治具体的表现②，是为了维护一定的社会形态、阶级利益而产生的。在思想政治教育的以往历史中，其个体价值的实现体现在对社会价值的维护上，个体通过思想政治教育接受社会主流意识形态，获得政治知识、道德理念、价值观念的教育，形成观察世界、解释世界和改造世界的工具，成为符合特定历史发展阶段的社会所需要的人，获得在这一社会历史阶段生产、生活的技能，并因此在社会中获得生存和发展的条件以及自我价值的满足感。帮助个体接受社会主流意识形态教化从而使个体在社会中更好地生活，是思想政治教育者角色个人价值的主要功能。显然，这种个人价值是依附于社会价值的，思想政治教育者角色的任务是帮助个人更好地融入社会，成就一番事业，获得幸福感，但前提是思想政治教育者角色要维护社会意识形态安全、稳定。

在阶级社会，个人的成就感、幸福感是以其主体性失落为代价的，也就是说，他的成就感幸福感越强，他的主体性失落就越是严重。因为社会的主流意识形态是虚假的意识形态，掩盖着个人被剥削、被践踏的事实

① 郭灏：《思想政治教育本质的元问题反思与辨析》，《思想教育研究》2018 年第 7 期。

② 金林南：《从政治的意识到意识的政治——思想政治教育起源的政治哲学探析》，《思想理论教育》2010 年第 19 期。

境况。马克思指出，意识形态是统治阶级所编造的关于“共同利益的幻想”，由于统治阶级的社会交往形式以及统治阶级的统治方式会导致统治阶级内部的分裂，统治阶级与被统治阶级的利益冲突也日益严重，统治阶级就有意识地编造意识形态谎言以掩盖人们实际生活过程的真实境况。[①]个人沉浸在意识形态的谎言中欢呼自我价值的实现不过是作为一个最好地满足了统治阶级利益的工具的胜利罢了。“在极端形式下，他甚至成了一个装满意识形态象形文字的容器，陶醉于对子虚乌有的主体性的盲目的满足……真正的我，即有独立见解的我已经淹没在意识形态的硫酸池中，消失得无影无踪了。具有讽刺意义的是，在主体性谈得最多的地方，我们见到的却是纯粹的客观性；在‘我’字出现得最多的地方，我们见到的却是一种无我之我，即我之死亡。”[②]这种状况在资本主义时代发展到顶峰。资本主义社会是最强调“个性”“个人权利”“个人自由”的社会，但其存在的根本便是“私人占有”基础上普遍物化的现实，完整意义的个人并不存在，存在的只是单向度发展的异化了的生物人、工具人。因此，我们可以观察到社会中存在的这一种奇怪的现象，高喊着“要爱自己”的现代人往往更隐忍，更讲人际交往的“艺术”，害怕得罪人，对公共事务的关注往往停留在私下谈论，并不实际地提供帮助。与此同时，现代人又表现得很暴躁，很容易走向极端，做出严重自伤或伤人的行为。

思想政治教育者角色个人价值的真正实现应当帮助人们全面认识、充分理解身处其中的意识形态，并获得意识形态批判反思的能力。也就是说，思想政治教育者需要帮助个人形成意识形态的自觉批判意识才能帮助个人找回失落的自我，确立真实的主体性。显然，在以私人占有为基础的前社会主义阶段，这只能是一种幻想。“某一阶级的各个人所结成的、受他们的与另一阶级相对立的那种共同利益所制约的共同关系，总是这样一种共同体，这些个人只是作为一般化的个人隶属于这种共同体，只是由于他们还处在本阶级的生存条件下才隶属于这种共同体；他们不是作为个人而是作为阶级的成员处于这种共同关系中的。”[③]“迄今一直称为个人自由”[④]的东西，不过是个体在一定条件下不受阻碍地对于偶然性的利用罢了，并非对于生而为人的自我命运的选择和掌控。私人占有为主导的社会

① 《马克思恩格斯文集》第1卷，北京，人民出版社2009年版，第550~553页。

② 俞吾金:《意识形态论》，北京，人民出版社2009年版，第2页。

③ 《马克思恩格斯文集》第1卷，北京，人民出版社2009年版，第573页。

④ 《马克思恩格斯文集》第1卷，北京，人民出版社2009年版，第574页。

形态中，社会成员分裂为不同的阶级，各自为自己的利益而斗争，个体无法摆脱他所在的阶级，也无法摆脱矗立在特定经济基础之上的与他对立的社会关系。他常感到来自社会对他的压迫和束缚。在这样的社会关系中，思想政治教育者角色作为制造、再生产、传播维护统治阶级利益的意识形态的工具，即使喋喋不休地宣传个性，强调思想政治教育的个人价值，也只能是增强资本主义意识形态的欺骗性，把人变成更“自觉”地为资本增值而努力的高效机器罢了。由于私人占有的社会关系中的人从来都不是真正的个人，而是异化为“社会”所用的某种有用或无用之物，因此在这种社会条件下的思想政治教育者角色的个人价值立场有两个方面的真实意义，一是反映了所处时代的“私”的普遍性和现实性；二是形成了对使人异化的社会的批判，只是这种批判只能停留在抽象的人道层面，对于失去尊严、自由的苦闷现代人并不能指出救赎之道。解放的道路只能是打破现实的社会制度，思想政治教育要让人完全摆脱虚假意识形态的控制，只能推动建立一个不需要虚假意识形态掩饰的新世界。

正如马克思所说，只有消灭了私有制的社会，“在控制了自己的生存条件和社会全体成员的生存条件的革命无产者的共同体中，情况就完全不同了。在这个共同体中各个人都是作为个人参加的。它是各个人的这样一种联合（自然是以当时发达的生产力为前提的），这种联合把个人的自由发展和运动的条件置于他们的控制之下”①。“代替那存在着阶级和阶级对立的资产阶级旧社会的，将是这样一个联合体，在那里，每个人的自由发展是一切人的自由发展的条件。”② 在这样的社会里面，社会是个人自由联合而成的社会，是充分实现个体自由的社会；个人是以自由的方式联系在一起的个人，是充分享有他所在的社会能够提供的一切发展资源的个人。人与人之间是协作而非对立的关系，社会作为每一个个人所需要的社会不再与他对立。社会与个人之间的关系在现实和思想上都实现了统一：个体感知的、经验的、理解的社会都是真实的、为他的社会。个人在这样的社会中获得这个社会所能提供的，助力他全面自由发展的一切可能性。这个社会中的一切伦理道德规范都是服务于他的自由意志，源自他的自由意志。因此，他自觉遵循这个社会的伦理道德规范，自觉维护这个社会的秩序。在这个社会中，思想政治教育者既是为社会的，也是为个人的社会角

① 《马克思恩格斯文集》第 1 卷，北京，人民出版社 2009 年版，第 573 页。
② 《马克思恩格斯文集》第 2 卷，北京，人民出版社 2009 年版，第 53 页。

色，其存在的意义就是帮助教育对象更充分地吸取人类社会提供的珍贵的思想财富，培养教育对象提高独立思考能力，帮助教育对象成为一个幸福完满的人，且保证这个人的所思所想自然是有益于社会的。

通达共产主义社会的实践道路是漫长而曲折的。在抵达这种社会与个体实现和谐统一的理想状态之前，思想政治教育者要不断经历在社会价值与个人价值出现冲突时进行抉择，而这个抉择依然只能是以社会价值为主，个人价值为辅。历史的发展是必然性与偶然性相互作用的结果，社会主义国家并非在资本主义“所能容纳的全部生产力”都充分发挥出来、物质条件在资本主义的“胞胎里成熟”的时候出现的，而是在资本主义世界的大战中，在“帝国主义链条上最薄弱的环节”（列宁语）上率先取得了胜利。这样的社会主义“它不是在它自身基础上已经发展了的，恰好相反，是刚刚从资本主义社会中产生出来的，因此它在各方面，在经济、道德和精神方面都还带着它脱胎出来的那个旧社会的痕迹”[①]。也就是说，在这样的社会主义时期，过去社会的意识形态依然存在于人们的思想意识当中，并且短时间无法清除干净，而这恰恰是思想政治教育者角色最重要的工作。

在社会主义初级阶段，思想政治教育者角色首先必须发挥其社会价值，那就是清除人们头脑中的旧意识形态残留，并抵御来自现存资本主义世界意识形态的侵蚀。完成这一任务，首先要帮助人们牢固树立社会主义思想意识。社会主义初级阶段的思想政治教育者角色既要面向现实，也要面向未来。面向现实就是发挥维护社会的功能，面向未来就是发挥改革社会的功能。就一般而言，当人们必须生活在一个共同体之中的时候，必须建立共同价值体系以维护基本秩序，并遵守维护秩序所需要的基本规范。对于任何社群的生活来说，这种共同的价值体系是必然的且不可或缺。[②]社会主义社会的巩固与发展，同样需要建立这样一种“共同的价值体系”。社会主义初级阶段还没有实现全社会共同占有生产资料，建立在利益分化基础之上的阶层以及反映阶层利益的思想观念冲突也还将在相当长的时期内存在，因此，全社会能否建立起一套得到普遍认同的、代表最广大社会成员利益诉求的、符合个人全面自由发展需要方向的“共同的价值体系”关乎社会主义道路是否畅通，社会主义事业能否成功的重大问题。社会主

① 《马克思恩格斯文集》第 3 卷，北京，人民出版社 2009 年版，第 434 页。

② ［美］塔尔科特・帕森斯:《社会行动的结构》，张明德等译，南京，译林出版社 2012 年版，第 436~437 页。

义初级阶段，并未实现全球共同走向社会主义道路，率先实行社会主义制度的国家所建立的物质基础相对薄弱，并未完全消除旧意识形态存在的物质基础，传统意识形态还有比较强大的生长土壤，清除非社会主义意识形态残余的任务非常艰巨。与此同时，资本主义世界不甘心失去发展优势，更不甘心在发展竞争中暴露其意识形态的虚假本质，最终退出历史舞台，还会长期利用其在政治、经济、科技等方面的优势，不断向社会主义国家渗透其价值观念，以所谓“共同价值观”“普世价值观”的外衣掩盖其力图动摇社会主义社会的价值信念，达到消灭社会主义制度的目的。思想政治教育者角色作为意识形态领域斗争的主力军，值此时代境遇，只能更多地主张角色的社会价值，而不可能将个人价值置于其社会价值之上。思想政治教育者角色的社会价值关键就在于思想政治教育者角色对中国特色社会主义政治制度的捍卫。“任何离开政治性的思想政治教育企图追求人类‘共有价值观的教育’只会使我们主动丧失意识形态的主导地位，却正好满足资产阶级政治文化传播的需要。”①

社会主义初级阶段，思想政治教育者角色的个人价值追求是通过社会价值的实现而实现的。通过现实的社会主义实践道路，思想政治教育者角色的个人价值将不断得到提升。“现阶段，要求思想政治教育者角色通过利益沟通、利益协调和利益认同等途径来发挥其利益整合功能，沟通、协调和整合不同主体之间的利益诉求，避免产生社会纠纷，维护社会稳定；要通过党内教育来实现政党内部的政治整合，通过政治沟通实现不同阶层之间的政治整合，通过政治社会化实现全面的政治整合，营造良好的社会政治生态；要通过培育社会心态、建设主流文化、引领社会思潮来发挥其文化整合功能，帮助人们形成正确的世界观、人生观和价值观。”② 思想政治教育者角色个人价值的实现是通过帮助个体正确认识世界、认识社会，形成是非善恶判断能力，在社会中更好地生存，更好地发展自己、成就自己，最终获得幸福和满足，而这一切所建立的基础就是正确认识自身的社会属性，建立起与社会、与他人和谐友善的关系，将自身有机地融入社会主义建设事业之中。社会主义初级阶段依然会存在个别场合、个别状态下的不平等，因为“权利决不能超出社会的经济结构以及由经济结构制约的

① 陈志华：《坚持思想政治教育的本质属性——政治性与科学性的有机统一》，《理论与改革》2006 年第 5 期。

② 王瑕莉：《论思想政治教育社会性的本质规定及其在当代的彰显》，《思想教育研究》2018 年第 1 期。

社会的文化发展”①，但这种不平等是暂时的、局部的，社会主义正是一个不断消除这种不平等的事业。也正是因为社会主义的实践方向是人的全面自由发展，是个人权利的全面实现，因此在社会主义初级阶段，社会主义国家的思想政治教育者角色不是制造、传播虚假意识形态的工具，而是帮助社会成员破除虚假意识形态魔障的武器。马克思强调，合理形态上的辩证法是穿破意识形态的基本方法，而这种合理形态的辩证法就是唯物辩证法。②在社会主义制度下，思想政治教育者角色帮助社会成员掌握革命的、批判的唯物辩证法，正是发挥思想政治教育者个人价值功能的最大体现。社会主义实践中的思想政治教育使人获得某种社会属性的存在方式，使人通过成为社会公共人成为社会的真正个人。“社会主义公共人的培养，即通过教育使人们具有以公共情感、公共理性以及致力于公共事务的奋斗、牺牲精神所构成的公共精神为核心的公共性品质，让受教育者成为真正关注、关心并实际贡献于国家、社会建设的社会主义事业的合格建设者和可靠接班人。”③这样的个人，既是社会的，又是个体的；既是有道德的，又是符合公共伦理规范的。

第二节　高校思想政治教育者角色的伦理意蕴

高校思想政治教育的对象是人，追求的目标是人的思想和行为的提升。人的思想和行为的评价是在人与人相互的关系中才存在、有意义。因此，高校思想政治教育的目标、内容、实施、反馈、修正都贯穿着明确的伦理追求，蕴含强烈的伦理精神，而这种伦理精神指向社会完善和个体幸福的统一。社会主义是人类发展的理想前景，是这种统一的实现。高校思想政治教育的伦理精神内核必然体现为社会主义核心价值观。实践社会主义核心价值观是高校思想政治教育者角色的伦理追求。

一、社会主义核心价值观为依托的角色伦理关怀

在高校，教育可分为三大类：专业教育、通识教育和思想政治教育。专业教育的目的是帮助学生成为专业人才，掌握与职业劳动相关的专门知

① 《马克思恩格斯文集》第3卷，北京，人民出版社2009年版，第435页。

② 俞吾金：《意识形态论》，北京，人民出版社2009年版，第110页。

③ 戴锐：《思想政治教育的公共化转型》，《马克思主义与现实》2013年第1期。

识，对学生进行职业技能训练。专业教育“既包括理论知识又包括实践知识，还包括掌握和运用知识的方法、技术、技巧和技能等等”的教育。[①]这种教育的目的是发展人的生产、生活能力，提高人类在自然界、人类社会生存的能力，强调知识的客观性、价值中立、普适性、确定性等。专业教育者往往在教育活动中强调“客观”“科学”，以满足个体和社会的功利性需要为目标，注重知识的深度[②]；通识教育或称“普通教育”“一般教育”“通才教育”等，指通过增加学生自然科学和人文社会科学知识的广度，拓宽学生视野，培养学生的综合素养，以推动学生的个性和综合素质的全面发展。不同的通识教育者对通识教育活动的理解有很大差异，但总体强调“培养学生独立思考和价值判断的能力”，注重内容的“广泛性和选择性”，给学生较小压力[③]。思想政治教育是专门在思想领域开展的教育活动。思想政治教育者是专门对教育对象进行政治观、价值观、道德观教育的社会角色，其根本任务是立德树人。在中国，高校思想政治教育者角色就是在高校中“用习近平新时代中国特色社会主义思想铸魂育人，引导学生增强中国特色社会主义道路自信、理论自信、制度自信、文化自信，厚植爱国主义情怀，把爱国情、强国志、报国行自觉融入坚持和发展中国特色社会主义事业、建设社会主义现代化强国、实现中华民族伟大复兴的奋斗之中”[④]的教育工作者。

“思想政治教育”概念是学界讨论最多、争议最大的论题之一[⑤]，而“概念是反映事物的特有属性（固有属性或本质属性）的思维形态”，是科学实践的基础，也通过实践而揭示。思想政治教育的概念随着思想政治教育的实践也越来越清晰地被人们认识和把握，从最初的政治活动概念，“政治宣传”“思想鼓动”“政治工作”等到今天成为以“立德树人”为核心的“做人的工作”概念。在高校，思想政治教育就是指“围绕学生、关照学生、服务学生，不断提高学生思想水平、政治觉悟、道德品质、文化素养，让学生成为德才兼备、全面发展的人才”的“关系高校培养什么样

① 孟建伟：《从知识教育到文化教育——论教育观的转变》，《教育研究》2007年第1期。

② 石中英：《知识转型与教育改革》，北京，教育科学出版社2001年版，第110~113页。

③ 陆一：《通识教育核心课程质量监测诊断：“高能课”与“吹水课”的成因分析与甄别》，《复旦教育论坛》2017年第3期。

④ 《习近平主持召开学校思想政治理论课教师座谈会强调　用新时代中国特色社会主义思想铸魂育人　贯彻党的教育方针落实立德树人根本任务》，《人民日报》2019年3月19日。

⑤ 侯勇、孙其昂等：《“思想政治教育”概念学科辨析与新认识》，《学术论坛》2010年第5期。

的人、如何培养人以及为谁培养人这个根本问题”[①]的工作总称。思想政治教育不是简单的知识教育、技能教育，是关于世界观、人生观的教育以及观世界和观人生的方法论教育。这种教育饱含坚定的信仰以及以此信仰为内核的对崇高伦理精神的追求。

高校思想政治教育是高校教育中具有革命性意义的教育，是不同于过去人类社会私人占有价值立场的社会主义的价值观教育。思想政治教育成为人类的重要活动形式，是因为思想对于人的不可或缺，也是因为思想是在人与人的交流、斗争关系中不断更新、升华的。思想政治教育之所以重要，是因为人的行为由思想支配，正确的行为来自正确的思想，正确的思想是在人的思想关系建构和互动中形成的。无论是个体或社会的生存发展实践都离不开思想政治教育。前资本主义时代，与人的感官直接结合的物质性强力的作用更凸显，思想是少数人的特权，官贵智，民常愚，思想政治教育没有成为显性自觉的人类活动。“只有当社会有意识地灌输或人们有意识地接受阶级思想、阶级观念之时，教育才能转化为思想政治教育。”[②]资本主义降临世间，“不同的政治集团为了获得政治权利（力）展开了激烈的意识形态竞争”[③]，思想政治教育成为人类有意识的政治实践形式。从这个意义上，思想政治教育是在大众的思想力量被认识到的条件下出现的。然而，由于资本主义少数人统治多数人的政治本质，思想政治教育只是被当作了强大的政治统治工具。思想政治教育作为人的普遍性的政治实践活动本质在社会主义运动中才真正绽放出其巨大的光辉。思想政治教育的实质是思想领域的政治革命，是人对自身、对他人进行的政治思想迭代更新，是先进、文明的社会主义政治思想替代腐朽、陈旧的资本主义、封建主义政治思想的革命。这样的思想革命不仅指向社会的进步，也指向个体的人之主体性发现。古人云，修养人格应当“博学之，审问之，慎思之，明辨之，笃行之”。一个年轻人的健康成长，形成正确的思想观念和行为方式需要吸收广泛的知识，接触各种各样的思想观念，即“博学”。然而，若仅仅“博学之”而不能“审问之，慎思之，明辨之，笃行

---

① 《习近平在全国高校思想政治工作会议上强调　把思想政治工作贯穿教育教学全过程　开创我国高等教育事业发展新局面》，《人民日报》2016 年 12 月 9 日。

② 李合亮：《思想政治教育探本：关于其源起及本质的研究》，北京，人民出版社 2007 年版，第 58 页。

③ 金林南：《从政治的意识到意识的政治——思想政治教育起源的政治哲学探析》，《思想理论教育》2010 年第 19 期。

之”，就容易良莠不分，在多种思想观念的冲击中食而不化，陷入混乱迷茫。更甚之，还可能接受错误的思想观念，贻误人生。根据哈佛委员会颁布的《哈佛通识教育红皮书》，通识教育的目标是在现代多元化的社会中，为受教育者提供通行于不同人群之间的知识和价值观。由于缺乏清晰的价值引领，教学效果不尽如人意。20 世纪末，艾伦·布鲁姆曾尖锐地指出许多美国大学标榜其通识课程的广泛性和选择性，于是学生不得不学习庞杂零碎的课程，周旋于不同教授的学术领域之间，到头来学无所成。[①] 高校通识教育的效果能不能发挥，能不能正向发挥，都取决于高校思想政治教育做得好不好。通识教育只有保持与思想政治教育一致的价值立场和伦理追求，方可以发挥出强大的教育功能。

高校思想政治教育者角色在教育系统中之所以具有特殊的意义，根本在于高校思想政治教育包含着高等教育最深层的追求，能够“升华人的精神世界，打造人、人类社会的精神文明，使人真正成为大写的‘人’”[②]。高校思想政治教育的活动对象是年轻人最复杂的、最具有活力的、最难以把握的“思想”。高校思想政治教育的起点和终点都是大学生的思想。大学生的思想具有共同认知特性，社会成员共同的认知、共同理想、共同规范、团体精神、集体意识、社会团结等都存在于思想之中。[③] 正是因为大学生的思想具有共同性，高校思想政治教育才有了存在的基础和施展的空间。在阶级统治社会，高校思想政治教育的目的是使大学生的思想变成社会存在、社会发展所期望的那种思想，认同占统治地位的思想及价值观念。[④] 在社会主义社会，高校思想政治教育是为了把大学生培养成社会主义公共人。“社会主义公共人的培养，即通过教育使人们具有以公共情感、公共理性以及致力于公共事务的奋斗、牺牲精神所构成的公共精神为核心的公共性品质，让受教育者成为真正关注、关心并实际贡献于国家、社会建设的社会主义事业的合格建设者和可靠接班人。”[⑤]

因此，高校思想政治教育者是直接为了人，为了解放人、实现人开展教育活动的社会角色。人在社会中生成，也在社会中获得自由。高校思想政治

---

① ［美］哈瑞·刘易斯：《失去灵魂的卓越：哈佛是如何忘记教育宗旨的》，侯定凯译，上海，华东师范大学出版社 2007 年版，第 20 页。

② 杨叔子：《素质·文化·教育》，《高等教育研究》2012 年第 10 期。

③ 孙其昂：《当前思想政治教育研究中的重要课题》，《学校党建与思想教育》2012 年第 3 期。

④ 孙其昂：《思想政治教育学前沿研究》，北京，人民出版社 2013 年版，第 153 页。

⑤ 戴锐：《思想政治教育的公共化转型》，《马克思主义与现实》2013 年第 1 期。

教育者通过帮助大学生正确认识世界和认识自我，反思自我，指导他们采取正确的实践去不断获得他们作为人的全部本质。高校思想政治教育者帮助大学生在某种程度上确认自己作为人的本质力量，不断提升自我存在的意义和价值。高校思想政治教育者是在大学生的思想领域里激发“革命运动”的人，是帮助大学生不断打破旧的、落后的思想观念，接纳新的、先进的思想观念的社会角色。也正是有了这种思想上的“革命”，社会才不断地超越原有的形态，不断进化，走向更高的文明形态。高校思想政治教育者的角色活动展现出的社会性、政治性、阶级性和人的存在、发展形式有机地结合在一起。高校思想政治教育者帮助大学生充分理解人在社会生活实践中，在阶级斗争中以及在社会生活实践和阶级斗争的交往中交流思想、吸收思想、批判思想、改造思想，不断打造自己的主观世界，占有自己的本质，逐步从偶然的个性走向自由而全面发展的规律，帮助大学生意识到只有当人们克服了生产的私人占有形式进入无阶级的共产主义社会“才是人的本质的现实的生成，是人的本质对人来说的真正的实现，或者说，是人的本质作为某种现实的东西的实现”[①]的必然，从而引导大学生树立共产主义信仰和社会主义核心价值观，自觉地将个人的价值追求融入社会主义建设事业。因此，高校思想政治教育者角色既深切关怀社会总体利益，也深切关怀大学生的健康成长。高校思想政治教育者角色所坚守的伦理价值就是帮助一代代大学生能够“作为一个完整的人，占有自己的全面的本质”[②]。高校思想政治教育者角色伦理关照人的现实生存境遇，把握住了个体的社会和社会的个体之间的内在联系，将个体大学生思想和行为的提升、全体人民生活的安定与幸福达成看作同一的，并帮助大学生在思想和实践中将它们实际地连接在一起。高校思想政治教育者角色的伦理精神指向社会完善和个体幸福的统一。社会主义作为实现人类发展理想前景的实际运动，追求的也正是这样的统一。社会主义核心价值观理应成为高校思想政治教育者角色伦理精神的坚固内核。实现社会主义核心价值观是高校思想政治教育者角色，以及社会主义社会各行业、各部门所有思想政治教育者角色的共同伦理追求。

二、高校思想政治教育者角色伦理的精神实质

高校思想政治教育具有立人为公的精神实质。高校思想政治教育既

---

① 《马克思恩格斯文集》第1卷，北京，人民出版社2009年版，第217页。

② 《马克思恩格斯文集》第1卷，北京，人民出版社2009年版，第189页。

是高校一种专门的“教育”，又是嵌入在一切教育活动过程中的教育，是“成人”的教育。“教”，《说文解字》解为“上所施下所效”；《周礼·师氏》释为“使识旧事”；《礼记·学记》认为“长善而救其失”；《国语·周语》以为“文之施”，因此可以理解为传授知识、示范行事，达成一致的行为。甲骨文的“育”上为“母”下为倒着的“子”，意味着女性生产新生命。《说文解字》里“育”解作“养子使作善”。善是一种圆满，一种共同的满足，公共伦理，因此“育”可以理解为生产新生命、引导新生命走向社会共同善的行为。由此，“教育”的目的是“成人”，通过呵护、培植的方式让一个自然的生物体，成长为一个“人”。所谓“人”，基本特点当然是能融入人类社会，能够被人类社会接纳，行为符合人类社会关于“人”的基本认知。这样的教育过程就是“社会化”。高校思想政治教育是社会下一代中经过高考筛选出来、作为未来的社会精英系统接受的最后一次组织化的“成人”教育。由于教育对象是刚刚成年的、已经具备了基本价值观雏形而又极具可塑性的年轻人，因此，对于他们而言，这也是踏上社会之前、成为社会接受的“社会人”所需要的至关重要的教育。从这个意义上讲，思想政治教育既是高校的一项工作，又不仅仅是高校的一项工作。从高校思想政治教育工作部门的角度看，这是他们的专职工作，是高校日常工作的一个组成部分。从高校的存在和发展的目的和意义看，思想政治教育工作则是高校的全员工作、全部工作。高校存在和发展的目的在于通过追求真理、培养人才、技术创新来服务社会，因此高校的存在形式和活动方式应当符合社会的要求，表达对特定价值理念的追求。高校思想政治教育具有全面性特征。思想政治教育在高校是由全体成员包括大学生共同参与的全面性的工作，是高校的根本工作。高校思想政治教育工作不仅仅是高校工作的一部分。高校思想政治教育的价值渗透在高校教育的每一环节、每一空间以及每一时间中。可以说，高校思想政治教育者角色在高校没有固定的扮演者，并且专职高校思想政治教育者角色的活动范围没有边界，融入了其全部的学校关系中，融入了他以高校思想政治教育者角色所参与的一切社会关系中。这种无时无处不存在的角色活动要求高校思想政治教育者角色具备如下精神特质。

高校思想政治教育者角色应具有天下行德的坚定信念。“大学之道，在明明德，在亲民，在止于至善。”高校思想政治教育直接进行传“道”，这是其和高校其他教育不同之处。高校其他教育是“道在其中”，但若隐若现，潜移默化地起作用。高校思想政治教育是具有一定结构与功能的有机“传道”整体。高校思想政治教育者作为高校思想政治教育活动的发起者，是主持、维护高校思想政治教育系统的协调运转、功能正常发挥的核心要素。高校思想政治教育者是高校思想政治教育目标的设立者，教育内容的充实者、筛选者，教育方法的创造者、运用者，教育环境的设计者、建设者。虽然高校思想政治教育的根本目标是国家根据时代发展的要求而确立的，但不同高校的具体的思想政治教育目标则是由具体的教育者根据高校的教育精神、发展理念而确定的。高校思想政治教育者应当具备崇高的精神境界、宽阔的胸怀和长远的眼光，能够全面准确地把握国家社会发展的方向和高校的发展定位，制订科学具体的思想政治教育目标，选择丰富而优质的思想政治教育内容，运用合理的思想政治教育方法。高校思想政治教育者必须具备抵制各种不良思想文化侵袭的意识和能力，对高校思想政治教育生态体系中存在的各种危机保持敏锐的警觉和及时恰当的应对能力。高校思想政治教育主体的角色定位客观上对其提出了很高的思想道德要求，要求他必须具备坚定不移的信念、积极昂扬的精神风貌、优秀的思维决断能力和坚韧不拔的意志品质。唯有如此，他才能在面对环境变迁、形势恶化、形形色色思潮的冲击中一直保持理智的清明，在面对各种不理解、不接纳乃至非议、威胁和危险的时候不动摇、不推诿，敢决断、有行动。高校思想政治教育者将社会主义核心价值观巧妙渗透在高校的一切有形与无形的活动中，将貌似散乱的元素串成一个大大的“德”，成为高校这个空间一切人的活动和组织运转必需的遵循。高校思想政治教育者是高校“大德”的直接代言人、发声者，其一言一行都必须合乎“大德”。高校思想政治教育者角色的社会期望远超于一个具体职业的“工作指标”，须时时处处避免行差踏错。

高校思想政治教育者角色具有勇于开放的伦理精神。高校不是社会中的孤立“象牙塔”，高校思想政治教育也不能成为一个孤立的、封闭的自洽体系。高校思想政治教育的活力、生命力同样是源于社会生态系统，在与社会诸多物质要素、精神要素的相互交换、滋养乃至竞存的过程中运转的。国家的政治理念、制度设置、权力运行模式等社会元素直接对高校思想政治教育产生作用，决定高校思想政治教育者的角色功能、关系结构、行为模式。更多的社会元素则是间接地对高校思想政治教育系统产生作用，例如社会物质生产方式、政治实践成果、社会文化心理等都会影响高校思想政治教育者角色的心理态度、行为选择、教育效果。随着全球化的进一步加深，互联网社会的形成和快速发展，高校思想政治教育已经客观地成为网络及现实世界的一个节点。只有主动寻求更广阔的发展空间，扩大开放程度，高校思想政治教育者角色才能补充存在的新理由、开拓发展的新空间。另外，高校思想政治教育者角色的开放必然性体现在高校思想政治教育者角色对社会系统的功能输出。高校思想政治教育者一方面要为社会系统输出符合其要求的人，另一方面还要为整个社会提供思想政治教育知识、思想供给，保证社会思想政治教育大系统的功能稳定和发挥。从这个意义上讲，高校思想政治教育对于思想政治教育大系统具有非常重要的作用，在一定程度上影响整个思想政治教育系统的功能大小和质量。因此，如若思想政治教育的其他子系统或系统要素无法与高校思想政治教育形成有效合作共振，无法给予高校思想政治教育足够的物质与精神素材的供给，会造成整个思想政治教育系统的逐渐萎缩。同样，如果高校思想政治教育者角色将自己封闭起来，没有与其他思想政治教育者角色广泛深入地进行连接，也会枯竭自己的生命源泉、削弱自己的生命力。开放性滋养着高校思想政治教育者角色的生命力，保持开放性是高校思想政治教育者角色不断创新发展的基本要求。高校思想政治教育者角色应当主动关心社会，研究国内国际思想政治教育领域出现的新情况、新问题，不断地将马克思主义基本原理和中国化、时代化马克思主义最新理论成果融入高校思想政治教育活动中。高校思想政治教育者角色保持与社会不间断的密切合作，共享思想政治教育资源，对接思想政治教育空间，不断为高校思想政治教育注入新元素。

高校思想政治教育者角色具有实事求是的伦理精神。"'实事'就是客观存在着的一切事物，'是'就是客观事物的内部联系，即规律性，'求'就是我们去研究。"[①] 一方面，高校思想政治教育者角色要尊重"实事"，直面高校思想政治教育中存在的各种问题，不掩饰、不回避、不推脱，要通过摆事实来讲道理。大学生对事实的观察和判断具有一定的主观性和片面性，高校思想政治教育者要运用马克思主义的立场观点和方法，同时把握大学生的思想困惑和心理阻碍，用系统全面的分析来赢得他们的认可。我国仍处于社会主义初级阶段，存在一定的社会矛盾和发展问题，在大学生的思想和心理上难免形成种种不良影响。帮助大学生全面正确认识我们的发展状况，解答他们的疑惑，帮助他们坚定走中国特色社会主义道路的信念正是高校思想政治教育者角色的分内之责；另一方面，高校思

① 《毛泽东选集》第3卷，北京，人民出版社1991年版，第801页。

想政治教育者要积极“求是”。高校思想政治教育者，尤其是思想政治理论课教师必须将探索、钻研、理论化高校思想政治教育规律作为自己不可推卸的职责，这是他不同于其他行业部门思想政治教育者的重要属性。每一个思想政治教育者都要在实践中探索思想政治教育规律，但其他行业的思想政治教育者更多的是把握他从事的具体工作领域的规律，而高校思想政治教育者作为接受过系统思想政治教育学科训练和学术训练的群体，不仅要对于自身所从事的具体思想政治教育活动进行钻研、总结，还需要进一步将局部的经验与普遍性的规律相结合，将经验升华为理论，为思想政治教育学科，为马克思主义中国化发展作出理论贡献。一旦离开了实事求是、直面现实，理论工作就成为无源之水、无本之木。

高校思想政治教育者角色具有不断创新的伦理精神。高校思想政治教育是组织化较强的思想政治教育，不同于一般社会组织中的思想政治教育，具有清晰的目标、规范的制度、体系化的机构、大量的专兼职工作人员、全面的实施计划和相对封闭的教育环境。高校思想政治教育的各要素与其他组织系统的要素相比具有较强的特殊性、复杂性。高校思想政治教育者涵盖了理论工作者、专兼职教育者、管理者、党务工作者等，其整体理论素养比一般思想政治教育者更高。高校思想政治教育者对于思想政治教育有更多独立的、个性化的研究思考，主体性更强。高校思想政治教育者角色的活动对象是成年早期的大学生、研究生，其思想非常活跃，也相对单纯，有一定的独立思考能力，同时思想、人格的可塑性还比较大，对思想政治教育者的素质、思想政治教育的内容质量要求比一般教育对象更高。高校思想政治教育具有很强的艺术性特征，没有可以简单复刻的操作程式。高校思想政治教育者要采取灵活、巧妙的方式处理教育过程中出现的各种问题，用不同的方法面对不同的教育对象。高校思想政治教育必须将科学性与艺术性有机地结合起来。只讲科学性不讲艺术性，思想政治教育就是呆板的、生硬的，注定会失败。只注重艺术性不注重科学性，思想政治教育就容易出乱子。高校思想政治教育方式丰富多样，既有集中教育也有个别教育，既有显性教育也有隐性教育，既有理论教育也有实践教育，涵盖了大学生在校期间的方方面面，形成了独具特色的教育体系，需要教育者成为做思想政治工作的“多面手”。高校思想政治教育的特殊性导致高校思想政治教育者普遍承受更高的“称职”标准，必须具有不断更新、“升级”的能力。换言之，高校思想政治教育者的职业伦理内在的包括主动、自觉地不断自我更新。一旦不再努力学习，不再进行研究探索，停下提升自我的脚步“吃老本”，就已经背离了高校思想政治教育者角色的伦理要求。

高校思想政治教育者角色具有敢为人先的伦理精神。高校承担着思想政治教育学科建设、知识生产、理论创新的主要工作。高校思想政治教育不仅包括大学生的思想政治工作，还包括学术研究工作。产出前沿性的思想政治教育理论是高校思想政治教育者角色标志之一。高校思想政治教育的对象是社会新生代中知识面最广、学习能力最强、创新意识和创新能力突出的群体。他们的反思批判精神较强，对社会生活中出现的问题反应敏锐，对思想政治教育往往提出更高的要求。高校也是世界文化、文明交汇的集中地，各种思想文化相互激荡。思想政治教育理论必须具备彻底性，否则很难在思想交锋的过程中具备说服力。高校思想政治教育者在挑战和压力中推动了高校思想政治教育不断探索新领域、产出新思想，不断推动思想政治教育向更高层次发展。国家对高校思想政治教育的重视以及为思想政治教育学科提供的良好学术研究平台、丰富的思想理论资源，也明确向高校思想政治教育者角色提出了思想政治教育理论建设的任务。新思想、新理论的形成离不开对真理的坚持、对未知的好奇、对盲区的探险，需要勇敢、坚毅、不屈不挠的精神。同时，高校思想政治教育者还要善于在复杂的国际国内环境中辨明方向、看清趋势，勇于探索、敢为人先，提高把握未来的能力，做走在思想政治教育实践前列的奋进者、开拓者。

三、高校思想政治教育者角色行为的伦理约束

伦理目标及其精神实质都需要借助合理的制度、有效的机制才能化为现实。高校思想政治教育的实践过程是教育者有目的、有计划地对大学生施加影响，努力将大学生塑造成为符合教育者期望的人的活动。高校思想政治教育者是教育活动的发起者、组织者、实施者。高校思想政治教育运行机制是指高校思想政治教育者角色活动的各要素、环节之间相互连接的关系状态，存在于高校思想政治教育者角色实现其职能的决策、计划、领导、组织、激励、实施、评价、改进等一系列活动过程。良好高校思想政治教育者角色运行机制能够实现高校思想政治教育各部门之间、人员之间、规范与行动之间的动态平衡与和谐，保证思想政治教育者角色活动顺利开展以及最终目标达成，促进思想政治教育者角色活动质量不断提升。高校思想政治教育者角色伦理规范通过社会主义价值链形成有序结构，贯穿高校思想政治教育者角色活动的全过程，保证高校思想政治教育系统功

能正常输出。高校思想政治教育者角色运行机制具体包括决策、执行、控制、评价以及激励 5 个环节。

决策指“人们在行动之前对行动目标与手段的探索、判断与选择”①。伦理取向在决策中发挥着非常重要的作用却常常不被决策者清晰地意识到。决策包括发现问题、确定目标、拟订计划、选择方案、执行方案、检查评价和反馈处理等基本环节。高校思想政治教育者角色要首先确定何种现象、事件、行为属于思想政治教育的问题，何种问题应当是思想政治教育应该解决或能够解决的，这些都离不开高校思想政治教育者的角色伦理观念。同样，面对问题，解决方向，如何解决，采用何种措施，在实施计划过程中怎么处理某些具体问题，如何评价行为的后果等。伦理观念一直或隐或现在思想政治教育者决策的过程中。高校思想政治教育者决策活动中的伦理观念、伦理判断在决策活动中起到定向作用，并且决定高校思想政治教育角色行为的总体伦理水平。可以说，决策活动中包含着全部高校思想政治教育活动的基本伦理价值追求。决策行为的伦理取向一旦出现偏差就会导致高校思想政治教育整体伦理价值追求出现错误。高校思想政治教育者角色在决策时首先要明确社会主义高校思想政治教育的目的是什么。高校思想政治教育的根本目的是要培养一代又一代拥护中国共产党领导和中国特色社会主义制度、立志为中国特色社会主义事业奋斗终生的有用人才。高校思想政治教育是“为人民服务，为中国共产党治国理政服务，为巩固和发展中国特色社会主义制度服务，为改革开放和社会主义现代化建设服务”②的工作。高校思想政治教育者要以“四个服务”为研判尺度，在学校党委的领导下主动把握学校意识形态工作领导权、管理权、话语权，发现和研判教育对象的思想状况，拟订思想政治教育计划，选择科学合理的思想政治教育方案。

良好的执行包括正确理解、把握、落实决策思路和决策方案。高校思想政治教育者是否能够很好地实现决策目标、完成决策任务，一方面取决于在执行时能否合理安排、协调、组织各种资源，有计划、有步骤、高效率地开展思想政治教育工作；另一方面取决于执行程序是否能坚持正确的伦理尺度。正常情况下，高校思想政治教育决策程序的伦理目标和伦理判断服从于决策程序的伦理价值要求，体现高校思想政治教育者的决策意

① 王凤彬、李东：《管理学》，北京，中国人民大学出版社 2003 年版，第 43 页。

② 《习近平在全国高校思想政治工作会议上强调　把思想政治工作贯穿教育教学全过程　开创我国高等教育事业发展新局面》，《人民日报》2016 年 12 月 9 日。

志，完成决策目标。决策中蕴含的伦理价值不会自然地贯彻到执行活动中。高校思想政治教育者在执行活动过程中也存在不少非伦理行为。非伦理行为（unethical behavior）是指那些违反了被广泛接受的道德或社会规范的行为，也可翻译为“不道德行为”[①]。这里特指在高校思想政治教育者角色活动中违背社会主义核心价值观的行为。最为常见的有两种情况：一是机械执行决策，二是忽略手段的伦理性质。机械执行决策是指高校思想政治教育者对于决策意图并没有真正领悟或虽理解决策意图却行为懈怠、浮于形式。高校思想政治教育者欲充分领悟高校思想政治教育工作的底层逻辑——社会主义核心价值观，需要系统学习科学社会主义理论，全面掌握中国化、时代化马克思主义理论成果，具备与决策者同样观察问题、理解问题的立场、视角和境界，具备全局性、发展性思维能力。只有高校思想政治教育者充分理解每一个思想政治教育工作安排在立德树人系统工作中的价值，才能充分发挥主动性、积极性，准确选择思想政治教育的平台和渠道、方法技术，去达成决策目标。反之，高校思想政治教育者在执行决策的过程中就会失去高度的责任感和敬业精神，对决策要求敷衍应付，只证明“做过”而不在意“做好”。另一种情况，高校思想政治教育者在执行过程中有时急于完成决策任务，解决实际问题，会采取简单粗暴乃至违法违纪的手段。例如，在运用数字化技术提升高校思想政治教育精确性、动态性和及时性时也同时伴随着“受教育者的一些数据信息未经受知情同意便被收集记录，一些涉及个人隐私的问题也通过‘无微不至’的‘电子画像’赤裸裸地呈现出来”[②]，违背了尊重教育对象主体人格的社会主义公平正义、民主法治的价值观念。手段也蕴含伦理，必须与目的保持一致。高校思想政治教育者在执行过程中的工具、方法的选择也必须符合社会主义核心价值观的要求。

控制是指对于高校思想政治教育运行过程中进行监督、管理、风险防范、调节、控制的活动过程。根据控制论，高校思想政治教育过程之所以需要控制，一方面因为思想政治教育者及其教育对象的行为具有多种可能性，既可能向着全面符合社会主义核心价值观的方向发展，又可能向着部分不符合或完全不符合社会主义核心价值观的方向发展；另一方面因为思想政治教育者和教育对象行为的方向可以通过一定的“纠偏”与“调节”

① 曾恺、王端旭等：《组织中非伦理行为操作性定义的演化和评析》，《应用心理学》2020 年第 3 期。

② 王学俭、冯瑞芝：《数字技术与思想政治教育高质量发展的耦合逻辑及风险防范》，《北京工业大学学报（社会科学版）》2023 年第 3 期。

措施介入进行调节，推动其朝着符合社会主义核心价值观的方向发展。[①]高校思想政治教育者行为的控制既包括高校思想政治教育通过构建全面、科学的制度进行规范，也包括高校思想政治教育者通过反思、自律进行自我约束。高校思想政治教育对象的控制既包括对思想政治教育环境的控制，切断不良信息的侵入，也包括对高校思想政治教育者与教育对象之间思想政治教育信息交换的内容、方式的控制，限制不符合社会主义核心价值观念的师生交往方式和信息传播。高校思想政治教育者角色活动控制的方向和控制的方式都包含伦理规范的要求。

评价也具有对高校思想政治教育者角色活动进行控制、反馈的作用。评价过程依照一定的程序和方法，对高校思想政治教育的运行和效果是否符合决策目标，以及完成思想政治教育目标的质和量进行分析和判断。思想政治教育评价目标是否清晰，评价指标是否全面、评价内容是否合理、评价方法是否符合恰当，最终的评价结果是否公正都直接影响高校思想政治教育的状况。高校思想政治教育者受评价机制影响极大。评价体系的指标和方法都具有强烈的伦理指向，牵引着高校思想政治教育者的行为选择，并影响高校思想政治教育者的自我角色价值认同。高校思想政治教育评价依据的伦理原则应当与决策依据的伦理原则高度吻合，才能对思想政治教育活动的状况和效果做出科学的判断，正确引导高校思想政治教育者的角色行为。科学评价机制是高效激励机制的基础。大学生是思想政治教育的接受者、参与者、反馈者，检验高校思想政治教育者角色是否存在价值，不仅要看高校思想政治教育者角色应该做什么，更要看高校思想政治教育做到了什么，要看高校思想政治教育的对象，也就是大学生，有没有通过接受思想政治教育升级了他们的思想系统，构建起有效的、坚固的，符合社会主义核心价值观的思想、行为体系，能够准确地分辨各种文化思想的正谬，抵御各种各样的诱惑，防御各种错误观念的攻击，成长为有担当的、具有完善人格的独立行动主体。

激励是一种重要的心理机制。高校思想政治教育组织采用一定的方法，以奖赏的方式激发高校思想政治教育者发挥主动性、积极性和创造性，推动高校思想政治教育良好运转。科学合理的激励机制通过一定的激励因素或激励手段，引导高校思想政治教育者沿着正确的价值轨道开展教育实践活动，是高校思想政治教育者角色实现的重要组成部分，也是达成

① 李基礼：《思想政治教育过程控制三论》，《学校党建与思想教育》2020 年第 23 期。

高校思想政治教育目标不可或缺的管理环节。高校思想政治教育激励是在评价的基础上完成的。激励机制是否有效取决于激励是否与评价的运行方向吻合，激励是否很好地体现了评价的伦理价值追求。有效的激励建立在公正的评价基础之上。公正的评价必然符合思想政治教育普遍认同的价值要求。在高校，躬身力行社会主义核心价值观的教育者、教育对象总是能得到物质和精神激励，高校思想政治教育系统的运转就顺畅，高校思想政治教育的价值也就越容易得到承认。在某些高校、某些部门，由于激励导向发生偏移，一些缺乏思想政治教育自觉意识和行为能力的人获得了不应有的荣誉和地位，打击了高校思想政治教育者投入思想政治教育工作的热情，也对思想政治教育所倡导的社会主义核心价值观念和道德行为产生了怀疑，给思想政治教育工作、国家的教育事业都带来了很坏的影响。价值立场是激励机制发挥作用的内核，不能偏移社会主义的价值导向。

高校思想政治教育者角色 5 个行为环节是一个有机的整体，相互之间具有复杂的作用关系。当高校思想政治教育者角色伦理价值全面融入高校思想政治教育运行的各环节，社会主义伦理价值追求很好地贯穿各部分的时候，高校思想政治教育者角色行为便是完成了的伦理行为，高校思想政治教育者角色伦理就能得到全面实现。

第三节　高校思想政治教育者角色的实践伦理精神

社会主义核心价值观围绕核心价值观覆盖国家、社会、个人 3 个部分。高校思想政治教育者角色实践社会主义核心价值观相对应形成维护社会主义国家价值观、实现社会主义社会价值观以及示范社会主义公民价值观 3 种实践伦理诉求。高校思想政治教育者 3 种实践伦理诉求又具有两个层次，一是维护既有社会秩序的实践伦理诉求，维护社会基本政治制度、伦理道德秩序。中国高校思想政治教育者的现实伦理追求就是维护中国特色社会主义社会的基本秩序，通过宣传社会主义制度、中国共产党的路线方针政策，帮助社会成员对社会主义核心价值观形成普遍认同，接受社会基本伦理规范，自觉遵守社会主义法律和道德要求。二是创造理想社会形态的实践伦理诉求：在社会中树立一种超越于现实的社会理想，并根据这种社会理想建构完美的社会伦理价值体系及其道德目标，培养教育对象团结一致不断改造客观世界，追求一个更加完善、美好的社会环境，并在追求理想的过程中升华精神境界、完满道德人格。

一、维护社会主义国家政治制度的伦理立场

高校思想政治教育是客观实在的社会实践活动。基于社会稳定与发展的要求，任何进入社会的人都必须接受思想政治教育。当然，每个人接受的程度、内容、效果各有不同，大学生所接受的高校思想政治教育是较高阶段的思想政治教育。高校思想政治教育者的存在境遇和存在方式决定了思想政治教育者的现实伦理目标。高校思想政治教育者角色的社会期望和行为模式也是由社会这个大舞台的需要所决定的。社会政治、经济、文化等共同写下高校思想政治教育者角色的演绎剧本。高校思想政治教育者是相对于高校思想政治教育对象而言的，并非绝对的身份角色。高校思想政治教育者在一定程度上只是接受思想政治教育更早、程度更高、内容更多、效果更好的人。高校思想政治教育者并非“天赋神授”的“圣哲”，也不能完全摆脱他所处的社会历史环境及其意识形态的影响和制约。“思想政治教育是社会上层建筑的有机组成部分，是社会上层建筑意识形态的核心部分之一，是社会结构诸要素的一个关键性要素。”[①] 从这一层面上说，作为高校思想政治教育者，他恰恰是他身在其中的社会意识形态的代言人。“思想政治教育者在思想政治教育活动中，重视思想政治教育必须适合现代社会思想文化的现实与发展的需要，使思想政治教育的形式、内容和方法与当代社会思想文化相配合，并使思想政治教育对象在政治思想、品德意识、价值观念等方面符合当今国家建设和社会进步的现实需要。”[②] 高校思想政治教育者必须担负起传播社会主义国家主流意识形态的责任，为社会主义国家构建共同价值体系，维护社会主义国家的团结稳定，培养社会主义国家需要的普遍遵守社会公共伦理的合格公民。高校思想政治教育者必须担负起对为党育人和为国育才的伦理责任，“用中国特色社会主义理论体系武装大学生，用社会主义核心价值体系引领各种社会思潮，把他们培养成德智体美全面发展的社会主义建设者和接班人，对于全面实施科教兴国战略和人才强国战略，确保实现全面建设小康社会、加快推进社会主义现代化的宏伟目标，确保中国特色社会主义事业兴旺发

① 陈秉公：《思想政治教育学原理》，北京，高等教育出版社 2006 年版，第 60 页。

② 李仁卿：《思想政治教育者的思想导向功能》，《思想政治教育研究》2010 年第 1 期。

达、后继有人”[①]。高校思想政治教育工作者的专业来源差异很大，有一部分教育者没有系统的马克思主义理论学习经历，受到西方“知识分子”观念的影响，也自诩为“公共知识分子”，追求做所谓的“保持独立于体制之外的品格的观点”[②]，做不依附于任何阶级利益的漂浮群体，殊不知却犯了形而上学的错误，忘记了知识分子也是“具体的人”，同任何其他人一样生活在现实的世界之中，是现实世界的产物。甚至不知道自己的思想其实也是社会思想的产物，而以为只是“自己的思想”恰恰是其缺乏深刻自我反思精神的表现。

高校思想政治教育者是“为中国共产党治国理政服务”“为巩固和发展中国特色社会主义制度服务”的政治角色。中国共产党的领导是中国特色社会主义的本质特征。中国共产党第十八次全国代表大会召开以来，中国共产党立足时代之基，引领时代之变，胸怀“国之大者”，把方向、谋大局、定政策、促改革的能力不断提升。坚决维护中国共产党的政治领导，自觉在思想上政治上行动上同党中央保持高度一致，确保党中央权威和集中统一领导是高校思想政治教育者首要的政治责任。高校思想政治教育者是中国共产党政治组织中的成员，其政治理想本应符合国家的政治理想，政治追求本应与国家政治追求一致，并且遵守政治权力群体的政治道德规范。高校思想政治教育者又是一种特殊的政治角色，其政治工作的内容主要是为国家的政治伦理合法性进行辩护。政治伦理必须对“什么样的国家或国家制度是好的”以及“好的国家或国家制度要如何建立起来并得到更好的发展”之类涉及国家认同的问题进行回应。[③]高校思想政治教育者角色必须承担起对这些问题的解答或者阐释责任。实现社会的整合是思想政治教育者的使命，不同的政治制度、政治实践都是追求不同社会整合价值理念的结果，思想政治教育者则是有意识地传输政治活动所需要的知识、价值、态度和技能[④]的社会角色。毋庸置疑，高校思想政治教育者角色应当具备与社会主义核心价值观相一致的政治伦理。政治伦理也可称为国家伦理，是基于国家政治所依据或追求的价值体系，约束政治群体和政治行为的道德规范。高校思想政治教育者的角色任务就是把政治态度、信

---

① 《中宣部教育部关于进一步加强高等学校思想政治理论课教师队伍建设的意见》(教社科〔2008〕5号)。

② 1899年，美国作家威廉·詹姆斯在谈到“德雷福斯事件”时提出的主张。

③ 田海平:《国家伦理的基本价值预设及其道德前提》,《学术研究》2016年第9期。

④ 陈立思:《当代世界思想政治教育》，北京，中国人民大学出版社1994年版，第36页。

仰、情感、价值、知识等社会主义国家政治文化的“核心要素”灌输给大学生，使他们认同国家所倡导的政治伦理，在中国，就是认同中国特色社会主义制度。社会主义国家是社会向共产主义无国家社会过渡阶段的社会治理机构，其存在的首要伦理价值就在于进一步解放生产力，为进入更高社会阶段奠定物质基础，并通过政治力量在全社会培育共产主义道德。与过去的国家不同之处在于，社会主义国家是人民真正当家作主的政治实体，文明、和谐是符合人民期望的国家政治状态。高校思想政治教育者以维护社会主义制度为己任，不断激发大学生投身富强、民主、文明、和谐的社会主义建设的积极性，化爱国之志、爱国之情为报国之行，成长为能够担当民族复兴大任的时代新人。

高校思想政治教育者对于自身的政治使命应当是明确而坚定的。“传道者自己首先要明道、信道”[①]。思想政治教育者的社会角色是传道者，优秀的传道者一定能够把“道”讲清、说明，让“道”之理能说服教育对象，让教育对象接受“道”。高校思想政治教育者对社会主义国家的维护建立在思想政治教育者确信社会主义的发展道路是向道而行的康庄正途。伊斯顿总结出民众政治支持的两个维度：普通支持和特定支持。普通支持是民众对政治价值、政体的支持；特定支持是民众对政治政策、政府机构的支持。[②]因此，政治价值理念教育包括：一是关于这个社会政治制度合法性的理论基础教育，即关于政治价值观、政体合理性等政治文化的教育；二是关于国家组织机构、国家政策、政治活动等具体政治行为合理性的阐释说明。具体而言，高校思想政治教育者首先应当把握住历史发展的大趋势，用历史的眼光充分理解和领会现实中国特色社会主义基本政治制度、公共价值伦理和道德规范的存在基础，认同社会主义国家在当下的现实与未来世界存在的合理性和合法性，发自内心地坚决维护社会主义制度的存在和发展，真诚地深刻阐释社会主义国家制度建构的理论逻辑，帮助大学生以及其他社会成员接纳社会政治制度和公共伦理规范。“坚持社会主义虽然是我们国家的基本原则，但是对于什么是社会主义的理解仍然需

---

① 《习近平在全国高校思想政治工作会议上强调　把思想政治工作贯穿教育教学全过程　开创我国高等教育事业发展新局面》，《人民日报》2016年12月9日。

② ［美］戴维·伊斯顿：《政治生活的系统性分析》，王浦劬译，北京，人民出版社2012年版，第256~265页。

要在实践中不断深化”[①]，社会主义建设理论随着实践探索的发展不断取得新的成就。高校思想政治教育者必须不断深化对马克思主义基本原理的学习，全面掌握习近平新时代中国特色社会主义思想体系，坚持学思用贯通、知信行统一，坚定理想信念，把社会主义政治价值观诠释透、宣传好。此外，高校思想政治教育的政治伦理实践也并非仅仅停留在对社会主义国家进行道义维护，也特别注重对党和国家利国利民、合乎社会主义国家利益的具体政策、建设成就展开宣传。高校思想政治教育者是国家思想政治教育组织中的成员，是国家政治结构中的社会角色，必须遵守组织原则。高校思想政治教育者需要“统一口径”，遵守“宣传纪律”。高校思想政治教育者维持社会主义国家意识形态的再生产并非对社会主义国家建设过程中存在的问题与不足置之不理，或加以掩盖和粉饰，而是在对历史发展规律总体把握中对当下社会主义国家基本伦理价值的认同基础上，做好解释、批评和建议工作，通过自己踏实的工作为不断完善社会主义民主、推进社会主义政治文明、彰显社会主义国家的制度优越性作出应有贡献。高校思想政治教育者政治角色的主要任务随着社会主义建设的不同阶段也会有所不同。社会主义高度发达、全球迈入共产主义阶段，巩固国家政权，强化国家意志便不再是高校思想政治教育者政治角色的主要内容。在相当长的社会主义发展的初级阶段，面对着资产阶级政治力量的颠覆破坏，面对着资产阶级政治伦理的侵蚀，巩固社会主义国家政治制度，强化社会主义政治伦理必须成为高校思想政治教育者政治角色的主要工作任务。

二、建设社会主义社会文明的伦理情怀

中国特色社会主义社会价值观不仅构建了与我国社会主义初级阶段相适应的社会文明形态，为我们树立了价值标杆，提供了当下的伦理实践范式，还指明了推进社会主义社会文明现代化的伦理实践路向。“社会——不管其形式如何——是什么呢？是人们交互活动的产物。”[②]社会文明归根结底是社会成员交往关系的文明。社会主义社会价值观“具有超越历史阶段性的普遍性和终极价值的品格。《宣言》以‘每个人的自由发展’来界定社会主义，深刻地表明了社会主义的本质特征，从根本上把社会主义同

① 周建明：《扬弃私有制——对社会、社会伦理、社会主义概念的历史考察》，《社会科学》2006年第11期。

② 《马克思恩格斯文集》第10卷，北京，人民出版社2009年版，第42页。

一切旧社会区别开来”[①]。这种根本区别体现的是社会主义社会不同于其他社会文明的正义观：“怎样在现代化的进程中实现‘比阳光更重要的’公平和正义？这是时代向马克思主义哲学提出的世界观问题，因而是马克思主义哲学在当代的重大课题。”[②]这一问题集中体现在对社会主义核心价值观的正确理解上，也赋予了高校思想政治教育者角色实践的伦理情怀。高校思想政治教育者角色的政治伦理追求只能是中国共产党的政治伦理追求。中国共产党一直强调以社会主义核心价值观为指引推进政治文明建设。社会主义核心价值观就是中国特色社会主义政治理念的价值内核，表达了以人民群众的根本利益为中心的伦理愿望和伦理情怀。因此，高校思想政治教育者秉承“为人民服务”“为改革开放和社会主义现代化建设服务”的伦理情怀投身社会主义社会文明建设，为“发展为了人民、发展依靠人民、发展成果由人民共享”而辛勤工作。

社会主义核心价值观导向的社会文明是一个物质文明与精神文明相协调又高度发达的文明形态。社会主义社会文明包含着社会主义经济伦理要求。社会主义经济摒弃了以资本为中心、物质主义、精神崇拜的功利伦理，走全体人民共享物质文明成果的共同富裕道路，崇尚忘我工作、不计得失、淡泊名利、甘于奉献的高尚情操。高校思想政治教育者是通过辛勤、高质量的思想政治教育工作获得合理物质经济利益的社会角色，不能将高校思想政治教育事业仅仅视为谋生的手段。社会主义社会同时也是精神文化高度发展，人民群众在精神享受、精神发展上共同富裕的社会。社会主义物质共同富裕为精神共同富裕创造了良好条件，物质共同富裕是社会主义精神文明的内在要求。精神共同富裕能充分发挥广大人民群众建设社会主义物质文明的积极性、创造性，促进物质共同富裕，使物质共同富裕成为人民美好生活的有机组成部分。高校思想政治教育者是社会主义精神财富的生产者，也是社会精神财富的分配者。高校思想政治教育者要鼓励教育对象树立远大理想，不断扩大自己的眼界境界，激励他们投身知识海洋，引导他们享受健康文明的生活方式。高校思想政治教育者必须成为能把马克思主义中国化讲好的人才，要坚持讲人民群众听得懂、听得进的话语，让党的创新理论“飞入寻常百姓家”，把社会主义核心价值观同人民群众的实践活动结合起来，让人民群众普遍掌握科学理论，获得认识世

① 叶汝贤：《每个人的自由发展是一切人的自由发展的条件——〈共产党宣言〉关于未来社会的核心命题》，《中国社会科学》2006年第3期。

② 孙正聿：《时代变革与马克思主义哲学的当代重大课题》，《中国社会科学报》2011年6月30日。

界、改造世界的强大能力，成为自己命运的主人。“阶级就是一个认识的主体。最初工人阶级是一个自在的阶级，那时它对资本主义没有认识。以后就从自在阶级发展到自为阶级，这时它对资本主义就有了认识。这就是以阶级为主体的认识的发展。”[①] 培养广大人民群众的主体精神是精神共同富裕的核心，也是社会主义社会文明的根本要求。

具体而言，高校思想政治教育者首先要正确区分社会主义核心价值观自由、平等、公正、法治 4 个核心概念和资本主义自由、平等、公正、法治在价值取向上的根本不同。第一，“自由的有意识的活动”[②] 是人的本质，实现人的自由和发展是社会主义的最高价值目标。资本主义对于自由的理解是原子式个体的幻梦，破灭在人与人对立的社会形态中。社会主义对于自由的追求是“每个人的自由发展是一切人自由发展的条件”的共同理想，既是对个体的关怀，更是对社会的关怀。高校思想政治教育者不仅自己热爱自由，而且能够唤起社会普遍对自由的向往，并将这种向往化为建设社会主义的实践积极性。第二，平等不仅是政治权利，更是一种经济权利。恩格斯在《反杜林论》中指出，平等是“一种历史的产物”，平等的思想一直存在于人们的头脑中却从未全面降临人世，因为平等的实现受制于客观历史发展的水平，同时又随着历史的发展而形成新的要求。资本主义社会的经济不平等无法支撑政治、文化、道德上的平等要求。社会主义对于平等价值的追求建立在“最大公约数”的基础上，是广大人民群众享有当家作主的政治权利和按劳分配，共享经济机会和经济成果的现实平等。第三，公平正义是社会主义的内在要求和终极目标之一，高校思想政治教育者的公平正义观直接决定思想政治教育工作目标是否达成。中华民族具有强烈的对于公正的渴望，但由于社会不平衡、不充分的发展，出现了贫富两极分化的现象，引起社会成员的焦虑和不满，同时引起一定程度的思想混乱，成为凝聚社会主义价值共识的最大障碍。坚持中国特色社会主义公平正义是高校思想政治教育者角色最深切的伦理关怀。第四，社会主义法治是一种全新的法治实践，也是一种新的法治思想，真正意义上的“主权在民”。“法的关系正像国家的形式一样，既不能从它们本身来理解，也不能从所谓人类精神的一般发展来理解，相反，它们根源于物质的生活关系，这种物质的生活关系的总和，黑格尔按照 18 世纪的英国人和法国

① 《毛泽东文集》第 8 卷，北京，人民出版社 1999 年版，第 391 页。

② 《马克思恩格斯文集》第 1 卷，北京，人民出版社 2009 年版，第 162 页。

人的先例，概括为‘市民社会’，而对市民社会的解剖应该到政治经济学中去寻求。”[①]社会主义社会良法善治建立在以公有制为基础的物质生活关系之上，为中国式现代化社会文明奠定了长期稳定发展的坚实基础。高校思想政治教育者应当意识到社会主义法治作为一种思想意识和价值观念是社会主义初级阶段的必然选择，也是社会主义社会文明的基本保障，自觉培养自己的法治意识和法治情怀。

高校思想政治教育者以实际行动推动社会主义社会文明建设。首先，高校思想政治教育者坚守着高校思想政治教育这个主阵地，兢兢业业种好这一块“责任田”，使社会主义核心价值观进入师生头脑，根植师生心灵，调动高校师生践行社会主义核心价值观的主动性、积极性和自觉性，在校园形成社会主义道德文明风尚。其次，高校思想政治教育者还要引领广大师生成为传播社会主义核心价值观的志愿者、同盟军，围绕人民群众、关怀人民群众、服务人民群众，增强广大人民群众认同与践行社会主义核心价值观的内生力，形成高校思想政治教育辐射效应。再次，高校思想政治教育者要把社会主义核心价值观化为社会成员自然的生活形式，用社会主义核心价值观引导、制约、规范自我及其他社会成员的日常生活。高校思想政治教育者“要树立以人民为中心的工作导向，把服务群众同教育引导群众结合起来，把满足需求同提高素养结合起来”，[②]推动民众思想水平、政治觉悟、道德品质、文化素养的提升，促进人民群众道德文明素养全面发展。高校思想政治教育者首先要大力弘扬家庭文明建设，传承好营造好家教家风，打造友善和谐的邻里关系，带动文明风尚在全社会传播。在网络时代，高校思想政治教育者要特别注意推进“网络社会文明”，要用社会主义核心价值观抢占网络社会道德高地，开辟网络社会伦理新空间，构建网络思想政治教育新话语，建设网络社会主义文明形态。最后，高校思想政治教育者开展培育和践行社会主义核心价值观的工作，要注重与教育对象的实际需求相贴合，关怀教育对象的实际利益要求，通过切实的努力不断增强社会主义核心价值观的感染力和凝聚力，使全社会在社会主义核心价值观的共建共享过程中实现精神共同富裕，增强人民群众在社会主义社会生活的幸福感、自豪感。高校思想政治教育者要坚定维护社会主义核心价值观，自觉遵守社会主义伦理道德规范。

---

① 《马克思恩格斯文集》第2卷，北京，人民出版社2009年版，第591页。

② 《习近平在全国宣传思想工作会议上强调　胸怀大局把握大势着眼大事　努力把宣传思想工作做得更好》，《人民日报》2013年8月21日。

三、示范社会主义德性修养的伦理形象

角色伦理既表达角色价值理想又表达角色现实关系期待，落实于社会角色的全部活动。角色价值理想关照角色现实关系，角色现实关系生成角色价值理想。从现实中生成的角色伦理具有道德理想主义色彩，当角色理想照进现实的时候，就会改造现实的社会交往关系，形成既来自生活又高于生活的社会公共伦理规范。社会公共伦理规范是角色道德理想的可视、可感和可为。高校思想政治教育者角色是社会公共伦理规范建构的发起者、推动者、宣传者和践行者。高校思想政治教育者较教育对象更加深刻地理解公民道德何以如是、必然如是，故而作为公民道德宣讲、推广角色的高校思想政治教育者具有示范公民道德的极大自觉性以及维护公民道德的决心和意志。高校思想政治教育者角色必须以自己的行为充分证明思想政治教育的价值理念，赢得教育对象对思想政治教育价值理念的信任。"其身正，不令而行；其身不正，虽令不从"。在高校思想政治教育的过程中，教育对象不仅听教育者说什么，还会看教育者做什么。教育者的行为示范往往起到比言说更强的教育效果。教育者的言行不一致不仅无法用话语取信教育对象，反而产生相反的效果，教育者越说什么教育对象就越是不信什么。高校思想政治教育者的教育对象主要是刚刚成年的大学生，每一位教育者的示范效应作用范围都很大，会在教育对象心中产生长期乃至终身作用。高校思想政治教育者必须更加谨言慎行，做到言行一致。另一方面，高校思想政治教育者不因公共伦理的约束与道德自主理想有距离而喋喋抱怨，也不会食古不化地运用公共伦理规范压制活泼的生活实际。高校思想政治教育者既是理想的仰望者，也是现实的行动者。无论顺利或挫折，无论面对多少诱惑，高校思想政治教育者都应能以正持身，是公民道德的最佳示范人。同时，作为一个真正的唯物主义者、实践的先锋，高校思想政治教育者也应理解和包容教育对象在社会生活境遇中的"不足"、思想行为上的"不当"，帮助教育对象解决实际困难，引导教育对象超越其生活经验和狭隘的视野，小心呵护教育对象思想中珍贵的道义种子，助推其正确的行为，助其获得独立思想、勇于前行的能力。高校思想政治教育者在高校思想政治教育活动中表达个性、气质、魅力，生成思想、品性、精神，也正是高校思想政治教育者伦理品格的自我生成过程。高校思想政治教育者不断修炼角色伦理品格的同时也向教育对象亲身示范了正确人生选择和优美生命姿态，成为教育对象不断超越自我的指引和助力。

高校思想政治教育者是社会主义道德实践的模范。一个好的教育者对教育伦理的维护不仅体现在通过言说来传播其理念，更能体现在切实践行其理念上。《论语·乡党第十》生动地描绘了一个基于自身的信仰的教育者孔子是如何以身示范“守礼”：“入公门，鞠躬如也，如不容。立不中门，行不履阈。过位，色勃如也，足躩如也，其言似不足者。摄齐升堂，鞠躬如也，屏气似不息者。出，降一等，逞颜色，怡怡如也。没阶，趋进，翼如也。复其位，踧踖如也。”孔子这样一个践行其教育角色伦理的模范，已经远远超越了个人的利益得失、喜怒哀乐，在远离自己理想的政治环境中“惶惶如丧家之犬”之际，也没有因为遍地对礼制的破坏而对自己的行为约束稍有懈怠，而是一丝不苟地、生动地示范了自己的主张。孔子何以能够如此？为何我们触目可见许多高谈阔论时指点江山，满口主义理想，而行为时却是对现实的妥协乃至迎合的人？不得已，这是许多用形式主义祭奠崇高，而把殚精竭虑的奋斗供奉给名利之人的理由，其实归根结底是因为其对其所说的东西并无深刻的领悟。王阳明论及知行合一，“未有知而不行者，知而不行，只是未知”[①]。知行分不开，因为人现实所为的一切其实正是他真正所求，是他认知中对他最重要的东西。高校思想政治教育者角色必须具备表里如一的诚信品格，坚持“己所不欲，勿施于人”的伦理约束，不可“马列主义对别人，自由主义对自己”。如果高校思想政治教育者对自己所言传的一切的认知似是而非，就会不愿意把自己讲的道德理念落实到行动中。像孔子一般发自内心地接纳、理解了其角色伦理意蕴的高校思想政治教育者，则不仅真诚地愿意传达他所认可的伦理价值体系，还想让这套伦理价值体系变成实实在在的社会生活，让大道行之于天下。他会成为这一套伦理价值体系的践行模范。这于他不仅是角色要求的传道工作，也是他自身作为一个人所追求的道德完满境界，是他实现自我价值和角色伦理的双重合意。因此，高校思想政治教育者“真学”而后才能“真信”，真信而后真心传道、证道。

高校思想政治教育者虽然严格来说是高等教育场域中的社会角色，但随着高校思想政治教育活动的开放，尤其在网络社会，高校教师角色、思想政治教育者角色都已经成为社会“公众角色”。优秀的高校思想政治教育者赢得社会公众高度赞誉、扩大社会影响，同时也让高校空间之外的社会大众对高校思想政治教育者角色产生了更高期待，要求高校思想政治教

① 吴光、钱明等：《王阳明全集》，上海，上海古籍出版社 1992 年版，第 4 页。

育者在形象、言论上都超出普通人的道德水准。党和国家也对高校思想政治教育者角色提出了“为全社会做好表率、起好示范作用”[①]的伦理要求。因此，高校思想政治教育者要在现实、虚拟世界中都必须接受更为严格的道德约束、监督及评价机制。

现代社会是一个多元价值共存的社会，人们有形形色色的、各具特点的“完美自我”的期待，这是应当得到尊重的。在自媒体时代，每一个人都是自我价值的推广者，力图赢得社会的认同乃至追随。然而，高校思想政治教育者并不是这种个体的价值推广者，而是寻求价值“最大公约数”认同的“公共价值”代言人。高校思想政治教育者应致力于在千姿百态的价值形态中谋求社会团结的行动基础，坚守社会主义社会文明的灵魂和核心，在社会层面围绕公民的利益，突出民间思想的共鸣点，扩大民间传递渠道，营造社会文明建设的共鸣场[②]，致力于打造“各美其美，美美与共”的高度文明的社会空间。

总之，高校思想政治教育者角色伦理在社会角色伦理体系中处于较高层次，有着更严格的伦理规范要求。高校思想政治教育者角色要发挥引领和模范践行社会主义核心价值观的作用。高校思想政治教育者角色伦理精神的实践诉求就是不断强大社会主义国家，丰富社会主义文化，推进社会主义社会的不断完善和发展，普遍践行社会主义核心价值观，帮助教育对象掌握科学的观察世界、认识世界的方法，获得自我发展、自我实现的主体人格，成为精神丰盈、灵魂饱满、道德完善的人。

① 《习近平谈治国理政》第2卷，北京，外文出版社2017年版，第324页。

② 陈昌兴:《社会主义核心价值观民间共鸣：要素、动因与策略》,《求实》2017年第3期。

第二章　高校思想政治教育者角色伦理的价值内核

角色伦理是围绕价值观展开的伦理体系。坚定的价值立场，清晰的价值取向是合理、有效的角色伦理体系建构的基础。社会主义核心价值观是社会主义社会一切社会角色伦理建构所必须共同拥有的价值内核，但不同的社会角色对于社会主义核心价值观的呈现程度有所不同。高校思想政治教育者是专门从事培育社会主义核心价值观的社会角色，其角色伦理只能是直接反映社会主义核心价值观的道德体系。高校思想政治教育者角色的伦理实践道路只能是坚持社会主义核心价值观的道路。

第一节　构筑高校思想政治教育者角色伦理的文化思想资源

"'角色伦理'作为一个特定的概念，在中西方伦理思想史上没有出现过"[①]，但根据人的社会地位确定其应享有何种权利、承担何种义务这个问题则是中外古今伦理研究的重要内容。梳理这些研究成果，为我们今天把握高校思想政治教育者角色伦理提供了重要启示。

一、中国传统角色伦理思想

中国传统角色伦理思想博大精深，儒、道、墨、法、释等皆有相对完整的伦理思想体系，为中国特色社会主义精神文明建设提供了丰富资源。道家、佛家的思想以"出世"为要，虽然对人在现世中的角色生活也有所

① 田秀云等:《角色伦理——构建和谐社会的伦理基础》，北京，人民出版社2014年版，第62页。

涉及，但不是其重点。相对而言，儒家、墨家、法家则对角色伦理思想有较多的论及，为今天我们的角色伦理建构提供了宝贵的思想材料。

（一）儒家角色伦理思想

中国传统社会是一个伦理本位的社会，蕴含着丰富的角色伦理思想，尤其是儒家伦理思想最为系统完备[①]，为社会主义角色伦理建设提供了丰富的思想养料。

首先，强调名责相统一的伦理模式。“所谓‘角色’（role），或曰‘社会角色’，是由社会的角色分配结构决定的。这种社会结构，在儒学话语中叫作‘名份’或‘位’（positions）。”[②]“名不正则言不顺，言不顺则事不成”（《论语·子路第十三》），主张在社会中承担什么身份就要做好其职责分内之事，强调要想治理好社会必须先定名，名正言顺，然后才能各安其位、各司其责。“故知者为之分别，制名以指实，上以明贵贱，下以辨同异……此所为有名也。”（《荀子·正名篇第二十二》）名正，然后“名实一致”，即君君臣臣、父父子子，每个角色承担者据此行事，父慈、子孝、兄友、弟恭、夫正、妇顺、君仁、臣忠。儒家认为，“古之王者建国君民，教学为先”（《礼记·学记》），教师身系天下命运，“国将兴，必贵师而重傅”（《荀子·大略》），师的社会地位应该很高，“天降下民，作之君，作之师”（《孟子·梁惠王下》）。正因如此，教师对于国家百姓都要承担教化责任，“教者必以正”（《孟子·离娄上》），要有很高的道德修养，“师者，人之模范也，无德者无以为师”（扬雄《法言》）。教师作为传道授业解惑的角色，要承担“立人”“达人”之责；对学生一视同仁，“有教无类”；敬业乐业，将“得天下英才而教育之”视为人生至乐之一。

其次，以核心价值“仁”统领角色伦理体系。“仁”是儒家伦理的核心，是儒家角色伦理建构的基准，也是评价角色伦理实现的尺度和解决角色伦理冲突的依据。儒家主张“仁包四德”“仁统五常”，即“‘仁’字须兼义礼智看，方看得出。仁者，仁之本体；礼者，仁之节文；义者，仁之断制；知者，仁之分别。犹春夏秋冬虽不同，而同出于春：春则生意之生也，夏则生意之长也，秋则生意之成，冬则生意之藏也”。仁义礼智四德，以仁为首、为核。“仁为四端之首，而智则能成始而成终；犹元为四德之长，然元不生于元而生于贞。盖天地之化，不翕聚则不能发散也。仁

① 田秀云等：《角色伦理——构建和谐社会的伦理基础》，北京，人民出版社2014年版，第63页。

② 黄玉顺：《“角色”意识：〈易传〉之“定位”观念与正义问题——角色伦理学与生活儒学比较》，《齐鲁学刊》2014年第2期。

智交际之间，乃万化之机轴。此理循环不穷、吻合无间，故不贞则无以为元也。”[①] 仁是为人的根本，作为社会角色的承担者应当“造次必于是，颠沛必于是”（《论语·墨仁》），求知、取义、守礼、诚信皆为得“仁”之道，是仁的表现形式。正因如此，当人在面对角色伦理冲突时，儒家主张依据“仁”的层次进行取舍，“孝弟也者，其为仁之本与”（《论语·述而》）要求首先爱家人，推而广之，“老吾老，以及人之老；幼吾幼，以及人之幼”（《孟子·梁惠王上》）。这为我们今天解决高校思想政治教育者角色伦理冲突提供了重要的启示。

最后，围绕“求仁”为中心构建出较为完备的角色行为规范，即个体道德日常修行途径，那就是“礼”。“礼”包括典章制度、仪式节文、道德习俗等。儒家规定不同的社会角色应当遵守不同的礼仪。“礼”作为角色道德规范遍及社会生活的各个方面，对人的衣食住行、婚丧嫁娶都有严格的规范，“衣服有制，宫室有度，人徒有数，丧祭械用，皆有等宜”（《礼记·王制》）。儒家伦理对如何“守礼”也提出了明确的操作要求：心身同修。修身是守礼之形，“非礼勿视，非礼勿听，非礼勿言，非礼勿动”（《论语·颜渊》）。修心是守礼之本，每日自省，“善念发而知之，而充之。恶念发而知之，而遏之”（《传习录》）。身为教师，以立德为要，“学问之道无他，求其放心”；要在日常生活中严格要求自己，敬畏知识，“知之为知之，不知为不知”；专心求知，“敏而好学，不耻下问”；尽心履责，“诲人不倦”，严格要求学生，强调“凡学之道，严师为难。师严，然后道尊；道尊，然后民知敬学”。儒家之礼在现代社会常被视为“繁文缛节”，因为其复杂繁琐已经不适用于快节奏、竞争激烈、追求效率的现代社会。但传统文化构建身心同一的伦理实践道路和道德修养方法，对于我们研究现代社会角色伦理的实践提供了很好的思路。当然，儒家伦理最根本的问题在于其维护的是宗法制度，具有鲜明的阶级统治色彩，角色相互之间权利不对等，这是我们必须批判和摒弃的。

（二）墨家角色伦理思想

除儒家角色伦理思想之外，墨家从小生产者的立场出发也形成了其特有的角色伦理思想，为我们探讨高校思想政治教育者角色伦理提供了重要启示。

首先，墨家认为，人与天地所生万物所不同之处在于各司其职。墨子

---

① 朱杰人、严佐之等：《朱子全书》第 14 册，上海，上海古籍出版社 2002 年版，第 249~250 页。

认为，天下人各司其职便能得天下之利。“王公大人，蚤朝晏退，听狱治政，此其分事也。士君子竭股肱之力，亶其思虑之智，内治官府，外收敛关市、山林、泽梁之利，以实仓廪府库，此其分事也。农夫蚤出暮入，耕稼树艺，多聚菽粟，此其分事也。妇人夙兴夜寐，纺绩织纴，多治麻丝葛绪，綑布縿，此其分事也。”（《墨子・非乐》）当然，墨子认为社会虽有分工，只是为了能更好地发挥人的才能，不同分工产生的社会角色之间并无高低贵贱之分，“官无常贵，而民无终贱”，最重要的是能不能充分实现自己所承担的社会角色功能，为社会作出贡献。墨家这种不计较个人地位、利益得失，只求尽责尽分的精神依然在高校思想政治教育者角色伦理中具有强大生命力。

其次，墨家认为，承担社会角色应与承担者的德性、能力相匹配。社会角色是由于社会分工的需要，因此不同的社会角色需要不同的德性与专业才能，应当让具有相应德性与专业才能的人担任相应的社会角色，“譬如筑墙然，能筑者筑，能实壤者实壤，能欣者欣，然后墙成也；为义犹是也，能谈辩者谈辩，能说书者说书，能从事者从事，然后义事成也”（《墨子・耕柱》）。不能根据个人的亲疏远近、财富多寡、外貌妍丑等其他因素安排社会角色，“不党父兄，不偏贵富，不嬖颜色，贤者举而上之，富而贵之，以为官长”（《墨子・尚贤》），应当依据社会角色功能的需要选择相应的角色承担者，“有能则举之，无能则下之”。墨家重视角色承担者的职业道德，以“厚乎德行”利天下为社会角色共同的追求，提出了“万事莫贵于义”的主张，强调“各尽所能”的职业道德要求。墨子非常重视道德教育，主张“义教”，认为教师具有崇高的社会地位，因为“教天下以义者功亦多”。

再次，墨家围绕“兼爱”伦理观建构角色伦理体系。墨子面对“国之与国之相攻，家之与家之相篡，人之与人之相贼，君臣不惠忠，父子不慈孝，兄弟不和调”社会伦理混乱，认为其根源都是人们没有相爱之心，“凡天下祸篡怨恨，其所以起者，以不相爱生也，是以仁者非之”（《墨子・兼爱》）。提出“兼相爱”的主张，认为人们不能只关注自己的需要，而是应当认识到“爱人者，人亦从而爱之；利人者，人亦从而利之”的相互关系，从而“视人之国，若视其国；视人之家，若视其家；视人之身，若视其身”。围绕“兼爱”，墨家提出“必兴天下之利，除天下之害”的伦理目标以及“贵义”“交相利”伦理基本原则，再具化为“尚贤”“尚同”“节用”“节葬”“非乐”“非命”“尊天”“事鬼”“非攻”等具体伦理规则，形成了较为完整的角色伦理体系。同时，墨子认为严格的伦理规范对于实现伦理目标不可或缺，“天下从事者，不可以无法仪；无法仪而其事能成者，无有也”（《墨子·法仪》）。只有遵守法仪、规矩、准绳，人才能把角色分内的事情做好。

最后，墨家还提出了权利义务相一致的角色伦理思想。墨子认为，为了实现角色功能，应当给予相应的角色承担者相应的地位、报酬和权力，即爵位、厚禄及“断予之令”，“举三者授之贤者，非为贤赐也，欲其事之成”。不是因为对方是“贤者”，而是因为对方能“成事”。只有做到权利义务一致、贡献与报酬一致，才能更好地导民向善，用心任事。如果出现“上之所赏，则众之所非”“上之所罚，则众之所誉”（《墨子·尚同》）的权利义务错置情况，就必然会造成社会伦理秩序崩塌，各行各业的人不再尽职尽责，以致玩忽职守，即“群吏怠于分职”“庶人怠于从事”，最终导致“贫且乱”的恶果。

墨子的角色伦理思想对于构建现代权利义务一致的角色伦理思想，具有一定的启发意义。但其作为社会分工初期的职业伦理，还存在许多不成熟的内容，主要反映的是小生产者的利益诉求，具有较为浓厚的现实主义色彩。当前我们应当对其思想进行创造性地运用，形成符合社会主义核心价值观的新型角色伦理体系。

（三）法家角色伦理思想

法家思想在诸子百家中别具一格，自成体系。劳思光认为，“不唯在先秦诸子家中，更无累此之思想，且就世界哲学史观之，除西方近代之功利主义外，亦更无与此思想类似之说”。[1] 法家从自私人性出发强调个体遵循法度对自己的行为负责的角色要求，其代表人物有韩非、商鞅等。

首先，人性自私的角色伦理逻辑起点。法家主张人性自私，“把一切都浸入冷冰冰的利害关系的计量中，把社会的一切秩序、价值、关系……都还原为归结为冷酷的个人利害”[2]。因此，在法家看来，人趋利避害是其本分，所以明主应当顺应人性以利害相较，施以统治。法家认为人们担任不同的社会角色不是为社会服务而都只是为了追求自己的利益而已，即使是亲如父子、夫妻也不外如是。“医善吮人之伤，含人之血，非骨肉之亲也，利所加也。故舆人成舆则欲人之富贵，匠人成棺则欲人之夭死也，非

① 劳思光：《新编中国哲学史》，桂林，广西师范大学出版社 2005 年版，第 269 页。
② 李泽厚：《中国古代思想史论》，天津，天津社会科学院出版社 2003 年版，第 89 页。

舆人仁而匠人贼也，人不贵则舆不售，人不死则棺不买，情非憎人也，利在人之死也”（《韩非子·备内》）。由于人各自私，利害相交，因此治民以利诱之使其按照君主的意志去行事，以法禁之使其不能违背君主的意志才是治国的道理。

其次，平等功利的角色伦理目标。由于法家认为人与人之间只有利害关系，因此强调一言一行都应“以功用为之的彀者也”“举实事，去无用，不道仁义”，如果不以功用为目的，就算是言论很有洞察力、行为非常刚直，也不过是胡言乱语罢了。法家把人的自利心解释为“自为心”或“计算之心”，人与人之间应当“以利相待”“等价交换”，因此反对离开利益空洞地谈论道德。需要说明的是，法家并不反对道德，也并不认为人的所有私欲皆是合理的，所有的“利”都具有相同的价值，法家理论的最终归宿是要人“明于公私之分”（《韩非子·饰邪》），主张“去私恩”，因为“私义行则乱，公义行则治”。

再次，“一断于法”的角色伦理原则[①]。人性自私，也容易“求私而害公”，不能指望人自发地产生什么道德动机，因此“圣王者不贵义而贵法，法必明，令必行”（《商君书·画策》），天下可治。法家主张社会治理应当“不务德而务法”，“明主之国，令者，言最贵者也；法者，事最适者也”，注重以明确的法规来治理国家，不仅各种生产技术要标准化规范化，政治、军事、经济乃至世间运行的一切都应循法而兴。法家提到了道德作用的局限性，但也有泛法制主义的倾向[②]，在实践中也显示出自身的不足。

最后，名实相符的角色伦理实现路径。法家也强调社会角色的言行要符合其地位名分，提出“循名责实”“形名参同”[③]。与儒家不同，儒家的伦理思想基于人性本善，因此具有发乎内、形于外，注重自身内在的德性修养的强烈主体精神，法家则基于人性本恶，具有伦理客观主义色彩，注重由外在约束塑造人的德行。例如，管仲提出礼义廉耻，强调以“礼”的外在约束激发人的廉耻之心，与儒家注重发乎本心，不违反“仁”之本义的伦理精神旨趣殊异，故“嫂溺不援，是豺狼也，男女授受不亲，礼也；嫂溺，援之以手者，权也”（《孟子·离娄上》）。

法家的角色责任和职业责任思想具有很强的现实性，注重规范对角色

---

① 田秀云等:《角色伦理——构建和谐社会的伦理基础》，北京，人民出版社 2014 年版，第 79 页。

② 樊浩:《中国伦理精神的历史建构》，南京，江苏人民出版社 1992 年版，第 195 页。

③ 田秀云等:《角色伦理——构建和谐社会的伦理基础》，北京，人民出版社 2014 年版，第 79~80 页。

行为的约束与塑造，围绕“任事守职”将崇高的道德要求落到了实处，为我们建构高校思想政治教育者角色的伦理责任体系具有很强的启示。法家的法治思想并无现代法治的平等精神，而是强调“顺上之为，从主之法，虚心以待令，而无是非也”（《韩非子·有度》），这是我们今天要摒弃的。

中华民族在悠久的历史中形成了丰富的伦理思想，虽百家争鸣，但大都包含着“天下治”“安天下”的大一统思想，与社会主义核心价值观深深契合，泽被今世。中华民族优秀传统伦理文化还有许多有价值的内容需要我们进一步发掘、整理，为我们研究角色伦理提供借鉴和启发。

二、西方角色伦理思想

西方传统社会的自然环境与生产方式形成了与中国不同的伦理诉求与思想体系。不同于中国以血缘亲缘为纽带的家族生活共同体，西方以居住地和财产秩序形成“城邦”共同体。正确处理自由民个人和城邦群体关系成为西方伦理思想的核心。身份、社会角色问题在西方伦理思想中占有很重要的分量。

（一）美德论角色伦理思想

美德伦理学的概念出自 1958 年牛津大学哲学家伊丽莎白·安斯库姆，但伦理学家一般以亚里士多德的美德论为其典范[①]。麦金太尔则是现代美德伦理学的主要代表人物。美德论角色伦理关注的中心议题是如何成为“具有美德的人”，认为正义的人才能获得灵魂的宁静，并得到幸福。因此，人应当在特定的环境中做出合适的行为，关注行为的内在动机，通过考察人在群体生活中的行为评价其道德品质。

首先，共同的善是角色伦理共有的价值追求。麦金太尔认为，亚里士多德美德论思想中共同的善是连接个体与共同体的精神纽带[②]。城邦不仅是一个物理性概念，更是一个共同体，是一个精神性概念。城邦的存在是人追求美善生活的需要。麦金太尔认为，城邦的成员普遍认同城邦的公共善，因为公共善表达的是超越时间限制与城邦成员相关的永久的善，城邦成员都将其视为不可或缺的重要价值。麦金太尔赞同“政治共同体在本体论的意义上优先于个体”“直接地讲，城邦使人之为人成为可能”[③]。在美德论中，

---

① 邓安庆：《美德伦理学，如何能成为一种独立的伦理学类型?》，《社会科学报》第 1688 期。

② 庞楠：《共同体与公民德性——麦金太尔共同体主义视阈下的德性伦理观》，《前沿》2011 年第 15 期。

③ ［加］威尔·金里卡：《当代政治哲学》，刘莘译，上海，上海译文出版社 2015 年版，第 457 页。

个人在社会中的位置以及随其地位而来的权利和义务都是基于社会基本价值的存在而存在，社会角色在不同环境、不同领域所表现的德性与维系共同体的德性是一个整体。社会基本价值观为角色伦理奠定了共同基础。

其次，不同社会角色应具备不同道德品质。亚里士多德师承柏拉图，接受了柏拉图关于理想国度的人天然就具有不同的属性以及相应的社会地位，并据此承担不同的社会责任，具备承担这一社会责任的德性。城邦管理者哲学王是统治者，承担引导城邦和城邦公民向善的责任，因此哲学王应当具备广博的知识和理性思维，热爱真理、正义，首要的是具有看到善本体的智慧，并且以勇敢、坚定、自律的品格去完成自己的职责。作为城邦守卫者的军人，负责保卫城邦，应当具有足够的勇敢才能承担起这样的责任，尤其应当具备“勇敢”这一品格，能够骁勇善战。至于从事生产的劳动者，他们的主要职责是为城邦提供物质财富，因此最重要的德性是节制，节制自己的欲望，专心投入生产劳动之中，为城邦创造更丰富的财富。美德论的这一思想对于我们今天探讨不同社会角色的特殊伦理要求打开了思路。

再次，内在德性是角色承担者的幸福源泉。美德伦理学以维护城邦整体利益为出发点，但并不否定个体的利益诉求，而是认为个人是城邦的组成部分，如果被隔离于城邦之外便不能自足。城邦作为“使人们尽其所能而得以过着幸福生活的政治组织”①，个体的幸福与城邦的善是不可分割的。公民具有美德不仅不意味着失去，而恰恰是获得幸福的途径。美德伦理学认为，“美好均衡的灵魂使人充实愉快，不论外在境遇顺遂与否，皆能怡然自得。反之，凡德性不足而恣意纵情于外物者，不久便会感到空虚匮乏，茫然不知所归”②。因此，美德就是个体维持某种社会角色所必需的品质，先在于角色所要求的行为规范。人们承担社会角色，并遵守社会角色的要求，具备相应的角色道德，并非忍受外部的束缚，而是基于内心和善美德承担自己的天职。美德论为社会角色开辟了超越现实功利的道德境界，赋予了角色伦理更高的精神境界。

最后，社会角色伦理的实现在于公民实践。亚里士多德认为，公民个体通过参与城邦的公共生活才能完整地展现出他所具有的美德。美德伦理学并不把角色合乎伦理的生活视为普遍的道义原则，也不像功利主义那

① ［古希腊］亚里士多德：《政治学》，吴寿彭译，北京，商务印书馆 1965 年版，第 349 页。

② 江宜桦：《政治社群与生命共同体——亚里士多德城邦理论的若干启示》，载许纪霖：《共和、社群与公民》，南京，江苏人民出版社 2004 年版，第 152 页。

样把美德当作最大化幸福结果的手段，而是把美德视为公共生活中的合理性生活方式。因此，美德伦理学注重实践性，注重社会角色承担者的行为，要求公民成为实践主体，成为认知的、主动的、道德的、社会的、思想的、政治的存在，具有参与共同体生活具备相应的公共美德，能够“自己统治自己”。美德伦理学强调伦理学应当立足个体的生活与实践，关注个体的欲求、感受和在实践中的思考与行动能力，关注个体德性生发的土壤，为角色伦理实现指明了方向。

（二）契约论角色伦理思想

虽然古希腊、罗马时期就有关于契约责任的思想，但契约论是近代商品经济的产物，围绕契约关系构成的契约伦理是现代商品社会的重要原则。契约论强调人拥有天赋的自然权利，人们通过自由订立的契约设定了社会角色的身份并规定各自的权利和义务。契约论的主要代表人物有斯宾诺莎、霍布斯、洛克、卢梭以及20世纪的罗尔斯等。

首先，意志自由以及权利和义务平等是契约角色伦理的价值基础。契约论认为现代社会是以契约为纽带建立起来的，政府与公民之间通过签订契约才构成了现代国家。契约即订立契约的人把自己天然拥有“做或者不做的自由”①权利进行互相让渡。“自由总是可以参照3个方面的因素解释的：自由的行动者；自由行动者所摆脱的种种限制和束缚；自由行动者自由决定去做或不做的事情”②，不受任何外在因素的胁迫。因此，契约论所讲的自由并非任意，而是理性的自由，因此天然权利的让渡恰恰是为了实现理性的自由。同时，由于契约所规定的权利和义务是主体自主、自愿订立的，因此只有在权利与义务对等的情况下具有自爱、自保本能的主体才会基于“同意”让契约成立，就是说契约的主体具有平等的人格和地位。契约论反对没有权利的绝对义务观，契约所规定的缔约主体之间权利与义务必须对等，缔约主体在依约享受权利的同时也必须依约履行义务。

其次，按照契约确定以及履行角色伦理的原则。社会中的每一个成员都是缔约方，通过缔约的方式确认自己的身份和地位，并明确自己的权利边界和义务内容，也就是说，作为天然的个体通过契约使自己成为一个节点编织进社会经纬之中，成为一个个社会角色的承担者。每一个社会角色都是通过与其他人（社会）缔约才成为个体的责任。作为社会角色的承担

① ［英］霍布斯：《利维坦》，北京，商务印书馆1985年版，第97页。

② ［美］约翰·罗尔斯：《正义论》，何怀宏、何包钢等译，北京，中国社会科学出版社2003年版，第200页。

者，个体需要承担哪些义务、承担到何种程度、以何种方式承担、违约受到何种惩罚都是基于自己所订立的契约明确做出的规定。契约伦理的核心是契约精神，社会成员的德性体现在其履行契约的态度、行为上。契约论要求缔约主体要讲诚信，应当努力排除万难履行契约，把认真履行契约作为在社会立足的重要道德品格和伦理责任。根据社会契约论，一个人对另一个人违约，就破坏了社会的普遍契约原则，也就意味着对所有人违约。

最后，指出自觉践约和依法维权的角色伦理实现路径。契约论认为个体经由契约结成社会，如果个体不遵守契约，社会生活就难以和谐，因此，基于个人天然自利目的而结成的社会契约也要与具有普遍约束力的法则统一起来。由于契约伦理强调缔约者的自主性，因此合乎逻辑地要求履约的自觉性。履行契约的自觉性并非自然形成的，是在履行角色伦理的过程中形成的。罗尔斯认为，人们通过对具体的义务所具有的正当性的反思与归纳，才能领会进而觉悟到整体道德义务的普遍与先验。人们在理解了社会角色所蕴含的伦理价值的基础上，才能升华自己的道德境界，形成对道德的敬畏和自觉。正是因为履约不仅是个体善的基础，也是社会善的基石，因此社会不能允许违约行为随意发生，需要通过强制力进行约束。人们进一步通过同意构建一套法律制度，保证缔约者不因对方违约而遭受损失，维护了伦理关系的稳定。

（三）义务论角色伦理思想

义务论也称为“非结果论”，由康德系统阐述，成为西方主要的伦理形态之一。义务论包含若干道德原则，认为只有当一个人出于义务而非意欲的动机遵守规则的时候才称得上是道德的。义务论要求社会角色在行动时应当超越功利计算，纯粹出于对角色伦理的规定去行动。

首先，强调角色伦理的诉求应当是人自身满足人自身的善良意志。康德认为，唯善良意志本身才为善，“德性与具有德性能力的人性，就是那种独自具有尊严的东西”[①]。这种独具尊严的“意志”是人的最重要属性，是人之为人的根本，是人可以设置合理性目的，为自己立法的能力[②]，是可以仅凭道德原则、律法、规则行事的能力。道德作为逻辑前后一致具有普遍性的命令，才可以对所有人有效。因此，道德需要人具有人的另一个重要属性——理性——作为支撑。理性通过逻辑推理就可以确立绝对的道

① ［德］康德：《道德形而上学奠基》，杨云飞译，北京，人民出版社 2013 年版，第 72 页。

② 刘凤娟：《再论康德人性概念》，《道德与文明》2015 年第 5 期。

德规则。道德规则乃是为了确保每个人的自由与其他任何人的自由都能够存续和提升，所有人都能自由追寻合理的目的，所以道德法则虽然具有外在强制和自我限制，但是也在理性选择下帮助人摆脱情欲的干扰，自由实现人的善良意志。康德认为，当意志完全为纯粹实践理性支配时，就是完全善良的意志，才具有道德价值，因此人应当在法律上享有自由、平等、独立自主的权利。这是人成为道德主体、伦理目的的前提。

其次，确立为义务而义务的角色伦理原则。道德基于自由意志，因此是绝对命令。道德主体“因为他（人格中的人性）凭借其自由的自律而是本身神圣的道德律的主体”[①]。在康德看来，人的行为必然是有目的，但目的本身可能是感性的，出于一时的兴趣。出于感性意向的行为不具有普遍性，也不具有道德价值。人的行为是否符合道德，关键不在于该行为的目的而在于该行为是否出于义务本身。义务是人的实践理性所确定的，只有根据义务规定采取的行动才是道德的，否则就不是道德的。也就是说，一个人即使出于善良的动机而非实践理性所确定的道德义务采取了行动并取得良好的结果也不具有道德价值。康德的这一规定看似苛刻，但确立了尊重规则的神圣性，摆脱了狭隘意图和功利的目的，恰恰赋予了人自律的精神，也就是道德自由。

最后，主张通过服从绝对命令实践角色伦理。绝对命令就是行为规则一切人可行的普遍性表达，是每个人都必须遵守的义务。康德认为人是伦理的目的，“人惟有作为人格来看，亦即作为一种道德实践理性的主体，才超越于一切价格之上”[②]。因此任何行为规则只要不能让一切人基于自由意志（理性）而奉行就是不道德的。因此，人对伦理的实践不允许不择手段。“你要如此行动，即无论是你的人格中的人性，还是其他任何一个人的人格中的人性，你在任何时候都同时当作目的，绝不仅仅当作手段来使用。”人不仅要从自己的目的出发也要从他人的目的出发采取行动。从角色伦理的角度来理解，就是角色伦理关系的主体都是目的，不能当作达成自己目的的手段。任何人都不能把角色关系人当作达成自己职业利益、实现自己活动目的的工具或手段。

（四）功利论角色伦理思想

功利论以“有益”“有利”的结果来判断行为的道德价值。功利论主张，

---

① ［德］康德:《实践理性批判》，邓晓芒译，北京，人民出版社 2016 年版，第 119 页。

② ［德］康德:《道德形而上学奠基》，杨云飞译，北京，人民出版社 2013 年版，第 72 页。

每个人所实施的行为或所遵循的道德规则应该为每一个相关者带来最大的好处。“从19世纪初期开始以边沁、密尔为代表的功利主义取代社会契约论成为政治哲学、法哲学的思想基础和最贴近市场经济的伦理学派。”①

首先，主张增进个体幸福的角色伦理目标。功利论伦理观建立在个人主义基础上。功利论认为“幸福就是美德的目的”②，判断行为的标准在于能否增加行为者的福利，“一个人做了正确的事情，便应得福利，做了错误的事情，便应得祸害”③。基于追求个人幸福的需要，功利论非常重视个体的权利和自由。密尔认为，工业社会削弱了个人权利，社会应当承认个人权利的正当性，个人的行为是否合理主要看它是否触及了他人的利益，如果与他人利益无涉，无须向社会交代；如果关涉他人利害，便须对他人负责。功利论认为人的道德化过程就是保持自主性的过程。“个性与发展乃是一回事”“只有培养个性才会产生出或者才能产生出发展得很好的人类”④，也就是说，在功利论的伦理观中，个人的自我发展和自由权具有极其重要的地位。密尔明确其伦理诉求，“作为一个人，到了能力已臻成熟的时候，要按照他自己的办法运用和解释经验，这是人的特权，也是人的正当条件”⑤，充分的自我发展是最重要的幸福，一个个平等个体的最大幸福相加就体现为社会总体幸福最大化，就是社会正义。

其次，确立“最大幸福”角色伦理原则。功利论将道德原则建立在人的趋乐避苦属性之上。边沁说：“自然把人类置于两位主公——快乐和痛苦的主宰之下。只有它们才指示我们应当干什么，决定我们将要干什么。是非标准，因果联系，俱由其定夺。”⑥依据自然的安排，获得快乐、逃避痛苦就是合理的行为。但人的行为选择会同时面临多重苦乐纠缠，发生冲突的时候，应当遵循“最大幸福”原则进行取舍。密尔表述功利主义的观点，“把‘功利’或‘最大幸福原理’当作道德基础的信条主张，行为的对与错，与它们增进幸福或造成不幸的倾向成正比。所谓的幸福，是指快乐和免除痛苦；所谓不幸，是指痛苦和丧失掉快乐”⑦。由于在社会角色互

① 朱书刚：《论契约社会与契约伦理在西方的生成和在当代中国的建构》，《马克思主义与现实》2004年第5期。

② ［英］约翰·穆勒：《功利主义》，徐大建译，北京，商务印书馆2019年版，第23页。

③ ［英］约翰·穆勒：《功利主义》，徐大建译，北京，商务印书馆2019年版，第55页。

④ ［英］约翰·密尔：《论自由》，许宝骙译，北京，商务印书馆1959年版，第75页。

⑤ ［英］约翰·密尔：《论自由》，许宝骙译，北京，商务印书馆1959年版，第68页。

⑥ ［英］边沁：《道德与立法原理导论》，时殷弘译，北京，商务印书馆2000年版，第57页。

⑦ ［英］约翰·密尔：《论自由》，许宝骙译，北京，商务印书馆1959年版，第8页。

动的过程中，幸福的主观性带来了不可计算性，因此密尔放弃了对幸福量的计算而引进了对幸福的质的考查，认为心智快乐高于物质快乐且更持久。也正是因为这一点，功利论不认可个体对自我利益无限企求。道德应当具有普遍意义，这一点功利论也不能否定："行动者在他自己的幸福与他人的幸福之间，应当像一个公正无私的仁慈的旁观者那样，做到严格的不偏不倚。"[①]由于脱离群体的个体不可能成为幸福的主体，因此功利原则包含自我在内的"相关者"的总体幸福，通过"增大或减小利益有关者之幸福的倾向，亦即促进或妨碍此种幸福的倾向，来赞成或非难任何一项行动"[②]。

最后，强调通过规则保障角色承担伦理责任。基于功利伦理原则，"法律和社会的安排，应当使每一个人的幸福或（实际也是所谓的）利益尽可能地与社会整体的利益和谐一致"[③]。为了保证角色行为者承担给行为相关者带来效益的伦理责任，功利论应当通过"制裁"的力量来引导角色行为者的行为。边沁认为可以通过对行为者施加自然的、政治的、道德的和宗教的制裁力来让人感受到快乐或痛苦，从而引导他遵守伦理行为规范。密尔认为人的内心感情也是一种制裁力，"义务的内在约束力只有一种。那就是我们内心的感情。凡受过良好教育的有道德之人，违反义务时便会产生程度不同的强烈痛苦，这种痛苦如果比较严重，甚至会使人不能自拔。这种感情，如果是公正无私的，并且与纯粹的义务观念相关联，而不与某种特定形式的义务或任何附加的情况相关联，那么它就是良心的本质"[④]。他认为，具有道德情感的人，良心会对他进行约束，驱动他积极履行义务，选择道德行为。当然，如果一个人没有道德情感，还是需要外部的强制力量进行约束。

总之，西方角色伦理思想具有鲜明的现代性特征，突出角色承担者个体的权利，强调权利义务的一致，重视角色伦理制度建设，对高校思想政治教育者角色伦理建设具有重要的借鉴意义。个体本位和个人主义作为西方伦理思想发展的主线，占据核心地位[⑤]，与高校思想政治教育者角色伦理的价值立场相左，我们要对此保持头脑清醒。

---

① ［英］约翰·密尔：《论自由》，许宝骙译，北京，商务印书馆1959年版，第21页。
② ［英］边沁：《道德与立法原理导论》，时殷弘译，北京，商务印书馆2000年版，第58页。
③ ［英］约翰·穆勒：《功利主义》，徐大建译，北京，商务印书馆2019年版，第21页。
④ ［英］约翰·穆勒：《功利主义》，徐大建译，北京，商务印书馆2019年版，第34页。
⑤ 章海山：《西方伦理思想新探》，《道德与文明》2001年第5期。

三、经典马克思主义角色伦理思想

马克思的实践观为角色伦理提供了宝贵的思想财富。从表面看，马克思并未撰写专门的伦理学著作，也未开辟出专门的伦理学领域，没有对某个伦理道德范畴做出过专门而系统的阐发，更未曾建构一个完整的伦理学理论体系。[①]然而，角色伦理本质上是关于社会关系中的人如何进行社会生活的问题，马克思的理论体系中包含着丰富的社会关系思想，是社会主义角色伦理思想的重要来源。马克思恩格斯的伦理思想主要包括作为伦理思想立足点的人性理论、作为价值批判标准的新人道主义、通达自由王国的道德理想等[②]几个方面。

（一）唯物史观视野中人确立了角色伦理的现实性

人在社会中应当采取何种姿态，如何与他人、社会、环境打交道，应当采取何种行为模式的问题一直都是哲学、社会科学思考研究的对象。马克思主义诞生之前，无数的思想家对这个问题作出了多种的解答，推动了人对自身的理解，推动了人与社会关系的发展，也丰富了对人的社会角色及其角色伦理的理解。然而，这些理论普遍存在着一个共同的问题，或者陷入形而上学的抽象人性论，将人的本质、人的角色拖入神秘的泥沼；或者陷入机械唯物论的窠臼，把人变成被动的棋子。马克思在前人思想成果的基础之上进行了进一步的探索，从社会关系的角度对人进行了新的理解，指出人"不是处在某种虚幻的离群索居和固定不变状态中的人，而是处在现实的、可以通过经验观察到的、在一定条件下进行的发展过程中的人"。[③]这一事实，为人的社会角色伦理确定了现实的、具体的立足点。马克思揭示出："人的本质不是单个人所固有的抽象物，在其现实性上，它是一切社会关系的总和。"[④]人无时无刻不是生活在社会之中并受到各种复杂的社会关系的制约。因此，认识必然要遵守一定的社会伦理要求，扮演一定的社会角色以承担社会责任和义务，"不管个人在主观上怎样超脱各种关系，他在社会意义上总是这些关系的产物"[⑤]。任何一个社会成员，

---

① 李培超、陈吕思达：《论马克思伦理思想的基本范式》，《湖南师范大学社会科学学报》2017年第6期。

② 安启念：《马克思恩格斯伦理思想研究》，武汉，武汉大学出版社2009年版，第70~236页。

③ 《马克思恩格斯文集》第1卷，北京，人民出版社2009年版，第525页。

④ 《马克思恩格斯文集》第1卷，北京，人民出版社2009年版，第505页。

⑤ 《马克思恩格斯文集》第5卷，北京，人民出版社2009年版，第10页。

都是在社会中获得自我身份的意识，并在社会中产生自我角色的判断，并据此规划和实现自己的人生。当然，这并不意味着说人只能被动地适应社会。马克思主义的哲学实践观看到的人是历史的也是向未来敞开的，包含着对现实世界的积极改造的主体性精神。马克思指出，“现存事物的肯定的理解中同时包含对现存事物的否定的理解，即对现存事物的必然灭亡的理解”，在“每一种既成的形式都是从不断的运动中，因而也是从它的暂时性方面去理解”[①]。因此，改变世界是“理想”的“现实活动”。“对实践的唯物主义者即共产主义者来说，全部问题都在于使现存世界革命化，实际地反对并改变现存的事物。”[②]所以，思想政治教育者角色伦理不仅仅是“解释世界”，更重要的是通过自己的角色活动去“改变世界”，实现“环境的改变和人的活动或自我改变的一致”[③]。

（二）坚持新人道主义价值标准

马克思恩格斯之前，资本主义的人道主义由于不能让人摆脱受物质与金钱奴役的现实境况而只能停留在形式的政治和抽象的精神层面。马克思指出，资产阶级主张以人为本，反对封建制度和宗教对人性的压抑，为人在现世追求物质满足、获得世俗的幸福提供了合理基础但却庸俗地把人的幸福局限到肉体的满足、感官的享乐，违背了人作为能动的、具有创造性的主体，同时具有精神追求的本质属性。马克思恩格斯批判资本主义的人道主义不仅具有欺骗性，而且是以人的本质丧失为代价的，在追求物质金钱的过程中走向异化。马克思恩格斯认为辩证唯物主义的新的人道主义则是把人的属性全面归还给人，这就是赋予人满足其劳动的需要。马克思恩格斯认为人的自由，根本上是实践的自由，创造的自由，也就是劳动的自由。劳动自由只能在生产资料掌握在劳动者手中的情况下才能得以实现。劳动者全面占有生产资料的生产关系最终也是劳动的产物。马克思说：“经济学家蒲鲁东先生非常明白，人们是在一定的生产关系中制造呢绒、麻布和丝织品的。但是他不明白，这些一定的社会关系同麻布、亚麻等一样，也是人们生产出来的。社会关系和生产力密切相连。随着新生产力的获得，人们改变自己的生产方式，随着生产方式即谋生的方式的改变，人们也就会改变自己的一切社会关系。”[④]马克思恩格斯的新人

① 《马克思恩格斯文集》第 5 卷，北京，人民出版社 2009 年版，第 22 页。
② 《马克思恩格斯文集》第 1 卷，北京，人民出版社 2009 年版，第 527 页。
③ 《马克思恩格斯文集》第 1 卷，北京，人民出版社 2009 年版，第 500 页。
④ 《马克思恩格斯文集》第 1 卷，北京，人民出版社 2009 年版，第 602 页。

道主义作为科学的人道主义，是实现人的全面发展的社会道德，是以最普遍的正义为核心的新社会伦理。

马克思恩格斯打破了私有制条件下空洞的人道主义梦幻，赋予了在实践中实现人的平等自由的必然性。马克思主义指出，超越资本主义价值体系的价值观必然会随着新社会对资本主义的克服而出现。在这样的新社会中，实现了人对物质的追求和精神追求的统一。这样的人道主义不是一部分人对另一部分人的怜悯，不是救助性的慈善体系，而是在整个社会消灭贫困、扭曲、私欲、贪婪、懒惰、仇视产生基础之上的人道主义，是革命的人道主义。“批判的武器当然不能代替武器的批判，物质力量只能用物质力量来摧毁”[①]，要通达这样的社会，不是仅仅靠着道德的批判和否定能够实现的。马克思说：“全面发展的个人——他们的社会关系作为他们自己的共同的关系，也是服从于他们自己的共同的控制的——不是自然的产物，而是历史的产物。要使这种个性成为可能，能力的发展就要达到一定的程度和全面性，这正是以建立在交换价值基础上的生产为前提的，这种生产才在产生出个人同自己和同别人相异化的普遍性的同时，也产生出个人关系和个人能力的普遍性和全面性。”[②]在通达这种普遍性和全面性的过程中，社会角色扮演作为人的存在方式，也必然在分工日益深化，角色内涵不断深入挖掘和拓展的过程中对扮演者提出越来越高的要求，推动角色扮演者不断提升自己的角色素养。

（三）具有角色伦理正当性的共产主义道德理想

什么样的道德才是真正的道德呢？它不是只能体现在神祇身上对人性进行否定和压抑的纯粹精神性的空洞，也不是一味放纵肉欲将人拉低到自然生物状态的粗野，“因而是通过人并且为了人而对人的本质的真正占有；因此，它是人向自身，也就是向社会的即合乎人性的人的复归，这种复归是完全的复归，是自觉实现并在以往发展的全部财富的范围内实现的复归”[③]。实现这种人对人的本质的真正占有的社会就是共产主义，“它是人和自然之间，人和人之间的矛盾的真正解决”。在共产主义社会，“个人的独创的和自由的发展不再是一句空话的唯一的社会中，这种发展正是取决于个人间的联系，而这种个人间的联系则表现在下列三个方面，即经济前提，一切人的自由发展的必要的团结一致以及在现有生产力基础上的

① 《马克思恩格斯文集》第1卷，北京，人民出版社2009年版，第11页。
② 《马克思恩格斯文集》第8卷，北京，人民出版社2009年版，第56页。
③ 《马克思恩格斯文集》第1卷，北京，人民出版社2009年版，第185页。

个人的共同活动方式……当然，个人关于个人间的相互关系的意识也将完全是另外一回事，因此，它既不会是‘爱的原则’或 d é vouement［自我牺牲精神］，也不会是利己主义”[①]。马克思恩格斯认为，在共产主义社会中达成的社会伦理与个体道德高度统一才是道德的最高境界。共产主义消灭了人与人之间对立的物质基础，也就因此消灭了人与人之间对立的社会关系。共产主义社会中人对自身与他人之间的关系意识是自然和谐的，而不是像以往的社会一样需要通过外在的强制力来维护人与人之间关系的秩序。换言之，马克思恩格斯的道德理想是真正实现了“自由意志”的道德，是真正的人与人的道德关系。

通达共产主义的根本道路是共产主义实践，即发展生产力，丰富物质基础，创造消灭人剥削人的经济基础。因此，社会需要思想政治教育者这样一种社会角色去鼓舞社会成员的干劲，协调不同社会角色之间的冲突，减少社会内耗，推动社会的经济发展。面对人民群众被压迫的制度，统治阶级并不会自发地退出历史舞台，长期的物化关系也造成各种物化的意识，长时间纠缠着人们的思想和心灵。通达社会主义的道路需要革命的思想政治教育者这样一种社会角色作为先导者，让马克思主义的科学的世界观、方法论为群众所掌握，焕发出改造世界、推翻剥削阶级统治的革命力量。在确立了人民群众当家作主的社会主义制度的社会，共产主义实践作为一种智慧的、科学的社会改革运动，需要帮助人民群众团结一致，接受科学的实践方案，掌握科学的实践方法，不断完善社会主义的政治、经济、文化、生态。思想政治教育从群众中来，到群众中去，起到汇聚人民群众的实践智慧又帮助人民群众普遍掌握这一实践智慧的作用。思想政治教育者及其教育对象实际地投身实现共产主义的现实的运动，便逐渐克服掉个人仅仅作为某种社会角色承担者的片面存在状态，获得成为一切社会角色承载者的全面能力。

四、中国共产党的角色伦理精神

马克思主义伦理思想传入中国与中国社会实践相呼应，形成了丰富的中国化马克思主义伦理思想。在中国化马克思主义伦理思想发展史上，产生了毛泽东思想、邓小平理论、“三个代表”重要思想、科学发展观、习近平新时代中国特色社会主义思想等重要思想成果。尤其是党的十八

① 《马克思恩格斯全集》第 3 卷，北京，人民出版社 1960 年版，第 516 页。

大以来逐步成熟的习近平新时代中国特色社会主义思想中所包含的伦理思想，极大地丰富了马克思主义伦理思想，是中国特色社会主义政治、经济、文化、社会、生态等伦理建设的重要依据，也是中国特色社会主义社会角色伦理建构的思想原则。

中国共产党坚守为人民服务的政治伦理立场。作为中国化马克思主义理论的创造者和践行者，中国共产党从唯物史观出发，坚持“人民，只有人民，才是创造世界历史的动力”[①]，1945年在中共七大开幕词中，毛泽东正式提出了把“全心全意为人民服务”作为我们党的根本宗旨，号召全党要“谦虚，谨慎，戒骄，戒躁，全心全意地为中国人民服务”[②]，坚定地站在人民的立场上，将维护人民的利益视为最高伦理准则。毛泽东思想强调一切伦理都要服从这一最高原则，主张“为人民利益而死，就比泰山还重；替法西斯卖力，替剥削人民和压迫人民的人去死，就比鸿毛还轻”[③]的伦理价值尺度，树立起全心全意为人民服务的伦理精神和对大公无私崇高道德境界的追求。邓小平理论继承了毛泽东思想中“全心全意为人民服务”这一根本宗旨，指出党和国家的中心任务就是通过现代化建设来提高人民群众的实际生活水平，提出社会主义建设的“三个有利于”标准，根本落脚点就是是否有利于提高人民的生活水平，强调“我们一定要根据现在的有利条件加速发展生产力，使人民的物质生活好一些，使人民的文化生活、精神面貌好一些”[④]。“三个代表”重要思想是对“为人民服务”的继承发展。江泽民在庆祝中国共产党成立80周年大会上指出，“必须始终把体现人民群众的意志和利益作为我们一切工作的出发点和归宿”，强调中国共产党要“始终代表中国最广大人民的根本利益”，把“人民拥护不拥护”“人民赞成不赞成”“人民高兴不高兴”“人民答应不答应”，作为考虑、处理一切问题的出发点和归宿。[⑤]胡锦涛在党的十六届六中全会上明确提出将“以人为本”作为构建社会主义和谐社会的指导原则，要求以人民的利益和幸福作为党一切工作的根本。“为人民服务”这一伦理精神一直是中国化马克思主义伦理思想的核心和主线。习近平总书记明确提出以人民为中心的发展思想，多次强调指出，“人民立场是中国共产党的根

① 《毛泽东选集》第3卷，北京，人民出版社1991年版，第1031页。
② 《毛泽东选集》第3卷，北京，人民出版社1991年版，第1027页。
③ 《毛泽东选集》第3卷，北京，人民出版社1991年版，第1004页。
④ 《邓小平文选》第2卷，北京，人民出版社1994年版，第128页。
⑤ 江泽民：《论党的建设》，北京，中央文献出版社2001年版，第147页。

本政治立场，是马克思主义政党区别于其他政党的显著标志”[①]，“中国共产党坚持执政为民，人民对美好生活的向往就是我们的奋斗目标。我的执政理念，概括起来说就是：为人民服务，担当起该担当的责任”[②]，“新的征程上，我们必须紧紧依靠人民创造历史，坚持全心全意为人民服务的根本宗旨，站稳人民立场，贯彻党的群众路线，尊重人民首创精神，践行以人民为中心的发展思想”[③]，这显示出中国化马克思主义伦理思想一以贯之地尊重人民主体性、为人民谋福利的根本原则。《中共中央关于党的百年奋斗重大成就和历史经验的决议》明确指出，坚持人民至上是中国共产党百年奋斗的重要历史经验，“民心是最大的政治，正义是最强的力量”“坚持一切为了人民、一切依靠人民，坚持为人民执政、靠人民执政，坚持发展为了人民、发展依靠人民、发展成果由人民共享，坚定不移走全体人民共同富裕道路”。中国共产党第二十次全国代表大会再次明确这一价值立场：“我们坚持把实现人民对美好生活的向往作为现代化建设的出发点和落脚点，着力维护和促进社会公平正义，着力促进全体人民共同富裕，坚决防止两极分化。”[④]可见，中国化马克思主义以人民为中心的伦理思想是衡量社会角色价值、确立社会角色伦理和道德规范的基本出发点。

中国共产党坚持公平正义伦理价值原则的精神在中国化马克思主义伦理思想成果中具有充分体现。中国化马克思主义伦理思想以追求和实现公平正义为目标。追求公平正义是中国化马克思主义伦理思想的基本原则。毛泽东思想从理论和实践两方面探索了中国社会主义公平正义的道路。毛泽东将人民群众的“共同富裕”视为社会主义公平正义的体现，提出“使农民群众共同富裕起来，穷的要富裕，所有农民都要富裕，并且富裕的程度要大大地超过现在的富裕农民”[⑤]，主张人民群众普遍享有参加国家管理的权利，强调干部与群众的平等关系，通过保障制度建设实现社会在教育、医疗、住房等各个方面的公平。改革开放后，邓小平从社会主义建设的现实出发，形成了具有发展性的公平思想和实践探索，提出通过发展生产力来增加社会财富，让一部分人先富起来，先富带后富，最后实现

---

① 《十八大以来重要文献选编》(下)，北京，中央文献出版社 2018 年版，第 352 页。

② 《习近平接受俄罗斯电视台专访》,《光明日报》2014 年 2 月 9 日。

③ 习近平:《在庆祝中国共产党成立 100 周年大会上的讲话》,《求是》2021 年第 14 期。

④ 习近平:《高举中国特色社会主义伟大旗帜　为全面建设社会主义现代化国家而团结奋斗——在中国共产党第二十次全国代表大会上的报告》，北京，人民出版社 2022 年版，第 22 页。

⑤ 《建国以来重要文献选编》第 7 册，北京，中央文献出版社 1993 年版，第 308 页。

共同富裕。以江泽民同志为代表的领导集体强调社会财富分配上“坚持效率优先、兼顾公平，既要提倡奉献精神，又要落实分配政策，既要反对平均主义，又要防止收入悬殊”[①]的以按劳分配为主体，多种分配形式为补充的绩效公平观，有力地激发了社会活力。胡锦涛进一步丰富了社会主义公平正义的思想，指出要建设“民主法治、公平正义、诚信友爱、充满活力、安定有序、人与自然和谐相处的社会”[②]，“在促进发展的同时，把维护社会公平放到更加突出的位置，综合运用多种手段，依法逐步建立以权利公平、机会公平、规则公平、分配公平为主要内容的社会公平保障体系”[③]。为实现社会公平正义提供了更加全面、具体的指导。习近平新时代中国特色社会主义思想进一步深化了对社会主义公平正义的认识，以高瞻远瞩的战略眼光全面规划了社会主义初级阶段实现社会公平正义的蓝图，重点突破，全方位、全过程地落实公平正义。习近平总书记强调：“不论处在什么发展水平上，制度都是社会公平正义的重要保证。我们要通过创新制度安排，努力克服人为因素造成的有违公平正义的现象，保证人民平等参与、平等发展权利。要把促进社会公平正义、增进人民福祉作为一面镜子，审视我们各方面体制机制和政策规定，哪里有不符合促进社会公平正义的问题，哪里就需要改革；哪个领域哪个环节问题突出，哪个领域哪个环节就是改革的重点。对由于制度安排不健全造成的有违公平正义的问题要抓紧解决，使我们的制度安排更好体现社会主义公平正义原则，更加有利于实现好、维护好、发展好最广大人民根本利益。”[④]中国化马克思主义对于公平正义的追求，指明了高校思想政治教育者角色伦理的追求方向，是衡量角色伦理是否符合善、是否合理的价值尺度。

中国共产党坚持权利义务一致的角色伦理实践精神。社会角色是权利义务的统一体。马克思说：“没有无义务的权利，也没有无权利的义务。”[⑤]社会角色在社会关系和社会生活中，既是作为目的的存在，享有权利，也是作为义务的存在，承担义务[⑥]。中华人民共和国成立后的首部宪法——1954年宪法明确规定了公民的基本权利义务，确定了社会主义公

① 《十六大以来重要文献选编》(上)，北京，中央文献出版社2005年版，第21页。
② 《十六大以来重要文献选编》(中)，北京，中央文献出版社2006年版，第706页。
③ 《十六大以来重要文献选编》(中)，北京，中央文献出版社2006年版，第712页。
④ 《习近平谈治国理政》第1卷，北京，外文出版社2018年版，第97页。
⑤ 《马克思恩格斯文集》第3卷，北京，人民出版社2009年版，第227页。
⑥ 田秀云等：《角色伦理——构建和谐社会的伦理基础》，北京，人民出版社2014年版，第98页。

民权利义务一致的基本原则。改革开放后，邓小平主张在道德建设中既要从实际出发，强调社会伦理要鼓励和肯定先进人物的道德价值和精神品质，弘扬共产主义道德先进性和大公无私高尚品质、全心全意为人民服务社会主义本质要素，又要兼顾社会大多数成员的道德水准和实际需求，以提升社会普遍道德水准的社会伦理建设方略。邓小平伦理思想在强调经济建设为中心的基础上注重公民个人正当利益的实现与维护，并使其与维护社会集体利益的责任有机地结合起来。胡锦涛在中国共产党第十七次全国代表大会上的报告中提出："按照民主法治、公平正义、诚信友爱、充满活力、安定有序、人与自然和谐相处的总要求和共同建设、共同享有的原则，着力解决人民最关心、最直接、最现实的利益问题，努力形成全体人民各尽其能、各得其所而又和谐相处的局面，为发展提供良好社会环境。"[①] 共建共享，既体现了社会个体需要承担的社会义务要求，也提出了社会个体应当享有的正当权利。通过合理的制度安排让全体社会成员平等获得发展机会和发展条件，根据贡献享有发展成果，从而有效激发社会成员的创造活力。习近平新时代中国特色社会主义思想进一步丰富发展了共建共享理念，确立了新发展理念，坚持依法治国，为社会角色权利义务的一致性提供了坚实的制度保障。2012 年 12 月 4 日，习近平总书记在首都各界纪念现行宪法公布施行 30 周年大会上的重要讲话中指出："公民的基本权利和义务是宪法的核心内容，宪法是每个公民享有权利、履行义务的根本保证。"[②] 中国共产党坚持实践性伦理原则，充分体现了角色权利义务相统一的要求，为社会主义社会角色伦理体系的建构提供了基本遵循。在现实中，由于高校思想政治教育者角色承载的角色期待高于一般社会角色的道德水平，我们强调思想政治教育者角色的义务多，对于思想政治教育者角色的权利强调和维护相对不足，使角色伦理在实践过程中产生了一些问题。这部分在后文将进一步探讨。

综上，中、西、马角色伦理思想为我们建构高校思想政治教育者角色伦理提供了丰富的思想文化资源。经典马克思主义角色伦理思想、中国共产党的角色伦理精神指引着高校思想政治教育者角色伦理建构的方向，为高校思想政治教育者角色伦理建构确立了基本原则，为高校思想政治教育者角色伦理打下社会主义伦理底色。中华民族优秀传统角色伦理思想为高

① 《中国共产党第十七次全国代表大会文件汇编》，北京，人民出版社 2007 年版，第 17 页。

② 《习近平关于尊重和保障人权论述摘编》，北京，中央文献出版社 2021 年版，第 135 页。

校思想政治教育者角色伦理提供了深厚历史根基，西方丰富的角色伦理思想作为“他山之石”，则为高校思想政治教育者角色伦理注入了充足的现代思想养分。

第二节 高校思想政治教育者角色伦理的价值指向

社会主义核心价值观以真理与正义为基，是个体价值实现与社会价值实现的有机统一，必然赢得最广泛的社会共识。高校思想政治教育的社会主义伦理向度确立了高校思想政治教育者角色伦理的基本性质。社会主义核心价值观在高校的培育和践行状况是评价高校思想政治教育者角色伦理实践效度的基本尺度。

一、社会主义核心价值观的伦理底蕴

价值共识、价值认同体现的是一个社会的共同追求和共同理想，不仅是凝聚社会的纽带，也反映了一个社会的道德格局，是社会成员道德行为的方向与凭依。个体对自我身份、角色的确定，在世界中的行动方向都离不开与其他社会成员之间的联系和对这种关系的判断。个体人之间的差异性之所以重要，不仅在于差异能够确认自我的存在，也在于这种差异性对于他人、对于整体也具有重要的意义。有机的社会整体是差异性元素的有效结合。个体特定的自我感是来自和他人之间的关联，作为独特的、属于社会整体一部分的确认。价值认同带给个体对自身以及社会的双重理解，是个体安身立命之本。个体通过与他人的价值共识、价值认同形成自己关于所属类的认知，获得自我生命历程的基本方向，确认自我价值、实现自我价值的基本路径。对于社会，成员的价值共识、价值认同汇聚成庞大的伦理力量，为社会注入强大的道德生命力，推动社会走向文明进步。价值共享、价值认同如此重要，但形成关于某种价值的共识、认同却并不容易。尤尔根·哈贝马斯认为：“认同归于相互理解、共享知识、彼此信任、两相符合的主体之间的相互依存。认同以对可理解性、真理性、正当性、真诚性这些相应的有效性要求的认可为基础。”[①] 认同是建立在社会成员的信任之上的。社会成员对一种价值的信任就是对这种价值真理性、正

① ［德］哈贝马斯：《交往与社会进化》，张博树译，重庆，重庆出版社 1989 年版，第 3 页。

当性的肯定。任何一个社会都包含无数种价值的相互纠葛。社会得以存在的基础就内含于这些价值中，总是有一种价值观念体系能够赢得社会成员更高的认同度，成为主流价值观。这种主流价值观的确立基础，是在一定历史时期大多数人关于当下社会的共同认知。这种共同认知的物质基础是这一历史时期的物质生产方式及其相适应的社会关系状况。主流价值观是关于社会、个体存在方式和关系的价值集合体，包含着社会成员关于善恶的基本判断和道德伦理追求。主流价值观中居于统治地位的是代表统治阶级根本利益的核心价值观，其是主流价值体系的灵魂与指导。社会群体对社会主流价值观真实性的信任度既是对社会基本价值体系真实性的反映，也是社会思想政治教育工作水平的反映。社会主流价值观的真实性指支撑社会基本价值体系的理论基础能够反映社会关系的真实存在状况，与人们的生产、生活中的善恶判断相一致，与人们的实践经验、感性体验到的好恶相吻合，能够指导人们更好地进行实践。思想政治教育对这种主流价值观的表达越充分、越准确，越能够有效启发社会成员形成对社会主流价值观本质的全面把握，自觉维护反映社会主流价值观的社会伦理关系，自觉遵循体现社会主流价值观的道德规范，思想政治教育自身也就越有价值。在以阶级对抗为基础的社会，虚假的意识形态极力掩盖真实的大多数社会成员根本利益缺损的社会真实，在利益根本冲突的阶级之间也不可能建立社会主流价值观的真正共识。私有制社会，代表统治阶级利益的社会主流价值观虽然占据了一定历史时期的价值统治地位，由于其缺乏广泛的社会基础，不得不掩盖其真正的价值立场。为某一阶级、某一集团利益服务的主流价值观构建和宣传最终都会遭到失败。社会精英对社会成员的政治教育、道德教育是为了维持统治阶级的利益，是一种思想统治。当然，任何一种现存的事物中都包含着它的对立面，因此，即使是这种“思想统治”的教育内容中也蕴含着真正道德的闪光。

社会主义核心价值观不同于人类社会以往历史中的全部价值形态，是具有最广泛性群众基础的社会价值观。社会主义核心价值观具有科学的理论支撑，是关于现实世界最真实的反映。“理论只要说服人［ad hominem］，就能掌握群众；而理论只要彻底，就能说服人［ad hominem］。所谓彻底，就是抓住事物的根本。”[①] 抓住了事物的根本，就是全面掌握了事物的来处、历程和去处，掌握了事物发展的规律。抓住事物

① 《马克思恩格斯文集》第1卷，北京，人民出版社2009年版，第11页。

根本的思想才能够正确地指导人们的社会实践，实现人们行动的目的。社会主义核心价值观的理论基础是马克思主义理论。“马克思主义是科学的理论，创造性地揭示了人类社会发展规律。”虽然距离马克思创立这一理论已经过去了近200年，“人类社会发生了翻天覆地的变化，但马克思主义所阐述的一般原理整个来说仍然是完全正确的”①。马克思主义理论具备严密的理论逻辑同时经受了长期的实践检验，充分显现了其对现实的革命力量。现代社会，理性主义已经获得越来越多的拥趸，“曾经被认为是绝对的、普遍的、永恒的，或者被盲目接受的规范和真理，正在受到人们的质疑，这似乎成了我们时代的特征”②。只有经过实践检验的理论才具有最终的说服力。马克思主义的科学性在其诞生后的100多年的时间里经受住了实践的考验。马克思主义理论符合人民群众认识世界改造世界的实践要求，符合人民群众的利益要求和精神追求，虽历经风波和考验，依然焕发出强大的生命力。毛泽东说：“任何思想，如果不和客观的实际的事物相联系，如果没有客观存在的需要，如果不为人民群众所掌握，即使是最好的东西，即使是马克思列宁主义，也是不起作用的。”③马克思主义扎根中国的现实，与中国的具体实践相结合，形成了中国特色社会主义理论，焕发出耀眼光辉，为中华民族伟大复兴提供了强大的思想武器，也为世界人民追求美好生活指出了一条光明之路。正如习近平总书记所强调，“中国特色社会主义，是科学社会主义理论逻辑和中国社会发展历史逻辑的辩证统一”④。“实践告诉我们，中国共产党为什么能，中国特色社会主义为什么好，归根到底是马克思主义行，是中国化时代化的马克思主义行。”⑤建立在中国特色社会主义理论基础之上的社会主义核心价值观是客观真理性与崇高道德性的有机统一，凝聚了中华民族独具特色的伦理主张，指明了中国社会主义建设实践的道德使命和道德抱负。

社会主义核心价值观遵循物质需要和精神满足、社会价值和个体价值的有机统一，贯穿社会主义道德生活的一切领域，既是对人对自我本质的把握，也反映了社会发展的共同追求。社会主义核心价值观指向人的解

① 习近平：《在纪念马克思诞辰200周年大会上的讲话》，北京，人民出版社2018年版，第25页。

② ［美］路易斯·沃思：《序言》，载［德］卡尔·曼海姆：《意识形态与乌托邦》，黎鸣、李书崇译，北京，商务印书馆2000年版，第3页。

③《毛泽东选集》第4卷，北京，人民出版社1991年版，第1515页。

④《十八大以来重要文献选编》（上），北京，中央文献出版社2014年版，第118页。

⑤ 习近平：《高举中国特色社会主义伟大旗帜　为全面建设社会主义现代化国家而团结奋斗——在中国共产党第二十次全国代表大会上的报告》，北京，人民出版社2022年版，第20页。

放、人的自由，指向人真正的道德生活。道德生活是作为主体的人的生活。由于人有目的的活动开发了一种因果关系，人必须对行为的后果承担责任，这使人的行为具有了道德的意义。因此，人作为道德生活的主体必须享有选择自由。也正是道德主体享有选择自由，道德生活才成为可能。没有人类社会对于自然规律的充分掌握，没有社会成员共同占有人类创造的一切，生活在对抗之中的人类关于自由以及自由状态下的道德生活只能存在于想象之中。马克思主义认为，人必须在现实世界中活动，不能拥有随心所欲的自由，必须依据社会确立的行动规范性准则和道德准则进行选择。① 因此，道德主体只能是“现实的个人”，是在特定物质生活条件下与他人相联系的个人。现实的人的自我理解以及自我力量的确证都是通过他人实现的。一个人自我确立的道德行动准则和规范如果得到他人的认可，并上升为社会普遍性的道德要求，他就能够在社会生活中感受到自由。他的行动准则与行动规范之所以得到他人的认可，是因为这个行动准则和规范也符合他人的要求，能够保全他人的利益。反之，一个社会如果成员之间缺乏广泛的共同利益，某部分人基于自我利益的需要确立的行为准则往往和他人的期望或行为准则相对抗，要上升为普遍的社会行动规范只能通过剧烈的斗争，必须借助物质的力量战胜、抑制、打击其他社会成员的伦理要求。社会中的另一部分成员在暴力中失去道德选择的自由。因此，社会主义核心价值观是社会成员价值要求的“最大公约数”，是在生产实践和日常生活中自然汇聚并提炼升华的，蕴含普遍的道德自律精神。以马克思主义理论为基础的社会主义核心价值观在充分尊重现代社会普遍存在的需求多样性以及相应的价值差异的基础上，从道德的应然性和伦理的实践性、从人本质量的确认和社会生活规范的辩证统一重建了社会价值共识，为社会公共生活的指导和引领提供了坚实的基础和基本保证。

二、高校思想政治教育的社会主义伦理向度

高校思想政治教育的目标、任务、内容以及方法都具有鲜明的社会主义伦理精神，指向平等、和谐、自由的人伦关系和具有忠诚国家民族的优良品质以及诚信、友善人格的道德修养。

首先，高校思想政治教育的根本目标与任务是立德树人，即培养社会主义的建设者、接班人。“培养社会主义的建设者和接班人”是高校思想

---

① 王南湜：《马克思主义道德哲学何以可能？》，《天津社会科学》2015 年第 1 期。

政治教育始终不变的使命和任务，但关于“社会主义的建设者和接班人”的定义和具体要求在不同的时代有不同的内容。从中华人民共和国成立以来，“社会主义的建设者和接班人”的内涵经历了从“又红又专”的人才到“四有新人”到“跨世纪的社会主义事业建设者和接班人”再到“担当民族复兴大业的时代新人”[①]的发展，贯穿其中的首要任务就是培养大学生的“社会主义观念”。新中国成立初期，高校思想政治教育的目标是培养大学生的“革命人生观”或“阶级人生观”。在第一次全国教育工作会议上，时任教育部副部长指出，高校要进行政治和思想教育，目的是逐步地建立大学生的革命的人生观。[②]1950 年，《高等学校暂行规程》确立大学生思想政治教育目标是肃清封建的、买办的、法西斯主义的思想，树立正确的观点和方法，发展为人民服务的思想。[③]1961 年，《高教六十条》提出使大学生树立“无产阶级的阶级观点、劳动观点、群众观点和辩证唯物主义观点”[④]。改革开放后，高校思想政治教育逐渐消除了“文革”造成的消极影响，重新确立了符合国家建设、时代要求的思想政治教育新目标——社会主义精神文明建设——用社会主义的道德观教育培养大学生。1982 年 10 月，教育部颁发的《关于在高等学校逐步开设共产主义思想品德课程的通知》中提出了培养“有革命理想、讲革命道德、守革命纪律，有文化的又红又专人才”。1987 年，《关于改进和加强高等学校思想政治工作的决定》中明确将大学生培养为具有坚定正确的政治方向，爱祖国、爱社会主义，拥护共产党的领导，热心于改革和开放，有艰苦奋斗的精神，努力为人民服务，自觉地遵纪守法，有良好的道德品质的社会主义新人。1993 年《中共中央组织部　中共中央宣传部　国家教育委员会关于新形势下加强和改进高等学校党的建设和思想政治工作的若干意见》以及 1994 年《中共中央关于进一步加强和改进学校德育工作的若干意见》，明确高等院校的人才培养目标是有理想、有道德、有文化、有纪律的，自觉献身中国特色社会主义事业的建设者和接班人。2004 年，中共中央、国务院印发了《关于进一步加强和改进大学生思想政治教育的意见》，提出

① 冯刚：《改革开放以来高校思想政治教育发展史》，北京，人民出版社 2018 年版，第 29~52 页。

② 何东昌：《中华人民共和国重要教育文献（1949—1975）》，海口，海南出版社 1998 年版，第 7 页。

③ 何东昌：《中华人民共和国重要教育文献（1949—1975）》，海口，海南出版社 1998 年版，第 15 页。

④ 何东昌：《中华人民共和国重要教育文献（1949—1975）》，海口，海南出版社 1998 年版，第 19 页。

高校思想政治教育的目标是培养勤于学习、善于创造、甘于奉献的社会主义合格建设者和可靠接班人。习近平总书记也多次强调高校思想政治教育培养人的责任，指出“思想政治工作从根本上说是做人的工作，必须围绕学生、关照学生、服务学生，不断提高学生思想水平、政治觉悟、道德品质、文化素养，让学生成为德才兼备、全面发展的人才”①。总之，高校思想政治教育是为了培养人而存在，培养推动社会主义事业发展的优秀人才，培养一代又一代信仰马克思主义、具有社会主义必胜信念并愿意为社会主义事业而努力奋斗的人。“社会主义建设者和接班人”不仅是“有用的”人，还是“可靠的”人，是赓续社会主义伦理精神的人。无论关于人才的具体要求发生何种变化，立社会主义之德是高校思想政治教育始终不变的方针，用社会主义核心价值观铸就接班人的崇高道德理想和精神追求是高校思想政治教育者不变的行为要求。中共中央办公厅 2013 年 12 月印发《关于培育和践行社会主义核心价值观的意见》后，高校开始明确提出围绕社会主义核心价值观引导教育大学生健康成长的思想政治教育目标。2014 年 5 月 4 日，习近平总书记与北大师生座谈时指出，“青年的价值取向决定了未来整个社会的价值取向，而青年又处在价值观形成和确立的时期，抓好这一时期的价值观养成十分重要”②，要求青年大学生通过勤学、修德、明辨、笃实的努力树立社会主义核心价值观的信念，努力在日常生活中把社会主义核心价值观的要求变成自觉奉行的生活准则、行为习惯。2017 年 10 月 18 日，中国共产党第十九次全国代表大会的报告《决胜全面建成小康社会　夺取新时代中国特色社会主义伟大胜利》中明确提出，培育和践行社会主义核心价值观，要以培养担当民族复兴大任的时代新人为着眼点。从此，高校思想政治教育的根本目标和任务——培养具备社会主义核心价值观，能够担当民族复兴大业的时代新人——非常清晰明确地凸显出来。需要再次指出的是，高校思想政治教育立德树人同样蕴含具有对现实社会进行超越的内容，培养的是能够引领推动社会主义事业走向共产主义、具有共产主义道德追求的人。高校思想政治教育立的是具有超越性、止于至善的德，树的是具有崇高性道德追求、止于人性全面复归的人。这种人扎根于社会主义初级阶段，伴随着社会主义建设事业不断向前跋涉，与社会主义事业共同通达完满境界。

① 《习近平在全国高校思想政治工作会议上强调　把思想政治工作贯穿教育教学全过程　开创我国高等教育事业发展新局面》,《人民日报》2016 年 12 月 9 日。

② 《十八大以来重要文献选编》(中)，北京，中央文献出版社 2016 年版，第 6 页。

其次，高校思想政治教育以构建不断实现人民美好生活需要的中国式社会主义现代化为现实目标。高校思想政治教育具有再生产现实社会、维护现实社会稳定的任务。社会主义建设是一项长期艰巨的工作，不能一蹴而就。我们在探索中已经初步把握了社会主义建设的规律，构建了社会主义事业发展的基本方向、基本格局、建设框架，并在不断地自我改革中克服前进中的种种阻碍、修正错误、弥补不足。无论我们如何变革，社会主义建设的基本盘不能动摇，基本框架不能解构，社会主义事业需要在稳定和谐的社会中踏踏实实地一步步向前迈进。高校思想政治教育必须帮助教育对象坚定走社会主义道路的信念和形成埋头苦干建设社会主义社会的道德品质。高校思想政治教育的这项工作具体体现在围绕党和国家的中心任务开展大学生思想政治教育。中国共产党"在不同历史时期提出的奋斗目标和中心任务，反映了社会发展不同阶段的根本需要，为不同时期的高校思想政治教育制定行动目标提供了根本依据"[①]。党的十六届六中全会通过的《中共中央关于构建社会主义和谐社会若干重大问题的决定》归纳出社会主义核心价值体系："马克思主义指导思想，中国特色社会主义共同理想，以爱国主义为核心的民族精神和以改革创新为核心的时代精神，社会主义荣辱观，构成社会主义核心价值体系的基本内容。"党的十七大报告强调，要"切实把社会主义核心价值体系融入国民教育和精神文明建设的全过程，转化为人民的自觉追求"。党的十八大提出要"倡导富强、民主、文明、和谐，倡导自由、平等、公正、法治，倡导爱国、敬业、诚信、友善，积极培育和践行社会主义核心价值观。牢牢掌握意识形态工作领导权和主导权，坚持正确导向，提高引导能力，壮大主流思想舆论"。进入新时代，面临新的发展要求和新的挑战，习近平总书记多次论述强化社会主义核心价值观教育的重要性："核心价值观是文化软实力的灵魂、文化软实力建设的重点。这是决定文化性质和方向的最深层次要素。一个国家的文化软实力，从根本上说，取决于其核心价值观的生命力、凝聚力、感召力。培育和弘扬核心价值观，有效整合社会意识，是社会系统得以正常运转、社会秩序得以有效维护的重要途径，也是国家治理体系和治理能力的重要方面。历史和现实都表明，构建具有强大感召力的核心价值观，关系社会和谐稳定，关系国家长治久安。"[②]强调要"把培育和弘扬社会主义

① 张耀灿、郑永廷等：《现代思想政治教育学》，北京，人民出版社2001年版，第168页。

② 《习近平谈治国理政》第1卷，北京，外文出版社2018年版，第163页。

核心价值观作为凝魂聚气、强基固本的基础工程，继承和发扬中华优秀传统文化和传统美德，广泛开展社会主义核心价值观宣传教育，积极引导人们讲道德、尊道德、守道德，追求高尚的道德理想，不断夯实中国特色社会主义的思想道德基础"[①]。建设满足人民美好生活需要的社会主义社会是高校思想政治教育一直以来的基本任务，在新时代这一任务更加鲜明、清晰。党和国家明确要求高校思想政治教育者成为社会主义价值观，尤其是社会主义核心价值观的优秀传播者、模范践行者。

再次，高校思想政治教育坚持用集体主义精神教育引导大学生。集体主义是社会主义伦理区别于资本主义伦理的本质所在，是社会主义社会的道德基本原则，是高校思想道德教育的重要内容。集体主义是一种从具体的、现实的、感性的人出发的人道主义伦理。集体主义强调人的社会性，强调个体的人只有在社会中才能认识自己、获得自己、确证自己。集体主义不是传统社会"将贵智、兵贵愚"、蔑视社会大多数普通成员的"整体主义"，不是将社会整体视为伦理的本体，把个体的人的价值完全理解为对于社会的意义的伦理主张。在传统整体主义的伦理体系中，没有个体人的自由和尊严，与社会主义尊重社会成员个体的正当合理利益要求是背道而驰的。与封建的整体主义相反，资本主义伦理的"个人主义"的价值基点是自私的、原子式的、孤立存在的，不与其他人发生联系的人。资本主义社会中的个人时刻处在激烈对抗中，"他人就是地狱"，无法理解人的"普遍性"本质。在个人主义的价值观念中，群体的意义仅仅是个体实现自我利益的工具。更重要的是，资本主义伦理对于个人主义的坚持，并没有一视同仁地维护资本主义社会中的每一个成员，维护的也不是占社会大多数的劳动群众的利益，而是少数的资产者的利益。个人主义所谓个人权利神圣不可侵犯，只是掩盖其维护私人占有这一资本社会根本价值的遮羞布。只有社会主义的集体主义才是建立在正确理解个人与社会、个人与社会关系基础之上的道德原则。具有集体主义精神的社会主义核心价值观，"其实就是一种德，既是个人的德，也是一种大德，就是国家的德、社会的德。国无德不兴，人无德不立。如果一个民族、一个国家没有共同的核心价值观，莫衷一是，行无依归，那这个民族、这个国家就无法前进"[②]。社会主义核心价值观具有集体利益与个体利益根本一致的价值取向，主张

① 《习近平谈治国理政》第1卷，北京，外文出版社2018年版，第163页。
② 《习近平谈治国理政》第1卷，北京，外文出版社2018年版，第168页。

在保证集体与个体正当利益不断实现基础之上的集体利益高于个人利益的道德行为。高校思想政治教育内容始终围绕坚持马克思主义基本原理和中国化马克思主义理论教育，坚持爱国主义教育，坚持集体主义道德观教育的教育主旨。这一教育主旨贯穿我国高校思想政治教育的历史全过程，从未被动摇。社会主义核心价值观教育内容随着时代的发展也在不断丰富优化。高校思想政治教育不断补充了关于公民道德、法治意识、心理健康等内容，逐步形成了围绕社会主义核心价值观，集体主义精神主线突出、结构清晰、层次丰富的社会主义伦理道德内容体系，为高校思想政治教育的开展提供充足而营养丰富的优质的养料。

最后，高校思想政治教育的民主方法贯彻社会主义平等伦理原则。高校思想政治教育是一种灌输教育。“阶级政治意识只能从外面灌输给工人，即只能从经济斗争范围外面，从工人同厂主的关系范围外面灌输给工人。只有从一切阶级和阶层同国家和政府的关系方面，只有从一切阶级的相互关系方面，才能汲取到这种知识”[①]。列宁的这段话，清楚地指出思想政治教育的基本属性，将正确的思想道德观念灌输给教育对象。“它就是在做一件事：把社会的要求规范灌输到人们头脑中去，使它转化为人们的认识、情感、意志、信念，并体现在人们的行动中。思想政治教育不是干别的，正是专门做这个‘灌输’的。所以它的本质是‘灌输’。”[②]高校思想政治教育做的就是社会主义核心价值观的灌输工作。然而，“灌输”并非思想政治教育的方法。高校思想政治教育发挥“灌输”功能，并不是使用简单、粗暴、强制、欺骗的手段来强制教育对象接受社会主义核心价值观，而是围绕教育对象开展以心理影响、精神感召和思想感化等为主要特征的教育—说服活动，帮助受教育者形成良好的个性、品德和发展多方面的优秀才能等。[③]社会主义核心价值观是全体社会成员在建设中国特色社会主义实践中形成的一种价值共识，不是外在于社会生活的道德强制，是充满感性而兼备理性的价值观念系统。社会主义核心价值观是大学生健康成长不可或缺的精神支柱，有助于大学生站稳政治立场，辨明是非，经受住人生的各种考验。高校思想政治教育以教育对象为中心，尊重教育对象的主体性地位，从教育对象的思想实际出发，采取灵活多样、大学生喜闻乐见的教育方式，通过系统的理论教育和丰富多彩的社会实践，引导大学

① 《列宁选集》（第2版）第1卷，北京，人民出版社2014年版，第293页。

② 王学东：《略谈考茨基“灌输论”思想的形成过程》，《国际共运史研究》1988年第4期。

③ 邱柏生、董雅华：《思想政治教育学新论》，上海，复旦大学出版社2012年版，第19~20页。

生理解、接纳、践行社会主义核心价值观。高校思想政治教育是帮助大学生实现个人成才、成长、成人的价值需要与贡献社会的价值要求有机统一的重要途径。高校思想政治教育对于教育者也是其生命升华、人生幸福的通途。高校思想政治教育者在进行思想政治教育的过程中增加关于世界和人生的知识，提高自己的境界、修炼自己的人格。所以，高校思想政治教育是一个教育者与教育对象在共同的学习、探索过程中寻求共识、凝聚合力的价值整合过程，是一个思想政治教育者主导，与尊重思想政治教育对象主体性有机统一的平等民主过程。高校思想政治教育在一定程度上就是社会主义核心价值观"以人为本"的伦理精神和平等、民主的伦理行为模式的日常化、具体化。

三、高校思想政治教育者角色具有显著的社会主义伦理属性

高校思想政治教育者或者说全部思想政治教育者角色都要以服务社会主义事业为己任。高校思想政治教育者与其他思想政治教育者的不同在于具体工作的对象和工作的方式的差异。高校思想政治教育者的角色对象、角色内容、角色行为方式是区分思想政治教育者与其他社会角色的性质的重要指标，即确认思想政治教育者角色是其所是的重要指标。我国高校所有的教育者都要承担弘扬社会主义核心价值观的责任。高校思想政治教育者与高校其他教育者角色的不同在于具体的教育内容与教育方式：不同于其他高校教育者以各学科知识为载体的隐性教育方式，高校思想政治教育是以直接、公开的方式传授关于社会主义核心价值观的理论，宣传社会主义核心价值观，引导社会主义核心价值观实践的教育活动。高校思想政治教育者的角色行为是特殊的社会主义伦理实践行为。

第一，高校思想政治教育者角色具有显著的社会主义政治伦理实践属性。政治伦理是政治活动中的价值判断和价值选择。政治伦理为政治活动的正当性提供道德论证。"社会重大的政治问题必然要涉及道德和伦理问题。"[①] 高校思想政治教育者角色特指在高等教育系统培养大学生思想政治素质，使之成长为符合社会主义事业需要的杰出政治接班人、政治认同者以及合格的社会建设者的社会角色。高校思想政治教育者角色是思想政治教育系统的一个要素，是自觉地用社会主义国家、社会所倡导的思想观念去影响、引导、转化、促进他人的思想观念向社会主义国家、社会所倡导

---

① 戴木才：《政治伦理的现代视域》，《哲学动态》2004 年第 1 期。

的方向发展的社会角色。高校思想政治教育者的角色的存在意义就在于为社会主义政治体制、政治文化进行辩护，维护其存在的合法性，并为社会主义政治体制、政治文化的延续、发展培养人。政治性是思想政治教育的本质属性。高校思想政治教育者角色是一种特殊的政治主体，是针对思想观念领域进行政治活动，承担政治义务的社会角色。高校思想政治教育者角色在中国有明确的意义，特指在中国共产党领导下在高等院校从事思想政治理论教育、思想政治宣传、思想政治工作的人员。“政治主体不仅会形成一种普遍性的政治价值，而且也会用一定的道德标准来审视、选择并确立最适用于政治生活的政治价值。政治价值规定了政治实践的方向，并通过政治伦理来保证它的有效实现。”[①] 马克思主义基本理论、中国特色社会主义理论、社会主义核心价值观、党的政策方针等是高校思想政治教育者进行角色活动的主要内容。社会主义制度是高校思想政治教育者角色存在、发展、价值实现的根本保证。从当前的现实出发，“培育和践行社会主义核心价值观，目的就是通过宣扬伦理价值观，实现民众的价值认同与价值自觉，进而和谐人际交往、纯化生活风尚、优化社会环境”[②]。面向未来，高校思想政治教育者追求社会主义道德理想的实现。

第二，高校思想政治教育者角色具有社会主义教育伦理实践属性。教育伦理一般指教育人伦关系和教育主体的德性完善。教育者的教育伦理实践在现代社会一般以职业的形式进行。职业角色是随着社会分工形成的，从事相同职业的人因为劳动条件、工作对象、生产工具、劳动方式相同或近似，形成一致的行为模式、语言习惯以及道德规范。高校思想政治教育者的职业身份是教师。教师角色是社会分工下的一个职业，承担一定的职业功能。吴康宁认为，“学校教师这种角色是社会赋予的。作为一种社会角色来说，教师不是受家长的邀约或者按学生的意愿，而是受社会的委托来教育学生的。这意味着，教师与社会之间实际上存在着一种‘契约关系’，教师有义务对学生施加符合社会要求的影响。显然，在这种契约关系中，教师应当是社会代表者，应当作为社会的化身出现在学生面前，其在教育

① 张梅、张立成：《政治价值性与政治伦理的关系探析》，《济南大学学报（社会科学版）》2012年第6期。

② 李建华、肖祥：《中国特色社会主义伦理学的价值坚守与价值解放》，《当代世界与社会主义》2018年第3期。

活动中的所言所行必须同社会支配价值取向相吻合”[①]。然而，并非所有的教师的工作都具有鲜明突出的国家意志色彩，很多高校教师角色发挥的是隐性思想政治教育功能，其职业的显性特征是传授知识、培养专业能力。虽然从广义上讲，高校教师要做思想政治教育工作，但只有高校思想政治教育者是专门从事高校思想政治教育工作的角色，是中国共产党教育方针的执行者，是维护中国高等教育社会主义办学方向的专门从业者。高校思想政治教育者作为教师与其他教师相比是直接体现国家意志的角色。

国家对高校思想政治教育者的素质、能力、工作性质、行为规范都有明确的要求。中共中央、国务院在《关于加强和改进新形势下高校思想政治工作的意见》中指出：“加强和改进高校思想政治工作，事关办什么样的大学、怎样办大学的根本问题，事关党对高校的领导，事关中国特色社会主义事业后继有人，是一项重大的政治任务和战略工程。”加强和改进高校思想政治教育的指导思想就是要“高举中国特色社会主义伟大旗帜”“全面贯彻党的教育方针，坚持社会主义办学方向，扎根中国大地办大学，以立德树人为根本，以理想信念教育为核心，以社会主义核心价值观为引领”。对于高校思想政治教育者的岗位职责、专业素养、评价指标等国家制定了比较详细的标准。2017 年教育部颁布的《普通高等学校辅导员队伍建设规定》（第 43 号令）指出高校辅导员的岗位要求，“引导学生正确认识世界和中国发展大势、正确认识中国特色和国际比较、正确认识时代责任和历史使命、正确认识远大抱负和脚踏实地，成为又红又专、德才兼备、全面发展的中国特色社会主义合格建设者和可靠接班人”，并详细规定了高校辅导员的岗位工作职责。《普通高校思想政治理论课建设体系创新计划》明确指出：“办好思想政治理论课，事关意识形态工作大局，事关中国特色社会主义事业后继有人，事关实现中华民族伟大复兴的中国梦，必须始终摆在突出位置，持之以恒、常抓不懈。”因此，高校思想政治教育者就是社会主义建设事业中具有专门职责的职业角色，以维护社会主义制度，培养社会主义新人为己任。高校思想政治教育者必须在这个事业中成就自己，实现自我价值。弘扬社会主义核心价值观是高校思想政治教育最本质的、主要的工作内容。社会主义核心价值观是高校思想政治教育者从事教育工作的基本伦理遵循。践行社会主义核心价值观是高校

---

① 吴康宁：《教师是“社会代表者”吗——作为教师的“我”的困惑》，《教育研究与实验》2002 年第 2 期。

思想政治教育者道德修养的基本途径。

第三，高校思想政治教育者角色具有社会主义文化伦理实践属性。文化的根本意义在于它是通过教育实现社会共享的价值观念、行为依凭的价值系统。文化伦理是“民族国家文化的产生、演变、发展所体现出来的引导个体生存并支撑社会结构和秩序生活的内在精神实体，它向内凝聚为伦理信仰、伦理理想、伦理思想、伦理精神；向外敞开为伦理气质、伦理张力，形成伦理认知，凝聚为伦理知识——方法体系和支撑社会结构的精神框架”[①]。中国共产党执政以来，一直十分重视社会主义文化伦理建设，通过社会主义文化伦理建设创造良好的思想政治教育氛围，通过思想政治教育激发社会主义文化建设热情，提升社会主义文化建设水平。毛泽东指出，“一定的文化（当作观念形态的文化）是一定社会的政治和经济的反映，又给予伟大影响和作用于一定社会的政治和经济”[②]，提出要大力发展社会主义文化，“我们不但要把一个政治上受压迫、经济上受剥削的中国，变为一个政治上自由和经济上繁荣的中国，而且要把一个被旧文化统治因而愚昧落后的中国，变为一个被新文化统治因而文明先进的中国”[③]。1979年10月，邓小平为中国文学艺术工作者第四次代表大会所作的贺词中提出，要在建设高度物质文明的同时，建设高度的社会主义精神文明[④]。1982年，党的十二大首次把精神文明提高到“是社会主义的重要特征，是社会主义制度优越性的重要表现”的战略高度，强调“没有这种精神文明，就不可能建设社会主义”。党的十三大之后，中国共产党对于文化建设的重视程度进一步提高，提出“当今世界，文化与经济和政治相互交融，在综合国力竞争中的地位和作用越来越突出。文化的力量，深深熔铸在民族的生命力、创造力和凝聚力之中。全党同志要深刻认识文化建设的战略意义，推动社会主义文化的发展繁荣”[⑤]，要提升“国家文化软实力”“建设社会主义文化强国”。习近平总书记多次提到社会主义文化建设的重要性，反复强调“人民有信仰，国家有力量，民族有希望”。“我们要继续锲而不舍、一以贯之抓好社会主义精神文明建设，为全国各族人民不断前进提

---

① 朱贻庭：《伦理学大辞典》，上海，上海辞书出版社 2010 年版，第 271 页。

② 《毛泽东选集》第 2 卷，北京，人民出版社 1991 年版，第 663 页。

③ 《毛泽东选集》第 2 卷，北京，人民出版社 1991 年版，第 663 页。

④ 《邓小平文选》第 2 卷，北京，人民出版社 1994 年版，第 208 页。

⑤ 《江泽民文选》第 3 卷，北京，人民出版社 2006 年版，第 558 页。

供坚强的思想保证、强大的精神力量、丰润的道德滋养。”[①] 高校思想政治教育所处的高等教育场域是一个国家、一个社会最深厚的文化集散地，是培养社会成员形成本民族文化自信的重要环节，在一定程度上可以说是最重要的文化活动空间。高校思想政治教育者是创新文化内容、传播文化精髓，“以文化人”的文化伦理生产、传播、示范的社会角色。

第四，高校思想政治教育者角色具有社会主义道德修养实践属性。高校是对社会优秀的新生代进行系统社会主义道德教育的关键场域。高校思想政治教育者是培养大学生社会主义道德的主要责任人。道德作为意识形态的重要组成部分，其产生和发展受到多种因素的制约，而社会主义核心价值观对同时代的道德发展起到提纲挈领的作用。任何时候，国家的道德建设都是与社会主义核心价值观培育交织在一起，围绕社会主义核心价值观而展开的。党的十八大以来，高校思想政治教育立德树人的根本任务明确落实在社会主义核心价值观的培育上。“立德树人”就是把社会主义核心价值观当作一种精神指引，以此来引领高校师生员工的道德建设工程，帮助高校师生员工将社会主义核心价值观内化于心、外化于行。培育社会主义核心价值观、培养道德合格公民是新时代对高校思想政治教育者的基本要求。

高校思想政治教育者被寄望成为社会主义道德的示范者。高校思想政治教育者的道德修养和工作作风关系着高校思想政治教育工作的成败，也关系着高校教育事业的成败。大学生“亲其师而信其道”，当高校思想政治教育者能够成为社会主义道德榜样，就会对大学生产生巨大的示范作用。这种作用，不仅有助于高校思想政治教育工作取得显著成效，也能影响整个学校的师德师风建设水平，影响高校的校风。因此，高校思想政治教育者职业素质中最重要的就是高校思想政治教育者的思想道德素质。思想道德素质也是高校思想政治教育者角色功能正常发挥的前提和基础。高校思想政治教育者角色伦理只有与高校思想政治教育的功能发挥——用社会主义核心价值观引领大学生成长为具有高尚道德追求的人——相一致，角色承担者才能更充分地发挥自己的主观能动性。高校思想政治教育者通过不断学习深刻领会社会主义核心价值观的合理性，在主动自觉地献身于思想政治教育工作的过程中，充分发挥自己的聪明才智，不断创新思想政

① 《习近平在会见第四届全国文明城市、文明村镇、文明单位和未成年人思想道德建设工作先进代表时强调 人民有信仰民族有希望国家有力量 锲而不舍抓好社会主义精神文明建设》，《人民日报》2015年3月1日。

治教育工作方法，不断增强对思想政治教育角色的理解和领悟，产出新的角色内容，丰富和发展角色形象。当高校思想政治教育者在全身心投入对教育对象进行社会主义核心价值观的教育的同时，使自己也成为一个具有丰富个性的、道德修养不断提升的、成就了伦理自我的人。饱满而富有魅力的高校思想政治教育者角色形象也就全面树立了起来。伦理自我来自对关系的根本认识，它让“我”通过他人与自己重新建立起联系，通过回应他人的需求来增强伦理自我。① 高校思想政治教育者在培育践行社会主义核心价值观的过程中更好地理解了他人的伦理角色、理解了教育对象的伦理角色、理解了自己的伦理角色，也理解了作为道德人的自己。

第三节 高校思想政治教育者角色的伦理责任

责任作为伦理的根本性要素，既是伦理得以存在的决定性因素，也是伦理发展的内在动力，可以说，伦理的本质即责任。② 角色伦理责任是“以‘尽己之责’‘各尽其责’为基本内涵的一种伦理规约，是处于一定社会关系中的行为主体承担与其社会角色相对应的职责、义务等方面的规定以及对行为后果的承担。”③ 习近平总书记在全国高校思想政治工作会议上强调：“教师是人类灵魂的工程师，承担着神圣使命。传道者自己首先要明道、信道。高校教师要坚持教育者先受教育，努力成为先进思想文化的传播者、党执政的坚定支持者，更好担起学生健康成长指导者和引路人的责任。”④ 根据高校思想政治教育者的角色规定，高校思想政治教育者主要承担政治伦理责任、文化伦理责任、教育伦理责任、社会伦理责任 4 个方面的角色伦理责任。

一、高校思想政治教育者角色的政治伦理责任

政治伦理大体有 3 个层面的内容，其一是政治伦理的价值观，即政治生活的价值基础；其二是政治生活中人们应当遵循的道德准则，对人们的

---

① 张容南：《什么是好的关怀——儒家伦理对关怀伦理的启发》，《哲学动态》2019 年第 5 期。
② 肖祥：《责任伦理的困境与出路》，《中国特色社会主义研究》2019 年第 1 期。
③ 陈翔：《“不忘初心、牢记使命”的政治伦理意蕴》，《中国教育报》2019 年 8 月 15 日。
④ 《习近平谈治国理政》第 2 卷，北京，外文出版社 2017 年版，第 379 页。

政治行为进行规范；其三是政治行为主体所具有的道德品质。[①] 高校思想政治教育者角色的存在依据社会主义政治伦理的价值正义性，承担培养“具有社会主义觉悟，拥护共产党的领导，热爱社会主义祖国，努力为人民服务，刻苦钻研业务，立志为建设社会主义现代化强国而奋斗”[②] 的政治行为主体的使命。因此，高校思想政治教育者的角色身份原则上要求是中共党员，在党委的统一领导下开展工作。高校思想政治教育者角色的政治伦理责任就是其在高校思想政治教育关系中应当承担的传播社会主义核心价值观，培养遵守政治道德规范具有高尚社会主义品质的政治主体的责任和义务。

（一）为人类的政治解放奋斗的伦理责任

实现人类解放是马克思主义理论的根本旨趣，也是马克思主义者毕生奋斗的目标。高校思想政治教育者的政治身份应当是中国共产党党员，“中国共产党一经成立，就把实现共产主义作为党的最高理想和最终目标”，共产党人要“自觉做共产主义远大理想和中国特色社会主义共同理想的坚定信仰者和忠实实践者”[③]。高校思想政治教育者作为马克思主义者，应当以为广大人民群众谋解放、以实现人的自由而全面的发展作为毕生的使命，为共产主义奋斗终生。

一方面，作为从事理论工作的马克思主义者，高校思想政治教育者应当关注和研究世界无产阶级的解放运动，为无产者不同的民族的斗争争取广泛的支持。高校思想政治教育者应研究和把握无产阶级解放运动的发展规律，把握时代的脉动，为无产阶级解放运动指明方向。当前，中国特色社会主义建设取得的巨大成就吸引了全世界发展中国家的注意，为世界无产阶级的解放运动提供了重要的经验和启示。在中国建构新的国际环境形势下，高校思想政治教育者应当具有强烈的人类命运共同体意识，为中国特色社会主义现代化发展理论的形成、完善、传播贡献思想力量，为“深刻洞察人类发展进步潮流，积极回应各国人民普遍关切，为解决人类面

① 戴木才：《中国特色政治伦理——中国共产党对执政正当性的探索》，北京，商务印书馆 2019 年版，第 4~5 页。

② 教育部思想政治工作司：《加强和改进大学生思想政治教育重要文献选编（1978—2014）》，北京，知识产权出版社 2014 年版，第 4 页。

③ 习近平：《决胜全面建成小康社会　夺取新时代中国特色社会主义伟大胜利——在中国共产党第十九次全国代表大会上的报告》，北京，人民出版社 2017 年版，第 63 页。

临的共同问题"[①]贡献思想力量，为推动全人类团结奋斗，建设人人平等、自由解放的大同世界贡献思想力量。

另一方面，作为从事教育工作的马克思主义者，高校思想政治教育者应当坚持用共产主义远大理想感召大学生，用人的全面自由发展理念激励大学生，在大学生中培养一代又一代青年马克思主义者，不断壮大投身人类解放事业的队伍。大学生"只有通过学习马克思主义的科学世界观和方法论，学习人类社会历史发展的规律，在理性上认识社会发展的必然，才能建立社会主义和共产主义理想信念"[②]。高校思想政治教育者要帮助大学生树立为人类解放而奋斗的远大理想，首先要运用理论的说服力，让大学生充分感受到马克思主义的真理力量，认识到人类解放的终极理想和中国特色社会主义共同理想之间的辩证关系，坚定正确的政治立场，形成正确的政治观点，养成科学的政治思维方式。因此，马克思主义理论学习、理论研究、理论宣传，对于高校思想政治教育者角色不能等同于一般性的理论工作，而是一种不可推卸的政治伦理责任，对高校思政课教师尤其如此。

（二）推动中国特色社会主义政治生态不断优化的伦理责任

"凿井者，起于三寸之坎，以就万仞之深。"全人类自由解放的远大理想需要通过不断解决现实问题的踏实努力一步步实现。营造良好政治环境，建构社会主义政治价值秩序，不断清除政治腐败，优化完善政治生态是中国共产党人推进中国特色社会主义政治发展的基本任务，也是高校思想政治教育者角色的政治伦理责任。

高校思想政治教育者作为政治理论工作者和政治教育工作者，主要通过形构和维护中国特色社会主义政治价值秩序推进中国特色社会主义政治生态不断优化。政治价值秩序一方面指政治活动的组织体系及其规则系统，另一方面指能够为政治组织及其规则系统提供合理性和意义的价值体系，它是一种形构人们的价值世界与伦理精神的内在秩序。[③]高校思想政治教育者角色在政治生活中主要承担维护国家政治意识形态，形构社会成员政治价值观念的培根铸魂工作，在政治生态运转中居于十分重要的地位，具有重要的主体责任。具体而言，高校思想政治教育者角色要向人们

---

① 习近平：《高举中国特色社会主义伟大旗帜　为全面建设社会主义现代化国家而团结奋斗——在中国共产党第二十次全国代表大会上的报告》，北京，人民出版社2022年版，第21页。

② 刘书林：《教育引导学生树立社会主义和共产主义理想信念》，《思想理论教育》2019年第4期。

③ 刘振环：《新时代政治生态价值秩序研究》，《中共天津市委党校学报》2020年第1期。

讲清楚中国特色社会主义的理论逻辑，说明中国特色社会主义政治价值追求的实践逻辑，要帮助人们尤其是大学生牢固树立社会主义政治价值理念，强化社会主义政治立场，培养社会主义政治伦理精神，帮助他们成为优化中国特色社会主义政治生态的主体力量。当社会成员普遍形成社会主义政治价值理念，社会主义价值便会具有普遍的规范性，规范政治主体的身份地位及其交往关系，规范政治行为，规范政治评价和政治选择，从而不断优化社会主义政治生态。

根据角色身份，高校思想政治教育者维护政治生态的责任有 3 个层次。第一，高校思想政治教育者是优化高校政治生态的直接伦理责任人。高校思想政治教育者是高校政治组织成员，直接参与高校政治活动，在高校政治活动中占据重要地位。高校思想政治教育者的政治形象、政治行为直接影响高校师生的政治态度、政治选择和政治判断。第二，高校思想政治教育者是优化党内政治生态的重要伦理责任人。在中国特色社会主义政治系统中，“党政军民学，东西南北中，党是领导一切的”[①]。中国特色社会主义政治生态的运转“关键在党”。高校思想政治教育者是中国共产党党员队伍的精锐，应当成为科学社会主义和党的创新理论学习的先锋，成为落实党的路线方针政策的行动模范，通过高校党组织建设和自觉遵守党的纪律，自觉运用批评和自我批评武器推进党的自我革命，推动党内生态不断优化。第三，高校思想政治教育者是优化国家政治生态的间接伦理责任人。国家政治生态的核心元素是政治权力，决定国家政治生态的关键在于政治权力的规范和使用，因此政治生态的直接责任人是国家的各级领导干部，尤其是高级领导干部。高校思想政治教育者主要通过塑造国家政治生活的价值秩序引导政治文化环境优化来作用于国家政治生态，因此是营造国家政治生态的间接责任人。高校思想政治教育者通过继承和创新社会主义政治伦理文化阐明社会主义政治生态价值秩序的理论逻辑，参与社会主义政治生态价值秩序建设实践，具有推动清正而有活力的中国特色社会主义政治生态不断发展、完善的政治伦理责任。

（三）塑造大学生健康政治人格的伦理责任

人按照自己认同的政治价值观念建构政治制度、运行政治机制、表达政治态度、选择政治行为、营造政治环境。政治清明归根结底取决于人，

① 习近平：《决胜全面建成小康社会　夺取新时代中国特色社会主义伟大胜利——在中国共产党第十九次全国代表大会上的报告》，北京，人民出版社 2017 年版，第 20 页。

取决于人具有什么样的政治人格。人格是一个心理学概念，一般认为其主要包括需要、动机、兴趣、理想、信念、世界观、人生观、价值观以及性格、气质、能力等。政治人格可归纳为由政治观念、政治动机、政治情感、政治作风等组成的心理结构体系。一代又一代大学生构成了中国特色社会主义政治价值选择、道路维护和生态发展的巨大主体力量。大学生的政治人格是否健全对于社会的政治生态是否健康具有不可忽视的影响力。一方面大学生作为未来国家政治生活的主导力量，决定着国家未来的政治形态；另一方面大学生的现实政治影响力也不容小觑，他们作为新媒体的主要使用者、积极的政治意见表达者，对社会政治思潮的走向乃至政治行动都可能产生巨大作用。高校思想政治教育者应当通过理论教学、师生交往、日常管理、引导实践等多措并举，帮助大学生充分认识到坚持以人民为中心是中国特色社会主义政治的基本价值选择，人民群众是中国特色社会主义政治生活的主体，人民当家作主是中国特色社会主义政治制度建设的出发点和归宿，形成具有正确政治价值观、高尚政治情感和优良政治作风的政治人格。

首先，高校思想政治教育者具有承担引导大学生树立“为人民服务”政治价值观的伦理责任。高校思想政治教育者应该用唯物史观教育大学生，为他们讲清楚生产力在社会发展进程中的决定作用，帮助大学生深刻认识到人民群众是社会历史的主体，保证人民群众当家作主的政治地位是社会主义的核心价值，帮助大学生确立坚决维护广大人民群众的政治价值主体地位的不可动摇的决心和信心。高校思想政治教育者要帮助大学生深刻认识无产阶级政党为人民服务的性质和使命，引导大学生认同中国共产党在中国特色社会主义政治体系中的领导地位，坚决拥护中国共产党的领导，树立以人民为中心的发展思想和为人民服务的政治立场。

其次，高校思想政治教育者具有培养大学生“热爱人民”的政治情感伦理责任。高校思想政治教育者要帮助大学生正确认识人的本质，认识到个体的我来自人民群众；意识到大学生自我的存在和发展的基础是人民群众所创造的，培养大学生对人民群众的感恩之心；帮助大学生研究和了解世情国情，了解人民群众的所思所盼，培养他们对人民群众的困难产生体谅之心；帮助大学生深入人民群众的生活，参与人民群众的生产劳动，培养他们对人民群众的亲近之心。归根结底，高校思想政治教育者要引导大学生在生活中形成认同人民群众政治主体地位、尊重人民群众政治主体地位、关心人民群众疾苦的思想和情感，为大学生将来主动投身为人民群众服务的中国特色社会主义政治事业奠定心理基础、情感基础。

最后，高校思想政治教育者具有引导大学生养成“一切从群众出发”优良政治作风的伦理责任。高校思想政治教育者应当通过劳动教育、社会实践、志愿服务等活动，引导大学生在为人民群众服务的过程中学习培养发扬民主，虚心听取群众意见，汇聚民智的优良作风；学习培养为人民群众办实事、解难事的优良作风；学习培养关心群众，处处为群众打算，帮助群众，把群众的利益放在第一位的优良作风，让大学生成长为作风优良、政治素质过硬、深受人民群众欢迎和喜爱的社会主义建设者和接班人。

二、高校思想政治教育者角色的文化伦理责任

广义的文化指人类创造的一切物质和精神产品。狭义的文化专指精神产品。[①]“文化伦理是文化的伦理，它既指构成文化的内在精神结构和价值诉求方向，也指文化的功能发挥方式。”[②]因此，文化伦理责任特指关于精神产品的伦理责任。高校思想政治教育者角色的文化伦理责任即“以文化人”责任，即高校思想政治教育者角色通过传承优秀传统伦理文化、创新中国特色社会主义伦理文化，以及创建人类命运共同体伦理生活新形态，培育、培养社会主义道德新人的责任。

（一）传承中华民族优秀伦理文化培育民族文化自信的责任

中华民族有着深厚伦理文化资源，承载了中国人几千年来的理想人格追求和德育思想，构成了中华民族特有的崇德性伦理精神气质。中华优秀传统文化孕育了中国人独有的道德人格和道德气质，其蕴含的伦理价值、德育原则、道德修养方法等迄今仍具有重要思想政治教育价值。

一方面，高校思想政治教育者应当充分挖掘传统伦理文化的思想政治教育资源，凝练传统伦理文化的思想政治教育价值，总结传统伦理文化的思想政治教育经验，不断提升高校思想政治教育实效。习近平总书记指出：“培育和弘扬社会主义核心价值观必须立足中华优秀传统文化。牢固的核心价值观，都有其固有的根本。抛弃传统、丢掉根本，就等于割断了自己的精神命脉。对我们来说，博大精深的中华优秀传统文化是我们在世界文化激荡中站稳脚跟的根基。”[③]高校思想政治教育者应当以高度的文化自觉，充分认识到中华优秀传统文化的思想政治教育价值，承担中华优秀

---

① 胡乔木：《中国大百科全书》，北京，中国大百科全书出版社 1993 年版，第 409 页。

② 唐代兴：《文化伦理的基本问题》，《福建论坛（人文社会科学版）》2020 年第 8 期。

③ 《习近平关于全面建成小康社会论述摘编》，北京，中央文献出版社 2016 年版，第 112 页。

传统伦理文化的研究、传承、转化、实践责任，弘扬中华民族优秀传统伦理文化，培育具有良好传统伦理文化修养的时代新人。

另一方面，高校思想政治教育者应当赋予传统伦理文化新的时代特征。中华优秀传统文化经由历史的沉淀，在新的时代依然具有强大的生命力，具有与社会主义伦理文化的高度契合性。高校思想政治教育者应当不断推动中华优秀传统伦理文化的创造性转化和创新性发展，处理好传承中华优秀传统文化与社会主义文化建设的协调关系，坚持以马克思主义伦理文化为指导，把优秀传统文化的伦理元素有机融入社会主义核心价值观，丰富中国特色社会主义文化，增强中华民族文化吸纳优秀文化元素，抵御腐朽、消极文化侵蚀的力量，不断增强中国人尤其是大学生的民族文化自尊心、自信心。

具体而言，高校思想政治教育者应当学习、研究优秀传统伦理文化，将优秀传统伦理文化有机地融入高校思想政治理论课教学内容中，让大学生感受到中华优秀传统伦理文化的深刻、博大与精深；学习和掌握传统伦理文化的德育精髓，巧妙地融入对大学生的日常管理中，提升思想政治教育管理效果；通过道德叙事、艺术活动等方式让大学生感受到中华传统伦理文化的温暖、美好；将中华传统伦理文化融入校园环境的建设中，构建出尚德、守德、修德的校园文化氛围，养成大学生美好的精神气质和道德人格。

（二）构建中国特色社会主义伦理文化培育社会主义新人的责任

文化具有思想政治教育功能，高校思想政治教育者角色必须挖掘和发挥文化的思想政治教育功能。思想政治教育对文化的形成和发展也具有重要影响，作为一个民族文化核心的伦理价值、民族精神等，都需要通过思想政治教育传承，因此建构中国特色社会主义文化是高校思想政治教育者培育社会主义建设者和接班人角色的分内职责。

首先，高校思想政治教育者传承马克思主义伦理文化，用马克思主义伦理文化培育大学生的道德理想。高校思想政治教育者必须承担加强马克思主义学科建设、推进马克思主义理论教育和马克思主义理论人才培养的文化责任。高校思想政治教育者要不断开展马克思主义伦理文化生产，让马克思主义伦理文化在中国的土壤里开出具有中国特色的、人民喜闻乐见的中国特色社会主义文化之花，为大学生坚定共产主义道德理想创造文化环境。高校思想政治教育者还要将大学生培养成为具有崇高共产主义道德理想和社会主义文化创造能力的人才，成为不断更新和发展马克思主义伦理文化的生力军。

其次，高校思想政治教育者要通过伦理文化选择扬弃中国传统文化和现代西方文化，帮助大学生增强道德分辨力。中国传统文化内容庞杂，既有丰富的优秀伦理文化资源，也有许多糟粕，高校思想政治教育者要选择优秀传统伦理文化并赋予其时代新内涵，剔除和批判传统伦理文化中与社会主义核心价值观相抵牾的伦理元素，帮助大学生学会道德反思，克服某些陈旧思想和不良习惯，成长为社会主义时代新人。现代西方文化究其本质是维护私有制，以个人主义为基本价值追求的伦理文化，在市场经济环境下具有很强的渗透力，对社会主义伦理文化的建设具有很大的破坏性，高校思想政治教育者必须予以充分地揭露和批判，帮助大学生认清西方现代伦理文化的本质。西方现代伦理文化同时蕴含着丰富的现代伦理精神和道德文明要素，对培养大学生的道德主体人格具有重要的启发。高校思想政治教育者要坚持以人类所创造的一切优秀伦理文化来丰富和发展中国特色社会主义伦理文化，为大学生健康成长构建美好的伦理文化环境。

最后，高校思想政治教育者要创新社会主义伦理文化，帮助大学生不断提升道德修养，不断完善道德品格。社会主义伦理文化不是一成不变的，而是随着社会主义事业的发展而不断丰富发展的伦理文化。高校思想政治教育者一方面要根据时代变迁、社会变革、教育对象需求变化等创造出新的伦理文化要素，赋予社会主义伦理文化新内容、新功能和新意义，帮助大学生不断拓展道德认知范围，提升道德境界。高校思想政治教育者要带领大学生参与学科建设、学术研究、理论教学等社会主义伦理文化建设事业，培养大学生依据社会主义价值秩序自觉进行道德思考、道德判断、道德选择、道德修养、道德评价的能力，学习掌握道德实践、道德修养的方法，养成良好道德行为习惯，不断完善自己的道德品格。

（三）重构共同体伦理文化推进人类伦理生活新形态的责任

高校是传承优秀伦理文化、创新先进伦理文化的重要载体，每一位高校教师都负有传承优秀伦理文化、创新先进伦理文化的使命。现代性历史开启以来，人类精神生活领域以对自然的帝国主义、对历史的虚无主义，以及对其他民族国家的殖民主义为特征的“反共同体化”“非文明性生存”等，成为普遍意义上人类现代伦理文化的显性表征。[①] 与此同时，

① 袁祖社：《人类共同福祉至上与文明价值观本位的伦理文化新形态——人类命运共同体思想的实践理性智慧及其世界意义》，《道德与文明》2022 年第 5 期。

人类面对疫情、气候灾难、资源耗竭等自然挑战日益严峻，种族斗争、民族冲突、两性对立、战争风险等社会崩溃危机也在快速积累。从个体的角度，在割裂了对传统伦理共同体的依附，获得个体精神解放的同时，也失去了生存的伦理基础和道德意义，变成关系疏离、情感空洞、唯有利益计算的“机器”，“人格”日益丧失。高校思想政治教育者应当是生产、传承先进文化的知识分子，负有重构新的人类命运共同体伦理文化、构建人类伦理生活新形态、促进人类伦理精神的富足的责任担当。

高校思想政治教育者首先要把握创造新人类命运共同体伦理文化的内在逻辑关系，为重构新型伦理生活理顺伦理价值秩序。马克思指出：“道德、宗教、形而上学和其他意识形态……它们没有历史，没有发展，而发展着自己的物质生产和物质交往的人们，在改变自己的这个现实的同时也改变着自己的思维和思维的产物。不是意识决定生活，而是生活决定意识。”① 公有制生产方式生产的是共同体伦理关系和伦理文化，私有制生产出的必然是个人对抗的伦理关系和伦理文化。高校思想政治教育者要创造共同体伦理文化首先要坚持唯物史观，不断推动中国特色社会主义现代化发展，壮大社会主义力量，增强社会主义核心价值观的吸引力。同时，高校思想政治教育者应当不断丰富人类命运共同体思想，构建人类命运共同体伦理价值秩序，为解决民族矛盾、国家冲突、社会分裂提供基本原则、选择依据和评价标准，努力推动人类命运共同体伦理关系发展。

高校思想政治教育者还要努力推进对现代伦理生活的重新认识与现代伦理关系的重建。高校思想政治教育者应当主动“走出去”“引进来”，参与世界各国高校的文化交流，参与对来华留学生的思想政治教育，积极宣传人类命运共同体思想，启发中外大学生认识到“人类生活在同一个地球村里，生活在历史和现实交汇的同一个时空里，越来越成为你中有我、我中有你的命运共同体”②，增强其归属人类共同身份觉悟以及自身与世界命运息息相关的觉悟，引导其主动投身共同体建设的政治、经济和文化活动中，构建全新人类伦理关系。高校思想政治教育者具有大力倡导和示范在尊重每个人、每个民族的独立和自由的基础上全人类风雨同舟、荣辱与共、团结一致、共谋发展的优良伦理生活姿态责任，不断推动世界和平、和谐、健康、有序发展。

① 《马克思恩格斯文集》第 1 卷，北京，人民出版社 2009 年版，第 525 页。

② 《十八大以来重要文献选编》（上），北京，中央文献出版社 2014 年版，第 259 页。

三、高校思想政治教育者角色的教育伦理责任

教育者的社会角色归根结底就是“树人”。高校思想政治教育者角色的根本任务是“立德树人”，可以理解为高校思想政治教育者负有以教育的方式帮助大学生树立正确道德观和健全的伦理价值观，成长为精神生活富足、德行高雅的人的角色伦理责任。

（一）坚持社会主义育人方向的伦理责任

教育伦理的本质在于使人成为人，使人获得完整表现其生命形态、不断发展完善其人格的能力。教育者就是担负教育工作的社会角色，对教育对象负有开启其生命智慧、增长其实践能力、引导其幸福生活的伦理责任。道德是照亮人生一切方面的光源，道德教育是教育的第一要务。高校思想政治教育者作为专门从事对大学生进行思想道德教育的社会角色，肩负重责。高校思想政治教育者坚持人本质的现实性，坚持人在社会关系中获得其本质的真理，而不是在脱离国家需要、社会需要的基础上空谈人的自由发展、道德完善。高等教育的办学方向与其所属的国家性质相一致。中国高校是为中国特色社会主义建设培养人才的教育机构。高校思想政治教育者应坚持把大学生个人的成长需要与社会主义社会的建设需要有机结合，引导大学生深刻理解“只有在共同体中，个人才能获得全面发展其才能的手段，也就是说，只有在共同体中才可能有个人自由”① 的真理意蕴，充分认识到社会主义社会的公平正义、自由平等对于人的幸福的意义，坚定大学生投身社会主义建设事业中实现人生价值，投入为人民谋利益中获得人生幸福的信念。

坚持社会主义育人方向在现阶段主要体现为坚持教育为人民服务、为中国共产党治国理政服务、为巩固和发展中国特色社会主义制度服务、为改革开放和社会主义现代化建设服务。这是全体高校教职员工的共同责任，更是高校思想政治教育者的责任。高校思想政治教育者作为专门从事思想政治教育工作的高校教师，要坚决捍卫党对教育的全面领导，坚持社会主义育人方向。高校思想政治教育者不仅自己要坚持用社会主义政治立场、价值立场开展教育活动，还要充分发挥思想政治教育“生命线”功能，自觉占领高校思想舆论阵地，将红色基因注入高等教育的全过程、各环节。高校思想政治教育者要主动参与构建高校大思政格局，承担对高校

---

① 《马克思恩格斯文集》第1卷，北京，人民出版社2009年版，第571页。

全体教职工的思想政治教育工作，引领全体高校教职员工一起推进“三全育人”，指导和帮助高校专业教师抓好“课程思政”建设，积极引领校园思想政治教育环境建设，确保高校育人的社会主义政治底色。

（二）推进高校育人质量提升的伦理责任

《高等教育法》规定，“高等学校应当以培养人才为中心”。目前，中国高等教育正处于内涵发展、质量提升、改革攻坚的关键时期和全面提高人才培养能力、为中国式现代化输送大量优秀人才的关键阶段，需要充分发挥高校全体师生员工的主动精神、创造精神、共同奋斗精神。高校思想政治教育者应当充分发挥思想政治教育聚人心、鼓干劲、强驱动的功能，引导高校全体教师主动适应国家战略发展新需求，不断提升自己的科学素养和教育能力，增强育人本领。高校思想政治教育者要教育引导大学生主动进入思想政治教育活动中，成为思想政治教育的接受主体，不断提升自己的思想觉悟、道德素养，努力发展自己的专业素质、综合能力，充分发挥成才、成长、成人的主体性、能动性，充分激发其自我教育、自我管理、自我发展的持久动力。

高校思想政治教育者要自觉维护高校思想政治教育系统，完善教书育人、管理育人、科研育人、服务育人、环境育人畅通协调机制，构建良好的高校思想政治教育生态，不断提升高校思想政治教育育人实效。高校思想政治教育者还要自觉提升思想政治教育工作的专业性水平，提高对高校思想政治教育规律的认识水平和运用能力，以及对高校思想政治教育问题的研究水平和解决能力，增强思想政治教育话语权和影响力，不断推动思想政治教育工作与高校各项工作的协同、融合，推进高等教育不断改革创新，优化高校治理水平，提升队伍素质，从而全面提高人才培养的质量和人才培养效率。

（三）培养社会主义道德主体的伦理责任

马克思主义认为，人是“懂得按照任何一个种的尺度来进行生产，并且懂得处处都把固有的尺度运用于对象”[①] 的具有创造力的能动主体，是具有知其所为、知其当为道德自觉的主体。也正是这样的主体才产生了对道德的需要。可以说，没有人的主体性就没有伦理和道德的存在。伦理和道德都是人为了自身更好地完成其生命形态而进行的自我立法。道德教育的目的是帮助人通过道德自律获得生命的满足，因此必须尊重人的主体

① 《马克思恩格斯文集》第 1 卷，北京，人民出版社 2009 年版，第 163 页。

性。然而，道德又并非先验的东西，其本质是社会经济关系的反映，人的道德生命满足也只能在现实的实践中变成人的目的的满足。在私有制社会形态中，人普遍以某种偶然的、特殊的、物化的、自私的、对抗的形态存在，难以充分自觉其道德主体性，无法产生具有现实普遍性的道德主体人格。以公有制为基础的社会主义社会构建了各尽所能、按劳分配的社会经济关系，为道德主体人格的普遍生长提供了现实的基础。只有在社会主义社会，人才能经由其经济、政治、社会身份、地位平等体悟自身存在的价值，自觉自我的道德主体身份，从而使他自觉意识到维系其自身存在、进化完善、和谐发展的社会性责任。因此，高校思想政治教育者传承社会主义信念是培养大学生道德主体人格的第一要义。

道德人格并非靠着道德思想、道德原则的灌输便能够生长出来的。道德人格乃是正确道德价值观引导下的主体自觉建构。高校思想政治教育的终极目的在于使大学生具备应用道德知识、道德原则进行独立道德选择、道德判断的能力。因此，高校思想政治教育者并不是对大学生进行道德知识和道德规范强制灌输的规训者，而是充分尊重大学生人格、激发其道德主体性的良师益友。高校思想政治教育者在教育过程中应当坚持自由、平等、公正、尊重、关怀的社会主义伦理关系原则，构建高校思想政治教育者与大学生相互平等、相互尊重、彼此关怀、共同成长的教育伦理环境，关注大学生的生活世界，理解他们的需要，尊重他们独立思考的要求和努力，引导他们不断探索自己的内在世界，引导他们构建自己的人生价值秩序，催生其主体性道德人格的充分发育和健康生长。

大学生道德主体人格不是随机、恣意生长的结果，也不是任由客观物质环境捏塑的产物，其离不开正确的价值引导。高校思想政治教育者不能成为大学生道德精神、道德人格形成过程中的旁观者，仅仅帮助大学生对自己的价值取向进行“澄清”。高校思想政治教育者负有用社会主义核心价值观引导大学生道德主体人格健康生长的责任。高校思想政治教育者要秉承马克思主义教育伦理思想，发扬以人民为中心的公正教育伦理精神，引导大学生将自我的价值实现与社会主义事业有机地融合在一起，树立服务人民的道德志向，养成尊重群众的道德意识和道德习惯，成长为社会主义伦理精神的优秀实践者。高校思想政治教育者要引导大学生深入参与社会劳动，在社会劳动和日常生活中学习社会主义伦理价值秩序和道德行为规范，学习正确处理自我与他人、自我与社会关系的原则，成长为具有高度道德责任意识、强大道德责任能力、良好道德素质修养的社会主义时代新人。

四、高校思想政治教育者角色的社会伦理责任

广义的高校思想政治教育者社会伦理责任包括高校思想政治教育者生产传播知识和思想，探索和坚持真理，推动政治文明和发展，塑造社会公民和美好人格等为社会服务的全部伦理责任。这里所讨论的高校思想政治教育者角色的社会伦理责任主要指高校思想政治教育者角色维护、促进社会公共利益的责任，主要包括指示美好社会价值追求的责任、维护社会主义价值秩序以及引领大众良好伦理生活的责任。

（一）指示美好社会价值追求的责任

一个社会的价值追求指示着一个社会价值秩序的形构方向，也是社会伦理关系和伦理生活的灵魂。社会价值追求构成了一个社会的精神气质，决定着一个社会的公共生活质量和社会成员的幸福体验。社会价值追求渗透到人们经济生活、政治生活、文化生活、日常生活的方方面面，全面影响着社会伦理生活的质量。社会价值追求是人作为价值主体基于生产、生活实践形成的利益要求的集中体现。价值主体在社会生活中围绕价值追求建立的伦理关系结构和形态，对于价值主体的社会身份地位、利益构成和利益维护形式、价值主体自身的生命形态和幸福都起着重要的作用，因此，建立一个美好的、公正的社会是人共同追求的善。处在发展初级阶段的社会主义社会确立了社会成员平等的政治身份地位，为塑造社会良好伦理生活形态奠定了基础。与此同时，作为补充的非公有制经济形式带来的利益分配差异为传统封建等级和官僚主义残余思想、西方拜金主义和利己主义核心思想的长期存在提供了土壤，不断破坏人们对社会主义价值理想的信仰，动摇人们对社会主义核心价值观的认同，阻碍人们构建公平、正义、诚信、友善、和谐社会伦理关系的努力。高校思想政治教育者要不断与这些非社会主义的价值取向进行斗争，激发人们对每个人自由全面发展的正义社会深切向往和同心协力推进社会主义价值秩序、伦理关系的形构和完善而奋斗的决心。

中国特色社会主义进入新时代，“人民美好生活需要日益广泛，不仅对物质文化生活提出了更高要求，而且在民主、法治、公平、正义、安全、环境等方面的要求日益增长”。[①] 中国特色社会主义的发展就是要满

① 习近平：《决胜全面建成小康社会 夺取新时代中国特色社会主义伟大胜利——在中国共产党第十九次全国代表大会上的报告》，北京，人民出版社 2017 年版，第 14 页。

足人民这些美好生活的要求。高校思想政治教育者必须投身于这一伟大事业，作出自己应有的贡献。首先，高校思想政治教育者应当高质量地完成思想政治教育学科建设、学术研究工作，创新性吸收人类的一切文明成果，不断丰富和完善社会主义社会美好伦理生活构想。其次，高校思想政治教育者应当努力完善社会协同开展思想政治教育顶层设计，推进思想政治教育一体化建设，为引领美好社会价值追求提供理论逻辑、价值指引和实践路径。最后，高校思想政治教育者应当向全社会完整、清晰阐释社会主义社会美好伦理生活的价值意蕴和实践意蕴，让社会主义美好价值追求深入人民群众的心灵。高校思想政治教育者要回应人民群众的要求，关心人民群众的疾苦，研究社会主义社会建设，特别是不同社会领域、社会组织精神文明建设存在的盲点、堵点，指出解决问题的方向和方法，帮助社会各级各类组织做好组织伦理建设，不断提高人民的精神生活质量，让社会主义美好生活价值成为人民群众可感、可欲、可有的现实需要，融入他们的日常工作和生活。

（二）维护社会主义价值秩序的责任

高校思想政治教育者具有为社会主义社会建构共同生活价值秩序的伦理责任。随着全球化的快速发展和中国力量的快速崛起，各种矛盾冲突日益加剧，政治动荡和社会动荡成为世界各国普遍需要应对的危机。保持社会稳定和政治稳定是中国实现社会主义现代化目标的现实要求。高校思想政治教育者负有保卫社会主义意识形态安全，用社会主义核心价值观引领社会思潮，维护社会主义价值秩序的义务。由于“任何价值观念都只能是一定主体的价值观念，一切信念、信仰和理想都只能是什么人的信念、信仰和理想”①，价值秩序表达的是人们对价值的选择。高校思想政治教育者要首先通过影响大学生的价值判断、价值选择来引导他们掌握符合社会主义价值要求的生产实践形式、生活实践形式，通过他们去影响其社会交往的其他价值主体对社会主义价值秩序的普遍认同，维护社会主义价值秩序的稳定。

维护社会主义价值秩序的稳定，归根结底要让人民群众在生活实践中切实感受到社会主义价值秩序的合正义性与合情理性。因此，在“稳定压倒一切”的基础上，还要充分满足人民群众的正当利益要求，激发社会的发展活力，保证社会伦理生活的丰富和多彩。总结半个多世纪的经验，坚

① 李德顺：《价值论》，北京，中国人民大学出版社2007年版，第216页。

持法治道路维护中国共产党的统一领导，坚持法治道路保障人民群众的基本权利是维护中国特色社会主义公共价值秩序稳定、保持社会健康活力的正确道路。高校思想政治教育者应当担负推进社会主义法治国家建设的责任，通过教育教学、行为管理、组织学生社团活动等言传身教的形式培养大学生的法治精神、法治思维以及法治实践能力，为社会主义社会培养法治建设的强大主力军，同时带领、组织大学生在现实社会和网络社会广泛开展法治宣传，为社会提供法律服务等志愿活动，引领社会法治意识普遍提升，遵纪守法行为蔚然成风。

（三）引领大众良好伦理生活的责任

首先，高校思想政治教育者要在全社会培育关于良好伦理生活的共识。由于现实中每个人生存境遇的复杂性，对于社会主义价值的认识程度、接纳程度具有很大差异，对何种生活才是美好的伦理生活的认知和判断也参差不齐，存在自我中心、物化人际关系、轻视弱势群体、敌视不同社会群体等有害的思想或心理，甚至在一部分人中还存在对剥削和压迫他人的丑恶追求。高校思想政治教育者要努力倡导平等、公正、真诚、友善的美好伦理生活，批判错误的价值取向和道德思想，帮助大众形成对社会与人生的科学认知，引导大众形成对美好伦理生活的共同信念，主动培育社会主义伦理共识。高校思想政治教育者一方面要通过主动表达公开自己的价值认识和价值判断，在全社会大力弘扬社会主义核心价值观，引导大众普遍形成对社会主义价值的科学共识；另一方面要广泛听取大众的意见，争取大众的认可和支持，共同提炼总结社会主义伦理生活的基本原则、内容，探索社会主义伦理生活形式，形成对社会主义美好伦理生活的共同向往和追求。

其次，高校思想政治教育者要推动良好伦理生活环境建设。当前我国伦理生活中存在价值观念良莠不齐，价值矛盾冲突激烈的现象，容易形成非理性舆论环境，对大众伦理生活造成巨大破坏。非理性舆论一般是指一种情绪化、极端化、煽动性强并具有暴力倾向的舆论，在网络空间的发生率很高，蔓延速度快，影响范围广，对现实大众的伦理生活秩序已经形成直接冲击。非理性舆论表现为对大众伦理关系、伦理行为片面的、偏颇的、带有否定性的群体性言论，常常放大社会生活中的矛盾，扭曲人际关系和道德判断标准，误导人们对待他人的心理态度，放大社会阴暗面，激化社会冲突，破坏社会和谐，让社会大众失去对他人的信任，甚至产生对亲情、爱情、友情的失望和拒斥，陷入冷漠、压抑、痛苦的情绪之中。高校思想政治教育者要从正反两方面着手推动良好舆论环境建设，以正面宣传为主。从正面着手就是要借助一切信息载体，创新思想政治教育方法，主动向社会大众展示美好的生活姿态，示范文明的意见表达形式，以开放包容的态度壮大自己的队伍，扩大正向舆论的“音量”和影响范围，引导社会文明交往、文明表达以及文明行为风尚。从反面着手就是与错误的言论进行坚决斗争，主动出击，对于各种包裹在非理性舆论中的错误思想、观点、言论、行为进行研究，有针对性地做出批判，引导社会大众认清非理性舆论的性质和危害，削弱非理性舆论的影响力，打造良好的社会伦理生活舆论环境。

最后，高校思想政治教育者要引导大众自觉遵守伦理生活规范。没有规矩的社会是不可能有良好的社会伦理关系和伦理生活的。良好的社会伦理生活需要通过外部的约束力来引导、规范大众的行为，维护社会伦理生活秩序。正如康德所言，“只有出于责任的行为才有道德价值”；“一个出于责任的行为，其道德价值不取决于它所要实现的目的，而取决于它所被规定的准则”；“责任是尊重道德法则的必然行为”。[①] 社会大众对自身社会伦理责任的认知水平决定着其承担社会伦理责任的自觉性。高校思想政治教育者不仅要通过语言宣传社会伦理生活规范，还要在行动上成为良好伦理生活的践行者。高校思想政治教育者要向大众表明，人不仅仅要在行为的形式上合乎伦理规定，更要在自己的全部生活中呈现出社会伦理责任的自觉，对于社会主义伦理道德行为规范的遵循应当是从其内心深处感受到的“不得不如此”的角色伦理责任担当。正是这一份责任担当使其表里如一，“台前幕后”保持行为的一致性，无论面对上级、同事、学生、家人乃至陌生人都呈现出良好的道德修养，在社会开启全景监督的信息时代坦然生活，怡然自得。

① ［德］康德：《道德形而上学原理》，苗力田译，上海，上海人民出版社 2005 年版，第 12~17 页。

第三章　高校思想政治教育者角色伦理的基本形态

一个社会最终能够被广泛认可并奉行的价值体系不是来自理论专家抽象的逻辑推理，而是源自人民社会生活实践的需要。社会主义核心价值观作为“中国人价值观的最大公约数”[①]，成为中国人普遍认同的公共善，有着深厚的生活基础。社会主义核心价值观既是高校思想政治教育者的价值诉求，也是高校思想政治教育者角色伦理体系的建构原则。社会主义核心价值观构建的逻辑体系是支撑高校思想政治教育者角色伦理体系的骨骼，决定了高校思想政治教育者角色伦理体系的基本形态。

第一节　高校思想政治教育者角色的核心伦理元素

关于善恶判断的价值观是确认正确、合理伦理规范的依据。完整有序健康的伦理体系都以清晰坚定的价值观为其内核。高校思想政治教育者角色伦理体现的是高校思想政治教育领域客观存在的社会交往关系以及交往主体合理维系、处理这种关系共同遵循的行为规范。高校思想政治教育者是进行社会主义核心价值观宣传教育的高校教师，其活动的目的是用美好的价值体系更替大学生头脑中与之相冲突的观念、思想，深化、强化、巩固其符合社会普遍认同的美好价值体系的思想意识。理论上，高校思想政治教育者进行思想政治教育活动是基于其自身对社会普遍认同价值体系的真理性、崇高性的信念。高校思想政治教育的教育活动符合其人生价值的基本依循。因此，社会对高校思想政治教育者具有倡导、维护和示范社会

① 郭建宁：《核心价值观：社会共识“最大公约数”》，《人民论坛》2014 年第 24 期。

公共生活领域伦理规范要求的角色期待。同理，高校思想政治教育者的伦理体系与社会普遍接受的伦理体系保持一致。高校思想政治教育者角色伦理体系只有围绕社会主义核心价值观，确立社会主义价值原则才能起到维护高校思想政治教育者角色和谐与完整，高效完成角色功能的作用。社会主义核心价值观是中国人民共同的价值信仰和普遍认同的道德追求。构建高校思想政治教育者角色伦理体系的总原则要符合社会主义核心价值观所蕴含的伦理要求。具体而言，高校思想政治教育者角色伦理体系是中国特色社会主义社会基本伦理价值的具体呈现。社会主义核心价值观是高校思想政治教育者角色伦理体系的中枢、核心、定盘星，也是高校思想政治教育共同体普遍的价值追求，有利于高校思想政治教育共同体整体稳定与和谐，有助于高校思想政治教育的实践要求，同时也是每一个高校思想政治教育者自我超越、自我实现的德性修养之路。

一、忠国爱民：高校思想政治教育者角色伦理的现实价值源泉

在黑格尔看来，家庭和民族是伦理精神的两种现实形态，而伦理精神就是人作为家庭以及民族成员角色的公共本质，“是一切个人的行动的不可动摇和不可消除的根据地和出发点，——而且是一切个人的目的和目标，因为它是一切自我意识所思维的自在物”[①]，自然也是高校思想政治教育者行为“不可动摇和不可消除的根据地和出发点”以及角色活动的“目的和目标”。高校思想政治教育者角色正是表达、养育人的公共性本质的公共性社会角色，因此，高校思想政治教育者角色伦理必然以维护、完善伦理精神的现实形态为己任。在传统社会，家作为由血缘亲情结成的共同体，是人们最深切、最温暖的精神家园，为人们提供基本的生存保障，也是人们相互支持、相互帮助的仁爱之心和友善之情的发源地。在传统社会，对于国的认同依赖于家的认同，国以“大家”的形态获得伦理认同。现代人的流动性生活日益削弱了家庭的重要性，国家通过维护国民基本权利的形式为个体提供了生存和发展的秩序，成为个体命运休戚相关的共同体。在此意义上可以说，国家在现代社会是最具有现实性的伦理形态，维护国家利益成为每个现代国家公民、社会角色的基本道德义务和责任，爱国主义在一定程度上成为无条件的道德律令。

高校思想政治教育者不仅是国家公民，而且是通过维护国家民族精神

① ［德］黑格尔：《精神现象学》（下），贺麟、王玖兴译，北京，商务印书馆1996年版，第2页。

秩序保卫国家利益的社会角色，深厚的家国情怀和坚定的爱国主义观念是其不可或缺的伦理精神。在黑格尔看来，整体的伦理生活是国家现实存在的立足点，是国家的权威、权力的力量来源，正义的制度保证了市民社会对“特殊善”的追求通过国家伦理教育向“普遍善”过渡，实现公共理性规制的社会秩序。然而，以维护私有者统治权为目的的资本主义国家由于扭曲了人与人的关系，剥夺了人民群众自由自觉劳动的权利，“特殊善”与“普遍善”的一致性只能停留在“理念王国”之中，在现实中只能通过暴力性的法来维护秩序，是一种“关于现代国家的幻觉”。社会主义国家建立了“把人的世界和人的关系还给人自己”的人民主权，成为实质的伦理共同体，构建了全体人民休戚与共、荣辱与共、生死与共、命运与共的现实生活，爱国主义才真正成为每一个国家公民的安身立命之本。“经济全球化发展的当今世界，国家依旧是公民赖以生存及全面自由发展的最高、最有效的社会组织。”① 今天，人类文明面临着不同价值选择激烈斗争之际，爱国主义作为高校思想政治教育者角色伦理的核心元素符合社会主义价值实践的历史要求，是肩负时代赋予的历史使命，团结一切可以团结的力量以保卫社会主义建设成果，通达每一个人的自由发展是一切人的自由发展条件的美好社会的必然要求。

从另一层面，高校思想政治教育者也是引导大学生塑造健全人格的社会角色。培养大学生的家国情怀和爱国主义精神是高校思想政治教育者角色的重要使命和职责。自古以来，对家国之爱都是大学生完整人格修养的核心。《大学》有训：“古之欲明明德于天下者，先治其国；欲治其国者，先齐其家；欲齐其家者，先修其身；欲修其身者，先正其心；欲正其心者，先诚其意；欲诚其意者，先致其知。致知在格物。物格而后知至，知至而后意诚，意诚而后心正，心正而后身修，身修而后家齐，家齐而后国治，国治而后天下平。”② 作为生存于中华精神文化中的道德主体经由身心和顺、家庭和睦、国家和谐直至天下大同的叙事构成了中国人完整的伦理精神谱系。中国人所追求的完整人格从来都不只是个人人生的自洽，虽注重细处小节的琢磨，更强调“大节”“大义”的坚守，以“安百姓”“安天下”为终极目标，表现出中国人关于个体与民族辩证统一关系的深刻体悟与朴素伦理情感，在近现代个体命运的颠沛流离和奋起抗争中，在

① 刘淑萍：《爱国主义：公民国家伦理的价值皈依》，《江苏社会科学》2018年第6期。

② 胡平生、张萌译注：《礼记》（下），北京，中华书局2017年版，第1162页。

马克思主义的教育启迪下化为更加自觉和牢固的价值追求和道德评价的基本原则。以爱国主义为核心的民族精神作为中国特色社会主义价值体系的重要精神命脉，成为每一个生活在中华文化世界里人的道德灵魂。党的二十大报告指出："中华优秀传统文化源远流长、博大精深，是中华文明的智慧结晶……是中国人民在长期生产生活中积累的宇宙观、天下观、社会观、道德观的重要体现，同科学社会主义核心价值观主张具有高度契合性。"① 对国家所怀有的皈依情感，凝聚了中国人共同的价值取向、道德规范，也成为每一个中国人的立德之源和基本节操。对中国人来说，将自身视为社会主义国家成员并赞同社会主义国家的文化理念、价值追求、统一目标，对社会主义国家公共利益理性理解，对国家事务密切关注并热心参与就是集体主义这一社会主义道德基本原则的具体运用。今天中国人的集体主义精神首先就反映在对国家民族利益自觉守护，为国家民族的利益勇于牺牲奉献的决心和行动中。在 2018 年 9 月的全国教育大会上，习近平总书记提出培养社会主义事业建设者和接班人要在 6 个方面下功夫，其中之一就是要"在厚植爱国主义情怀上下功夫"，充分体现了对高校思想政治教育者角色的这一道德要求。

爱国与敬民在社会主义国家是不可分割的整体。私有制社会，民族国家作为维护统治阶级利益的"虚假共同体"从根本上不符合广大人民群众的利益，爱国与敬民作为两种价值取向常常处于分裂乃至对抗的状态，人民群众常被视为具有依赖性精神匮乏的非道德主体，"没有能力感受和享受更广泛的自由"②，没有成为思想政治教育主体的资格。因此，私有制社会的思想活动者、政治活动者、教育者角色普遍缺乏"敬民"伦理元素，更多的是一种由上而下的"哀民""悯民"，视人民群众为达成宏大国家整体伦理叙事的服从者。"人民性是马克思主义的本质属性"③，马克思主义揭示了人民群众是人类进步历史的真正创造者这一事实真相，确立起尊重、敬仰人民群众的价值立场和伦理取向。社会主义国家由劳动人民群众当家作主，在人类历史上第一次真正实现了国家的普遍目的和个人特殊利益的统一，国家现实地获得了"伦理理性的整体"性质，使"个人对国家

① 习近平：《高举中国特色社会主义伟大旗帜　为全面建设社会主义现代化国家而团结奋斗——在中国共产党第二十次全国代表大会上的报告》，北京，人民出版社 2022 年版，第 18 页。

② ［德］黑格尔：《法哲学原理》，范扬、张企泰译，北京，商务印书馆 1961 年版，第 244 页。

③ 习近平：《高举中国特色社会主义伟大旗帜　为全面建设社会主义现代化国家而团结奋斗——在中国共产党第二十次全国代表大会上的报告》，北京，人民出版社 2022 年版，第 19 页。

尽多少义务，同时也就享有多少权利”[①] 成为社会的基本伦理原则。在社会主义国家，人民日益深切地体悟到个人的生存发展与国家、民族的发展休戚相关，逐渐形成国家、民族利益相对于个人利益具有优先价值的伦理选择。“千百万劳动者在先进生产者率领下为消除落后而斗争，就是社会主义社会不断前进的一种动力。”[②]

在社会主义核心价值观体系中，忠国爱民作为重要行为准则外化为调节社会群体利益关系的道德规范和判断社会角色行为善恶的道德标准。敬业、诚信、友善等社会主义核心价值观都充分体现了忠国爱民的价值底蕴。正如习近平总书记所指出的：“劳模精神、劳动精神、工匠精神是以爱国主义为核心的民族精神和以改革创新为核心的时代精神的生动体现。”[③] 社会主义核心价值观的敬业不是基于兴趣偏好或价值实现的个体目的，而是内蕴着为国家、人民作贡献的高尚道德追求。也正是由于在社会主义国家，人民群众得以充分自由享受自己的劳动权利，劳动过程得到尊重，劳动成果得到珍惜，劳动价值得到充分认可，辛勤劳动、诚实劳动、创造性劳动才成为广大人民群众的自觉行为。在社会主义新型劳动关系中，劳动者得以摆脱为个体利益恶性竞争的对立关系而构建出相互帮助、相互支持的和谐友善关系。

总之，以社会主义核心价值观为指向的高校思想政治教育者角色伦理必然坚持忠国爱民的价值遵循，“要讲清楚中华优秀传统文化的历史渊源、发展脉络、基本走向，讲清楚中华文化的独特创造、价值理念、鲜明特色，增强文化自信和价值观自信。要认真汲取中华优秀传统文化的思想精华和道德精髓，大力弘扬以爱国主义为核心的民族精神和以改革创新为核心的时代精神，深入挖掘和阐发中华优秀传统文化讲仁爱、重民本、守诚信、崇正义、尚和合、求大同的时代价值，使中华优秀传统文化成为涵养社会主义核心价值观的重要源泉”[④]。忠国爱民是高校思想政治教育者角色不可或缺的伦理担当。每一个角色承担者都“必须坚定历史自信、文化自信，坚持古为今用、推陈出新，把马克思主义思想精髓同中华优秀传统

---

① ［德］黑格尔：《法哲学原理》，范扬、张企泰译，北京，商务印书馆 1961 年版，第 261 页。

② 《建国以来重要文献选编》第 8 册，北京，中央文献出版社 1994 年版，第 269 页。

③ 习近平：《在全国劳动模范和先进工作者表彰大会上的讲话》，北京，人民出版社 2020 年版，第 4 页。

④ 《习近平在中共中央政治局第十三次集体学习时强调　把培育和弘扬社会主义核心价值观作为凝魂聚气强基固本的基础工程》，《光明日报》2014 年 2 月 26 日。

文化精华贯通起来、同人民群众日用而不觉的共同价值观念融通起来，不断赋予科学理论鲜明的中国特色，不断夯实马克思主义中国化时代化的历史基础和群众基础，让马克思主义在中国牢牢扎根”①。

二、公平正义：高校思想政治教育者角色伦理的终极价值指向

角色伦理体系是一个具有整体性、层次性的伦理体系。角色伦理体系中的所有伦理价值要整合进有序的体系之中，就必须有一个“至高”的、“神圣不可动摇”的价值统领其他价值。这一价值就是整个价值体系的“纲”，其他价值是“目”，纲举目张，价值体系就是稳固、有序同时有效的。高校思想政治教育者角色非常复杂，关涉的角色价值要求也是复杂多样的，在实践中常常遭遇多重伦理要求之间的冲突。角色伦理冲突会让高校思想政治教育者陷入行动选择困境，削弱高校思想政治教育者进行思想政治教育的决策力、行动力。因此，高校思想政治教育者角色伦理体系需要一条“至高无上”的原则和一套清晰的价值选择序列。当高校思想政治教育者角色面临多种角色伦理冲突时，能够根据这一不可动摇的原则和清晰的价值选择序列进行判断和抉择。对于高校思想政治教育者，这一条原则是不可动摇和不能挑战的，必须得到坚决执行，任何与其不一致的价值要求都不具有正当性，任何在同一时间不可同时与最高价值要求兼顾的价值要求都必须放弃；与这一至高价值原则相符度越高的伦理要求就越是优先得到遵守，与最高价值原则关联度越低的价值要求在无法兼顾时首先作出牺牲。最高价值原则是具有超越性的“至善原则”，也是具有现实性的“底线原则”。超越的理想性在于其目标总是指引着现实、观照出现实的不足。现实的底线性在于在每一条伦理道德规范中都要体现出这一原则。作为高校思想政治教育者角色伦理体系的压舱石、定盘星，这一“指导性”的伦理价值原则是根据高校思想政治教育者角色的伦理本质确定的。高校思想政治教育者是社会主义社会关系网络中重要的纽结，是维护社会主义社会伦理秩序的重要力量。这一角色的定位明确了高校思想政治教育者维护社会主义价值体系根本不可动摇，以社会主义最高伦理价值为自己的根本价值的伦理本质。这个根本性伦理价值原则是维护社会主义的公平正义观。

① 习近平：《高举中国特色社会主义伟大旗帜　为全面建设社会主义现代化国家而团结奋斗——在中国共产党第二十次全国代表大会上的报告》，北京，人民出版社 2022 年版，第 18 页。

以公平正义为基础的社会主义核心价值观是中国人民价值追求的“最大公约数”。社会主义核心价值观中的许多概念，如“民主”“自由”“平等”“法治”“友善”“敬业”等在许多非社会主义的伦理价值体系中同样存在，并且长期传播，大众耳熟能详。尤其是在改革开放之后，西方资产阶级意识形态借助其物质技术优势以及积极的宣传渗透，这些词汇所附加的价值取向也在我国人民心中产生了重要的影响，在一定程度上给社会主义核心价值观的传播和认同带来了一定的混乱。高校思想政治教育者作为社会主义核心价值观的倡导者、宣传者、示范者，需要准确区分社会主义核心价值观与资本主义价值观的根本性质，对这些价值概念作出合乎社会主义性质的解读，形成社会主义公平正义为本，各种价值观连接有序的价值体系。社会主义核心价值观覆盖国家、社会、公民 3 个不同层次的价值取向，是一个完整的系统，贯穿整个系统的是社会主义的公平正义价值观。从国家层面，建立在公平正义之上的国家富强是人民群众共享的社会主义建设成果的共同富裕，不是贫富分化的私有制富国；指向劳动者享有劳动成果的社会主义公平正义决定了社会主义民主不是维护少数人统治的“形式民主”而是真正代表广大人民利益的全过程民主政治形态；“以人民为中心”的政治文明也必然建立在社会主义公平正义的分配基础之上，是让最广大的人民群众真正成为国家主人的新的文明形态；广泛实现的社会主义公平正义为国家普遍的有序和谐奠定了坚实的基础。从社会层面，平等、法治与公平正义之间的关系一目了然，无须论述，关于自由的理解则差异很大。社会主义社会追求的自由与西方资产阶级追求的自由具有根本上的不同。西方资产阶级理解的自由是建立在契约基础之上的个体自由，在私有制基础上，自由只是资本的自由，工人的自由只是出卖自己劳动力的“自由”，是不可能真正实现的抽象自由。在资本主义制度下，“人（工人）只有在运用自己的动物机能——吃、喝、生殖，至多还有居住、修饰等等——的时候，才觉得自己在自由活动，而在运用人的机能时，觉得自己只不过是动物”[①]。以公平正义为价值原则构建的社会主义国家成为保证每一位社会成员享有自由的真正集体，最终通达个体与集体的共同自由。从个体层面，爱国、敬业、诚信、友善等社会主义核心价值观念也都内含着公平正义的价值原则。公平正义的社会主义国家是属于人民的家园，热爱祖国是发自内心的深厚情感与合理的德性要求。公平正义的社会主义事

① 《马克思恩格斯文集》第 1 卷，北京，人民出版社 2009 年版，第 160 页。

业汇聚了人民对美好生活的需要，是人实现自己劳动本质的根本保证，深深吸引人民群众投入到这一事业之中。公平正义的社会主义社会交往能消除巧取豪夺的欺诈、诓骗，是社会成员诚信品质生发的土壤。公平正义的社会主义人际关系能自然生发出友善的个人德行。

公平正义作为社会主义社会的核心价值，是社会主义国家和人民共同的价值追求，也自然是社会主义社会每一个社会角色伦理的最高价值理想和价值原则。公平正义既是社会主义社会最根本的价值理念，也是社会主义制度最基本的安排和应然状态。社会主义社会最根本的要求以及最重要的体现就是保证社会每一个成员实现真正的平等，获得权利义务的一致，享有平等的角色选择和角色发展机会。社会主义制度建设是维护和实现社会主义公平正义的根本保障。维护社会主义制度是高校思想政治教育者角色的使命和义务。社会主义制度建设需要培育社会成员普遍形成社会主义公平正义观念。社会成员普遍认同社会主义公平正义观念是社会主义制度建设的必要条件。培育社会成员的社会主义公平正义观念则是高校思想政治教育者角色的行为内容。因此，维护和实现社会主义公平正义是高校思想政治教育者角色伦理的基本要求，也是高校思想政治教育角色伦理体系的最高准则。社会主义公平正义是社会主义社会和谐伦理秩序的基础。"伦理秩序的形成过程，反映着社会利益关系的调节过程。"[①]同时，伦理秩序也有助于社会利益关系的稳定。反映了社会主义公平正义观的伦理秩序才是稳固长久的。因此，从长远看，合乎社会大众普遍接受的利益关系一定是符合最广大劳动人民利益的分配关系，即社会主义社会的利益关系。社会利益关系在被社会大众普遍接受的过程中形成了基本的伦理准则，这种伦理准则经过理性的提炼和升华，形成具有普遍约束力的伦理秩序。社会成员对伦理秩序的遵守形成集体伦理心理，反过来又强化和整合了这一社会利益关系。高校思想政治教育者角色既是这种利益关系的直接承受者，也是这一利益关系的守护者。高校思想政治教育者角色伦理关系有利于思想社会普遍接受的利益关系实现，也就有利于高校思想政治教育角色用心投入角色之中，自觉提升角色能力水平，充分实现角色功能，高质量完成高校思想政治教育任务。回顾历史我们会发现，思想政治教育最成功的时候，就是思想政治教育的主体所宣传的伦理理念、道德观念符合社会最大多数人的利益需要的时候，就是提出、倡导、传播这些伦

① 高兆明：《制度公正论》，上海，上海文艺出版社 2001 年版，第 59 页。

理理念、道德观念的人表里如一、言行一致的时候。高校思想政治教育者角色所言说的是其发自内心的声音，人前人后，面对任何社会互动角色都表达着同一种价值追求、围绕着同一个价值原则，在日常的工作、生活中的行为自然地合乎于他所言说的东西，遵守表达这一价值原则的道德伦理规范。

社会主义社会倡导的公平正义是对最高道德善的向往，是维护社会和谐关系的道德力量，是维护社会关系合理性规范的最高原则。社会主义的公平正义兼顾了道德的现实性与理想性两种实践品格。道德的现实性就是道德的有效性。道德作为处理人与人之间关系的规范，只有得到关系主体的普遍认同和自觉遵守才能发挥规范调节功能，而关系主体普遍认同和自觉遵守的道德规范一定是符合关系主体根本利益的规范。关系主体的根本利益在社会主义社会中是一致的，就是获得全面自由发展的条件：高度发达的社会生产力和全体社会成员平等共享劳动成果。社会成员正确的实践能有效推动社会经济、政治、文化发展。具有现实有效性的道德就是符合社会实践活动需要的、推动社会主义事业蓬勃发展的道德规范。社会主义的公平正义观符合人民群众的根本利益，能够最大限度调动全体社会成员的主体性，凝聚全社会的力量建设社会主义。新中国成立70多年来，中国人民在社会主义建设中展现出了彻底的牺牲奉献精神、任劳任怨精神、互助友爱精神，创造出了震惊世界的发展成果，充分证明了社会主义道德的巨大感召力，显示出社会主义道德的有效性。另外，随着社会主义市场经济的发展，交换道德、功利道德也开始深入社会，腐蚀了部分党员干部。他们利用手中的权力攫取私利，侵犯了人民群众应当享有的发展成果，导致民心出现涣散危机，给社会主义事业的发展造成了许多损失。党的十八大以来，以习近平同志为核心的党中央加大腐败惩治力度，重视民生工程，强调“公平正义是中国特色社会主义的内在要求”[①]，通过一系列卓有成效的举措让广大人民群众分享到社会主义建设的成果，获得更多发展资源和机会，提升了国家公信力。在此基础上，通过弘扬社会主义核心价值观重新凝聚了民心，新的社会伦理秩序逐渐形成，中国特色社会主义进入新时代。

道德的理想性就是道德的至善追求。“善”作为抽象的概念是一切伦理体系的至高目的和基本原则，对于善的具体描述和界定依然是不同利益

① 《十八大以来重要文献选编》(上)，北京，中央文献出版社2014年版，第11页。

主体的现实利益需要。马克思主义所追求的道德之善就是人的解放，不是某个人、部分人的解放，而是每一个人、全体人的解放。通达每一个人、全体人的解放的道路是首先让最大多数的劳动群众获得解放。马克思主义认为，公平正义作为一种价值观的要求，与社会经济发展的水平相适应，能为最广大人民的生存需要、生产需要和自由发展需要创造条件以及提供制度保障的价值观才是真正公平正义的价值观。社会发展、人的需要的满足都有赖于物质生产。从事物质生产的人民群众是推动人类历史发展的真正英雄。社会主义的公平正义观与人类历史上出现的任何公平正义观之间的根本分野就在于从历史唯物主义出发，充分肯定和尊重劳动群众的社会地位，肯定最广大劳动群众的利益要求，主张社会财富“更多更公平惠及全体人民”。因此，惠及全体社会成员的公平正义是社会主义的本质特征，是社会主义伦理的基本要求。

公平正义作为高校思想政治教育者角色伦理至高原则，要求高校思想政治教育者在思考和处理各种社会关系的时候，应当把社会主义的公平正义作为基本的伦理底线，也要作为最高的伦理追求。在面对复杂实践过程中出现的伦理冲突的时候，社会主义公平正义作为指导性的伦理要求，通过掌控角色伦理方向，进行道德行为角色抉择，是角色伦理体系运转的“根本法”。也就是说，一切具体的伦理要求、道德原则都是为实现社会主义公平正义而存在的相对伦理规范，只有社会主义公平正义的伦理要求才是绝对的最高原则。绝对的社会主义公平正义要在复杂多变的道德实践中表现出来，要求面对具体的道德规范采取相对灵活的处理方法，避免对道德规范的形式依循。高校思想政治教育者角色是具有主观能动性的主体角色，其角色伦理体系既要具有清晰的伦理指向，避免道德虚无主义，真正承担起培育大学生社会主义核心价值观的使命；同时这一角色伦理体系又不能是僵化的，避免在面对教育对象日新月异的思想和要求、高校思想政治教育的快速发展中失去道德的选择能力和创造能力。有效的伦理体系绝不是僵化的教条，而是能够有机融入高校思想政治教育的现实活动之中的，具有能动发展性的伦理体系。这种伦理体系具有判断在现实生活中何种行为才是符合伦理原则的道德行为，从而赋予行为真正的道德意义。因此，高校思想政治教育者角色伦理体系必须是兼具基本伦理原则和灵活道德要求的伦理体系。这样的伦理体系既具有约束的框架，对角色承担者具有清晰的行为指向和规范，同时又赋予了角色承担者体悟角色伦理，结合现实的角色境遇进行道德方法创新，更加准确地进行角色道德实践的权利。

高校思想政治教育者作为高校思想政治教育的组织者、实施者，要帮助大学生牢固树立社会主义伦理追求，在他们的内心构建一套符合社会主义核心价值观的伦理行为规范和崇高道德追求。高校思想政治教育发挥伦理导向的作用，就要坚守社会主义公平正义的原则，正确理解社会主义核心价值观的内涵和意义。从这个意义上，高校思想政治教育者角色伦理必须有助于高校思想政治教育者自身成为具有崇高社会主义公平正义信仰的人，同时也是帮助大学生成为牢固树立社会主义公平正义的道德信仰、为全面建成公平正义的社会主义社会而不懈努力的人。高校思想政治教育者角色要把培养大学生追求社会主义公平正义作为最高伦理原则，努力营造促进社会公平正义的文化环境和社会舆论环境。高校思想政治教育者应当把对社会成员进行公平正义观的培育作为角色活动的重要内容，帮助大学生更好地理解社会主义公平正义的实质和基本特征。高校思想政治教育者在进行思想政治工作的时候坚持公平正义原则，让大学生在学习生活中感受到公平正义，认同和追求社会主义公平正义。高校思想政治教育者还应当通过社会主义先进文化建设，通过良好的环境建设，帮助大学生把追求社会主义公平正义转化为自身的伦理信念以及道德自觉行为。

三、永葆先进：高校思想政治教育者角色伦理的实践价值指向

高校思想政治教育者角色伦理体系不是凭空产生的，它是伴随着思想政治教育的发展，在高校思想政治教育改造人的思想、改造社会政治文化、推动道德文明进步的实践交往中生发的。高校思想政治教育者角色伦理具有追求文明进步的生命本能。高校思想政治教育者角色伦理是高校思想政治教育需要的产物，其形成和发展也离不开高校思想政治教育的需要。离开高校思想政治教育就不需要高校思想政治教育者角色，高校思想政治教育者角色伦理就更无从谈起。反之，高校思想政治教育者角色伦理体系应当满足高校思想政治教育实践的需要，应当符合高校思想政治教育发展的规律，引领时代发展的方向。高校思想政治教育者角色伦理不是离开了时代发展要求和社会具体环境的抽象空洞的伦理体系。形而上学的伦理体系即使充满了美好的承诺，对现实的高校思想政治教育也不能提供任何有益的指导，更无法让高校思想政治教育者以此来指导自己的角色行为。高校思想政治教育者角色伦理也不是没有任何原则和目标的伦理体系。这样的伦理体系会让高校思想政治教育者彻底变成被利用的工具，让高校思想政治教育者的行动因工具化而失去坚实的根基，丧失道德追求和

伦理底线。我们在建构高校思想政治教育者角色伦理体系的过程中一定要坚持从实际出发，坚持社会主义价值立场，形成一套指向未来又关注现实、目标清晰又灵活开放的伦理体系。

高校思想政治教育角色伦理是一个复杂伦理系统。这个系统中的角色伦理是高校思想政治教育者协调和处理各种社会关系的原则和规矩。高校思想政治教育的角色伦理体系是观念体系，也是规范体系。作为观念体系的角色伦理体系要有科学的、揭示了人类社会发展规律的理论为支撑。作为规范体系的伦理体系则应当有利于伦理主体更好地协调、改善其所面向的各种社会关系。作为观念体系的高校思想政治教育者角色伦理体系是社会主义伦理理论的具体表达。“教育的本质在于教育者把自己认为最有价值的思想观念传递给正在成长的一代。”[①] 社会主义伦理思想，这里指的是科学社会主义伦理思想即马克思主义伦理思想，其是迄今为止的最先进的伦理思想。科学社会主义伦理思想的先进性不是自诩的，而是对人类实践历史的总结，经受住了实践的检验，赢得了中国人民的广泛认同。依据科学社会主义伦理思想，人类社会从蒙昧到文明不断进步，经过原始生产方式、奴隶制生产方式、封建制生产方式、资本主义生产方式发展到社会主义生产方式，人类的伦理观念体系也相应地具有了 5 种形态。社会主义伦理体系是指一种以科学的历史唯物主义为依据，通过扬弃资本主义伦理体系，把握了人类伦理道德发展规律，对人类的未来道德形态进行科学预测的基础上形成的新型的伦理观念体系。科学社会主义伦理追求人与社会、人与人、人与自然关系的全面和解，代表了最广泛的主体利益要求，因此是人类迄今为止最为先进、最为高尚的伦理观念体系。“唯物史观决定了对价值观的考察不能进行非历史的契约想象和逻辑演绎，而只能从中国的社会性质和发展历史出发，归纳其价值传统，将得到的价值共识作为社会主义的核心价值观。”[②] 高尚先进的科学社会主义伦理思想与中国人民数千年实践历史所创造的优秀文化有机结合在一起，就成为具有中国特色的社会主义核心价值观，也是人类社会正在实践的先进价值观。高校思想政治教育者是用先进的政治思想、价值观念、道德理想，也就是社会主义核心价值观，影响教育对象的社会角色。因此，高校思想政治教育者角色伦理体系是围绕人类社会迄今最先进的社会主义伦理观念体系构建起来的道德

---

① 佘双好:《价值观的层次性与思想政治教育发展与变革》,《探索》2015 年第 2 期。

② 李健:《社会主义核心价值观与西方“普世”价值的四大区别》,《思想理论教育导刊》2015 年第 3 期。

规范系统。追求社会伦理的文明进步以及个体道德的文明进步是高校思想政治教育者角色实践不言自明的必然要求。

作为规范体系的高校思想政治教育者的角色伦理体系必须契合中国特色社会主义的建设实践要求。中国特色社会主义国家一经建立就踏上不同于以往人类社会任何一种形态的实践道路，开启了中国式现代化的建设道路。中国式现代化，即中国式社会主义现代化，将大力解放生产力，不断推动政治民主、经济共享，造福全体社会成员，按照人的自由而全面发展的要求组织社会生产，处理人与人、人与社会、人与自然之间的关系。中国式社会主义现代化的建设逐渐化解了以往人类历史中普遍存在、无法克服的各种对抗性的、只能借助外在强制力维护的伦理关系。中国式社会主义现代化道路在中国社会逐渐构建起人与人之间真正平等的、合乎道德的伦理关系。中国式社会主义现代化伦理实践的目的是，“人终于成为自己的社会结合的主人，从而也就成为自然界的主人，成为自身的主人——自由的人”[①]。正是因为如此，中国式社会主义伦理具有了真正意义上的道德自律——当每个人真正成为自身的主人，每个人在社会伦理关系中都可以做到“随心所欲不逾矩”，活得自在而优美、自由而崇高。在通达这一目标的中国式社会主义现代化实践中，凝聚社会大众共识的社会主义核心价值观全面契合中国人民的具体实践环境，厚植于中国社会的历史和现实。高校思想政治教育者角色是这个伟大社会实践进程中的重要推手，是这种先进伦理关系的构建者、倡导者、践行者。对社会主义核心价值观的坚持是高校思想政治教育者角色伦理图画中的主色调。高校思想政治教育者角色伦理规范体系是具有普遍性的中国式社会主义伦理体系在高校思想政治教育者角色活动中的具象化、个性化表达。高校思想政治教育者角色伦理规范必然在所有的社会角色伦理要求中承担更高、更严格的道德要求。高校思想政治教育者角色的工作性质决定高校思想政治教育者角色伦理体系也必须是中国式社会主义伦理体系的先进代表。因此，高校思想政治教育者角色原则上要求由中国共产党党员担任，同时角色扮演者还必须是具有硕士、博士学位的高学历知识分子。

高校思想政治教育者角色伦理体系的具体内容和形式也是由高校思想政治教育坚持和发展社会主义价值体系的实践所决定的。高校思想政治教育以社会主义核心价值观“立德树人”的实践为高校思想政治教育者角色

① 《马克思恩格斯文集》第3卷，北京，人民出版社2009年版，第566页。

伦理体系提供了生存和发展的空间和环境。高校思想政治教育者角色伦理行为发生在具体的高校思想政治教育的环境中，受到环境制约，体现出角色行为主体适应环境、与环境交流的行为理性。高校思想政治教育者角色伦理的内容和形式能够让高校思想政治教育行为主体更好地适应环境、改造环境，处理各种高校思想政治教育活动关系，解决高校思想政治教育实践提出的问题，实现高校思想政治教育的目的。高校思想政治教育者角色伦理体系的内容是高校思想政治教育者的角色权利和角色义务。这些权利和义务都是处理高校思想政治教育在实践中与社会、自然、组织、教育对象、合作者以及自身相互关系过程中形成的，凝结着社会对高校思想政治教育者的伦理期望，同时也表达着社会普遍的伦理要求和价值取向。这种伦理体系既是社会伦理生活的具体表现，同时也是社会伦理生活的引导力量，因此必然代表社会伦理发展的未来方向。高校思想政治教育的目的是培养大学生的社会主义理想品格，通过引导和改造大学生的思想和行为，培养社会主义社会理想的人及其社会主义社会理想的人的品格，从而推动社会主义建设，创立理想共产主义社会，让人民享有美好生活。因此，高校思想政治教育者角色享有用社会主义伦理道德教育引导教育对象的权利，以及围绕这个权利产生的学习的权利、发展的权利、享有劳动报酬的权利等。高校思想政治教育者角色同时承担用社会主义核心价值观教育培养学生，用社会主义伦理道德要求约束和规范自己的行为，模范践履社会主义政治道德、社会公德乃至个人私德。中国特色社会主义建设实践和高校思想政治教育工作实践的发展性决定了高校思想政治教育者角色伦理体系不是僵化的、形式的规范，而是以社会主义核心价值观为指导的动态、发展体系，明确而又灵活。

高校思想政治教育者角色伦理体系作为面向实践的开放、能动体系，伴随着高校思想政治教育的发展而发展，面向高校思想政治教育的新局面、新情况，不断解决高校思想政治教育实践中出现的新矛盾、新问题。高校思想政治教育是政策性极强的教育活动，明确规定了不同时期高校思想政治教育的任务。高校思想政治教育者角色伦理依据高校思想政治教育不同阶段的具体任务也会有所变化，但坚持马克思主义伦理思想为指导，坚持社会主义伦理立场的根本不会改变，但不同的社会政治环境、经济环境和文化环境组成的社会环境形成的高校思想政治教育者的具体角色伦理要素和内容必然各有不同。新中国成立初期，高校思想政治教育的任务主要是“要把学生培养成为懂得马克思列宁主义理论基础，掌握现代最新的科学技术知识，身体健康，并全心全意为社会主义建设事业服务的各种高级专门建设人材”①。高校思想政治教育者角色伦理的“政治色彩”“集体色彩”相对较强。改革开放后，“我国高等教育的培养目标必须坚持又红又专的方向，使受教育者德智体几方面都得到发展，成为有社会主义觉悟的专门人材”。高校思想政治教育角色伦理的“人本色彩”有所增加。中国特色社会主义进入新时代，中国社会的主要矛盾从改革开放之初的“人民日益增长的物质文化需要同落后的社会生产之间的矛盾”转化为“人民日益增长的美好生活需要和不平衡不充分的发展之间的矛盾”，国家、社会、高校、大学生对高校思想政治教育者角色的伦理期待也发生了转化。中国特色社会主义进入新时代，高校思想政治教育者必须呈现新的角色形象，承担新的角色责任。高校思想政治教育者角色伦理体系也体现出这些新的期待和新的要求。“我国是中国共产党领导的社会主义国家，这就决定了我们的教育必须把培养社会主义建设者和接班人作为根本任务，培养一代又一代拥护中国共产党领导和我国社会主义制度、立志为中国特色社会主义奋斗终身的有用人才。这是教育工作的根本任务，也是教育现代化的方向目标。”②新时代高校思想政治教育者角色伦理体系的发展要坚持守正发展。守正就是守住培养社会主义建设者和接班人这个根本任务，这是思想政治教育者角色伦理不变的底色。发展就是以习近平新时代中国特色社会主义思想为指导，以不断提升高校思想政治教育者政治素养、理论素养、道德修养、能力水平，帮助正确处理新时代高校思想政治教育诸方面的相互关系为目标，不断根据时代和环境的发展要求，完善角色伦理体系结构，充实角色伦理体系内容，推动教育者成长为坚持和发展中国特色社会主义事业、建设社会主义现代化强国、实现中华民族伟大复兴的奋斗楷模，成为培养具有社会主义核心价值观，担当民族复兴大任时代新人的优秀专业思想政治教育工作角色。

四、平等和自由：高校思想政治教育者角色的主体性价值指向

善是人类最美好的道德追求，是伦理最重要的精神实质。然而，人们从古至今对善的解读也纷繁复杂。马克思立足实践哲学，从历史与劳动的

---

① 教育部社会科学司：《普通高校思想政治理论课文献选编（1949—2008）》，北京，中国人民大学出版社 2008 年版，第 20 页。

② 《习近平在全国教育大会上强调　坚持中国特色社会主义教育发展道路　培养德智体美劳全面发展的社会主义建设者和接班人》，《光明日报》2018 年 9 月 11 日。

维度揭示，善是在人的实践活动中开出的花朵，是人的生命气度、风格的生成。从实践出发，对善的理解和追求，在现实存在中既是一种权利，又是一种生活的姿态。作为一种权利，人皆有追求善，成就美好自我的需要。作为一种生活姿态，善存在于各种社会力量构成的流动关系的互动中。随着时代的进步，自由平等为更多人所享有，自由平等成为人与人关系的最大善也赢得了全人类的认同。争取自由平等也成为人们改造客观世界的强大精神力量。高校思想政治教育者作为人民民主的真正拥护者，是激励最广大人民群众争取平等自由，用科学的理论指导人民群众实现平等自由的志士。高校思想政治教育者不仅特别珍爱自身的平等与自由的权利，而且尊重教育对象的平等与自由权利。高校思想政治教育者角色是充分地理解社会主义平等与自由价值及其本质，并矢志不渝地传播和践行社会主义平等与自由价值的社会角色。高校思想政治教育者从不抛开现实生存的境况讨论平等与自由，而是强调每个人在现实的、具体条件的规制下，通过具体的工作、生活等日常活动，在与现实不完美的抗争中争取平等与自由。这是高校思想政治教育者真正的实践精神、真正主体性的体现。

马克思主义指出，人既是历史的结果，也是历史的创造者，既是“剧中人”，也是“剧作者”。高校思想政治教育者角色既是高校思想政治教育历史发展的结果，也是高校思想政治教育新局面的开创者；既是在高校思想政治教育活动中被规定的角色，也是创作高校思想政治教育活动规范的立法者。因此，高校思想政治教育者角色既是社会设立的，也是高校思想政治教育者自己创造的。从这个意义上说，高校思想政治教育者角色伦理体系不仅仅是来自外部的行为规范体系，也是高校思想政治教育者自己对自己的规范，是高校思想政治教育者基于自身的道德追求进行的自我规范。一个高校思想政治教育者之所以能够担负起高校思想政治教育者角色，一个重要的原因在于，人对世界和生命的体验需要一定的时间的叠加，是经验的积累，“认识的历史结果”。虽然随着网络世界的发展，知识资源已经完全开放，教育对象获得资源的速度加快，教育者和教育对象的“知识差”缩短，但对世界和人生的“体验差”却无法缩短。[①] 高校思想政治教育者角色进行思想政治教育的过程就是用正确的方式将自身对世

① 然而，人在普遍物化的过程中，都被扁压成一种属性的存在，人与人的生命经验差模糊了、个性消失了，人们就产生了“平等”的错觉，不理解生命之间交流的意义，从而漠视、拒绝思想政治教育。

界、对生命的感悟恰当地传递给教育对象的过程。高校思想政治教育者帮助大学生在实践其生命过程的时候，能够更快地理解其所感、所经历的一切，帮助他们获得更强大的改变世界的能力。这也是高校思想政治教育者角色帮助大学生超越自己，站在自己的肩膀之上获取比高校思想政治教育者更深厚的生命体验，并将这种生命体验反馈给高校思想政治教育者，帮助高校思想政治教育者回顾、再现、重新思悟其人生经验，丰富其体验、更深领悟角色伦理真谛。因此，高校思想政治教育是高校思想政治教育者和大学生一同成长的过程，是真正“生命对生命的唤醒”，他们之间是真正平等而自由的关系。高校思想政治教育者角色伦理也就是高校思想政治教育者通过呵护大学生的生命成长而进行的自我德性修养指引。

高校思想政治教育者角色伦理何以可能？高校思想政治教育者角色伦理体系的存在不仅是为了帮助教育对象——大学生成长为有道德的人，也是高校思想政治教育者自己成长为有道德的人的成长之道。高校思想政治教育者角色伦理不仅是对高校思想政治教育者行为的道德规范，更是高校思想政治教育者自身道德主体性的实现。成为人是人的终极价值追求，人的其他一切价值追求都是为了把自己创造成为真正的人。人要成为人必须去“做”。“做人”要意识到自己具有人的潜在可能，要具有成为人愿望以及通达成人的行动，需要借助意志去战胜成人路途中的艰难困苦。[①]角色扮演是人的成人之路，角色伦理就是成人之路的地图。因此，鲁洁总结道：“道德为什么存在？就是使得人能够实现和生成人的本质，使自己能够成为一个人，实现人之为人。这就是道德在我们生活中的功能和作用。”[②]“道德、道德教育的根本作为是在引导我们以人的存在方式去生活。”[③]高校思想政治教育不仅仅是教育者引导教育对象“以人的存在方式去生活”，也是高校思想政治教育者“以人的存在方式在生活”。具体而言，在现代社会，高校思想政治教育者角色伦理体系引导高校思想政治教育者建构一种有意义的可能生活，建构一种崇高的精神生活[④]，构建一种与自然界、与社会、与他人、与自我的和谐生活，构建一种健康的、丰富的、生动的、愉悦的、美好的生活。高校思想政治教育者在高校思想政治教育者角色伦理体系的引导和规范中不断进行美好道德生活的体验，不断

① 鲁洁：《做成一个人——道德教育的根本指向》，《教育研究》2007年第11期。
② 鲁洁：《重新认识道德和道德教育》，《人民教育》2015年第19期。
③ 鲁洁：《道德教育的根本作为：引导生活的建构》，《教育研究》2010年第6期。
④ 冯建军：《道德教育：引导幸福生活的建构》，《高等教育研究》2011年第5期。

感受到通达道德人格完善的满足感，不断获得自我道德丰富性的道德自我的完成，并在进行思想政治教育活动的过程中，帮助大学生在与高校思想政治教育者的交往活动中感受到这种道德的美好和这种道德人格的感召，产生对这种道德生活的向往并切实去追求这种道德生活。

能够引导高校思想政治教育者获得自身道德完满、实现伦理追求的高校思想政治教育者角色伦理体系须是充满生命活力、富于理想的伦理体系，其能指引高校思想政治教育者角色的活动方向。从理想的角度，高校思想政治教育伦理体系指向人与人真正意义上的普遍、现实的平等社会以及“每个人的自由发展”与“一切人的自由发展”[①]同时实现。这是一种为个体我又为群体我们的至高伦理理想。同时，这种伦理体系也是现实的、具体遵循的行动体系，能够教会高校思想政治教育者如何通过有德性的具体活动，实现这一美好伦理追求、道德至善。高校思想政治教育者角色伦理何以能够导向高校思想政治教育者自身的实现？第一，“以人的存在方式去生活”构成高校思想政治教育伦理体系的核心理念和价值目标，强调教育是属人的社会生活的一部分，是人在特定的社会共同体中感受个体与共同体的关系的活动；是“通过感知我和我们”的联系，逐渐获得“自由个性”——随心所欲不逾矩的过程。著名学者普雷姆·柯帕耳提出，“现代教育的实质在于追求良好的生活质量……影响一个人内心精神状态的教育革命”[②]。人的生活是有目的性的，是指向“善”“美好”等方向的努力。因此，高校思想政治教育与人的生活的关系在于，生活不仅仅是高校思想政治教育实践的起点，也是高校思想政治教育实践的终点。第二，构成高校思想政治教育者角色伦理体系的独有理念和价值目标——“成为德才兼备、全面发展的人才”，本质上是一种尊重、满足教育对象主体性需要的教育实践活动，也是高校思想政治教育者“成为德才兼备、全面发展的人才”自主性实践生活方式。高校思想政治教育实践所面向和致力于塑造的，是针对包括教育者和教育对象在内的完整生活。所谓“完整”，既包括了以“共同体伦理”为指向的理性生活、道德生活，同时也包括了教育者与教育对象自身美好情操和健全人格养成在内的“个性化自由”生活。一方面，“在伦理与道德之间，道德因其对抽象的普遍规则和个体意志自由追求的特点，具有主观性，也较为易变，而伦理因其

① 《马克思恩格斯文集》第2卷，北京，人民出版社2009年版，第53页。

② 联合国教科文组织国际教育发展委员会：《学会生存——教育世界的今天和明天》，上海，上海译文出版社1979年版，第61页。

与‘精神’的直接同一，更具客观普遍性，并对个体‘单一物’具有更强大的同一性文化功能”[①]，让高校思想政治教育者的精神有处安放，有所皈依。另一方面，高校思想政治教育倡导和尊崇“成为德才兼备、全面发展的人才”，内含深厚的主体自由精神。道德是他律通过自律起作用的主体自由意志的体现。“成为德才兼备、全面发展的人才”的倡导和尊崇包含对思想政治教育者和教育对象主体性意识和自主、自觉行动的养成意义，强调人应该在参与思想政治教育的活动中努力依靠自己的学习思考和独立判断，获得对于世界和人生的本质和意义的正确理解，创造属于自己的真正的“人的生活”。无所思考和判断地接受或认同高校思想政治教育传输的内容并非正确的思想政治教育行为。正如雅斯贝尔斯指出：“凡是个人出于自由意愿而做之事，都不在计划之内。但是，可以给予一定条件，使人的自发性比在其他条件下更容易发挥出来。”[②]高校思想政治教育恰恰是帮助教育对象接受科学的思维方式，培养其正确思维的能力，为教育者和教育对象提供“自发性更容易发挥出来”的条件。在这个过程中，只有高校思想政治教育者自身也是一个具有自由意志、道德“自发性”，能够独立思考判断的人才能成为大学生的道德导师。在这种相互尊重道德自发性的伦理规范体系中，高校思想政治教育者实现了他和教育对象之间的真正平等。

高校思想政治教育角色伦理体系指引高校思想政治教育者各尽其能、各得其所、和谐互促、勠力同心，为国家和民族的生存和发展、为社会和谐人民幸福作贡献，也指引高校思想政治教育者感受生命的自由、庄严、优美、温暖。高校思想政治教育者角色伦理体系的社会意义在于为角色承担者提供合理有效地运用其知识和能力表现角色、实现角色社会功能。在实现其社会意义的过程中，高校思想政治教育也成为高校思想政治教育者栖居人世的生命卷入，而不仅仅是高校思想政治教育者获得生存与发展资源的暂时平台。在高校思想政治教育的过程中，高校思想政治教育者获得了自己“属人”的美好生活。

① 樊浩：《中国社会价值共识的意识形态期待》，《中国社会科学》2014 年第 7 期。

② ［德］卡尔·雅斯贝尔斯：《什么是教育》，邹进译，北京，生活·读书·新知三联书店 1991 年版，第 24 页。

第二节　高校思想政治教育者角色伦理体系基本架构

权利义务相统一是社会角色伦理的实践模式，权利义务相统一体现在角色承担者身上就是目的与手段的统一。[①]马克思指出，“每个人只有把自己当作自为的存在才把自己变成为他的存在，而他人只有把自己当作自为的存在才把自己变成为前一个人的存在，——这种相互关联是一个必然的事实”[②]。高校思想政治教育者角色的存在既是为了国家、高校、大学生，也是为了角色承担者自己，是目的与手段的统一，也是权利与义务的统一。高校思想政治教育者角色伦理有三根主轴，即面向国家、高校、大学生的3种权利义务关系。围绕“三轴”形成在不同实践环境下为达成具体思想政治教育目标的权利义务规定，搭建既能最大限度凝聚共识又能尊重差异、包容多样的，兼具稳定和开放的高校思想政治教育者角色伦理体系。

一、为国家立心立魂的政治权利义务

政治角色是高校思想政治教育者角色最具代表性的、核心的、关键的角色。“中国特色社会主义政治发展道路，是近代以来中国人民长期奋斗历史逻辑、理论逻辑、实践逻辑的必然结果”[③]，也是高校思想政治教育者角色的基本政治立场。高校思想政治教育者角色是中国共产党的政治角色之一，是以理论工作、教育工作形式专门负责意识形态工作者建设的政治角色。“意识形态工作是为国家立心、为民族立魂的工作。”[④]“中国式现代化的本质要求是：坚持中国共产党领导，坚持中国特色社会主义，实现高质量发展，发展全过程人民民主，丰富人民精神世界，实现全体人民共同富裕，促进人与自然和谐共生，推动构建人类命运共同体，创造人类文明

① 田秀云等：《角色伦理——构建和谐社会的伦理基础》，北京，人民出版社2014年版，第97页。

② 《马克思恩格斯全集》第30卷，北京，人民出版社1995年版，第198页。

③ 习近平：《决胜全面建成小康社会　夺取新时代中国特色社会主义伟大胜利——在中国共产党第十九次全国代表大会上的报告》，北京，人民出版社2017年版，第36页。

④ 习近平：《高举中国特色社会主义伟大旗帜　为全面建设社会主义现代化国家而团结奋斗——在中国共产党第二十次全国代表大会上的报告》，北京，人民出版社2022年版，第43页。

新形态。"[①] 中国特色社会主义政治制度是合乎中国人民根本利益、具有高尚道德目标和道德关怀的正义伦理制度，建设和维护国家政治意识形态安全是高校思想政治教育者角色政治伦理第一原则。

政治教育是高校思想政治教育者政治角色最重要的任务。政治教育者角色是高校思想政治教育者的标志性角色。2016 年 12 月 9 日，习近平总书记在全国高校思想政治工作会议上指出，我国高等教育肩负着培养德智体美全面发展的社会主义事业建设者和接班人的重大任务，必须坚持正确政治方向。习近平总书记强调，高校思想政治工作关系高校培养什么样的人、如何培养人以及为谁培养人这个根本问题。要坚持把立德树人作为中心环节，把思想政治工作贯穿教育教学全过程。作为中国政治的领导核心，习近平总书记的讲话代表着国家对高校思想政治教育者角色的要求。因此，高校思想政治教育者角色的政治权利和义务首先体现在用中国共产党的创新理论武装高校师生思想、教育大学生。高校思想政治教育是在高校大学生中间开展的维护国家政治制度、宣传国家政治文化、维护国家政治安全的政治教育活动，作为这一活动的责任主体，高校思想政治教育者的角色享有用中国特色社会主义政治思想、政治理论去武装自己和大学生的头脑，培育壮大马克思主义人才队伍等权利；任何质疑、阻碍、削弱高校思想政治教育者开展中国特色社会主义政治教育的言行都是对高校思想政治教育者政治角色权利的侵犯，高校思想政治教育者可予以坚决斗争。

高校思想政治教育者角色是中国共产党通过理论工作掌握意识形态领导权的政治角色。研究马克思主义理论，构建马克思主义学科体系、学术体系、话语体系既是高校思想政治教育者政治角色的权利，也是高校思想政治教育者政治角色的义务。70 余年的发展，中国特色社会主义在各个领域都取得了令人瞩目的成就，奠定了社会主义意识形态凝聚力和说服力的客观基础。与此同时，当今世界走入大发展大变革大调整时期，面临百年未有之大变局，中国特色社会主义发展进入深水区，中国道路正在形成一种新的文明类型，与此同时深受西方数百年现代性思维影响，我们的部分理论成果滞后以致对现实的解释和对未来的昭示尚有不足，削弱了思想政治教育工作实效，对中国特色社会主义保持高质量发展造成不利影响。

① 习近平：《高举中国特色社会主义伟大旗帜　为全面建设社会主义现代化国家而团结奋斗——在中国共产党第二十次全国代表大会上的报告》，北京，人民出版社 2022 年版，第 23~24 页。

因此，建设具有强大凝聚力和引领力的社会主义意识形态团结人民，增强实现中华民族伟大复兴的精神力量是高校思想政治教育者不可推卸的政治责任。在社会主义政治发展中发挥更多、更大作用，也符合高校思想政治教育者角色获得更多发展资源，展现更美好形象，赢得尊重、自我实现的利益要求。“中国是世界上最大的政治、经济和社会变革实验室，也是理论探索的最大实验室”①，急需大量包括高校思想政治教育者在内的哲学社会科学学者予以研究、总结，形成创新性理论成果。高校思想政治教育者角色享有通过学术刊物自由发表政治思想，进行理论争鸣，揭示社会主义政治与意识形态的本质和规律，为社会主义意识形态构建坚实的理论底蕴的政治话语权。高校思想政治教育者角色具有凭借马克思主义理论学科平台，开展深入广泛的学术活动，构建中国特色政治伦理话语，举办和参与学术论坛、学术研讨交流会、学术沙龙等，扩大中国特色政治伦理话语影响力的权利。在网络社会，高校思想政治教育者角色享有国家支持、资源投入，与非社会主义思想展开斗争的政治权力。

在具体的政治活动中，高校思想政治教育者角色在中国共产党的领导下，根据国家所颁布的法律法规、政策章程享有政治权利、承担政治义务。高校思想政治教育者的政治角色定位划定了高校思想政治教育者与国家政治领导力量之间的伦理关系是一种领导与被领导、管理与被管理之间的关系。高校思想政治教育者角色要服从国家政治领导力量的领导和管理，根据国家政治领导力量的要求调整角色行为，塑造角色形象。高校思想政治教育者角色所享有的政治理论研究、政治文化建设、政治话语表达都要遵循意识形态工作原则，遵守意识形态工作纪律。处理好政治思想、政治话语建构和传播的自由与政治教育、政治宣传纪律之间的关系，是高校思想政治教育者政治角色伦理的重要内容。国家政治领导角色与高校思想政治教育者角色的政治目标一致，政治价值立场一致。国家政治领导角色应当充分保障高校思想政治教育者政治角色理论探索和理论传播自由，信任高校思想政治教育队伍，充分发挥高校思想政治教育者政治角色功能，增强高校思想政治教育者角色的政治意识形态建设力量。

中国共产党在领导革命与建设的历史中，始终把“少数服从多数”民主集中制作为基本的组织原则，要求每一位党员坚持以党的事业作为自己的毕生追求，“全心全意地为人民服务，一刻也不脱离群众；一切从人民

---

① 张维为:《中国模式和中国话语的世界意义》,《经济导刊》2014 年第 3 期。

的利益出发，而不是从个人或小集团的利益出发”[①]。高校思想政治教育者角色也必须严格遵守这一组织原则。与此同时，高校思想政治教育者应当被赋予“做错事”“说错话”的权利。这既是一种道德权利，也是高校思想政治教育者角色的政治权利。“如果我们认真对待道德权利，那么必须容忍这样一种可能性，即个人有道德权利去做一些事情，而从道德的角度看这些事情是错误的。这似乎不可避免。”[②]这个错误除了行为人认知错误、有意为之之外，还可能是因为“被误解”。同样，高校思想政治教育者是大量讲政治话语的社会角色，在特定情境中面对不同的宣讲对象，追求表达的准确性往往会牺牲表达的灵活性和吸引力，失去宣讲的意义。高校思想政治教育者在处理大学生的具体事务中，也难以采用标准化、人人满意的方式，总会存在“错误”与“不足”。高校思想政治教育者角色必须承担“重大原则”问题上不出错的义务，但同时也应当享有灵活处置高校思想政治教育工作，偶有失误被组织包容理解，允许其自我反思自我改进的权利。这样才能充分调动高校思想政治教育者的工作积极性，不断提升高校思想政治教育者素质，充分发挥出角色潜力，更好地为中国特色社会主义政治建设服务。

二、为社会立德立行的道德权利义务

高校思想政治教育者是特殊的教育者，是高校教育共同体中的一员，必须遵循教育共同体的伦理要求。立德树人是教育的根本任务，然而，教育者的教育活动并非都直接指向立德树人。麦克·F. D. 扬提出，学校中的知识是一种由意向性的知识组成的系统安排和有目的安排，这些知识无论是假借圣谕的权威，理直气壮地替天行道，还是假借科学的魅力，将自身转变为中立、客观、远离是非利益的真理，都是置身于具体的社会、历史、文化情境中的一种建构。他一针见血地指出，学校里的知识作为系统安排和有目的安排的意向性组成已经不是一种先赋的客观事实，而是人为的社会建构。[③]学校里的一切制度、校园文化、交往关系充斥大学生活动的每一个空间，时刻作用于大学生的人生观、价值观的建构过程。因此，学校的每一位教师、每一位员工乃至每一位大学生都在通过有意无意的言

---

① 《毛泽东选集》第3卷，北京，人民出版社1991年版，第1094~1095页。

② ［美］J. 沃尔德伦、朱万润：《做错事的权利》，《世界哲学》2012年第4期。

③ ［英］麦克·F. D. 扬：《知识与控制》，谢维和、朱旭东译，上海，华东师范大学出版社2002年版，第40~41页。

谈举止、环境改造，影响、塑造大学生的思想、观念。高校通过输送一批批大学毕业生影响、塑造着社会价值体系。普遍的教育意识对于育人的意义异常重大，能够将无意识的教育行为转变为自觉的、自律的教育行为。这就是“全员育人”“全程育人”“全方位育人”教育要求的依据。然而，在学校中许多对大学生的教育活动是将意识形态潜藏于“客观”“中立”的知识教育过程中的。我们常称之为“隐性思想政治教育”。隐性思想政治教育在许多教育者和教育对象那里不被视为思想政治教育，甚至在部分教师那里会刻意地和思想政治教育划清界限。对于高校思想政治教育者，立德树人是其全部的任务，他对完成立德树人任务承担直接责任。高校思想政治教育是直接作用于教育对象世界观、人生观、价值观的教育。高校思想政治教育者的全部角色活动就是“立德”“立行”，立社会主义之德、之行。因此，“立德”“立行”作为高校思想政治教育者的权利，是高校思想政治教育者角色伦理的第二根中轴。

为社会立德立行，不是高校思想政治教育者为社会创立一种“德”、一类“行”，而是在社会中弘扬社会主义核心价值观，树立浩然正气，引领高尚道德风尚，倡导善行良举，为社会主义社会立根塑魂、正本清源。2019 年 10 月 27 日，中共中央、国务院印发的《新时代公民道德建设实施纲要》中指出，当前我国“人民思想觉悟、道德水准、文明素养不断提高，道德领域呈现积极健康向上的良好态势”，但同时“道德领域依然存在不少问题。一些地方、一些领域不同程度存在道德失范现象，拜金主义、享乐主义、极端个人主义仍然比较突出；一些社会成员道德观念模糊甚至缺失，是非、善恶、美丑不分，见利忘义、唯利是图，损人利己、损公肥私；造假欺诈、不讲信用的现象久治不绝，突破公序良俗底线、妨害人民幸福生活、伤害国家尊严和民族感情的事件时有发生”①。社会出现这些不道德现象，究其根本是价值观的扭曲。改革开放后，社会进入快速转型期，随着社会主义市场经济的发展和人们生活方式的变化，传统社会价值体系的许多要素被抽离，有些替换上新的要素，很好地切合进原有价值体系架构之中，也有些则与原有架构和原有要素不能很好地融合，还有部分被抽离之后没有合适的新要素替换，形成价值空白点。与此同时，作为中国共产党一切工作“生命线”的思想政治教育，一方面因为迫切关注经济发展问题而在决策上形成失误，放松了思想政治教育；另一方面因为传

① 《中共中央国务院印发〈新时代公民道德建设实施纲要〉》，《人民日报》2019 年 10 月 28 日。

统思想政治教育自身发展滞后陷入了“本领恐慌”，难以应对新的变化，无力在理论和实践两个层面解决价值体系动摇难题。这时西方资产阶级凭借其经济、技术优势趁我国扩大交流的机会加大了对华意识形态的攻击。在此情况下，各种非社会主义意识形态，以个人主义为内核的享乐主义、消费主义、利己主义等在社会上迅速蔓延，对中国传统的伦理道德形成严重侵蚀，对我国社会主义核心价值观的培育形成了较大的阻碍。“构筑中国精神、中国价值、中国力量，促进全体人民在理想信念、价值理念、道德观念上紧密团结在一起”[①]，成为中国社会的迫切需要。高校思想政治教育者角色是中国社会主义核心价值观的培育者，批判各种与科学社会主义核心价值观相抵牾的思想、观念、行为是这一角色应尽的责任和义务，也是国家和社会赋予高校思想政治教育者角色的权利。高校思想政治教育者角色有权利有义务“在全民族牢固树立中国特色社会主义共同理想，在全社会大力弘扬社会主义核心价值观，积极倡导富强、民主、文明、和谐、自由、平等、公正、法治、爱国、敬业、诚信、友善，全面推进社会公德、职业道德、家庭美德、个人品德建设，持续强化教育引导、实践养成、制度保障，不断提升公民道德素质，促进人的全面发展，培养和造就担当民族复兴大任的时代新人”[②]。

随着中国特色社会主义的发展，人们在社会生产、生活实践中逐步形成了趋同性的价值理念，并要求以这种价值理念凝聚社会共识。正如樊浩所说，“长期以来，我国大众意识形态领域似乎处于某种‘多’与‘一’、‘实然’与‘应然’的两极紧张之中。一方面是关于大众意识或思想文化‘多’的‘实然’判断——多元、多样、多变；另一方面是多中求‘一’的‘应然’努力——凝聚价值共识、建立核心价值观”[③]。虽然共同的道德立场和价值理念开始在社会生活实践中渐渐生成、浮现，但如果没有一种力量从基本伦理理论和伦理原则上对这些社会实践中自然生成的价值观念、伦理要求、道德观念进行系统归纳总结，论证其价值，并指引其方向，这种“共同性”就无法凝聚成社会全体成员的坚定道德信仰和具有约束力的道德规范。“这是一个需要理论而且一定能够产生理论的时代，这是一个需要思想而且一定能够产生思想的时代。”[④]高校思想政治教育者不

① 《中共中央国务院印发〈新时代公民道德建设实施纲要〉》，《人民日报》2019 年 10 月 28 日。

② 《中共中央国务院印发〈新时代公民道德建设实施纲要〉》，《人民日报》2019 年 10 月 28 日。

③ 樊浩：《中国社会价值共识的意识形态期待》，《中国社会科学》2014 年第 7 期。

④ 习近平：《在哲学社会科学工作座谈会上的讲话》，北京，人民出版社 2016 年版，第 8 页。

同于一般的思想政治工作者，其拥有在哲学社会科学进行“高深知识”生产、耕耘的权利和能力。从理论上为社会凝聚中国的社会主义核心价值观，为社会构建道德基本原则和规范也是高校思想政治教育者的角色权利和角色义务。“正确的世界观、人生观、价值观的确立，民族优良传统的发扬、共同理想和精神支柱的形成和巩固，科学文化水平的提高，都离不开教育工作。”[①] 相当长的一段时间，高校思想政治教育者的主要角色任务就是“培育和践行社会主义核心价值观”，即“深化社会主义核心价值观宣传教育，增进认知认同、树立鲜明导向、强化示范带动，引导人们把社会主义核心价值观作为明德修身、立德树人的根本遵循。坚持贯穿结合融入、落细落小落实，把社会主义核心价值观要求融入日常生活，使之成为人们日用而不觉的道德规范和行为准则”[②]。

从理论与实践两个层面坚持集体主义反对个人主义是高校思想政治教育者角色在新时代中国特色社会主义建设实践中的重要角色权利与角色义务。个人主义伴随社会主义市场经济对当代中国社会的影响是深远的。西方经济学之父亚当·斯密构建了以“人性自私”为基础的经济学大厦，很好地切合了资本主义追求资本利益最大化的冲动，最大限度地利用了市场经济普遍分工和自由交换的特点，严重侵蚀和动摇了中国传统家国情怀为基础的整体主义伦理观。斯密认为，人们可以通过追求自身利益而实现社会公共利益，进而达到富国裕民的目的，把以个人利益为核心的利己主义称为“自爱”，认为“对财富的追求是每个社会的大多数有用劳动力行动的动机”[③]。斯密的理论伴随着资本的壮大和市场生活方式，渗入社会大众的精神世界。“人性是自私的”“不爱自己就不能爱别人”“精致利己主义无害有益”等观点被许多人奉为圭臬。“我是个自私的人”被许多“偶像”和普通个体堂而皇之、理直气壮地宣之于口。家庭的同一性开始解体。婚姻被视为满足双方需要的一种“契约”。家庭被看作实现某种物质利益的场所。男性与女性成为“战争”的两极，相互指责对方要价太高付出太少。公共生活中，一方面人们越来越多地意识到公共规则的重要性；另一方面人们也失去了宽厚、包容、互助之心，将自我的“权利”放置于首位，冷漠地对待社会弱势群体。传统尊老爱幼的礼让之心转换为更多对“老年人不应该上下班高峰期挤公交”的攻讦。原子式分散疏离、激烈

① 《江泽民文选》第2卷，北京，人民出版社2006年版，第331页。

② 《中共中央国务院印发〈新时代公民道德建设实施纲要〉》，《人民日报》2019年10月28日。

③ ［英］亚当·斯密：《国富论》，唐日松等译，北京，中央编译出版社2011年版，第109页。

竞争的人与人之间的关系剥夺了人生的幸福感，却又堂而皇之地成为各种组织制度和日常生活规则。人们一边厌恶着这种剥夺了美好的生活的扭曲伦理关系，一边却接受了造成这种生活境遇的伦理观念，不明白这种生活何处有错。越来越多的年轻人哀叹着“人生有的苦不得不吞咽下去”“要想生活过得去，总要有点不如意”，决定“躺平”以“享受”“生活的蹂躏”。在这种利己主义的思潮中，社会主义核心价值观的“自由”“平等”“公正”“法治”和资本主义的“自由”“平等”“公正”“法治”被混为一谈，严重侵蚀了我们的社会风气。高校思想政治教育者要旗帜鲜明地高扬马克思主义旗帜，坚持集体主义精神，捍卫最广大劳动人民的根本利益，与一切分裂社会的思想、言论、行为作斗争，倡导示范高尚友善的道德价值追求和良行善举，推进社会主义社会精神文明建设。高校思想政治教育者享有成为社会主义公民道德最佳示范者的权利义务，以对国家的挚爱之心在思想政治教育工作岗位上兢兢业业，不断钻研，做出成就的权利义务；以真诚正直之心对待教育对象，以高尚的人格感召青年大学生，赢得他们认同的权利义务；以宽厚仁爱之心，体贴友善之心对待他人，构建文明和谐的社会环境权利义务。

三、为教育对象立志立身的教育权利义务

高校思想政治教育者具有引导教育大学生确立历史唯物主义世界观和方法论，激励大学生树立为中国特色社会主义事业、中华民族伟大复兴努力奋斗之远大志向，努力学习科学文化知识，提升专业能力，确立为社会主义经济发展作贡献的职业价值观的权利义务。高校思想政治教育者还具有引导大学生明德惟馨、怀瑾握瑜、嘉言懿行，成长为社会主义道德公民的权利和义务。高校思想政治教育者角色的教育权利和义务由国家授予，同时也是大学生自身发展需要所支持的。在教育伦理关系上，高校思想政治教育者角色是社会主义核心价值观的代言人，与大学生之间是教育者与受教育者之间的关系。高校思想政治教育者政治角色在这一伦理关系上处于主导地位，享有规划教育、实施教育、管理大学生、考核大学生，要求大学生予以配合、服从的权利，也拥有以合理的方式惩戒大学生违反高校思想政治教育要求的权利。

高校思想政治教育者角色归根结底是教育者角色，是从事特定教育活动的社会角色。教育被普遍认为是满足受教育者需要的活动，在这种理解中，教育者被降格为以教育为职业的“打工人”。事实上，教育是满足教育

者与受教育者共同需要的社会活动，是人类社会一代代累积知识、智慧的演化方式，是人从自然造物成为主体人的实践。教育所满足的人的需要是具有普遍性的、人的生存和发展必要的、人成为人不可或缺的东西，而不是个体主观的“欲求”，因此教育中包含着教育对象的必须接受教育义务，教育者也因此享有了开展教育、用社会公共伦理教育学生的权利。一个学生为了掌握知识努力学习是“需要”，因喜欢而夜晚不睡也要读书就是“欲求”。“欲求”未必是“错误”，只要不妨碍“需要”的满足。“‘需要’是所有人作为同一‘物种’的成员所应有的东西。‘欲求’则代表着不同个人因其他趣味和癖性而产生的多种喜好。”①需要是人的社会性本质的反映，在社会中得到满足。满足需求本身就是社会普遍的价值趋向。高校思想政治教育者具有辨明客观性需要和自我欲求之间的权利与义务，具有帮助大学生辨明客观性需要与其个人欲求之间的权利与义务，在现实中，高校思想政治教育者具有帮助大学生更好地理解、接受、认同、践履中国人普遍需要抽象而成的社会主义核心价值观，自觉遵守社会主义公民道德规范，成长为一个爱国、敬业、诚信、友善的社会主义新人的权利与义务。

从教育对象成人的角度，高校思想政治教育是启德性之蒙而养人性之正，帮助大学生健康成长的关键环节。“教育者，养成人格之事业也。”②教育包含训练而不仅仅是训练。教育作为高效的自然人社会化的途径，需要承担对人的社会生存生活技能的训练，更需要担负塑造人格的责任。当然，任何知识技能的传授中都包含着对人格的塑造，但没有统一价值指向的知识、技能的传授不仅效率低下，还有可能步入歧途。尤其是在高校，大学生将很快进入社会独立承担社会责任，其人格正处于“拔节孕穗”期，在世界观、价值观上需要思想政治教育的反复强火重击、淬除杂质，帮助他们更好地迎接成人的世界。高校思想政治教育重“政治教育”，这是一个人成年早期最重要的“人性注入”，是作为人对自我所属类别的归属。“无论是中国传统‘文化的政治’特质，还是西方政治传统‘信仰的政治’的传统底座，都解释了政治在人的存在中的精神向度。”③一个真正成熟的人，必然是对政治有深刻的自觉，有良好的政治素养，具有参与政治生活能力的人。政治的精神向度与人的精神向度是互构的。政治生活是

---

① ［美］丹尼尔·贝尔:《资本主义文化矛盾》，赵一凡等译，北京，生活·读书·新知三联书店1989年版，第68页。

② 高平叔:《蔡元培教育论著选》，北京，人民教育出版社1991年版，第43页。

③ 金林南:《思想政治教育学科范式的哲学沉思》，南京，江苏人民出版社2013年版，第130页。

人的“有道德”的美好生活不可或缺的重要内容之一。

人创造了政治。政治是汇聚人类力量的方法和形式，是人改造世界实践活动中的伟大创造。人也是政治创造出来的，正如康德指出：“人具有一种要使自己社会化的倾向；因为他要在这样的一种状态里才会感到自己不止于是人而已，也就是说才感到他的自然禀赋得到了发展。”[①] 政治与人的关系可以从两个角度来阐释，一是政治是人本质的内化，即人的政治性；二是政治是人的外化，即人实现自我的手段。[②] 作为人的外化的、实现自我的手段的政治活动是经由政治内化于人自身，成为自己的本质属性才能够展开。高校思想政治教育者就是帮助大学生将政治内化为自己的人本质的社会角色。政治生活不是自然赋予人的“天然生活”，不经学习就只能过着被动的“自发性政治生活”，只有经过学习才能过上“自主性政治生活”。人生下来就处于政治生活之中，是一个政治社会中的成员，接受政治制度的安排，受到政治文化的浸润，遵守政治行为规范。由于未经训练的大学生普遍将政治简单理解为“政治任务的活动”，常常觉得自己“与政治无关”，或把自己定位为政治上“无能为力的个人”，认识不到自己的政治权利与政治义务，也缺乏参与影响政治社会的能力以及正确参与政治的方式方法，因此需要高校思想政治教育者角色来帮助他们，在思想上引领他们、在行为上塑造他们。同样的道理，也正是大学生成长为优秀政治人的需求赋予了高校思想政治教育者对他们进行政治教育、政治训练的权利。

高校思想政治教育是大学生习得政治生活的主要过程。大学生通过被动或主动学习和掌握政治思想和政治准则，确立自我的政治价值，形成一定的政治情感和政治态度，获得政治参与能力。大学生是经过高考筛选，享有高等教育资格，未来在社会生活中将承担更多责任的处于成年早期的青年人。他们接受过较为基础的政治知识学习，对政治的兴趣高于未能进入高校学习的同龄人，具有较强的自主意识，希望能在政治生活中获得更多的话语权，成长为国家未来的栋梁。他们享有提升政治素质和能力的权利，高校思想政治教育者要担负满足他们这一需要的义务。高校思想政治教育者角色不仅承担帮助大学生学会遵守政治制度安排的义务，还担负帮助他们形成政治信仰、政治伦理追求，深化他们对政治的理解，形成较强

① ［德］康德：《历史理性批判文集》，何兆武译，北京，商务印书馆 1990 年版，第 6 页。

② 刘德厚：《广义政治论》，武汉，武汉大学出版社 2004 年版，第 5 页。

的参与政治的能力素质的责任。一句话，高校思想政治教育者负有帮助大学生获得“自主性政治生活”的能力，即培养大学生政治主体性的角色权利和义务。政治主体性是人的主体性生活的非常关键的部分，缺失了政治主体性的生活就是“被压迫”的生活，不管个体是否觉察。因此，帮助大学生获得“自主性政治生活”的能力就是帮助他们获得“自主性生活”的政治理性思考和行为的能力。

高校思想政治教育者还是对大学生进行道德教育的社会角色。高校思想政治教育者角色享有教育引导大学生成长为一个真正有担当、有情怀、有能力的道德人，一个有国家、社会、组织、家庭责任人的权利义务。高校思想政治教育者角色要求高校思想政治教育者必须享有人格尊严，受到社会、高校尤其是大学生尊重的权利。大学生应当积极配合高校思想政治教育者的角色活动，对高校思想政治教育者的教诲诚心聆听、用心领悟。尊重高校思想政治教育者的人格尊严，是高校思想政治教育者角色承担对大学生进行道德教育责任义务的前提。大学生不尊重高校思想政治教育者的人格尊严，就不可能接受高校思想政治教育者提供的内容，进而拒绝接受高校思想政治教育者的道德教育。因此，维护高校思想政治教育者角色活动权利是国家、社会，尤其是高校、思想政治教育主管部门的重要职责，维护自己的人格尊严也是高校思想政治教育者发挥角色功能的权利与义务。高校思想政治教育者角色还拥有在完成了教育引导大学生义务后享有公正评价、合理报酬、角色荣誉的权利，从而更好地履行教育引导大学生健康成长的道德义务。

社会和大学生普遍期望高校思想政治教育者角色能够比普通社会公民更严格地履行公民道德义务，成为社会道德榜样，通过严格履行道德教育义务，高质量完成对大学生的道德教育义务。高校思想政治教育者角色要承担为人师表的义务，期望大学生做到的，自己首先要做到。高校思想政治教育者必须自觉遵纪守法，遵守社会公德，具有良好道德形象，能够为大学生和社会公民作出道德表率。高校思想政治教育者应该通过自己的道德行为树立高校思想政治教育者角色威信，尊重大学生，关心大学生，引导大学生主动进入高校思想政治教育活动，形成通过参与思想政治教育全面提升自己道德素养的意识。高校思想政治教育者还应当不断提升自己的道德境界和道德教育能力，用科学的道德思想引导大学生，用高尚的道德情感感染大学生，用顽强的道德意志激励大学生，指导大学生选择正确道德行为，培养良好道德行为习惯。

人格的完善除理性外，还包括健康积极的情志，具有积极的情感体验能力，即我们常说的心理健康。根据心理学研究的进展，个人的心理健康不再像早期归结于完全个体性、生物性的潜意识，而是发现个体感知积极情感、情绪，认为人体验幸福的能力与其价值观、道德力息息相关。高校思想政治教育者还具有在角色活动中坚持以人为本，开展大学生心理健康教育的权利和义务。大学生的心理尚未完全成熟，近年来大学生心理问题的发生率有上升趋势，其整体的心理健康水平不容乐观。心理健康也是道德素养的重要组成部分，加强大学生心理健康教育也已经是高校思想政治教育者角色的重要责任。高校思想政治教育者要关注大学生的心理发育规律和特点，对一些心理问题易发群体给予特别关注，有意识地加大心理健康教育力度，帮助提高大学生的心理健康水平。高校思想政治教育者角色在承担越来越多角色责任的同时，自身也面临越来越大的心理压力，也享有获得心理健康知识培训、组织关心、心理疏导等权利。高校思想政治教育者角色享有心理健康发展以及引导大学生心理健康发展的权利和义务。

四、角色伦理体系的“本”与“常”

角色伦理的 3 对权利义务是高校思想政治教育者角色伦理体系的 3 根支柱，三“纲”为高校思想政治教育者角色伦理撑起了一个完整的体系，围绕 3 种权利义务形成了系列的道德基本要求——“伦常”。高校思想政治教育者角色伦理的 3 根支柱之间具有统一根基，是一个有机整体。政治权利义务是高校思想政治教育者角色的灵魂，为社会立德立行、为大学生立志立身的伦理权利义务是高校思想政治教育者角色的根骨和血肉。灵魂的健康是根骨与血肉健康的根本，根骨与血肉的健康也滋养着、呵护着灵魂的健康。离开了灵魂的根骨和血肉就是“行尸走肉”，离开了根骨和血肉的灵魂就是“孤魂野鬼”。

高校思想政治教育者角色伦理的 3 种权利义务之间的关系是由政治、社会、个体之间的天然联系所决定的，构成高校思想政治教育者角色伦理体系的基本形态。高校思想政治教育者角色的政治权利义务调节高校思想政治教育者角色与国家之间的政治关系。高校思想政治教育者的社会权利与义务指向高校思想政治教育者与其他社会公民之间的道德关系。高校思想政治教育者的教育权利与义务指向高校思想政治教育者与教育对象之间的教与学关系。此三者彼此相连，相互制动与促进，形成了高校思想政治教育者角色的伦理精神气质。高校思想政治教育者角色的政治权利与义务勾勒出高校思想政治教育者角色的政治形象。高校思想政治教育者角色的道德权利与义务勾勒出高校思想政治教育者角色的专业形象。高校思想政治教育者角色的教育权利与义务勾勒出高校思想政治教育者角色的职业形象。3个形象不可分割，彼此重叠交融，共同构成了高校思想政治教育者角色被期望的总体形象。

社会主义公平正义价值观是高校思想政治教育者角色伦理三支柱的根本。

政治的本质就是社会利益的分配方式。社会的价值判断主要就是关于利益分配正义的判断。个体的德性与社会伦理内蕴的价值判断总体一致，也离不开关于利益分配正义的一般判断，只是个体德性更复杂，与个人的具体生活境遇和经验联系紧密。政治思想是关于特定利益分配方式合理性，即关于社会公平正义的论证，在社会价值系统中具有统领性地位。由于思想政治教育者主要致力的教育是关于社会公共价值体系中的核心思想的教育，因此这个核心思想的核心必然是关于社会的正义思想。一个社会有无正确的“正义观”是社会公共价值体系建构最为核心的、支配性的问题，关涉社会公共价值体系最终能否建立并成为普遍遵守的行动规范，社会是否能够具备和谐文明的道德气象。历史唯物主义坚持，人民是真正的创造历史的英雄。中国特色社会主义发展的力量源泉是人民，应当充分调动人民群众的积极性、主动性和创造性，应当尊重、学习和汇聚人民群众的实践智慧。为人民群众谋利益是唯物史观兼具事实和价值的双重信念。“公平正义是我们党追求的一个非常崇高的价值，全心全意为人民服务的宗旨决定了我们必须追求公平正义，保护人民权益、伸张正义。”[①] 追求人民性的公平正义是科学社会主义核心价值观区别于资本主义价值观的基本要义，是社会主义制度得以存在和发展的条件，是社会道德得以确立、个体德性得以完善的根基。高校思想政治教育者角色必须时刻坚持从人民的利益出发，大力宣传群众史观，让社会主义公平正义观深入大学生的头脑和心灵之中。高校思想政治教育者角色既是价值理念的倡导角色，也是社会制度、社会关系和谐的维护角色。高校思想政治教育者角色通过培养大学生的社会主义公平正义价值理念来维护、延续、发展这一公平正义理念，通过引导大学生的道德行为养成来维护体现这一理念的社会政治制度、社会伦理关系、社会精神风尚。当然，公平正义并不是抽象不变的东

① 《习近平谈治国理政》第2卷，北京，外文出版社2017年版，第129页。

西，它是具体的、历史的、发展的。在当代中国，公平正义也就是中国特色社会主义的公平正义观和制度安排。这种正义观和制度安排的本质是人民共享，发展方向是人的解放。把握住这个根本，高校思想政治教育角色就为社会立起了道德主干，确立了社会道德之纲领，也为大学生个体的德性完善、人格健全指明了基本的方向。

社会主义的公平正义归根结底是为了满足人普遍的发展需要，让每一个人都能成为人，因为只有如此，人类全体才能得到自由解放。教育是人追求自由和解放的一种重要的方式和途径，因此，教育的本质是培养人，是人类自身的再生产和再创造，而不是培养服务于外在于人的某一目的的工具。科学社会主义核心价值观蕴含的对人的解放的伦理追求，要求高校思想政治教育者角色不能偏离人的自我解放路径，要求教育者在实施教育的过程中尊重教育对象，培养受教育者的主体意识，尊重受教育者的人格，要求高校思想政治教育者角色围绕人的生存发展需要来设置教育内容。高校思想政治教育角色是以追求每一个人的自由、解放和幸福为己任的教育者角色。高校思想政治教育者角色是通过培养健全的人为社会主义政治服务，因为社会主义政治所追求的就是让每一个社会成员都获得全面自由发展的条件。基于培养健全人格的人的教育目的，在高校思想政治教育的过程中，尽管高校思想政治教育者角色在讨论的结构和方式上都处于主动地位，但只能通过正确性、正当性和真诚性的合理论证阐明自己对所讨论问题的理解，以激励教育对象自觉锤炼自己的思想意识和思维能力，而不能以强力控制大学生言行的方式令其服从。尽管高校思想政治教育者角色在社会结构或教育权力结构上与大学生存在地位的不平等和权力的不对称性，但高校思想政治教育本质上是一种教育关系，即一种对话或互动关系。高校思想政治教育的对话、互动关系也是对思想政治教育功能实现的一种担保：思想政治教育促进教育对象主体性生长，帮助教育对象获得独立思考意识和能力。在高校思想政治教育关系中，思想政治教育者作为平等的对话者和互动者参与其中，是一个与教育对象平等的交往角色。尊重教育对象主体性、培养教育对象主体性的高校思想政治教育者角色伦理真正契合了社会主义以人为本的教育理念。当然，差之毫厘失之千里，若是忘记了这个交往中教育者角色的主导性，就会失去教育的本义，同时也偏离了科学社会主义核心价值观的培育要求，变成抽象的、无方向的、随意的“交谈”。诚如亚里士多德所言：“即使是完善的法制，而且为全体公民赞同，要是公民们的情操尚未经习俗与教化陶冶而符合于政体的基本精神……这终究是不行的。”[①] 高校思想政治教育者角色必须担负起教育引导教育对象的伦理责任。培养大学生的独立人格对于高校思想政治教育者角色而言也是政治任务。

高校思想政治教育者角色伦理 3 种权利义务关系形成高校思想政治教育者角色公正、忠诚、担当、明义、守礼、仁爱、好学等多种基本道德要求，即伦理体系的“七常”。“公正”乃是核心道德要求，体现在政治上就是对中国共产党“立党为公，执政为民”的信念和坚守，在政治生活中的民主、求实态度和作风；体现在道德上就是对集体主义的弘扬和实践，在社会生活中平等、友善对待他人的态度和行为；体现在职业中就是对教育公平的追求和笃行，在教育活动中对待学生一视同仁的态度和行为。

高校思想政治教育者角色享有政治权利承担政治义务必须做到“忠诚”“担当”。高校思想政治教育者角色是在中国共产党领导下，为中国共产党执政服务的政治理论、政治宣传、政治教育角色。高校思想政治教育者角色在政治上要做到忠诚于中国共产党、忠诚于中国人民。高校思想政治教育者要将对中国共产党、对中国人民的忠诚贯穿高校思想政治教育工作全过程，积极宣传中国共产党的路线方针政策，广泛听取人民群众的呼声，坚持用马克思主义教育引导大学生。高校思想政治教育者角色在政治上要勇于承担社会主义政治意识形态理论根基的守护责任，守好意识形态责任田，无论是在课堂教学、指导科研、日常管理、社团组织、心理疏导等各个环节都要贯彻政治宣传教育要求，管好自己的阵地、把握好政治方向、理直气壮讲政治，做好社会主义核心价值观的强基固本工作。

高校思想政治教育者角色享有道德权利承担道德义务必须做到“明义”“守礼”。“明义”即明白社会主义道德之意义和标准，指高校思想政治教育者角色必须具有依据社会主义道德观念、道德原则进行是非判断的意识和能力。高校思想政治教育者角色应当具有全局眼光，能够把握社会主义精神文明建设发展规律，知荣辱，明进退，廉洁自律。“守礼”即严格遵守社会主义法律、公民道德规范、师德规范，自觉以社会主义道德的最高标准约束自己的言行，克己慎独，不以恶小而为之，引领社会主义道德新风尚。

高校思想政治教育者角色享有道德权利承担道德义务必须具有“仁爱”“好学”品格。高校思想政治教育者角色也是教师角色，面对的是鲜

---

① ［古希腊］亚里士多德：《政治学》，吴寿彭译，北京，商务印书馆 1965 年版，第 275 页。

活的生命。中外古今对教师的角色要求最重要的就是“仁爱之心”，要求教师关爱学生的生命呼唤，尊重学生的人格，理解学生的要求，回应学生的情感，呵护学生的成长，无私奉献，不求回报。教师是充满光辉的社会角色，面对大学生要做到“有教无类”“诲人不倦”，主动关心、仁厚包容，当好大学生的知心人、引路人。高校思想政治教育者作为教师角色，要有热爱真理、献身科学、严谨诚实、实事求是的品格。高校思想政治教育者角色是以知识为载体塑造大学生思想价值观念的教师角色，承担着知识生产和知识传承，引导大学生追求真理、热爱知识、努力成才的责任，自身首先要好学、善学，具备深厚专业理论功底和广博文化科学知识，卓有成效地把大学生培养成具有正确价值观、高尚道德情操、身心和谐健康、专业素养优秀、知识才学丰厚、勇于革故鼎新的社会主义建设人才。

2014 年第 30 个教师节前夕，习近平总书记考察北京师范大学时提出好教师应当“有理想信念”“有道德情操”“有扎实学识”“有仁爱之心”。2019 年 3 月 18 日，在学校思想政治理论课教师座谈会上，习近平总书记向思想政治理论课教师提出“政治要强”“情怀要深”“思维要新”“视野要广”“自律要严”“人格要正”的要求。这些要求正是对高校思想政治教育者角色伦理素养与行为规范的生动表达。

第三节 高校思想政治教育者角色伦理的基本内容

根据不同的定位依据，高校思想政治教育者角色存在多种分类：一种是根据高校思想政治教育者的工作岗位进行划分，可以分为高校党政干部、共青团员干部、辅导员、班主任、思想政治理论课教师、哲学社会科学课教师等；另一种是根据高校思想政治教育者的角色功能定位进行划分，可以分为教育者、宣传者、学习者、研究者、管理者、服务者等。根据高校思想政治教育者与其他社会角色的关系进行具体分类，可以分为党的理论、方针、政策的宣讲者，大学生的益友、导师、楷模、心理师等。还有学者从角色职业模式对高校思想政治教育者角色进行划分，认为其是统治思想的学习者、带头实践者、思想传播者、思想交往者、思想管理者、先进思想道德的示范者以及思想政治工作理论的研究者等。可见，高校思想政治教育者的角色具有多重功能，也相应地有多重角色伦理内容。综合归纳，高校思想政治教育者角色伦理主要有知识伦理、情感伦理、意志伦理、能力伦理、行为伦理等要素。高校思想政治教育者的知识伦理、情感伦理、意志伦理、能力伦理、行为伦理交养互发，构成了高校思想政治教育者的角色人格。

一、高校思想政治教育者角色的知识伦理

知识并非与价值无涉，每一种知识结构中都蕴含着一定的价值指向、价值判断。知识伦理一般指“各种知识间的地位和结构”[①]形成的伦理关系，即人们判断什么知识价值更高的伦理依据，既包括对“各层面知识中蕴含的道德理想追求、道德规范和要求”的判断，也包括“形成、应用知识的价值和道德理想追求、根据及其逻辑”[②]。社会角色的知识伦理可以理解为社会角色判断、建构、应用符合其角色期望、角色实现的知识结构中应当体现的道德理想追求以及道德规范和要求。高校思想政治教育者角色的知识伦理就是高校思想政治教育者角色判断、建构、应用符合其角色期望，实现其角色功能应当具备的知识体系中所蕴含的道德理想追求以及道德规范和要求。随着时代的进步，大学生的知识水平和独立思考能力获得长足进步，角色知识伦理在高校思想政治教育者角色伦理结构中越来越不可或缺，甚至越来越重要。

高校思想政治教育者角色是一个知识型的社会角色。如果缺乏足够的知识与理论支撑，缺少学理性“透彻”的力量，对大学生的思想问题必然是治标不治本[③]，就不能真正实现角色功能。知识型社会角色的承担者必须具备该角色所要求的完整知识结构，并达到一定的水准。高校思想政治教育者不仅是政治宣传、价值引导者角色，也是知识生产和知识传承者角色，是以知识为基本“生产”工具的人。不同于专门的研究人员和其他高校教师，他们不仅以知识为基本生产工具，还以知识为主要的直接生产对象。高校思想政治教育者的“生产对象”是“健全的人格”。虽然高校思想政治教育者也要从事知识生产，但知识生产是其完成塑造教育对象健全人格事业的一部分，大致可以类比为工人为了更好地制造出产品进行的工具改良。对此观点可能会引起质疑，因为现在高校思想政治教育队伍中有许多学科专家，也有许多人的主要精力和时间都投入了“科研”工作中，

① 李定仁、段兆兵：《校本课程开发：重建知识伦理》，《教育研究》2004 年第 8 期。

② 郝文武：《知识伦理的终极追求和逻辑与结构》，《华东师范大学学报（教育科学版）》2015 年第 1 期。

③ 胡咚：《论高校思想政治理论课教学性的遮蔽与回归》，《思想教育研究》2021 年第 4 期。

难道这些人不是高校思想政治教育者吗？当他们在做高校思想政治教育工作的时候，他们也是高校思想政治教育者角色承担者，包括他们直接对大学生进行思想政治教育以及为大学生的思想政治教育实践进行知识生产的时候。当他们没有做高校思想政治教育工作，没有以大学生的思想政治素养为直接工作对象的时候，就不是高校思想政治教育者角色承担者。例如，为自己家孩子做思想工作的时候，仅仅基于学术兴趣将“思想政治教育”现象做学术研究对象的时候，他们都不是在扮演高校思想政治教育者角色（因为其研究的目的不是服务高校思想政治教育实践）。从这个角度讲，高校思想政治教育者角色的知识伦理以建构符合社会主义道德理想追求以及道德规范和要求的知识学习为主，包括掌握做高校思想政治教育工作所需的基础理论知识、专业知识。专业知识既包括专业理论知识，也包括系统的方法技术。

高校思想政治教育者角色应当具备马克思主义理论知识、哲学社会科学知识、自然科学知识。依据不同的高校思想政治教育者子角色的要求，知识的具体内容和结构有很大差异。高校思想政治理论课教师是通过马克思主义理论、中国近现代史、中国特色社会主义建设理论等知识的教学对大学生进行思想政治教育的角色，应当全面系统地掌握马克思主义理论知识，做到理论的彻底性。哲学社会科学知识，尤其是“四史”、党和国家的路线方针政策、国情世情等，在高校思想政治理论课教师角色知识结构中也具有较高的要求，不仅要广，而且要深。相对而言，自然科学知识处在相对次要的位置，不是必需。高校辅导员必须掌握马克思主义基本原理，具备较为丰富的哲学社会科学和自然科学知识，尤其是思想政治教育知识。高校辅导员是和大学生在日常生活中交往最多的思想政治教育者角色，对知识的广博性和更新速度要求较高，这样才能找到对话的平台。党政工团工作人员承担的高校思想政治教育者角色主要体现在思想政治工作方面，以宣传、组织、服务等方式展开，需要掌握马克思主义基本原理、思想政治工作知识以及相应的专业知识，人文社会科学知识、自然科学知识可锦上添花，不是刚需。无论哪一种高校思想政治教育者角色都要以共产主义道德理想和社会主义基本价值体系作为辨别、吸收、批判、运用知识的出发点。这是高校思想政治教育者角色知识伦理的价值和道德理想追求、根据及其构成逻辑，也就是说，高校思想政治教育者角色的全部知识都应当蕴含着马克思主义，也就是社会主义的道德理想追求、道德规范和要求。

> Q老师是某高校的思政课教师，在经济学方面颇有造诣，在思政课教学中有时候表现出对马克思主义理论的不屑一顾，有时甚至和学生产生激烈的冲突。某一个上过他课的同学说："Q老师是读了很多书，但有时候他的观点真的让人受不了。有一次他说共产主义就是骗人的，我说我信仰共产主义，他说我被洗了脑。"同事评价说："Q老师的问题关键在于他并没有认真读过马列原著。他思考问题的逻辑起点就是自私的人性假设。教研室也有人和他争论过，但对他没太大作用。学院不让他上思政课也是对的。"（SZKJS2101）①

由于人"理解的一切过程中早已本质地包含了认知者自己的前见"，无论是学习新知识还是接受某种价值观，高校思想政治教育者都会根据自己已有的世界观、价值观体系进行过滤、选择、重组，努力同化来自政策文件、教材、组织要求等"叙事世界中的价值观为自我内心心灵价值秩序的动力与需求"②，并以自己的视角和独有诠释方式呈现给大学生。上述案例中的Q老师是非常典型的缺乏角色知识伦理。还有许多不典型的高校思想政治教育者，由于没有掌握系统的马克思主义理论帮助自己分析判断繁复的社会现象和良莠不齐的多种思潮，缺乏定力，很容易被错误观念影响，并输出给大学生。可以说，高校思想政治教育者是否具有符合思想政治教育价值要求的角色知识伦理至关重要，有时需要高校思想政治教育者进行非常艰苦的世界观、价值观的自省和重塑。无论何种类别的高校思想政治教育者角色都要掌握马克思主义理论，坚持以马克思主义的基本价值取向为指导构建知识体系。非马克思主义理论专业出身的思想政治教育者尤其应当确立这个意识，主动自觉地调整自己的知识结构，加强马克思主义理论的学习。充分掌握马克思主义理论工具，自觉正确地运用马克思主义理论工具是高校思想政治教育者角色的基本权利和义务。真学马克思主义理论是高校思想政治教育者最基本的角色道德要求。高校思想政治教育者还要自觉地用马克思主义理论的立场、观点和方法来分辨、理解、吸收、批判哲学社会科学知识和自然科学知识，以马克思主义的基本立场、

① SZKJS是思政课教师的字母缩写；FDY是辅导员的字母缩写；DXS是大学生的字母缩写；GXJS是高校教师的字母缩写；GXLD是高校领导的字母缩写。编号前两位数字表示年份，21代表2021年的访谈，后两位数字是序号。SZKJS2101表示思政课教师2021年01号。

② 李西顺：《德育叙事过程之"前视域"研究》，《教育研究》2015年第3期。

观点、方法指导自己建构知识体系，培养正确运用知识进行思想政治教育的能力。

总之，自觉用马克思主义理论去评价、批判课程所固有的各种价值倾向，挖掘不同领域知识中蕴含的思想政治教育元素，丰富思想政治教育的教育内容，批判各种侵蚀思想政治教育理念的思想观念，是高校思想政治教育者必须坚守的底线知识伦理。中国共产党非常重视理论创新，尤其是改革开放以来，随着实践探索的发展，创新理论不断丰富积累。用中国共产党的新思想、新理论丰富自己的知识体系，也成为高校思想政治教育者，尤其是思想政治理论课教师角色的重要道德义务。时代变迁，中国特色社会主义建设飞速发展，社会生活方式也出现了很多新内容、新特点，产生许多需要高校思想政治教育者予以阐释的新问题和新现象。正确运用思想政治教育的创新知识，回应大学生快速变化的精神、心理新需要也成为高校思想政治教育者角色不可回避的责任。坚持学习是高校思想政治教育者应当得到充分保障的权利和必须承担的义务。

二、高校思想政治教育者角色的情感伦理

情感伦理指的是情感所包含的价值倾向、道德要求，即“形成、表达情感的价值和道德理想追求、根据及其逻辑”。舍勒说，“人在思之在者或意愿之在者之前就已经是爱之在者了”[①]。爱，其实就是关于善恶美丑的心理感受，也是一种价值倾向。“那些与人的感受或情感经验不可分离地联系在一起的特殊内容”[②]，就是人关于价值的判断，是思想政治教育得以存在的重要根据之一。人对于外部的伦理规范和道德要求都具有独特的身体性的“意向体验和情感感受”[③]，形成对外部伦理规范和道德要求的主观性判断和行动意向，并具有现实持久的力量。当我们说角色情感伦理的时候，是指社会角色为实现其角色所应有的“意向体验和情感感受”，即角色应具有的道德情怀以及情绪、情感表达的道德要求。高校思想政治教育者角色也有其特殊的情感伦理期望和要求。

高校思想政治教育者角色不仅要帮助大学生提高道德认识，还要丰富大学生的道德情感。思想政治教育不仅是知识教育、理性教育，也是一种

① ［德］舍勒：《舍勒选集》（下），上海，上海三联书店1999年版，第751页。

② ［美］曼弗雷德・S. 弗林斯：《舍勒的心灵》，张志平、张任之译，上海，上海三联书店2006年版，第14页。

③ 李西顺：《德育叙事过程之“前视域”研究》，《教育研究》2015年第3期。

情感教育。“没有‘人的感情’，就从来没有也不可能有人对于真理的追求。”[①] 只有用高尚的情感召唤人、用和煦的情感温暖人、用生动的情感打动人、用激烈的情感冲击人，才能让理论、知识、理念、信念进入教育对象的心灵，与其理性产生复合作用，推动正确人生观内化于心、外化于行。高校思想政治教育者要帮助大学生自觉接纳和主动践行社会主义核心价值观及其道德规范，不仅需要帮助大学生认识到为什么要这样做，还要让大学生乐于这样做，能够感受到如此行动能够产生愉悦的情绪和满足的心理体验。只有对社会主义核心价值观理性认同上的“知”而没有对社会主义核心价值观感情倾向上的“喜”，就不可能养成完整和谐的人格，也不可能真正在行动上长期自觉地遵守社会主义核心价值观的规范。因此，高校思想政治教育也是对大学生进行心理教育和情感教育。

一方面，高校思想政治教育者要帮助大学生成人，培养大学生的主体性，完成对大学生理性与感性的双重唤醒——唤醒大学生的内在觉知，使大学生作为人的自我意识、自我完善要求和自我控制精神得以觉醒；唤醒大学生作为人的情绪体验、情感共鸣和对高尚情操的自我期待。高校思想政治教育者角色要实现对大学生的情感教育，首先自己“情怀要深”，好恶倾向应该符合角色的伦理要求，情绪稳定，情感表达恰当合理。另一方面，从高校思想政治教育者自身道德完善、人格健全的角度，角色情感伦理也是常常被忽略却又异常重要的部分。感情是道德意识中最打动人心、直接引发行动的部分。道德情感与道德理性保持一致是和谐道德人格的生长土壤，情感与理性相背离形成的人格则是伪善或分裂的。情感伦理有时比理性伦理更具意义，不仅是因为情感中包含着理性的认知，情感制约、限定着理性的实现，而且因为情感伦理中隐含着伦理主体生存发展的利益判断，对人的道德精神作用往往更加持久、深刻。高校思想政治教育者也要通过培养高尚的情怀、丰富充沛的情感、健康的情绪来涵养自我的道德修养，才能做到人与角色的和谐统一。因为情感伦理“提出了一种绝对的要求，成为道德准则的最后一道防线，加强了道德准则的约束力”[②]，角色情感伦理是高校思想政治教育者至关重要的角色伦理内容。

由于“情感作为整体性的气氛提出了一种总的要求，要在整体上控制当时存在的情境”[③]，高校思想政治教育者角色具有创设道德情感空间的责

① 《列宁全集》第 25 卷，北京，人民出版社 2017 年版，第 117 页。

② 李昕桐：《新现象学的情感伦理》，《道德与文明》2014 年第 4 期。

③ 庞学铨：《新现象学的情感理论》，《浙江大学学报（人文社会科学版）》2000 年第 5 期。

任，帮助高校思想政治教育的所有参与者更充分地感知情绪、情感，引导思想政治教育主体进入这一道德情感空间，形成合理的道德情感倾向，学习控制、培养自己道德情感的能力。现代社会，人的理性得到了快速的发展，与此同时，人的情感却变得肤浅、脆弱。理性、自私已经成为现代人的标签。现代人逐渐失去了共情、同理之心，“我不要你觉得，我只要我觉得”的情感非伦理状态泛滥。更为严重的是，人与人之间深厚的情感已经势不可当地变成了一种奢侈品，转化成了资本盈利的消费品。大众媒介通过暴露（编造）自己或他人的情感引人围观从而获取物质利益，道德也不可避免地沦为向他人宣泄不满情绪的棍棒而失去自我审查、批判和生长的作用。在这样的时代背景中，不仅人们常常感到人与人之间的疏离，变得冷漠、孤独、压抑，共同体意识、爱国精神、民族情怀也受到剧烈的冲击。高校思想政治教育者角色的情感伦理是非常珍贵的角色伦理，是高校思想政治教育者角色不可或缺的核心素养。

高校思想政治教育者应当形成对高校思想政治教育的愉悦、积极心理倾向，在思想政治教育活动中具有积极的情感、情绪体验。例如，高校思想政治教育者角色应该做到热爱党和国家，热爱人民，热爱社会主义，热爱教育事业，热爱思想政治教育，热爱真理，热爱生活。情绪、情感的个体性很强，是心灵中最难以改变的部分。但高校思想政治教育者角色伦理具有情感修养和情感表达的道德要求，要求高校思想政治教育者要具有高尚情怀和健康心理以及优秀的自我的情绪控制和情感表达能力，要在思想政治教育活动中投入情感，以情动人，还要努力培养大学生的高尚情怀和健康心理，提升大学生的情绪控制和情感表达能力等。“情绪是情感的基础，情操是情感的升华。”[①] 高校思想政治教育者要从情绪体验、情绪控制、情绪正确表达开始进行道德情感修养。高校思想政治教育者角色必须具有较强的情绪控制能力，尤其是在面向大学生的时候，避免出现个体性、极端化的情绪，应当呈现稳定的情绪修养。情绪、情感与道德认知之间具有很强的关联性。一般而言，高校思想政治教育者在理性上认识高校思想政治教育者角色意义越充分，对高校思想政治教育者角色的价值越认同，对高校思想政治教育角色的悦纳程度就越高，就越容易获得愉快的情绪体验，角色获得成功的概率大大增加。高校思想政治教育者越是认同角色的社会期望，提升自己的角色素质和能力，改进角色行为和形象的主动性也

① 李泽权：《践行核心价值观应抓好“知、情、意、行”》，《人民日报》2014 年 11 月 4 日。

就越强，角色功能发挥得也就越充分。高校思想政治教育者在角色活动中的情感体验对于高校思想政治教育者的角色行为方式也具有很强的影响。

> A 老师很受学生欢迎，她是比较典型的“重教学不重科研”的思政课教师。她说：“每次上课我都很兴奋，学生的掌声，课后学生来找我交流，学生评教留言里面对我的赞美都让我很开心。我觉得思政课教师就是要首先搞好教学啊。我会听取学生的意见，会努力接触学生喜欢的东西，甚至有时候会带零食和学生分享。”“我也觉得科研很重要，但科研不一定要发表论文啊，我把学到的东西在课堂向学生发表不也挺好？吭吭哧哧写一篇论文投出去，大概率不能发表，累身又累心。反正我副教授也评上了，不想再做所谓的科研了。”（SZKJS2102）
>
> F 老师的学生评教成绩不高，参加教学比赛的成绩也总是不理想。他是学院的科研骨干，每年都给学院贡献几篇 C 刊论文。他说：“上课差不多就行了，学生有多高的判断力啊！上课的时候看到学生木呆呆的样子就没劲。”“不做科研上课能好到哪里？我也不是想做什么学术大家，但自己对研究的东西还是有些兴趣的。当然，做科研好处更多。课上得好当然重要，但科研不行你在学院还有什么地位？谁认你？”（SZKJS2103）

上述两个相反的案例显示，高校思想政治教育者在角色活动过程中获得愉快情绪体验越多，对高校思想政治教育者角色的意义认同度也就越高，主动精神、自律意识也就更强，扮演好角色的心理动机就更强。反之，高校思想政治教育者在角色活动过程中获得愉快情绪体验越少，对高校思想政治教育者角色的意义认同度也就越低，主动精神、自律意识也就比较差，对待角色的态度和行为就容易偏离角色伦理要求。情感伦理的实现很难，但高校思想政治教育者的角色情感体验和高校思想政治教育者在角色中的投入最后是成正比的。越是用心投入的就越是在意和热爱，高校思想政治教育者角色的情感伦理实现唯有在高校思想政治教育者投入努力去行使角色权利和担负角色使命中才能萌生、发展。

三、高校思想政治教育者角色的意志伦理

意志是以自觉的目的为基础，为达成目的而控制、调节自己的行为，

战胜困难，直到实现预定目的的品质。意志本身就有鲜明的伦理属性，其中最核心的是“信念”，即对是非善恶价值的确认和坚持。角色意志伦理是指角色形成、坚守信念的价值和道德理想和道德要求，是角色应当具备的价值信念以及实现其价值信念的决心和毅力，体现在角色行动上就是严格的自律。其中，角色信念决定了角色的伦理底色，是角色伦理的标志性要素。高校思想政治教育者角色意志伦理是高校思想政治教育者角色应当具备的信念，特有的道德德性，是高校思想政治教育者从事高校思想政治教育活动的出发点和动机，即进行角色行动的理由，也是高校思想政治教育者保证实现高校思想政治教育目的所具有的长期、连续的自我控制和克服困难的毅力。高校思想政治教育者角色与高校普通教师角色之间的显著差异就在于高校思想政治教育者角色具有鲜明的“政治动机”，因此高校思想政治教育者角色意志伦理的核心是高校思想政治教育者角色的政治信念伦理，此外还包括作为高校教师普遍具备的教育信念伦理。

“作为确定的人，现实的人，你就有规定，就有使命，就有任务，至于你是否意识到这一点，那都是无所谓的。这个任务是由于你的需要及其与现存世界的联系而产生的。”[①] 高校思想政治教育者角色的意志伦理来自高校思想政治教育者角色的特殊使命和社会价值。高校思想政治教育者角色在我国不是自发形成的社会角色，而是由国家设立的角色，是落实中国共产党教育方针的关键环节。从国家层面，对于高校思想政治教育的任务，也就是高校思想政治教育者角色的使命和价值是非常明确的，虽然在不同的时期表达上有所不同，但其政治属性、社会道德追求从未改变。2004 年中共中央、国务院发布了《关于进一步加强和改进大学生思想政治教育的意见》，强调高校思想政治教育的主要任务是“以理想信念教育为核心，深入进行树立正确的世界观、人生观和价值观教育”[②]。2015 年，中共中央办公厅、国务院办公厅印发的《关于进一步加强和改进新形势下高校宣传思想工作的意见》中直接关乎大学生思想政治教育的任务主要体现在，“坚定理想信念，深入开展中国特色社会主义和中国梦宣传教育”，“巩固共同思想道德基础，大力加强社会主义核心价值观教育”[③] 两

① 《马克思恩格斯全集》第 3 卷，北京，人民出版社 1960 年版，第 329 页。

② 教育部社会科学司组：《普通高校思想政治理论课文献选编（1949—2008）》，北京，中国人民大学出版社 2008 年版，第 203 页。

③ 中共中央办公厅、国务院办公厅印发《关于进一步加强和改进新形势下高校宣传思想工作的意见》，http://www.gov.cn/xinwen/2015-01/19/content_2806397.htm，2015 年 1 月 19 日。

个方面。2020 年，教育部思想政治工作司负责人就《教育部等八部门关于加快构建高校思想政治工作体系的意见》答记者问时明确指出，高校思想政治教育工作体系要“以立德树人为根本，以理想信念教育为核心，以培育和践行社会主义核心价值观为主线”。帮助大学生坚定理想信念、树立正确价值观是高校思想政治教育者角色的任务，“传道者自己首先要明道、信道”[①]，坚定理想信念、树立正确价值观也就是高校思想政治教育者应然的角色伦理。

高校思想政治教育者应当具有坚定的理想信念，从近处，就是关于中华民族伟大复兴的中国梦是应当实现而且必然实现；从远处，就是共产主义社会是公平正义应当实现而且符合人类社会发展规律必然实现。高校思想政治教育者还应当具有马克思主义世界观、人生观，坚持社会主义核心价值观。“任何意志必然通过价值激发，在这种情况下，价值中的动机必然被决定是作为意指的价值。不是评价本身，而是价值才是动机。”[②]高校思想政治教育者必须具备坚定的信念和坚韧不拔的意志，才能够真诚地投入大学生思想政治教育中，才能够采取正确的思想政治教育行动，才能够始终保持角色应有的形象和气度。这并不意味着高校思想政治教育者角色伦理是纯粹的“整体性”的道德理性，也是发自高校思想政治教育者个体内心的、各具色彩又符合公共理性的利益诉求，体现了高校思想政治教育者的自由意志。“理性的规律和特殊自由的规律必须相互渗透，以及个人的特殊目的必使同普遍目的同一，否则国家就等于空中楼阁。个人的自信构成国家的现实性，个人目的与普遍目的这双方面的同一则构成国家的稳定性。人们常说，国家的目的在于谋公民的幸福。这当然是正确的。如果一切对他们来说不妙，他们的主观目的得不到满足，又如果他们看不到国家本身是这种满足的终结，那么国家就会站不住脚的。”[③]高校思想政治教育者角色意志伦理建立在高校思想政治教育者关于个体意志与国家公共意志辩证关系的深刻洞见的基础之上。

G 老师是一个快退休的思政课教师，身体不太好，平时给人比较娇气的印象，但从未缺过一节课。“我每学期上课结束后就会生场病，几天感觉疲惫得爬不起来，但我课没结束的时候，即

① 《习近平谈治国理政》第 2 卷，北京，外文出版社 2017 年版，第 379 页。

② 曾云：《胡塞尔对伦理意志的反思——绝对应当和意志真理》，《道德与文明》2010 年第 3 期。

③ [德] 黑格尔：《法哲学原理》，范扬、张企泰译，北京，商务印书馆 1961 年版，第 254~255 页。

> 使有些不舒服，也好像都能扛得住。我是上课很认真的人，因为我真心希望这些学生都能变得更优秀，他们变得优秀了，这个国家也就会更好，我自己、我的孩子的生活才能安稳。我就和学生这样讲，我教你们的东西就是我教我孩子的东西，我希望我孩子一生平安，生活幸福，只有国家社会安定发展，我的希望才有保障。”（SZKJS2104）

G 老师建立了作为个体的人的幸福与国家社会兴旺发达之间的一致，这是她战胜自己的病痛、扮演好高校思想政治教育者角色的意志之源。高校思想政治教育者角色意志伦理是“基于分析和论证之上的实践理性”[①]，与建立在善良意志的意向性情感力量之上的角色情感伦理不同，要求角色承担者对于其所坚持的信念何以正确的理论和实践逻辑真懂真信，是对高校思想政治教育终极之善的坚守。高校思想政治教育者角色必须要真懂真信马克思主义理论是科学和正义的理论；要真懂真信中国特色社会主义道路是科学和正义的道路；要真懂真信中国特色社会主义制度是符合中国实际的先进制度、优秀制度；要真懂真信社会主义核心价值观是兼具真理性、道德性和实践性的价值观体系；要真懂真信“中国共产党领导是中国特色社会主义最本质的特征，是中国特色社会主义制度的最大优势，是党和国家的根本所在、命脉所在，是全国各族人民的利益所系、命运所系”[②]。真懂真信意味着高校思想政治教育者明确了解自己应当实现一个什么样的角色，并主动承担一个真正高校思想政治教育者的使命和责任。真懂真信才能让高校思想政治教育者角色伦理成为高校思想政治教育者的内心呼唤。高校思想政治教育角色伦理的实现是高校思想政治教育者基于自身内心的呼唤进行的毫不犹豫的选择。因此，真懂真信让高校思想政治教育者的思想政治教育行为成为他的道德追求、绝对应当，思想政治教育工作成为他的“志业”，成为其自我实现的实践方式。也正是因为真懂真信，高校思想政治教育者在关注自我角色的实践境遇的同时对大学生等其他角色的实践境遇也充满理解，并坚持在构建高校思想政治教育共同体中达成角色间的统一。

高校思想政治教育者要做到真懂真信，将坚持马克思主义的指导地位，坚持用社会主义核心价值观教育引导大学生，坚持维护和服从中国共

---

① 宴辉：《论政治哲学视阈中公共意志的生成逻辑》，《天津社会科学》2020 年第 2 期。

② 习近平：《在庆祝中国共产党成立 100 周年大会上的讲话》，北京，人民出版社 2021 年版，第 11 页。

产党的正确领导化为自觉的行动，需要长期自我修养，依照角色伦理要求，不断学习、反思，淬炼自己的思想，克服自身的种种缺陷。现代社会，迅速演化，价值冲突剧烈，高校思想政治教育者角色面临严峻的考验。坚持以正确的方式承担高校思想政治教育者角色的使命，要求高校思想政治教育者必须具有坚定的政治立场、必胜的信念、克服困难的勇气，以更高的道德伦理标准进行反躬自省，严格自律，把角色伦理规范内化为自我的自觉意志和行动，把自己锻造成理想的高校思想政治教育者，不断升华角色形象，并实现自我的超越。

四、高校思想政治教育者角色的能力伦理

能力是指主体自身具备的完成任务、达成目的的可能性，表现为智力、体力、经验、技术等。能力构成、能力形成和使用方式也包含着伦理要求和道德判断。例如，教师如果不具备应有的教学能力，不努力提升自己的教学能力，不在课堂充分发挥其教学能力而应用于课外辅导都被视为是不道德的。角色能力伦理指角色形成、发挥能力的价值和道德理想和道德要求。高校思想政治教育者角色能力伦理指高校思想政治教育者在从事高校思想政治教育活动中具备和使用能力的价值依据、道德理想和道德要求。具体体现在高校思想政治教育者应当不断学习、积累和提升高校思想政治教育工作经验，训练、提升高校思想政治教育工作技能，依据高校思想政治教育的道德理想发挥其专业能力等。

高校思想政治教育者角色必须具备在高校进行思想政治教育活动达成高校思想政治教育目标的基本能力。一个一心投入高校思想政治教育、立志为高校思想政治教育目标奉献终生的人却缺乏做好大学生思想政治教育的能力，那他所谓的道德志向就是空谈。如果高校思想政治教育者没有相应的思想政治教育能力，那么不仅他的思想政治教育理想落不到实处，甚至还可能使自己的行为后果产生负价值。

D老师是某高校党委副书记，分管高校学生工作。他认为高校辅导员队伍总体来说素质较高，处理大学生的日常管理和突发事务的能力比较强。他认为也有少数辅导员的工作能力不足，给思想政治教育工作带来一些不好的影响，尤其是处理一些容易产生网络舆情的事件。还有一些辅导员由于工作方法简单、僵化，让大学生对学校产生不信任，影响了引导、教育大学生的效果。

> 因此学校非常重视辅导员队伍的选拔和培训，也采取了许多措施培养辅导员的综合素质。（FDY2101）

现代社会是一个能力凸显的社会。传统社会长期缓慢的发展，对群体中的多数个体的智慧能力需求有限，更强调“以德服人”。现代社会事务的复杂性和流动性需要强大的应对能力，同时普遍的人员的广泛流动性降低了对个体德性的相互信赖，共同体的团结越来越需要“以能服人”，能力的“善”属性大大得到提升，甚至能力常常表达着德行，没有能力支撑的德行被视为心机深沉的“伪善”或不值一提的“窝囊”。从个人的角度，正是因为高校思想政治教育影响深远，缺乏能力带来的危害也就非常深远，在一定程度上造成教育者、教育对象的错误行动决策，给教育事业和个人发展带来危害。以思想政治理论课教师为例，教学能力不足，不能做到以理服人，不仅是课堂“抬头率”不高，学生不听课的问题，更严重的是，会增强大学生对思想政治教育目标和内容的逆反心，甚至促使了大学生对非马克思主义思想的追捧。因此，在现代社会，一个无能的高校思想政治教育者在一定程度上被定义为一个无德的人，其角色存在的价值与意义也会被否定。事实上，思想政治教育能力是高校思想政治教育者角色伦理正当的内在保证。高校思想政治教育的绩效一定程度上是高校思想政治教育者角色价值意义的证明。高校思想政治教育者角色能力是高校思想政治教育得到国家、社会、学校、大学生认同的基本保障。因此，不断地进行思想政治教育能力建设，不断增强自身的思想政治教育能力，提升思想政治教育水平，改进思想政治教育效果，也是每一个高校思想政治教育者的道德义务。

高校思想政治教育者角色的能力伦理还包括高校思想政治教育者发展自我能力、发展大学生能力的义务。人的能力是人的本质力量的外化，是人改造客观世界、完善自我活动的基础。马克思主义认为，人的自我完善、人的全面自由发展在一定程度上就是人的潜能的充分发展。能力的使用让“外在目的失掉了单纯外在自然必然性的外观，被看作个人自己提出的目的，因而被看作自我实现，主体的对象化，也就是实在的自由”①。从这个意义上讲，发展能力、运用能力是一切人的道德义务，帮助大学生发展能力也是高校思想政治教育者的道德义务。人的实践就是人的能力发挥、能力不断得到发展，不断突破客观和主观局限性的过程，在这个过

① 《马克思恩格斯全集》第30卷，北京，人民出版社1995年版，第615页。

程中实践的人“炼出新的品质，……造成新的力量和新的观念，造成新的交往方式，新的需要和新的语言”[①]。传统德育割裂了德性与能力的辩证关系，忽略了能力的道德属性，致使德性缺乏了支撑，为“道德无用论”提供了武器，给大学生思想带来混乱。高校思想政治教育者要自觉遵照角色的社会期望，根据时代发展不断更新自己的思维、拓展自己的眼界，提升自己的综合素养，持之以恒地提升角色承担能力，改进思想政治教育工作，努力推动大学生的能力发展。高校思想政治教育者角色对于大学生能力的培养不是泛泛的、具体的，而是激发大学生能力提升的主体性自觉，围绕大学生的科学思维能力、政治判断和参与能力、道德思辨和实践能力的培养，帮助大学生形成正确的能力评价标准，推动大学生积极主动投身实践，全面开发提升自己的学习、交往、工作、生活能力。

高校思想政治教育者角色“承担着教育、管理、服务和发展指导等多种职能”，具有多样性、复杂性的特点，成为高校思想政治教育者角色定位的难点，也形成其角色伦理能力发展的独特之处。从有利的角度看，高校思想政治教育者角色能力发展空间广阔，使角色承担者在多方面得到能力训练，也具有更多发展选择，有助于角色承担者全面、自由发展。事实上，很多高校辅导员被抽调到多种岗位上，一定程度上证明这个角色有助于人的多方面能力训练、提升。因此，在高校思想政治教育者群体中既有学术出众者，也有行政能力优秀者，更多教学能力卓越者，在高校各个岗位上所需要的高素质人才在思想政治教育者群体中都能找到。从不利的角度看，高校思想政治教育者角色的能力范围要求由于缺乏明确的专业边界，角色承担者或者一专却不多能，或者多能却无一专，永远达不到角色期望的状态，总是会被质疑缺乏能力。高校思想政治教育者角色能力的特殊属性形成了高校思想政治教育者角色的特殊能力伦理内容，要求高校思想政治教育者具备更强的自我能力评价和发展规划意识，并且更加积极、主动、自觉地发展自己做思想政治教育的能力。高校思想政治教育者应当根据自身的条件和兴趣，明确自己的思想政治教育能力的发展方向，突出长处，合理规避和弥补短处，有意识打造自己独有的一专多能的能力体系。高校思想政治教育者角色还要具有充分的合作意识和能力，善于借助其他人的能力优势或辅助其他人，最终达成思想政治教育目标。在发展能力的过程中，高校思想政治教育者要有竞争意识，促使自己的能力体系不

① 《马克思恩格斯文集》第8卷，北京，人民出版社2009年版，第145页。

断升级换代。由于高校思想政治教育的复杂性和变动性，高校思想政治教育者尤其需要具有团结协作做好思想政治教育工作的能力，借助集体的力量、群众的力量做好思想政治教育工作。总之，高校思想政治教育者应当具有广阔的眼界和思想政治教育顶层思维，善于在思想政治教育系统中找准自己的定位，并善于驱动整个高校思想政治教育体系进行良性运转。

五、高校思想政治教育者角色的行为伦理

子曰，“志于道，据于德”。规范本身是高校思想政治教育活动内在价值追求、道德理想的外在呈现。高校思想政治教育者角色的行为伦理就是高校思想政治教育者角色的行为规范，指“形成、遵守规范的价值和道德理想追求、根据及其逻辑”，既包括对高校思想政治教育角色规范内蕴的价值和道德理想追求的应知和坚持，也包括对规范合乎规律的科学性的追问以及承认遵守规范的道德正当。高校思想政治教育者角色的行为伦理具体体现为对高校思想政治教育制度的坚持、维护和完善，对高校思想政治教育良好秩序的维护。高校思想政治教育制度是参与高校思想政治教育的全部主体的行为框架。也就是说，高校思想政治教育者角色的行为伦理规定了高校思想政治教育者在实现思想政治教育目的和表达思想政治教育价值时必须做什么以及不能做什么的责任与义务。

高校思想政治教育者角色的公共性、政治性要求高校思想政治教育者不能依从任何个人所接纳的完备政治学说、伦理学说的价值观念来采取高校思想政治教育行动。例如，一个大学生为了去约会而向思想政治理论课教师请假，思想政治理论课教师不能因为自己也和学生一样认为生活比课堂教育更有利于人的道德进步而批准学生请假。高校思想政治教育者应当依据学校相关教学管理规则进行决策。管理制度、管理规则如果没有体现高校思想政治教育的价值要求、不能有助于高校思想政治教育目标达成，高校思想政治教育者应当针对制度、规则的制定、调整、修改、完善进行努力，通过研究、发表、建议、批评、表决等方式行使参与制度设置的权利。一旦制度形成、规则落地，只要没有出现违反高校思想政治教育价值要求的情况，没有背离社会主义核心价值观，没有阻碍高校完成立德树人根本任务，高校思想政治教育者角色就应当是遵守规则的模范，这也是对大学生进行思想政治教育的重要环节。

高校思想政治教育者角色的意志伦理体现了一种制度理性，是为实现高校思想政治教育道德理想构建的现实伦理进路，解答了高校思想政治教

育者“应当做什么”的问题，但并不能确保高校思想政治教育者“必然做什么”和“必须做什么”。“必然做什么”和“必须做什么”就是对高校思想政治教育者角色的外在行为规范。所谓“隐微之衍，即干宪典，所以君子怀刑也”[①]，“能够深深打动人心的，是一个成熟的人（无论年龄大小），他意识到了对自己行为后果的责任，真正发自内心地感受着这一责任。然后他遵照责任伦理采取行动，在做到一定的时候，他说：‘这就是我的立场，我只能如此。’这才是真正符合人性的、令人感动的表现”[②]。角色的规范伦理体现了对自己的行为承担责任的伦理追求，是围绕着角色的道德信念形成的自律。高校思想政治教育者应当自觉遵守角色行为规范，从而实现角色的基本道德要求。高校思想政治教育者的教育者本质又要求他不可一味地“照章办事”。作为以人的思想为工作对象的教育者，高校思想政治教育者对于制度和规范必须保持着审慎的态度，以保证自己在遵守规范的过程中不会变成“一个程序”、“一个工具”或“做戏的虚无党”（鲁迅语），避免阿伦特所批判的“平庸的恶”。因此，高校思想政治教育者角色规范伦理的本质是自律。严格的自律是因为高校思想政治教育者角色道德规范符合他的价值追求、道德信念。对于角色承担者，高校思想政治教育者的角色规范伦理是实实在在地做好大学生思想政治教育工作，正确地对待思想政治教育的当下要求，为高校思想政治教育者实现自我赋予行动的意义。

在现实中，由于道德规范是在公共（思想政治教育活动主体）理性的基础之上形成的，个体对这一道德规范的理解程度是有差异的。作为具体承担高校思想政治教育者角色的人要达到“随心所欲不逾矩”的程度，一言一行都“实质地”而不是“形式地”符合角色行为规范要求，需要长期的修炼。在通达这一理想状态的过程中，每一位高校思想政治教育者大多都在一丝不苟遵守固态化的行为规范（包括服从领导、听从指挥）和遵从“自己内心的道德法则”却不符合具体存在的角色纪律之间来回冲突以实现平衡。由于高校思想政治教育者角色不是抽象的“教育角色”，而是在现实中集“政治角色”“公共角色”“思想角色”“文化角色”“道德角色”等多种角色于一体的，具有共产主义信仰、社会主义信念，并且接受中国共产党领导的“思想政治”教育角色，高校思想政治教育者角色伦理的外部结构具有很强的约束力，以责任、义务、规矩的形式显现，要求高校思想政治教育者的

---

① 王永彬：《围炉夜话》，张德建译注，北京，中华书局2014年版，第186页。

② ［德］马克斯·韦伯：《学术与政治》，冯克利译，北京，生活·读书·新知三联书店2013年版，第116页。

具体行为必须更为严格地合乎法律、制度、规章。换言之，高校思想政治教育者角色行为规范伦理落实到高校思想政治教育者的角色行为上就是严格的法律法规、政治纪律、师德规范、公民道德规范等有形的要求。

在高校思想政治教育者角色伦理体系中，各部分的内容都不是孤立地存在的。虽然不同类别的高校思想政治教育者角色伦理也各自有不同特征和功能，但归根结底都是从各自的属性出发、从不同的侧面反映着高校思想政治教育者的角色要求。任何具体的高校思想政治教育角色的伦理内容都是对高校思想政治教育者的角色伦理精神的诠释，共同发挥着高校思想政治教育者的角色功能。高校思想政治教育角色伦理内容的各部分内容彼此关联，构成了一个相互补充、相互渗透、相互制约的整体高校思想政治教育者角色伦理系统，打造出高校思想政治教育者独特的道德形象。总体而言，高校思想政治教育者角色在近几十年的发展中，整体综合素养得到了长足进步，尤其是知识理论方面进步显著。高校马克思主义学院在学术研究、学科建设方面对于高校的贡献明显上升，也因此得到了更多的资源投入和更高的地位。从角色伦理的角度，高校思想政治教育者角色学术意识、政治意识、自律精神、能力提升的自觉性很强，学术道德、政治纪律、工作作风都越来越合乎规范。相较而言，高校思想政治教育者在情感、情怀方面存在的问题最大。由于情感与身体的感受密不可分，受社会交往关系、生活方式影响最大，个体主观性特征最强，是比较难以“建设”“提升”的，在情感伦理建设方面也就有些不尽如人意。就高校思想政治教育者个体而言，要有意识地通过主动交往、丰富精神文化生活等方式来培养自己健康、充沛的情感，但就高校和高校思想政治教育者共同体而言，更应当担负起高校思想政治教育者角色情感伦理的培养责任，通过提供资源、积极组织、正确引导等方式搭建高校思想政治教育者日常生活的交往互动平台，构建愉悦、和谐、快乐、积极的情感氛围和广阔、富饶、多彩的情感空间，帮助高校思想政治教育者在可感、可触、可欲的丰富感性交往实践中提升情感体验力、沟通力、表达力和反思力。高校思想政治教育者角色所具备的知识伦理、情感伦理、意志伦理都必须经由“在由现实制度所赋予的制约条件中”[①]发挥改善现实制度、现实条件能力的正确使用而实现，也就是只有通过有效结合思想政治教育者角色的能力伦理与行为伦理的建设才能落到实处。

---

① 杨晓慧：《创业教育的价值取向、知识结构与实施策略》，《教育研究》2012年第9期。

第四章　高校思想政治教育者的角色伦理关系

高校思想政治教育者角色伦理关系大致可以分为内外两个圈层和“应然”“实然”两种形态。外部圈层由高校思想政治教育者角色与角色外部的环境之间，高校思想政治教育者角色与其具有直接、间接互动关系的社会角色之间的关系，可以称为角色外伦理关系，属于人与环境之间的关系范畴。内部圈层也有两种伦理关系：一种是高校思想政治教育者角色内部的子角色，如高校思想政治理论课教师、辅导员、党群工作人员、高校思想政治教育管理者等角色之间的关系，即角色间伦理关系，属于人与人之间伦理关系的范畴；另一种是高校思想政治教育者角色内伦理关系，即高校思想政治教育者角色的职员角色、文化角色、政治角色、教育角色等角色之间的伦理关系，即角色内伦理关系，属于人与自我之间的关系范畴。“应然”高校思想政治教育者角色伦理关系是理想态，“实然”高校思想政治教育者角色伦理关系还存在一些不足。无论“应然”或是“实然”的高校思想政治教育者角色伦理关系都具有其现实必然性。

第一节　高校思想政治教育者角色伦理关系的构成

高校思想政治教育者角色伦理关系即高校思想政治教育者角色与角色环境、互动角色之间贯穿应然价值规定，由制度规定和道德规范的相对稳定社会关系。伦理关系不仅包括人与人的关系，也包括人与环境的关系。[①]高校思想政治教育者角色不仅要处理好角色与角色之间的关系，也要处理

① 朱海林：《伦理关系论》，北京，光明日报出版社 2011 年版，第 1 页。

好角色与组织、场域的关系，作为复合角色还需要处理好不同分角色之间的关系。

一、高校思想政治教育者角色伦理关系概况

在现代社会，基于先天血统、性别、种族、阶级等身份不平等划分的传统伦理关系已经不再具有合法性，人与人之间通过社会角色形成平等的角色伦理关系，即一种社会角色在与其他类别社会角色交往时形成的关于“理应如此”的，以权利义务为内容的规范所约束的社会关系。伦理关系一方面是在特定历史时期的物质生产方式基础上结成的“客观的”“不以人的主观意志为转移”的“现实如此”的社会关系；另一方面是“精神的”“人们的想象所构建的理想的”，具有人的目的和态度取向，“由关系双方作为自觉主体本着‘应当如此’的精神相互对待的关系”[①]。伦理关系是客观与主观、实然和应然相统一的、贯穿道德规定的人与人之间的关系。[②]高校思想政治教育者角色伦理关系是由社会主义核心价值观主导的高校思想政治教育制度所规范的高校思想政治教育者角色与其相关联角色之间“应当如此”和“现实如此”的关系。“应当如此”角色伦理关系是高校思想政治教育者角色关系主体认为合理的、有利于达成高校思想政治教育目的、合乎科学社会主义价值立场的角色关系。“现实如此”角色伦理关系是高校思想政治教育客观环境及现实条件制约，高校思想政治教育参与者、关联者共同遵守的、在高校思想政治教育实践中发挥作用的，合乎社会主义初级发展阶段价值观的角色关系。

(一)“必然如此”的高校思想政治教育者角色伦理关系

高校思想政治教育者角色伦理关系可分为文化伦理关系、政治伦理关系和教育伦理关系。高校思想政治教育者的思想角色、政治角色和教育角色在实践中都以职业角色的形式存在，在完成规定的工作、遵守职业行为规范过程中建构并调整伦理关系。因此，高校思想政治教育者角色伦理关系现实形态就是文化职业伦理关系、政治职业伦理关系和教育职业伦理关系。

职业是人类历史特定阶段基于社会生产和生活的客观需要，随着社会分工出现的，人们从事的具有特定职责的专门业务。人们通过职业为社

① 宋希仁:《论伦理关系》,《中国人民大学学报》2000 年第 3 期。

② 朱贻庭:《伦理学大辞典》, 上海, 上海辞书出版社 2010 年版, 第 257 页。

会、为公众提供服务，满足社会和公众的需要，满足自身的需要。[①] 在市场经济中，每一职业角色都通过履行特定的职责来享有相应的权利，也因为享有某种权利而必须承担特定的责任。职业组织一般通过保障员工的权利义务一致彰显公平，激励员工充分发挥其才能，承担更多责任，产出更优成果。职业伦理一般通过相关行业法规、职业道德规范进行调节。高校思想政治教育者作为一种由国家设立的职业角色，依照高校思想政治教育岗位要求，遵守《中华人民共和国教育法》《中华人民共和国高等教育法》《中华人民共和国教师法》等相关法规以及国家、高校制定的思想政治教育者职业行为规范，承担义务并获得报酬、荣誉。职业角色除了遵守上述行业普遍遵守的职业伦理规范，还根据所在具体学校单位的岗位细则承担工作、获得奖励。客观上，由于高校思想政治教育者个人利益由所在学校、部门分配，学校部门制定的高校思想政治教育岗位的具体要求和规范对高校思想政治教育者角色的伦理关系调节力度最大。高校严格准确地依据国家颁布的政策法规制定本学校和部门高校思想政治教育岗位伦理规范，使高校思想政治教育者角色伦理关系更加和谐，否则就会产生角色伦理冲突。

“现实如此”的高校思想政治教育者角色伦理关系在一定程度上也是“必然如此”的。“现实如此”的高校思想政治教育角色伦理关系是历史与现实共同作用下的产物。首先，“现实如此”的高校思想政治教育角色伦理关系属于社会主义社会伦理关系，贯穿着社会主义核心价值观，是中国特色社会主义事业的重要组成部分。新中国成立后，中国共产党构建了“革命分工不同”的平等社会关系和按劳分配的权利义务一致原则，坚持人民至上的伦理立场，形成了尊重劳动者主人翁地位、平等民主团结的生产关系、劳动者共享劳动成果的社会主义新型职业伦理关系。其次，高校思想政治教育者职业角色伦理关系也是对中华传统敬业精神的继承和超越。中华民族自古以来就把对做事的“敬”“勤”“专”作为道德修养的重要途径。敬代表着敬畏、重视不敢轻慢之意。在《论语》中“敬事”乃是“仁”的要素，故而“樊迟问仁。子曰：‘居处恭，执事敬，与人忠。虽之夷狄，不可弃也。’”故，君子应“敬事而信”。“业精于勤荒于嬉”“勤则职业修而事无壅塞”“只要功夫深，铁杵磨成针”等书载口传的告诫，表达了中国人对劳动规律的深刻理解和基本从业的信念，最终升华为“鞠躬

① 朱金香等:《职业伦理学》，北京，中央编译出版社 1997 年版，第 5 页。

尽瘁，死而后已”的敬业精神。中华民族优秀敬业精神融入为普天下劳苦大众谋幸福的社会主义伟大事业中，构成了高校思想政治教育者具有鲜亮社会主义价值底色的角色伦理关系。伴随着中国特色社会主义事业的发展，社会主义精神文明的巨大进步，高校思想政治教育者职业角色伦理关系不断发生着深刻而积极的变化，主体更加自觉、关系更加和谐；大中小一体化推进思想政治教育、思政小课堂同社会大课堂相结合等行动让高校思想政治教育者角色伦理更加开放；提升思想政治教育者地位、保障思想政治教育者利益、投入思想政治教育资源等一系列举措推进了高校思想政治教育者职业角色的权利与义务更加平衡；大力表彰在教学、科研、管理、服务各领域作出突出贡献的组织和个人，通过讲贡献、有作为进一步推进了集体利益与个人利益相统一。

在高校思想政治教育角色伦理关系不断向善的同时，也存在一些消极现象，突出表现在6个方面：其一，高校思想政治教育者关于角色伦理关系的共识度还有待提升。部分高校思想政治教育者关于角色的社会主义本质缺乏足够的认同，对于高校思想政治教育者角色所设立的目的和行为规范缺乏足够的理解，在处理角色关系的过程中把握不住正确的行为模式。其二，在弘扬集体主义的同时，个人主义、功利主义、拜金主义在一定范围内有所发展。部分高校过度强调“有形成果”而忽略了高校思想政治教育的长期性和复杂性，忽视高校思想政治教育者兢兢业业的劳动投入。部分思想政治教育者把注意力更多集中于能够给自己的职称、地位带来好处的人或事上，漠视学生、糊弄教学，甚至在与学生或家长的交往中践踏思想政治教育伦理底线，谋取个人私利。其三，存在事实上的不平等现象。虽然人与人之间伦理关系的平等在高校深入人心，但“官本位”意识、上下级之间、师生之间的等级意识一定程度上还存在。部分高校或思想政治教育部门在进行资源分配的过程中存在向领导干部集中，向“小圈子”里的部分人倾斜等现象。其四，存在着一定的失信现象。形式主义在高校还有一定的市场，部分高校思想政治教育者在职业活动中还存在说假话、搞形式乃至学术造假等问题。其五，存在关系疏离现象。随着市场原则全面渗透到社会生活的各个方面，高校思想政治教育者之间的团结合作关系受到冲击，个体之间激烈竞争现象开始蔓延，高校思想政治教育者之间长期友善关系受到破坏，基于利益形成的短期合作成为主要形式。其六，角色合作不够畅通。高校思想政治教育是一个系统工程，需要不同角色围绕立德树人根本任务通力合作，但部分高校思想政治教育者过于在意自己的工作边界，强调自己的岗位需要，缺乏大局观，在工作中存在相互推诿扯皮现象。高校思想政治教育角色伦理关系的这些消极现象严重侵蚀了高校思想政治教育角色伦理关系，阻碍了高校思想政治教育角色功能发挥，抹黑了高校思想政治教育角色形象。

（二）“应当如此”的高校思想政治教育者角色伦理关系

“应当如此”的高校思想政治教育者角色伦理关系也有两个面向，其一面向现实，既有的高校思想政治教育者角色伦理关系的理想状态，也就是在现有专业分工条件下高校思想政治教育者角色伦理关系的理想状态。其二面向未来，理想的高校思想政治教育者角色伦理关系形态，即消灭了分工的、高校思想政治教育者不再需要专门的角色承担者的高校思想政治教育者角色伦理关系的形态。

面向现实，“应当如此”的伦理关系是伦理主体双方自觉、自愿结成，主动维护与发展的，有利于伦理主体各方根本利益的伦理关系。我们是“在交互主体性关系作为交往关系的本质关系的意义上，把交往关系看成是具有伦理关系本质意义的关系”[①]。社会主义社会，在人人平等的基本原则上，强调社会角色之间的交往礼节，是为了令人在和谐而愉悦的社会生活中获得属于人的全部尊严，每一个人都能够“当作精神方面对于它自己的自由的意识，也就是当作那种自由的实现”[②]。在“应当如此”的高校思想政治教育者角色伦理关系中，各伦理主体都是能够实现自我同一性的主体，各伦理主体都充分理解自身及其关系的实质以及伦理关系的未来可能性。国家设立高校思想政治教育角色不仅仅是出于国家某一政治集团的利益，而是以维护最广大人民群众利益为出发点，追求国家整体利益和国家每一位公民利益最大化。国家所设立的思想政治教育目标，对高校思想政治教育者角色的要求、规范都符合高校思想政治教育者和大学生的长远根本利益。高校思想政治教育者进入角色则因感知到了国家设立该角色的价值召唤，感受到做高校思想政治教育工作对自我、对大学生、对学校、对社会的意义。大学生进入思想政治教育关系也是基于意识到自身对思想政治教育的需要，主动地选择成为受教育者。因为代表国家的高校思想政治教育管理者、高校思想政治教育者与受教育者各方都是自由地进入思想政治教育关系中，并选择了自己的角色，所以，双方都有维护关系、发展关

① 龚群：《论社会伦理关系》，《中国人民大学学报》1999 年第 4 期。

② ［德］黑格尔：《历史哲学》，北京，生活 · 读书 · 新知三联书店 1956 年版，第 58 页。

系的良好动机。也就是说，健康协调的高校思想政治教育者角色伦理关系始于关系的各方都具有同一个目标：通过思想政治教育活动满足国家、社会、自我与他人的需要，都怀有良好的期待，愿意付出努力以维护高校思想政治教育者角色伦理关系。当然，进入高校思想政治教育者角色伦理关系的各个主体具有各自的个性，目的的侧重点也有所差异，但在各方都保有良好意愿的基础上，形成千姿百态却又符合思想政治教育原则的关系形态。理想的高校思想政治教育者角色伦理关系能够让各角色关系主体都能在这种角色伦理关系中确认这一关系本质为善。

面向现实，"应当如此"的高校思想政治教育者角色伦理关系也是全体高校思想政治教育者齐心协力做好思想政治教育工作的合作关系。高校思想政治教育者无论是思想政治理论课教师还是辅导员，或者其他承担思想政治教育角色功能的人，都对高校思想政治教育者角色具有相同的理解、共同的认知。"那些具有思想政治教育意识，尤其是具有思想政治教育责任并胜任思想政治教育岗位，实际地承担了思想政治教育主体角色的人，才是合格的思想政治教育主体……关键要素是专业意识，既具有思想政治教育意识或思想政治教育自觉，真正具有思想政治教育自觉立场和自主能力。"[①] 高校思想政治教育实践非常丰富，思想政治教育者各有自己的工作任务，冲突是客观存在的。高校思想政治教育者不仅要理解自己的角色部分，还要理解其他教育者的角色部分，并且能够从全局理解高校思想政治教育者角色，主动协调高校思想政治教育者角色关系，从而将高校思想政治教育者角色的力量拧成一股绳，发挥出最大的思想政治教育功效。同时，教育管理者以及大学生对高校思想政治教育者的角色的认知和理解与高校思想政治教育者角色的承担者的理解也应当是一致的。例如，当所有的高校思想政治教育者角色伦理关系主体都确认高校思想政治教育者角色是一种政治角色，应当享有一定的政治权利并承担相应的政治义务，并尊重和配合高校思想政治教育者角色去实现他的权利、承担他的义务，在安排高校思想政治教育活动的时候，就会从培养学生政治觉悟的大局出发，不会计较自己的这部分工作是否"按时"完成了，自己是否有"成绩"、有"功劳"。当然这里的一致指的是在原则上的理解一致。高校思想政治教育管理者、高校思想政治教育者和大学生的社会角色和地位必然会形成对高校思想政治教育的不同观察视角，对高校思想政治教育者角色

① 孙其昂：《思想政治教育学前沿研究》，北京，人民出版社2013年版，第159页。

关系的着力点也有角度、大小、方向上的差异。但这种差异只要不形成对思想政治教育者角色正确展开的掣肘，而是推动思想政治教育不断发展的动力源泉，那就是“应当如此”的高校思想政治教育者角色伦理关系。

面向未来，“应当如此”的高校思想政治教育者角色关系是对现实高校思想政治教育者角色伦理关系的超越，是社会主义核心价值观贯穿始终，主体具有高度自觉共产主义道德，实现了“每一个人的自由发展”与“一切人的自由发展”相统一的伦理关系。正如“现实如此”的高校思想政治教育者角色伦理关系建立在生产力发展水平和历史发展阶段特有的主客观环境基础上，“应当如此”的高校思想政治教育者角色伦理关系也并非源自形而上学的抽象“天理”或“理性设计”，而是建立在生产力高度发达，全社会共同占有生产资料、共享劳动产品的社会条件下。由于全社会确立了“各尽所能，按需分配”的原则，社会消灭了劳动分工，职业角色的功利、拜物、自私等价值观失去了存在的土壤，人与人之间的一切关系自然也就合乎伦理了。这样的伦理关系中高校思想政治教育者角色不再是某些人的专门职责，角色伦理关系是“一切人”基于社会的需要和个人的天赋、热爱所投身的一种劳动关系。这种不再有专门的高校思想政治教育者的高校思想政治教育者角色伦理关系构成了现实中“应当如此”的高校思想政治教育者角色伦理关系，成为引导高校思想政治教育者角色伦理关系不断发展的内在生命力。

无论是面向现实或是未来，“应当如此”的高校思想政治教育者角色伦理关系是能让伦理主体感受到幸福的角色关系。“因为伦理关系是实体性的关系，所以它包括生活的全部，亦即类及其生命过程的现实”[①]。高校思想政治教育者角色包含政治角色、学术角色、教学角色、管理角色等多重角色。同时高校思想政治教育者角色还是角色承担者所承担的全部社会角色其中之一。所有这些角色之间的关系，构成了这个特定的角色承担者的全部生活，是他“生活的全部”，“生命过程的现实”。对于角色承担者，在承担高校思想政治教育者角色的同时，能够不断感受到自我力量的成长，帮助他更好地处理思想政治教育者角色的内部关系，以及思想政治教育者角色与他承担的父母、夫妻、子女等家庭角色，熟人、朋友、同好者等社会交往角色，上级、下级、同事等工作角色等都没有严重的冲突，不必要求角色承担者必须割舍掉某些让他快乐、幸福的生活。健康协调的

① ［德］黑格尔:《法哲学原理》，范扬、张企泰译，北京，商务印书馆 1961 年版，第 176 页。

高校思想政治教育者角色伦理关系不是单调的、必须以牺牲其他美好角色关系为代价的关系，而恰恰是丰富而多彩的。高校思想政治教育不是要培养出“标准化”产品，而是要培养具有丰富、厚重生命体验的人。高校思想政治教育者自己要先成为这样的人，并在思想政治教育中构建出更加多样美好的交往关系，带给他对于生命更深刻的体验和理解。理想的高校思想政治教育者角色伦理关系就是这样一种让思想政治教育者能够沉浸在角色之中，通过角色丰富生命、展开生命、升华生命的美好关系。

现实高校思想政治教育者角色伦理关系内蕴“应当如此”的高校思想政治教育者角色伦理关系，“应当如此”的高校思想政治教育者角色伦理关系形塑着现实高校思想政治教育者角色伦理关系。“应该怎样”的意识不断重复，在语言中形成稳定的、约定俗成的词，表达着“应该”的观念，就会逐步成为现实的规范意识。[①] 党的十八大以来，“六要”“四个相统一”“四有好老师”等内容在被不断重复、言说，高校思想政治教育者角色伦理行为规范相应地也越来越严格。同时“现实如此”的高校思想政治教育者角色伦理关系也同样会影响“应当如此”的角色伦理关系的共识。人们对于社会关系的理解往往与人们惯常的行为经验紧密地结合在一起。高校思想政治教育者角色伦理关系越是发展，高校思想政治教育者在生活中越是习惯于自觉遵守道德行为规范，就越是认同角色伦理行为规范中所确立的价值观念和伦理追求，超越于现实伦理关系的“应当如此”的伦理关系就越是坚定地成为其信念，而这种关于角色伦理的社会主义核心价值观、伦理关系的信念就慢慢化为现实中理想的高校思想政治教育者角色伦理关系。

二、高校思想政治教育者角色的外部伦理关系

广义的高校思想政治教育者角色外部伦理关系指高校思想政治教育者角色与环境之间的应然关系以及高校思想政治教育者对环境应当承担的职责和遵守的行为规范。狭义的高校思想政治教育者角色伦理外部关系指高校思想政治教育者角色与其他社会角色之间的应然关系以及高校思想政治教育者对待自身、对待他人应当承担的职责和遵守的礼节。

（一）高校思想政治教育者角色与环境之间的伦理关系

人与环境之间是一种伦理关系的判断在伦理学中依然具有争议，因

① 宋希仁：《论伦理关系》，《中国人民大学学报》2000 年第 3 期。

为一般意义上，“伦，犹类也；理，犹分也”（《礼记・乐记》之郑玄注）。伦理关系“以双方均具有意识与自我意识并能交流理解为前提”[①]，人们普遍认为，环境不具备“主体意识”，不能承担道德义务，人与环境之间只是人对环境具有道德义务，并不具备对等的伦理关系，或者说这只是一种单向度的伦理关系。部分学者依据人是自然的一部分，“不仅五官感觉，而且连所谓精神感觉、实践感觉（意志、爱等），一句话，人的感觉、感觉的人性，都是由于它的对象的存在，由于人化的自然界，才产生出来的”[②]，主张人与自然之间具有伦理关系，“主体在将自然对象主体化的同时，意向化的主体自然也将对象主体自然化”[③]。也有学者指出，生态伦理观或自然伦理观认为人与自然（环境）之间存在着伦理关系，因为自然有其“内在目的”，人应当尊重自然的权利。自然具有“内在目的”也无法证明自然具有“意识”，人与自然之间的“伦理关系”归根结底还是人与人之间的关系，就是马克思主义所主张的只有全面解决了人与人的关系才能最终解决人与自然的关系。人与另外一种环境，由人所构成、可以施加影响的社会环境与人之间可以确认具有伦理关系，这便是我们常常听到人们说“这是社会的责任”的原因。角色的属性，根本在于其社会属性。角色因社会而产生，由社会形塑。社会环境也可被视为一个具有主动性特征的关系主体。这个主体与高校思想政治教育者角色皆是维护双方平衡、和谐、共生关系的“责任主体”。本章在此不探讨角色与无机界的关系，只讨论高校思想政治教育者角色所面对的社会环境，即人之关系和活动的整体。作为社会环境，高校思想政治教育者角色的环境具有“内在目的”，并且可以承担道德责任，实行道德作为，是一种特殊的伦理关系主体。理想的高校思想政治教育者角色环境（社会环境）必然是和高校思想政治教育者角色共享统一价值目标的社会。高校思想政治教育者角色环境的“内在目的”也正是高校思想政治教育者角色的“内在目的”。在理想的外部伦理关系中，高校思想政治教育者角色的设定与行为符合高校思想政治教育者角色环境的期望。高校思想政治教育者角色正是为了达成社会的价值追求而存在。中国特色社会主义社会的“内在目的”是民族的复兴以及最终实现全人类的解放。高校思想政治教育者角色则正是为着这个目的的实

① 尤西林：《自然美：作为生态伦理学的善——对康德自然目的观的一种现代阐释》，《陕西师范大学学报（哲学社会科学版）》1996 年第 1 期。

② 《马克思恩格斯文集》第 1 卷，北京，人民出版社 2009 年版，第 191 页。

③ 段新明：《主体性视域下的自然观审视》，《山西师大学报（社会科学版）》2020 年第 1 期。

现而凝聚人心、培养人才。中国特色社会主义社会倡导社会主义核心价值观，而高校思想政治教育者角色具有弘扬社会主义核心价值观的使命和责任。社会环境支持角色行使权利，角色为社会环境优化承担责任，就构成合理、美好的高校思想政治教育者角色与环境关系。

高校思想政治教育者角色及其角色活动场域（环境）之间的伦理关系主要包括高校思想政治教育者角色与社会政治环境的关系，高校思想政治教育者角色与社会经济环境的关系，高校思想政治教育者角色与社会文化环境的关系，高校思想政治教育者角色与高校文化环境、治理环境之间的关系。需要说明的是，这里所谓的高校思想政治教育者角色的环境是指不直接与高校思想政治教育者角色进行互动的社会角色群体。具体而言，其一，这里所指的环境是具有主体意识的“人”“角色”，正是由于这些人生产出了特定的高校思想政治教育者角色活动的环境状况。例如，经济主体的行为构建出有益或不益于思想政治教育者角色活动的环境。经济主体普遍讲诚信，高校思想政治教育者在对大学生进行诚信道德教育的时候就比较容易；反之，即使高校周边做生意的小商小贩的不诚信行为得不到管理都会引起大学生对思想政治教育内容的质疑。其二，这些社会角色与高校思想政治教育者角色之间虽不直接进行互动，却通过与其他社会角色之间的互动产生联系。例如，国家机关工作人员的大量日常行政管理工作并不直接作用于高校思想政治教育者角色，但会间接影响大学生对待高校思想政治教育者角色的态度和行为，可将其归入高校思想政治教育者角色与社会政治环境的关系。管理高校思想政治教育者角色的教育部社科司和高校思想政治教育者角色之间的关系具有直接的相互作用，属于高校思想政治教育者角色的角色间关系，则不属于高校思想政治教育者角色与环境之间的关系。不同的社会角色在不形成直接互动的条件下，对高校思想政治教育者角色的影响力具有很大差异。由于高校思想政治教育者角色具有很强的政治属性，因此国家机关及其工作人员的政治行为、政治作风对高校思想政治教育者角色会产生极大的作用力，影响高校思想政治教育者的角色理解和角色行为，关乎高校思想政治教育的成败。学术界（这里不包含马克思主义理论学术研究群体）和高校思想政治教育者角色之间的关系随着高校思想政治教育者学科建设者、科学研究者角色的分量增加变得越来越重要。学术界的研究价值取向、研究方法、研究态度、研究成果评价等都会通过影响高校管理者而作用于高校思想政治教育者角色，影响角色扮演者的行为。同时，高校其他学科的教师的师德师风、知识素养、教育教学能力也都对高校思想政治教育角色活动和角色形象造成很大的影响。

社会创造角色，角色形塑社会。高校思想政治教育者角色对社会环境也具有重要的影响力。一般而言，无论政治角色、文化角色、经济角色的扮演者都曾经是思想政治教育者角色的活动对象。在社会政治、经济、文化领域具有引领、组织力量的精英群体，大都曾经是高校思想政治教育者的教育对象。高校思想政治教育者角色对于中小学思想政治教育者角色的定位和实践也具有较强的作用力，因此也间接对中小学的思想政治教育对象施加了影响。高校思想政治教育者角色以“更好”“更美”的蓝图凝聚社会奋斗力量，是一个理想主义角色，对于社会的发展进步具有不可估量的推动力。因此，社会期望高校思想政治教育者角色具有坚定的理想信念，不会因现实的挫折而轻易动摇。高校思想政治教育者角色应当具有目标明确、意志坚定、勇往直前的属性特质。高校思想政治教育者角色必须是一个积极的社会改造者，这是他对环境所负有的伦理义务。高校思想政治教育者角色首先是一个思想实践角色，通过用先进的思想道德理念引导大学生，通过帮助大学生进行自我思想革命，不断接受最先进的思想文化，实现自我的升级换代来影响社会环境。高校思想政治教育者角色还必须是一个实际的工作者，通过实实在在的工作践行职业道德，通过坚守诚信表达着对信念的坚守，通过对待学生、对待同事的友善彰显着对人与人伦理关系的坚守。高校思想政治教育者是直面社会问题并积极寻求改进方案的社会角色。高校思想政治教育者角色是马克思主义的信仰者，他对于理想信念的追求和坚守融入对现实的研究、理解和改造之中。他怀着改造世界的勇气投身于具体、艰巨的工作之中而不怨天尤人。因此，对于社会环境所期待的高校思想政治教育者角色是一个踏踏实实的行动者，而不是一个口头革命的空想家。

社会普遍支持高校思想政治教育者角色，为高校思想政治教育者角色提供优质的活动空间和发展资源，高校思想政治教育者角色为社会环境的优化而进行努力，这就是高校思想政治教育者角色与社会环境之间的应有的伦理关系。

（二）高校思想政治教育者角色与其角色伴侣间的伦理关系构成

角色伴侣指与一个社会角色处于同一社会位置的不同层次，并与其互相依存的那些社会角色。例如，父亲的角色必然伴生子女的角色，父亲与子女就互为角色伴侣。高校思想政治教育者角色及其角色伴侣之间的伦理关系指高校思想政治教育者和伴生社会角色之间的应然关系，主要就是高校思想政治教育者角色与高校思想政治教育管理者角色之间的应然关系，高校思想政治教育者角色与大学生之间的应然关系等。

高校思想政治教育管理者角色是在高校中依据思想政治教育的目的和发展规律，控制思想政治教育过程，“有意识地调节思想政治教育系统内外各种关系和资源，以便最大限度地实现思想政治教育效率”[①]的社会角色。从逻辑上，高校思想政治教育管理者角色是应高校思想政治教育者角色而生的。因为社会需要高校思想政治教育者角色，创生了高校思想政治教育者角色，然后才有了管理高校思想政治教育者角色的社会角色。从这个意义上，高校思想政治教育管理者角色应当是高校思想政治教育者角色的支持、服务角色，其存在的目的是让高校思想政治教育者角色能够恰当地、全面地、高效地发挥出角色的功能。事实上，由于思想政治教育本质上是“一定的社会政治集团或政治组织机构，为实现其特定的政治目标，通过一定的精神方式和相应的物质载体，对所辖区域内的民众施加有计划和有组织的意识形态影响，使之具备较高思想政治素质的社会教育活动”[②]。高校思想政治教育管理者角色与高校思想政治教育者角色同时在社会中出现。高校思想政治教育管理者角色和高校思想政治教育者角色都是从政治工作角色逐步分化而来的子角色。“思想政治教育管理者是思想政治教育活动和工作的计划者、组织者、决策者、指挥者和控制者，而思想政治教育者则是思想政治教育活动和工作的具体受令者、实践者、工作者和操作者，其类属性是执行教育。”[③]角色双方都应当恪守自己的职责，高校思想政治教育管理者角色应当做出正确决策，并计划好、组织好、指挥好、控制好高校思想政治教育活动。高校思想政治教育者角色则应当认真执行高校思想政治教育管理者角色所做的决策和计划，服从高校思想政治教育管理者角色的组织管理要求，实际开展好大学生思想政治教育活动。高校思想政治教育管理者角色应当为高校思想政治教育者角色指明任务、引导方向、提供资源、协调关系、评价反馈。双方形成有序的配合，推动高校思想政治教育最优化。

本质上，高校思想政治教育管理者角色和高校思想政治教育者角色都

---

① 秦在东:《思想政治教育管理论》，武汉，湖北人民出版社 2003 年版，第 27 页。

② 赵君:《高校思想政治教育管理队伍建设论》，北京，中国社会科学出版社 2008 年版，第 24 页。

③ 赵君:《高校思想政治教育管理队伍建设论》，北京，中国社会科学出版社 2008 年版，第 24~25 页。

是政治角色，都是为了实现“一定的社会政治集团或政治组织机构的特定政治目标”而存在的角色。理论上，高校思想政治教育管理者角色和高校思想政治教育者角色的伦理关系应当是最有利于达成高校思想政治教育目标，同时又能够充分实现高校思想政治教育管理者角色和高校思想政治教育者角色利益的关系。然而，高校思想政治教育者及其管理者之间的角色伦理关系在现实中很难达成这样的完满。客观上，“伦理关系中主体的职责和义务，实质上就是社会对这一角色的期待和要求”①。高校思想政治教育管理者角色与高校思想政治教育者角色的伦理关系应当是最有利于高校思想政治教育实现其目标、发挥其功能的关系，而不是最有利于高校思想政治教育管理或高校思想政治教育活动的关系。仅仅从管理方面，利于管理者角色展开工作的关系和仅仅从活动方面，利于教育者方便活动的关系都不是合理的高校思想政治教育管理者角色和高校思想政治教育者角色的伦理关系。因此，无论是高校思想政治教育管理者还是高校思想政治教育者，在处理双方关系的时候，都不能首先从满足自身或对方需要的立场出发，而是要考虑双方关系中更高的价值要求，不断提升对自我及其对方角色的认识和理解。高校思想政治教育管理者角色和高校思想政治教育者角色都应当秉承对国家和社会负责的担当意识来履行职责，而不仅仅是考虑怎样完美地完成自己的角色“分内”工作。在高校思想政治教育活动中，最应当警惕的是高校思想政治教育管理者为了自己工作的“业绩”人为制造“亮点”增加高校思想政治教育者角色的工作，而这些工作对提升高校思想政治教育能力并无实质的意义。高校思想政治教育目标导向下的高校思想政治教育管理者角色和高校思想政治教育者角色之间的关系本质上应当是合作关系，因此两者之间应当主动、真诚地进行沟通，共同研究高校思想政治教育的规律和科学、高效的实践方法，推动高校思想政治教育事业取得更大的成就。

高校思想政治教育者和大学生的关系是高校思想政治教育者角色的另一对重要的伦理关系，也可以说是最重要的一对伦理关系。只有大学生需要接受思想政治教育，高校思想政治教育者角色才具有存在的意义。高校思想政治教育者角色对大学生承担教育引导责任，是双方关系的组织者、领导者和实施者，而大学生则承担接受高校思想政治教育者角色所组织安排、领导开展的思想政治教育活动的责任。学术界一直对于大学生是不是

① 朱海林：《伦理关系论》，北京，光明日报出版社 2011 年版，第 53 页。

思想政治教育的主体有所争议，但非常明确的一点就是，大学生不是一般哲学意义上缺乏能动性的物客体，而是作为受教客体的人，在高校思想政治教育活动中也有自己的需要、自己的目的。因此，高校思想政治教育者角色与大学生之间相互规定、相互依存，虽然两者之间存在地位和职责的差异，高校思想政治教育者角色处于主导地位，发挥主导作用，但双方是在相互尊重、相互承认对方与自身同样都是具有思想政治教育权利和义务的主体的基础上，通过双方努力去获得相互理解和接纳的真诚交往关系。高校思想政治教育者角色与大学生之间是相互依存、相互规定、分工合作①的对等关系。

需要特别指出的是，伦理关系是相互的。从长远看，是互动者双方相互依存、相互满足的权利义务一致关系，交往双方都自觉地“互以对方为重，彼此互相负责任，彼此互相有义务”②，具有契约属性。然而，伦理关系根本上又不同于契约关系。契约关系的主体以满足自己的权利为出发点，承担义务与对方履责是对等的。伦理关系的主体在承担伦理职责的时候并不以对方是否对等承担职责为条件，也不计较自己承担责任是否给自己带来收益，因此具有主动、担当、奉献乃至牺牲的特征。伦理关系的主体承担自己的伦理职责具有康德绝对道德律令的“为义务而义务”的色彩，是基于主体的“良心”而作出的选择。故而，“其责己也重以周，其责人也轻以约”（韩愈《原毁》）。在师生关系中由于教师具有主导地位，在一定程度上对双方的关系具有更强的影响力，故对教师要求尤甚于此。因此，高校思想政治教育者角色面对大学生的时候应当主动关心，尽力引导帮助，严格教育管理，并不因为部分大学生对自己不尊重、不配合、不服从而减少自己的职责。有的高校思想政治理论课教师在教学的时候因为学生不认真听课，课后不愿意花费时间投入阅读思考，教学活动不配合就降低对他们的要求，或者放任自流、讽刺贬低他们，就是将师生之间的伦理关系变成了契约关系，没有意识到自己与大学生的关系实质是一种教育伦理关系而不是职业关系，从而异化了自己的角色属性。当然，这并不是否定高校思想政治教育者角色的伦理权利不必得到满足。“道德权利不是道德义务的简单对应物，但从结果看，道德主体在履行了一定的道德义务之后，客观上理应得到相应的权利回报。”③伦理关系主体的权利应由组织

① 孙其昂：《思想政治教育学前沿研究》，北京，人民出版社2013年版，第163页。
② 《梁漱溟全集》第1卷，济南，山东人民出版社1989年版，第659~660页。
③ 葛晨虹：《建立道德奉献与道德回报机制》，《道德与文明》2001年第3期。

而不是行动主体自己来进行维护。国家应当维护国家内部的伦理秩序从而保证伦理行动主体的权利得到实现。学校应当维护学校内部的伦理关系秩序，建设合理高效的伦理制度和道德激励机制打造风气优良的道德空间，保障和维护高校思想政治教育者角色的权利。

人是高校思想政治教育的最终目的。高校思想政治教育必须“围绕学生、关照学生、服务学生”，在教育实践过程中为大学生实现“全面占有作为人的本质”创设条件。高校思想政治教育者要尊重大学生的主体地位，充分发挥大学生的思想政治教育能动性。高校思想政治教育者角色功能的最高实现不是让大学生成为某种模板的复刻，而是让大学生能够自觉地进行自我教育，创造千姿百态的富饶人生，并主动承担思想政治教育角色功能，传递思想政治教育理念。高校思想政治教育管理者角色、高校思想政治教育者角色和大学生（高校思想政治教育对象）之间的伦理关系应该以大学生为中心，高校思想政治教育管理者角色和高校思想政治教育者角色各司其职、紧密配合，充分满足大学生的思想政治教育需要。同样，高校思想政治教育管理者角色也必须尊重高校思想政治教育者角色的主体地位。思想政治教育本质是人对人的引领，高校思想政治教育者的主体地位立不起来，大学生的主体地位就不可能真正得到尊重。

三、高校思想政治教育者角色的内部伦理关系

角色内部伦理关系包括子角色，即不同类型的角色分工之间的伦理关系；分角色，即角色所包含的多种期望之间的伦理关系。高校思想政治教育者角色的子角色之间的伦理关系就是高校思想政治理论课教师、辅导员、党政干部、共青团干部等分工形成的角色之间的应然关系。高校思想政治教育者角色的分角色之间的伦理关系则是高校思想政治教育者的政治工作者、职业工作者、文化工作者、教育工作者等角色之间的应然关系。

（一）高校思想政治教育者角色各子角色之间的伦理关系构成

高校思想政治教育者的子角色之间依据社会主义核心价值观形成的应然关系就是高校思想政治教育者角色内部子角色之间的伦理关系。高校思想政治教育者子角色的形成是因为高等教育快速发展带来了高校思想政治教育的新形势、新内容和新要求。新中国成立初期，高校思想政治教育角色没有明确的分化，党政工团的教师会上讲台讲思想政治理论课，思想政治理论课教师也担任政治指导员、参与组织党团活动等。以辅导员角色发展和思想政治理论课教师角色发展为例，可以清楚地看到高校思想政治教

育者角色内部功能逐渐专门化的过程。根据朱正昌的研究，我国高校辅导员角色的发展经历了“政治指导员”“双肩挑政治辅导员”“以精干的专职人员为骨干、专兼结合的政工干部”“专业辅导员”几个阶段。[①] 新中国成立初期的辅导员角色，要“辅导一个系或者几个系学生的政治学习和社会活动，组织推动教员的政治理论学习和社会活动”[②]，“在学生中宣传马克思列宁主义、毛泽东思想，宣传党的总路线和各项方针政策，不断地提高学生的思想政治觉悟和道德品质”[③]。同样，新中国成立初期的思想政治理论课教师角色（包括高校其他教师）也必须“在可能条件下，关心学生的课外活动，关怀学生的日常生活，注意学生的思想情况，对他们进行教养工作”[④]，担任班主任，承担对大学生的日常管理和辅导工作。改革开放后，随着社会生活的丰富和发展，高校思想政治教育不仅要为政治进步服务，还要为经济发展、文化繁荣服务，无论思想政治理论课教师角色还是辅导员角色的内涵都快速增加，角色内容逐渐丰富并形成了相对独立的工作体系，高校思想政治教育者的子角色也逐渐完整、独立地存在了。

高校思想政治教育者角色的子角色的形成和逐渐丰富，一方面，推动了对高校思想政治教育规律更加深入地认识和运用，大大提升了高校思想政治教育的效率；另一方面，也快速推进了高校思想政治教育队伍的专业建设，大大提升了高校思想政治教育者的整体素质，保证了高校思想政治教育的质量。与此同时，子角色的形成和逐渐壮大，也产生了高校思想政治教育者角色内部的疏离甚至冲突。随着高校思想政治教育者子角色边界的划分，高校思想政治教育者相互之间的直接工作沟通、合作越来越少，甚至形成子角色之间的“专业壁垒”，各自“单兵突进”而忽略与其他子角色之间的配合。以辅导员和高校思想政治理论课教师之间的关系为例，目前高校思想政治教育者内部“角色共同体”意识不强。在调查中我们发现，辅导员倾向于将自己和共青团干部、高校行政人员看作同一个角色身份，思想政治理论课教师则把自己和专职教学科研人员看作同一个角色身份。当然，无论思想政治理论课教师、辅导员，还是共青团干部等都承

① 朱正昌：《高校辅导员队伍建设研究》，北京，人民出版社 2010 年版，第 17 页。

② 中央教育科学研究所：《中华人民共和国教育大事记（1949—1982）》，北京，教育科学出版社 1984 年版，第 76 页。

③ 《建国以来重要文献选编》第 14 册，北京，中央文献出版社 2011 年版，第 517 页。

④ 教育部社会科学司：《普通高校思想政治理论课文献选编（1949—2008）》，北京，中国人民大学出版社 2008 年版，第 22 页。

认自己是思想政治教育者角色，但高校思想政治教育者子角色与自己承担的思想政治教育者子角色之间的共性总体缺乏切实的认识，大多停留在抽象的理解上，对自己承担的子角色应该如何与其他子角色之间进行相互配合，以及主动采取沟通配合的意愿和行动总体还不够充分。

合理的高校思想政治教育者子角色之间应当是一个有机的整体，子角色的工作职责清晰，但又相互对接、相互支撑，形成“1+1>2”的角色功能效果。同样以辅导员和高校思想政治理论课教师关系为例，高校思想政治理论课教师以传授思想道德理论为主，重在培养大学生的理论素养，帮助大学生理解社会主义核心价值观的内涵实质和深层逻辑。辅导员重在培养大学生良好的行为习惯，通过行为规约，帮助大学生在学习生活中践履社会主义核心价值观。只有思想政治理论课教师的说理，没有辅导员在行为上的引导，理论就可能只是停留在口头上，甚至由于缺乏实践经验的体验作为支撑，理论也很难持久、深刻地得到理解。只有辅导员的行为管理，没有思想政治理论课教师的思想引导，大学生无法形成对社会主义核心价值观的自觉认同，可能因为丧失主体意志而变得平庸，可能成为“伪君子”而表里不一。只有思想政治理论教育和日常行为管理有机结合，才能帮助大学生成为具有主体意志和道德自律精神的“大写的人”。这样的大学生才能成为坚定地捍卫社会主义核心价值观、主动地宣传社会主义核心价值观、自觉地维护社会主义核心价值观、切实地实践社会主义核心价值观的社会主义建设者和接班人。

高校党团组织也是高校思想政治教育者的重要子角色。高校党组织包括学校党委、学院党委（党总支）和基层党支部。学校党委主要扮演高校思想政治教育领导管理者角色，学院党委和基层党组织的工作主要内容为党员的教育、管理、监督和服务工作，以提高党员素质和政治觉悟为主要工作内容。高校团组织的思想政治教育工作主要围绕社团建设、志愿服务、大学生社会实践、职业生涯规划教育、创业教育等内容开展思想政治教育工作。高校党团组织开展思想政治教育工作各有侧重、各有特点，是高校思想政治教育工作的重要组成部分，应当围绕高校思想政治教育目标与高校思想政治理论教育、大学生日常管理工作各尽其职、通力配合，完成立德树人根本任务。高校党团组织工作人员、辅导员都属于行政编制，在职业发展和待遇、管理规范等方面与思想政治理论课教师之间存在一定的差异，和高校思想政治理论课教师之间角色共同体的意识还需要进一步加强。

（二）高校思想政治教育者分角色之间的伦理关系构成

角色内分角色之间的伦理关系是一个角色系统内不同分角色之间基于角色期望、角色内容、角色规范的联系和区别产生的权责伦理定位和道德规范要求。高校思想政治教育者角色有 4 个分角色：高校职员、文化工作者、政治工作者、教育工作者，其各有“应当如此”与“现实如此”的特殊伦理要求，同时各分角色又是高校思想政治教育者角色的有机组成部分。各分角色之间在实践交往中构成 6 对相互联系又相互区别的角色伦理关系。

高校职员与文化工作者之间的角色伦理关系。作为高校职员的文化工作者享有与其他员工同等的权利和义务，遵守高校的各项规章制度，完成高校布置的各项工作任务，根据其文化产出和文化传播的工作量和工作成绩，即根据一定考核标准确定的科研工作、教学工作获取劳动报酬和奖励，积累职业发展条件。文化工作者角色主要由高校思想政治理论课教师角色承担，是高校思想政治理论课教师角色的“硬任务”。随着高校越来越重视科研工作，党政工团、辅导员等高校思想政治教育者的文化工作者角色要求也越来越多。作为高校职员或文化工作者都必须遵守职业道德。高校职员要遵守高校共同的校纪校规，文化工作者还要遵守学术道德、教育教学道德规范等，完成不同岗位职级所规定的学科建设工作、学术研究工作，以及完成一定的教学工作量。文化工作者角色又不仅仅是一个职业角色。“在马克思看来，实践使人打破了自然人的局限，把人塑造为文化人，使其成为完整意义上的人。因此在一定意义上，实践过程就是文化创造、生成和展开的过程，也就是创造、生成自身的过程。”[①] 因此，作为文化工作者的高校思想政治教育者角色伦理期待超越于一般高校职员角色期待，不仅强调权利义务一致，还强调学术精神、坚持真理、奉献社会、人道关怀等。文化工作者在职业道德上应当具有更高的自觉性，具有更高的追求和更严格的自律，超越职员的境界。文化工作者真正理解高校思想政治教育者文化教育者角色伦理的意义，并且主动承担诠释传播角色伦理、示范角色道德的责任，不仅仅局限于高校这个职业空间和大学生这个职业工作对象。职业工作者与高校之间是契约关系，以劳动换取酬劳，作为职业工作者的思想政治教育者争取职业报酬和利益是合乎伦理的行为。文化工作者与高校之间不是契约关系，高校是文化工作者的平台，文化工作者

① 沈道海：《论高校思想政治教育的文化取向》，《煤炭高等教育》2009 年第 4 期。

追求美好文化的产出、传承和弘扬，以追求真理、崇高精神作为自己的伦理诉求。文化工作者的道德伦理境界对职业工作者的道德伦理境界具有引领作用。

高校职员与政治工作者之间的角色伦理关系。作为政治工作者的高校思想政治教育者角色包括政治思想工作和政治宣传工作两个部分。马克斯·韦伯将从事政治的人分为两类：一类以政治为生，另一类以政治为业。高校思想政治教育者的政治工作者角色也可以分为两个角色：一是政治从业者，是一种特殊的职业角色；二是政治志业者，是为政治理想而奋斗的角色。作为前者，可看作高校思想政治教育者的政治角色与高校职员角色之间的融合，本质是职业角色，只不过其职业的内容是政治。作为政治从业者的高校思想政治教育者角色由国家直接设立，并接受国家直接领导，由高校依据国家意志和高校发展需要进行管理，专业从事政治思想、政治制度、政治文化、政治形势政策的宣传教育以及维护政治秩序的。为政治从业者的高校思想政治教育者根据工作任务、工作要求的完成质量享受工作报酬，接受工作考核。作为政治从业者，高校思想政治教育者遵循职业道德，应当严格执行党和国家的思想政治教育方针，完成高校党委布置的具体工作任务，遵守思想政治教育的岗位职责。政治志业者是为着政治信仰、政治理想而从事政治活动的人。高校思想政治教育者大多是中共党员，基于对马克思主义的信仰，对社会主义必胜的信念，对国家路线方针政策科学性的信心，以及对中国共产党和国家的制度设计、政治动机和政治能力的信任，把自己视为具有共同政治理想、政治愿景、政治行动的中国共产党集体组织中的一员，以追求社会主义公平正义，追求人的全面自由发展而参与政治活动。作为政治志业者，高校思想政治教育者呈现出崇高的道德形象，不计得失，勇于奉献，全心全意为人民服务，是社会主义核心价值观的坚定捍卫者和自觉践行者。政治志业者的伦理道德超越政治从业者角色的道德境界，对政治从业者角色的道德水平具有引领作用。通过不断的政治学习和政治锻炼，政治志业者的伦理诉求也会成为政治从业者角色的道德行为规范。

高校职员与教育工作者的角色伦理关系。教育是人类文明得以延续和发展的至关重要的活动。尊师方重教，重教必尊师。教育者在古今中外一切历史中都享有崇高的地位，不仅是知识的传授者，还是“人类灵魂的工程师”，是人类社会文明的播种者、个体成人的引路人。“身正为师，行为世范”，在人们心目中教育者就是道德的化身，故中华民族教育者的鼻祖孔子也是唯一的圣人，被历代称为孔圣先师。“无论在哪一个国家，都是在近代才开始设立学校。进入19世纪以后，公共教育才逐渐发达起来。”[①] 近代的学校用班级授课制替代了个别授课形式，渐渐形成一套按照教与学时间表及具有内容编制的教育课程。于是，学校从孤立的教育实体转化为教育系统的基本单位，成为教育制度的载体，教育者也就成为专门的教育工作者。学校内部作为一种社会组织的权威和权力结构的形成，这个权力结构保障“标准操作规程”的贯彻执行，教育工作者的职业化也快速发展，形成了以教育为业的职业角色。教育系统作为整个社会权力结构的一部分而“结构化”。这种结构化的进一步发展，赋予了学校、教师合法化的权威。[②] 以教育为职业的社会角色伴随教育系统的权力结构化而登上历史舞台。在现代社会，以教育为职业的社会角色指从事与教育有关的各级领导、专家、研究人员、教师以及各级各类学校、教育机构管理人员、教学辅助人员和其他专业技术人员的总称，以教师为主体。[③] 高校思想政治教育者作为职业角色承担对大学生进行思想教育、政治教育、道德教育、心理健康教育等方面工作。人们对高校思想政治教育者的伦理期待很高，同时也逐渐接受了高校思想政治教育者的职业身份。总体而言，高校思想政治教育者虽然作为职业角色有自己的功利追求，但作为教育者必须具有无私奉献的精神；虽然作为职业角色首先考查的是有形的工作，但作为教育者还必须有崇高理想信念、有坚定政治立场、有高尚道德情操、有赤诚仁爱之心。高校思想政治教育者职业角色伦理是其道德行为底线，高校思想政治教育工作者角色伦理则代表教育行业伦理的高度。

文化工作者与政治工作者的角色伦理关系。文化工作者的工作范围和政治工作者的工作范围有一部分是重叠的，即政治思想文化的产出和传播工作。高校思想政治教育者角色要承担政治思想文化生产、传播、引导、动员、说服等职责，这是高校思想政治教育者的文化工作者角色和政治工作者角色的核心，其他工作都围绕这个核心展开。文化工作包括一切社会、私人生活领域的知识生产、知识传授、认识引导、心理疏导、情感打动、情绪抚慰等诸多内容和诸多形式。政治工作除政治思想工作之外，还

① ［日］大河内一男、海后宗臣等：《教育学的理论问题》，曲程等译，北京，教育科学出版社1984年版，第45页。

② 项贤明：《泛教育论》，太原，山西教育出版社2004年版，第81页。

③ 田秀云等：《角色伦理——构建和谐社会的伦理基础》，北京，人民出版社2014年版，第301页。

包括政治组织工作、决策工作、执行工作、维护工作、检查反馈工作等具体的政治行为。高校思想政治教育者的文化工作主要是围绕政治思想工作展开人文精神教育、道德教育、心理健康教育等，要求高校思想政治教育者积极向上、乐观豁达、明德守礼、人格健全。高校思想政治教育者的政治工作主要是政治思想工作和政治宣传工作，要求高校思想政治教育者必须"讲政治"。"在思想政治上讲政治立场、政治方向、政治原则、政治道路，在行动实践上讲维护党中央权威、执行党的政治路线、严格遵守党的政治纪律和政治规矩。"① 政治工作者角色伦理是方向、是原则，高校思想政治教育者的文化工作者角色伦理总体上服从于政治工作者角色伦理。文化工作者的思想生产工作具有相对特殊的伦理要求，首先遵循科学研究的基本规则和伦理要求。贯穿社会主义核心价值观的高校思想政治教育者文化工作角色与政治工作角色具有相同的方向，文化工作者角色也通过探索政治文明的新形态不断引导政治工作角色发挥更大功能。

文化工作者与教育工作者的角色伦理关系。一般意义上的文化工作者角色与广义的教育工作者角色是重叠的，文化是人类创造的，同时文化也创造人，因此文化工作也是一种思想教育工作。教育工作包括知识教育、能力培养和思想品德教育。从事知识教育的教育者角色的伦理期待主要是知识渊博、治学严谨，能够帮助学生更好地吸收接纳知识。对从事能力培养的教育者角色的伦理期待是专业能力过硬，具有创新能力和精神，能够帮助学生开拓思维，培养学生的自主学习习惯和能力。知识教育、能力培养都被归为"成才"教育。思想品德教育帮助大学生树立正确的世界观、人生观，养成完整和谐的人格、稳定健康行为习惯。思想品德教育被归为"成人"教育。思想品德教育离不开知识教育和能力培养，否则就是空中楼阁。思想品德教育是在知识教育、能力教育基础之上的进阶教育。教育对象没有一定的知识和能力作为基础，无法全面正确地理解、接受思想品德教育。从事思想品德教育的教育者角色伦理期待直接要求高校思想政治教育者品德高尚，具有奉献精神，能够做到表率和垂范等，但深厚的学养和教育能力则是不言而喻的底层要求。因此，思想政治教育者的知识教育者角色、能力培养者角色以及思想品德教育者角色很难完全分开，大多数都是重叠的，知识教育也要进行能力培养，同样也要承担道德教育，只是侧重点有所不同。"成才"教育必须服从于"成人"教育。社会对高校

① 《习近平谈治国理政》第3卷，北京，外文出版社2020年版，第72页。

思想政治教育者角色具有很高的伦理期待。高校思想政治教育者的伦理期待则集中体现了国家、社会对教育者的最高伦理期待，要求其能够爱岗奉献、治学严谨、热爱真理、投入教育、敦厚友善、为人师表。高校思想政治教育文化工作者角色还包括教育工作之外的 3 部分内容：一是构建人类社会共同理想；二是文化理论创新、文化理论传承以及理论与实践相结合的问题；三是关涉人类现实生活的具体形式问题。这 3 部分内容都内蕴深刻伦理价值。构建人类社会共同理想，讨论的是人类社会合理、美好的形态是怎样的，何以如此以及如何达到这一形态等系列问题；文化理论创新、文化理论传承以及理论与实践相结合的关键在于人类社会共同认可的价值体系是怎样的，何以如此以及如何实现这一价值体系的普遍认同、遵循等系列问题；人类现实生活的具体形式，讨论的是人类以何种形式组织、活动是最恰当的，何以如此以及如何达到等系列问题。[①] 因此，高校思想政治教育者的文化工作者角色是教育工作者的基底角色，教育工作者不能失去对社会理想、理论创新、人类生活的关怀，不能脱离社会主义文化的基本伦理立场。

政治工作者与教育工作者的角色伦理关系。政治工作者角色与教育工作者角色是相互交叉的，政治工作中包含教育工作的内容，即政治教育。教育在一定程度上都属于政治教育。学校教育作为有效的思想价值观念传播组织，历来都是国家传播“占有统治地位的思想”的有力武器。学校中的知识是一种由意向性的知识组成的系统安排和有目的安排，是置身于具体的社会、历史、文化情境中的一种建构。学校里的知识是人为的社会建构。[②] 因此，任何教育活动都是影响、塑造人们的思想、观念的活动，这就是我们常说的学校里面所有的课程和所有的教师都有对学生进行思想政治教育的责任，“其他各门课都要守好一段渠、种好责任田，使各类课程与思想政治理论课同向同行，形成协同效应”[③]。因此可以说教育者在一定程度上都是政治人，都具有政治人的角色期待，而且因为教育职责，对他的政治品德、政治能力的角色伦理期待比其他政治角色更高而不是相反。政治工作者角色强调政治伦理性，教育工作者角色则强调教育伦理性，政

---

① 周海燕：《高校思想政治理论课教师角色研究》，北京，人民出版社 2017 年版，第 185 页。

② ［英］麦克・F. D. 扬：《知识与控制》，谢维和、朱旭东译，上海，华东师范大学出版社 2002 年版，第 40~41 页。

③ 《习近平在全国高校思想政治工作会议上强调　把思想政治工作贯穿教育教学全过程　开创我国高等教育事业发展新局面》，《人民日报》2016 年 12 月 9 日。

治工作者更关注社会整体、关注宏观层面的伦理诉求，教育工作者则要投入更多地关注给具体的个体，更关注具体的人在教育活动中的伦理诉求。政治工作者角色伦理与教育工作者角色伦理在社会主义核心价值观中达成一致，社会主义社会是社会与个人根本上相统一的社会。在社会主义初级阶段在某些具体问题上还存在一定程度上、一定时期内社会与个人之间伦理诉求的冲突，基本原则是个体需要应该服从社会正当、合理的需要，社会尽最大可能满足个体在教育过程中的合理需要。高校思想政治教育者要在社会主义核心价值观的指导下正确处理政治工作角色与教育工作者角色的伦理关系，用教育的仁心、细心、耐心去做政治工作，用政治的全局意识、坚定立场、理性思考去解决教育中的矛盾。

第二节　高校思想政治教育者角色伦理冲突

高校思想政治教育者角色伦理关系指高校思想政治教育伦理诉求化为现实中被规范约束的、恰当和谐的高校思想政治教育者角色与环境、角色与角色以及角色内部的关系。由于客观世界和主观世界的复杂性，高校思想政治教育者角色在现实中面对诸多角色冲突，而任何一种角色冲突其根源都是角色伦理的冲突，即角色之间关于关系伦理价值的认知或伦理规则的使用形成的冲突，即角色伦理冲突。伦理价值秩序是角色伦理关系的基础。只有确立了统一的社会主义伦理价值秩序，才能有效化解高校思想政治教育者角色伦理冲突，推进高校思想政治教育者角色伦理关系不断发展，走向共生、平衡。

一、角色冲突与角色伦理冲突

角色冲突是社会角色普遍存在的现象，指占有一定地位的个体与其角色期望发生冲突的状态。角色冲突有 4 种类型：一是角色内冲突，由于角色互动对象对同一角色抱有矛盾的角色期望而引起的冲突，或者是不同群体对同一角色持有相互矛盾的期待，或者是角色行为主体对规定的角色行为有不同的理解产生的冲突。二是角色间冲突，或者是一个角色丛中的几个角色同时对角色行为主体提出履行角色行为要求，行为主体无法完成时产生的冲突，或者是角色行为主体同时面对着两种对立的角色行为要求时产生的冲突。三是角色混同，即个人无法获得明确清晰的角色期望或因角色期望无法一致而产生的内心冲突。四是角色与人格的冲突，当角色行为主体的人格需要不能与角色要求相协调而无法实践角色时产生的冲突。[①]

角色冲突在一定程度上就是个体不能很好地执行角色伦理要求，不能达成角色期待而导致的冲突，即不同的角色期望、角色规范之间的错位和矛盾，导致角色承担者感受到伦理困境，道德压力。上述角色冲突的第 1、2、4 种类型的角色冲突直接体现为不同角色所包含的伦理要求之间的对立和冲突，而第 3 种情况，根本上就是角色伦理要求不清晰导致角色行为主体产生道德迷茫、行动无措的状态。角色内冲突是角色关系各方对于角色关系的应然状态和关系各方角色的行为规范有不同的理解和期待所导致的冲突。例如，部分年轻人认为公交车上的座位谁先得到谁就有权利坐，不管年龄老少都是平等的，遵循的是现代社会的商业伦理；部分老年人认为老人有优先就座的权利，年轻人应该给老人让座，遵循的是中国的道德传统。角色间冲突的一种情况是个体无法满足所承担的多重社会角色的应然要求而产生的冲突，例如，学校希望 A 把时间和精力尽量用于工作；学生希望 A 能随时提供帮助；父母期望 A 用更多时间精力尽孝；配偶期望 A 用更多时间陪伴教育儿女；朋友希望 A 分出一部分时间精力相互交流等。但 A 的时间精力有限，无法同时满足所有人的期望，感受到巨大压力。角色间冲突的另一种情况是，角色从内部的分角色道德要求发生了冲突，例如，教师 C 投入更多的时间精力进行科研工作、学术交往谋取个人更大的职业发展机会符合职业的经济伦理要求，但职业的教育伦理要求教师 C 投入更多的时间精力在教学工作、学生服务工作上。角色混同往往出现在角色扮演者对于角色的道德要求理解不了，不知道采取什么样的角色行为才恰当。例如，女性 D 对于成就自己的事业和照顾父母子女，为家庭牺牲两种角色要求之间无法做出价值判断和选择。角色与人格的冲突则是个体对于人的德性认知和道德行为习惯与社会角色之间的冲突。例如，教师 F 是一个强烈追求个人自由的人，认为在课堂上作为教师他拥有绝对的权威，但现代角色伦理则要求他必须尊重学生的不同意见，约束自己的言行。

角色冲突给角色扮演者带来一系列心理、行为上的不适应、不协调，产生一种无法规避的压力，常常让他们感到困扰。根据社会学研究，角色冲突会形成对角色扮演者正常生活的妨碍，并且降低其工作绩效。一旦出

① 秦启文、周永康：《角色学导论》，北京，中国社会科学出版社 2011 年版，第 116~117 页。

现角色冲突，角色承担者就会启用“防御机制”，出现攻击、投射、文饰、退缩、压抑、否认等行为以缓解负面情绪。[①] 角色伦理冲突不仅会破坏社会伦理秩序，也会阻碍角色扮演者的道德人格完善。[②]

二、高校思想政治教育者的角色伦理冲突现象

根据角色冲突的类型，高校思想政治教育者角色伦理冲突可以分为“角色内伦理关系冲突”“角色间伦理关系冲突”“角色混同伦理关系冲突”“角色与人格的伦理关系冲突”。“角色内伦理关系冲突”是高校思想政治教育者角色的不同互动对象对高校思想政治教育者角色具有的不同伦理要求之间的冲突。“角色间伦理关系冲突”指高校思想政治教育者角色中不同子角色之间存在的不同伦理诉求和道德规范要求之间的冲突。“角色混同伦理关系冲突”指高校思想政治教育者角色因为缺乏明确的伦理导向和道德规范而产生的冲突。“角色与人格的伦理关系冲突”是高校思想政治教育者角色的伦理诉求与道德规范与其角色承担者的道德素质、道德行为不相符合形成的冲突。

（一）高校思想政治教育者“角色内伦理关系冲突”

高校思想政治教育者角色的重要互动角色主要包括执政党、高校、大学生以及高校其他教师群体。执政党、高校、大学生是高校思想政治教育者角色的“规定”互动角色，缺乏任何一个互动角色都会令高校思想政治教育者角色丧失其本质属性。由于执政党、高校、大学生对于高校思想政治教育者角色都具有很强的作用力，三者对高校思想政治教育者角色的期望因为种种主客观因素的作用，常常无法“同时”得到实现，给高校思想政治教育者角色的扮演者带来心理上和行为上的压力。

“思想政治理论课肯定应该要讲政治啊，课堂有纪律，而且表达要规范。但是学生不喜欢老师一本正经，他们希望老师敢批

① 秦启文、周永康：《角色学导论》，北京，中国社会科学出版社 2011 年版，第 116~118 页。

② 仅从知网上就可以看到，辽宁师范大学史仁民的博士学位论文《高校辅导员专业发展研究》（2014 年），安徽师范大学陈勇的博士学位论文《高校辅导员双重身份研究》（2015 年），河北师范大学张立鹏的博士学位论文《应然 · 实然 · 适然：我国高校辅导员角色的三维考量》（2015 年），东北师范大学曹威威的博士学位论文《高校辅导员职业生涯发展研究》（2017 年），浙江大学王胡英的博士学位论文《高校优秀辅导员角色形象研究——以“全国高校辅导员年度人物”及其评选活动为例》（2017 年，2020 年已出版）都对辅导员角色冲突有所分析，北京科技大学耿品的博士学位论文《高校专职辅导员角色冲突与调适研究》（2020 年）则专门针对辅导员角色冲突现象做了系统研究。

评社会，他们认为这样的老师敢讲真话。他们还希望老师能幽默一点，希望课堂轻松一点，多放点视频啥的。但大学里的思想政治理论课和中学相比理论性应该更强。专家培训的时候也一直和我们强调要讲理论。但我发现，常常一讲理论很多学生就不听了。不讲理论怎么可能帮助大学生树立信仰？讲个故事是可以让他们热血沸腾，但不把道理弄清楚，思想不可能真正提高的，感觉真挺难的。”（SZKJS2105）

“我们思想政治理论课教师首先应该上好课，把学生教育好，这应该是合格要求。做课题、发论文我理解是在搞好教学的基础上的更高要求，两方面都做好才能算优秀教师。但是，学校考核要成果，学院发展要成果，所以擅长拿课题、发论文的老师就更受重视，就能评上优秀。我现在还年轻，不能不考虑发展前途。但是，让我牺牲教学又良心不安。我现在感觉挺烦的，压力好大。”（SZKJS2106）

高校思想政治教育者角色伦理关系的“另一方”都有自己的职责范围和想要平衡的伦理关系，对高校思想政治教育者角色的要求，从单一的角色伦理关系看都具有合理性，对高校思想政治教育者角色的要求也在高校思想政治教育者角色的义务范围，但多重角色伦理关系的要求却难以同时实现。

“有时候学校各部门要求我们配合完成的任务很多，根本就没有多少时间去和学生打交道。我确实感觉挺为难的，学校上级部门布置的工作不能不完成，但深入学生、了解学生才能得到学生的信任，才能做好教育引导工作。时间精力不够分，只能哪头急就忙哪头。”（FDY2102）

FDY2102 这个辅导员面对着学校各管理部门、大学生的不同角色期望就感受到伦理关系难以平衡，服从上级安排是其职责，引导教育学生也是其职责，当职责发生冲突的时候，就必须有所牺牲。一个具体的角色承担者因为主客观条件的限制，往往很难同时令角色伦理关系的各方满意，角色承担者无法判定各伦理关系重要性排序时，就不能决定首先对谁承担义务。以上案例中的高校思想政治教育者在处理多重角色伦理关系的时候，基本上都倾向优先服从职业伦理要求，更重视“上级”指示。高校思想政治教育者普遍认同大学生在高校思想政治教育者角色伦理关系中处于中心地位，但在实际的角色活动中，大学生则常常被放在次要地位。

其他高校教师群体与高校思想政治教育者角色的关系相对执政党、高校、大学生与高校思想政治教育者角色的关系要疏远一些。其他高校教师群体不直接规定高校思想政治教育者角色的性质，却也是高校思想政治教育者不容忽视的角色关系，对高校思想政治教育者角色的承担者也造成非常大的伦理压力。

> “其实我们思想政治理论课教师在学校其他教师眼里和他们是不太一样的。有一次我和一个专业课老师提到带研究生的事，她挺吃惊地说，你们思想政治教育专业还有研究生啊？我告诉她思想政治教育专业早就有博士学位了。她觉得非常不可思议。虽然多数人不至于对我们这个群体完全不了解，但总体上其他老师觉得我们主要是搞政治宣传的，认为我们没有什么学术。都是大学老师，挺不服气的。”（SZKJS2107）
>
> “大学老师在一起总是更多谈论某个人的学术地位、学术成果，教学除非是太差了，平时大家不会太关注谁课上得更好。靠教学扩大在圈子里的影响力很难。思政课的教学是很受重视，但受重视主要体现在各种建设要求，教改项目申请，领导专家听课之类的。教学质量评价没有一个服众的标准。就算评教学名师、教学成果还是首先要看职称，看学术成果，看身份地位。不好好搞教学吧，各种管理措施，动不动一票否决。专心搞教学吧，又什么也得不到。”（SZKJS2108）

高校思想政治教育者角色与高校教师角色的关系很特殊。一方面，高校教师角色是高校思想政治教育者角色的一部分，高校教师角色的功能发挥是高校思想政治教育者角色功能发挥的一部分。高校思想政治教育者角色不是高校自主设立的角色，而是由国家设立的角色，因此，高校思想政治教育者角色是国家思想政治教育整体规划的执行者之一。根据《新时代高等学校思想政治理论课教师队伍建设规定》，“思政课教师的首要岗位职责是讲好思政课。思政课教师要引导学生立德成人、立志成才，树立正确世界观、人生观、价值观，坚定对马克思主义的信仰，坚定对社会主义和共产主义的信念，增强中国特色社会主义道路自信、理论自信、制度自信、文化自信，厚植爱国主义情怀，把爱国情、强国志、报国行自觉融入坚持和发展中国特色社会主义事业、建设社会主义现代化强国、实现中华民族伟大复兴的奋斗之中，为培养德智体美劳全面发展的社会主义建设者和接班人做出积极贡献”[①]。另一方面，高校思想政治教育者角色又是高校教师角色的一部分，隶属于具体的高校组织，接受高校管理，高校要求高校思想政治教育者角色要服务于高校的中心工作。这种双重隶属关系面对具体问题的时候常常产生伦理冲突，高校思想政治教育者感觉很难判断角色义务的轻重和优先级。

（二）高校思想政治教育者“角色间伦理关系冲突”

“角色间伦理关系冲突”主要体现在高校思想政治教育者的政治角色、思想角色、教育角色以及职员角色关系之间的伦理冲突。

> “有一次有一个学生向学校反映，说我传播错误的价值观，学校领导调查后发现是学生断章取义，但也提醒我以后要注意表达的时候更规范，尽量少讲有争议的问题，不要给学校惹麻烦。事实上，我的表达学术性较强，对社会现实进行了比较深入的分析，并没有违背课堂纪律的观点。上级巡视的时候，批评我们的教学现实针对性不强，现实针对性强了，我又被针对了。其实我们都知道，在学生中有争议的问题才应该是教育引导的关键，正说明学生认识有误区，应该讲清楚。但学校的担心也是正常的，特别是现在这个网络时代，有时候有嘴说不清。”（SZKJS2109）

SZKJS2109 这位老师在面对政治角色、思想角色、教育角色和职业角色之间的冲突时，感受到了不同角色关系的伦理要求差异带来的压力。

> “学校的职称评价标准也是根据学校发展需要制定的，高校教师不搞学术算什么高校教师？学问做得好，上的课又能差到哪里？现在有些老师指责我上课花的时间精力不够，我承认。这两年把副教授评上了，我也会多花时间把课上好。站在讲台上不能

① 《新时代高等学校思想政治理论课教师队伍建设规定》（中华人民共和国教育部令第 46 号），http://www.moe.gov.cn/srcsite/A02/s5911/moe_621/202002/t20200207_418877.html，2020 年 1 月 16 日。

吸引学生也是难受的。”（SZKJS2110）

“我觉得教学还是最重要的。搞学术也应该要服从学生教育，我的学术思想不发表在杂志上，发表在课堂上不是更有影响力，更有意义吗？学校只用有形的成果来评价我们，我觉得是不合理的。现在校长老说要搞非升即走，我还年轻，只能多花时间弄论文了。”（SZKJS2111）

SZKJS2110和SZKJS2111两位思想政治理论课教师都正面临着政治角色、教育角色和职业角色冲突的压力。SZKJS2110这位老师面对执政党对思想政治理论课教师的角色要求以及大学生的期望之间的错位，选择了遵循评职称这个最具有约束力的规范，这个更符合其个体利益。当然，在似乎理直气壮地表达着自己不会投入太多精力在教学上的同时，也略有不安地表示等副教授评上，职业稳定了，还是想“把课上好”，显示出教育伦理带给他的压力。在伦理价值排序上，面对职业压力，这位教师选择先做个“好职员”然后再去做“好教师”。SZKJS2111这位老师则觉得“上课最重要”，觉得学校“评职称”的条件有问题。在调查中发现，大多数教师在面对学校要求与国家要求、大学生要求之间产生冲突的时候，首先会选择满足学校要求，因为高校直接决定高校思想政治教育者的前途。现在年轻的思想政治理论课教师普遍感觉职业压力很大，要做课题、发表论文，还要上课，觉得没有多少时间与精力与学生交往，关心学生的需要。

“课那么多，事那么多，哪有多少时间和学生交流，一般下了课就走了。我们每学期上那么多学生的课，大多数学生都不认识。当然，在网上我还是尽量回复他们的问题的。有学生来找我交流，我其实挺开心的，能让学生信任都是值得骄傲的吧。但有时候也觉得烦，自己能支配的时间本来就不多。”（SZKJS2112）

关于辅导员的角色冲突，近年来有一些比较系统的研究，在一定程度上也反映出这一现象的普遍性。从执政党、国家层面的视角，辅导员应当“按照党委的部署有针对性地开展思想政治教育活动”[①]；从学校层面要求辅导员承担起组织学生、管理学生、引导学生辅助学校各部门学生相关工

① 李莉：《对专业化发展下高校辅导员角色的思考》，《黑龙江高教研究》2010年第12期。

作；从大学生的层面期望辅导员是有水平的人生导师，贴心的朋友以及生活问题的服务者。学校管理者希望辅导员面对大学生要有“权威”，能让大学生“服从”。大学生希望辅导员“亲切”“民主”，不要强迫他们。服从学校管理者的工作安排是辅导员的职业要求，当这个职业要求与大学生的愿望发生冲突的时候，辅导员就在角色伦理关系中进退两难。多数辅导员会选择最有利于个人利益实现的行动方案，但其内心却不能自洽。

（三）高校思想政治教育者“角色混同伦理关系冲突”

高校思想政治教育者角色伦理混同现象主要体现在高校思想政治教育者角色缺乏整体角色伦理意识，角色误读导致的伦理关系紧张。

高校思想政治教育者角色共同体意识不强是实践中比较常见的现象。高校思想政治理论课教师、辅导员、党政工团干部常常意识不到他们应当通力合作去扮演同一个社会角色。大多数辅导员往往将自己归属为学生事务的管理人员，其工作与从事理论教育的高校思想政治教育者角色之间的联系很少。马克思主义学院的辅导员与思想政治理论课教师之间的熟悉程度远不如与学校行政部门、其他学院的辅导员之间的熟悉程度。

> “我们辅导员以后就在行政上发展了，学校各部门都有辅导员出身的人。我们和任课老师们打交道不多，和行政部门的人更熟悉。如果说归属感，我自己觉得辅导员归属行政部门，就是学工处。我们在学院里也主要是处理学生的事务，完成学院布置的工作。我们的管理、评价和思政课教师都没有什么关系。”（FDY2103）

在其他高校教师眼里，高校思想政治理论课教师、辅导员、党政工团干部也不具备同一身份。国家提出来给思想政治理论课教师发放岗位特殊津贴就让其他教师群体不太理解，但给辅导员发放津贴则多数教师是认可的。有一位专业课教师的观点或许具有代表性：

> “学生有点什么事都要找辅导员，辅导员基本上要一天 24 小时无休地待命。他们的工作太辛苦了，多发点钱是应该的。思政课教师就是上上课，和我们专业教师没什么两样，凭什么比我们多拿津贴？”（GXJS2101）

高校的激励机制与高校思想政治教育者的角色期望之间常常形成错

位，导致角色承担者产生心理迷茫。现代的激励活动主要是围绕工作绩效进行的，有看得见的绩效就容易获得认可和发展资源，而高校思想政治教育的对象是大学生的思想，其工作成果具有隐蔽性、长期性与反复性，往往很难核定。

> “我们平时最怕的就是遇到学生出问题，你得在他身上费心费力，操心着急，但没谁知道，也没人关心，一旦出点事，不管你曾经下了多大功夫，做了多少工作，都要挨批。”（FDY2104）
>
> “我最烦的就是只要学生有问题就是我们辅导员工作没做好。学生学风不好、学生违反纪律、学生抑郁，都是我们工作没做好。这届学生学风较差，学院领导就说我这方面的工作没做好，上届也是我带的，学风就很好，也没见得表扬我。学风哪是我一个人的工作决定的。”（FDY2105）

随着资源投入的增加，职业角色的个体利益关切与政治角色、教育角色的崇高道德要求之间在实践中呈现的冲突有增强的趋势。

（四）高校思想政治教育者“角色与人格的伦理关系冲突”

整体而言，国家、高校、大学生对高校思想政治教育者的角色伦理期待都非常高，政治素质、道德素质、理论素质、心理素质、能力素质都要强。尤其是高校思想政治教育工作的内容已经越来越丰富，政治教育、思想引领、行为管理、心理疏导等方方面面的工作都需要很强的专业技能要求。这样兼具全面和高度的角色期望一旦全部化为明确的伦理规范落实到一个具体的角色承担者身上，难免有一部分会与他的人格特性产生冲突，给角色扮演带来困难。

> “我以前做过辅导员，后来我发现这份工作真的不适合我。我比较容易共情、容易心软，对学生的管理严不起来。我不喜欢事务性的工作，一年到头各种工作会议、总结汇报，填表太烦了。后来我就去读博士转岗进教研室了。”（GXJS2102）

GXJS2102 的案例是角色承担者的个性心理特征、个人喜好与辅导员的工作要求不相符而产生的冲突。高校思想政治理论课教师也存在这样的问题。

> “我不是很关心时事政治，或者说我对政治的兴趣不大。我喜欢学生，也喜欢上课，我上课不怎么涉及太宏大的政治问题，更多和他们交流对人生的思考。有时候遇到学生询问一些比较敏感的政治问题我就比较抽象地讲讲，保证不犯错误就行了吧。”（SZKJS2113）

大多数学生希望思想政治理论课教师幽默、亲切、渊博、宽厚、耐心，但教师的个性千差万别，有的严肃、有的严厉、有的急躁，知识水平也各有侧重，差异很大。根据调查，没有哪一个思想政治理论课教师不希望得到学生的认可，但让所有学生满意基本做不到。

三、高校思想政治教育者的角色伦理冲突原因

高校思想政治教育者角色冲突的原因非常复杂，不同的伦理关系冲突之间既有共同的原因，也有各自的主客观限制。

（一）高校思想政治教育者“角色内伦理关系冲突”的原因

不同的互动角色对高校思想政治教育者有着不同的角色期待。中国共产党是高校思想政治教育者角色的直接设立者，在一定程度上是高校思想政治教育者角色性质的主导者。中国共产党对高校思想政治教育者的角色伦理期待更多地从国家和人民的整体利益、长远根本利益出发，要求思想政治教育者应当是先进思想文化的传播者、党执政的坚定支持者、学生健康成长的指导者和引路人，要求高校思想政治教育者角色坚持正确的政治方向，高质量完成培养社会主义的建设者和接班人的任务。中国共产党对高校思想政治教育者的角色伦理要求主要是贯彻党的意志，体现党的纲领和主张，在政治、思想、行动上与执政党保持一致，遵守党的组织原则、教育方针和宣传纪律，要求高校思想政治教育者具备高度的政治责任感，“责无旁贷地传承马克思主义思想薪火”[①]。中国共产党要求高校思想政治教育者角色对国家政治发展目标、国家政治制度、党的路线方针政策具有高度的认同，正确引导大学生运用马克思主义的理论和方法去观察现实社会、思考各种政治现象和政治问题，培养大学生认识问题、解决问题、明辨是非的能力。

---

① 陈锡喜：《紧紧抓住高校思想政治理论课教师队伍建设的重点环节》，《思想理论教育》2008年第17期。

大学生正处于成年早期，尚未踏入社会，对于国情、世情的认识还存在局限，对自己的具体利益、未来职业发展、精神满足更加关注，因此对高校思想政治教育者角色的伦理期待带有更强的交往性，希望从教师那里获得更多的关心、包容和指导。大学生期望高校思想政治教育者角色能够给他们的人生进行良好的示范，为他们的人生发展指明方向。由于自身的成长经历、个性、知识结构、道德素养具有较大的差异，对于高校思想政治教育者角色的伦理要求很少具有“大局观”，具有明显的“个体化色彩”，更具体、更细致、更具感性，更多从高校思想政治教育者对待个体自己的态度，性格特点和行为模式是否符合自己的偏好出发。大学生要求高校思想政治教育者真诚、有热情、有个性、平等待生、有思想、有阅历，能够解答他们生活学习中的困惑，还希望高校思想政治教育者知识渊博、有能力帮助他们解决困难。总体而言，中国共产党对高校思想政治教育者的角色伦理期望具有“定性”作用，更宏观、更抽象，理性色彩浓厚；大学生对高校思想政治教育者的角色伦理期望则更丰富、更具体，感性色彩浓厚。党对高校思想政治教育者的角色期望与大学生对高校思想政治教育者的角色期望从根本上是一致的。不能满足大学生对高校思想政治教育者的角色期望，中国共产党对高校思想政治教育者的角色期望会因失去现实基础而落空。不能满足中国共产党对高校思想政治教育者的角色期望，大学生对高校思想政治教育者的角色期望也会因为众口难调失去方向而落空。党对高校思想政治教育者角色的期望与大学生对高校思想政治教育者角色的期望在高校思想政治教育者角色的具体活动中又常常出现错位甚至冲突，给高校思想政治教育者角色带来压力和冲突。高校思想政治教育者必须具备解决这种错位和冲突的基本价值尺度，并在高校思想政治教育角色活动中坚定不移地做出选择并执行到底。

高校对思想政治教育者角色也有自己的伦理要求。首先，高校作为接受中国共产党领导的教育组织，要求高校思想政治教育者在角色实践中必须符合中国共产党的角色期待，并且执行对高校思想政治教育者政治角色伦理实践的管理和监督责任。其次，高校作为高等教育的组织者，也汇总提炼大学生，尤其是本校大学生对高校思想政治教育者的伦理要求，督促思想政治教育者能够符合大学生的伦理期望。最后，更重要的是，高校还要求思想政治教育者为学校的发展目标和具体工作安排尽责，例如学科建设、校园文化建设、各种与大学生有关的事务性工作的组织安排等。对于高校而言，高校思想政治教育者首先是自己的员工，爱岗敬业是对他们最重要的伦理要求，服从学校工作安排是基本的角色职责。这些角色伦理要求常常在具体事件中或在特定的时间段内产生冲突，让高校思想政治教育者角色负载过重或难以兼顾，这些角色伦理要求怎样排序，哪个优先满足，哪个可暂时放弃本身就是一个伦理问题。

高校其他教师群体对高校思想政治教育者的角色期望也存在很大的差异。高校教师对思想政治教育的理解并不一致，多数高校教师能够正确理解高校思想政治教育者角色功能，但某些高校教师对思想政治教育则有比较严重的误解乃至排斥，对于自身承担的思想政治教育功能没有足够自觉，把思想政治教育者视为高校教师的"圈外人"。部分高校教师将高校思想政治教育者角色，尤其是辅导员，等同于"行政"工作者，认为高校思想政治教育者是在高校中"做辅助"工作的，负责帮助他们管理大学生。因此，他们期望思想政治教育者严格管理学生，约束大学生遵守教学科研秩序，认真学习。他们对高校教师的伦理要求主要体现在"尽责""细致""强化管理能力"方面。总体而言，高校其他教师普遍认为高校教师是从事高深学术研究和教学传递知识的社会角色。在高校教师群体内，学术水平是"身份排序"的主要尺度。现代高校体量庞大，教师基于专业分工，学术能力的评价往往靠有形的"职称"来判定。多数高校行政人员都很重视评职称，即使职称不会改善他们的待遇，但职称代表高校教师的职业成就、职业地位，对教师的自尊心、自信心有很重要的影响。高校思想政治教育者角色的地位也不例外，主要靠学术身份提升。就像案例SZKJS2107所描述的，许多高校专业教师不了解思想政治教育学科发展的情况，认识上还停留在思想政治教育者"没有专业"的陈旧认知水平，心理上有些轻视思想政治教育者。事实上，即使在高校思想政治教育者群体内部，也有这样的问题。在高校，有相当多的思想政治教育者并不从事思想政治教育学研究，他们有自己的学科专业，在他们看来，思想政治教育角色不是一个专业角色，不需要专门的训练。由于高校专业教师并不直接决定高校思想政治教育者角色的生存和发展，因此作用力相对较小，但其对高校思想政治教育者角色伦理期待会影响角色行动主体的角色认知和角色情感，干扰角色功能发挥。

（二）高校思想政治教育者"角色间伦理关系冲突"的原因

根据马克斯·韦伯对政治从业者的分类，我们也可以将高校思想政治教育者的政治角色分为两类：一类是"为"政治生存的角色，另一类是"靠"政治生存的角色。"为"政治生存的角色，是从内在的意义上将政治视为他的生命，视为毕生奉献的事业。“为”政治生存的角色，“自命为理性、正义和真理这些抽象观念的专门卫士”[①]，为他们所信仰的政治理想奋斗，是为了维护他们的政治理念不惜牺牲的“殉道者”。“靠”政治生存的角色，则把政治作为固定收入的来源，他的收入可能是来自因特别服务得到的报酬，也可能是固定工资。[②]因此，他们是基于现实政治制度的需要，通过提供“劳务”满足这种政治需要的人。在现代，他们是具有专业素养的职业官员，在政治分工中担任不同的职责。高校思想政治教育者的政治角色承载着“为万世开太平”的政治终极善的追求，这也同时是高校思想政治教育者的思想角色、教育角色的最高伦理追求，在这一层面两者是一致的。然而，政治角色现实层面要求服从政治权力体系，对现有政治制度、政治文化、政治行动无论理解程度如何都要自觉认同并主动为其进行辩护，不应当做出“妄议”现有政治制度以及“违背宣传纪律”的行为，对于党的决议、国家的重大决策，“理解要执行，不理解也要执行”。政治角色不是不能对政治决策、政治领导、政治活动提出批评，但这种批评是在高度认同其基本原则的基础上的完善性建议。另外，政治角色的理想更多着眼于社会整体，以国家、民族的利益作为其出发点，而思想角色、教育角色更注重人，尤其是具体的、个体人的解放和实现，从抽象层面上往往超越国家、民族，面向整个人类和整个世界。相对而言，政治角色的“中国特色”更浓厚，具有较强的中国本民族历史文化基因，更注重现实的效用。思想角色、教育角色信仰“学问的权威比意志的权威还要高，因为那是对人的理智、信念与理解的权威；这几种都是心灵中最高的部分，可以指挥意志。因为世界上除了知识与学问外，别无其他能力可以在人的灵魂、思考、想象、意见与信念上竖立庄严的宝座”[③]，偏向于追求“价值中立”“学术自由”。思想角色、教育角色的“舶来”色彩更浓厚，受西方哲学影响较大，具有较强的形而上学属性。人不可能脱离现实环境、自身利益以及知识结构观察解释客观世界，但“客观性是科学精神的核心价

---

① ［美］刘易斯·科塞：《理念人——一项社会学的考察》，郭方等译，北京，中央编译出版社2004年版，第305页。

② ［英］彼得·拉斯曼、罗纳德·斯佩尔斯编：《韦伯政治著作选》，阎克文译，北京，东方出版社2009年版，第254~296页。

③ ［英］培根：《广学篇》，载西方思想宝库编委会编：《西方思想宝库》，北京，中国广播电视出版社1991年版，第382页。

值观”[①]，思想角色、教育角色对真理的孜孜以求对于国家政治的长治久安和文明进步有举足轻重的意义。高校思想政治教育者政治角色的发展和完善离不开思想角色、教育角色的发展与完善。由于社会主义社会确立了以人民为中心、以人的全面自由发展为目的的崇高政治伦理追求，高校思想政治教育者的政治角色、思想角色、教育角色之间的冲突只是社会主义社会发展过程中的暂时性冲突，随着社会主义社会的完善，高校思想政治教育者角色间的冲突将会得到彻底解决。

高校思想政治教育者职业角色与文化角色、教育角色的冲突更多地体现在社会主义初级阶段“现实”与“理想”的冲突，而与政治角色的冲突则更多地体现在现实实践道路里不同层次之间的冲突。职业角色是“人们在一定的工作单位和工作活动中所扮演的角色，是社会和职业规范对从事相应职业活动的人所形成的一种期望行为模式”[②]。人们通过职业角色的扮演得到物质利益和精神上的满足。职业角色在现代社会分工条件下是个体人生中扮演的最重要的角色，是个体实现人生价值的主要形式。高校思想政治教育者进入高校的特定思想政治教育岗位就开始了其职业角色的扮演过程。个体要扮演好高校思想政治教育者的职业角色必须充分掌握其岗位职责、规范要求、职业道德，还要通过学习掌握职业技能，提升职业能力。职业角色包括高校思想政治教育者的职业角色作为社会分工的产物，都是现实资本力量的承载物，是物化最深的社会角色，是在工作组织不断变化的过程中所产生的专业化形式。个人往往并非出于理想、热爱而是为了谋生不得不去从事某项工作。市场价值是职业活动最重要的伦理判断依据。报酬是社会评价和角色承担者判断职业角色价值的重要尺度，也是角色承担者角色活动方向和行为活动方式的出发点。高校思想政治教育者的职业角色在客观上推动了高校思想政治教育的有序展开，提高了高校思想政治教育活动的效率。然而，职业角色伦理中功利部分内容也拉低了高校思想政治教育者角色整体的伦理境界。在一定程度上，高校思想政治教育者的职业角色色彩越浓厚，角色伦理的色彩就越淡薄，角色内伦理冲突就越严重。

（三）高校思想政治教育者“角色混同伦理关系冲突”的原因

角色伦理混同的主要原因在于角色定位不够明确。《尹文子 · 大道

① ［波］彼得 · 什托姆普卡：《默顿学术思想评传》，林聚任等译，北京，北京大学出版社2009年版，第58页。

② 秦启文、周永康：《角色学导论》，北京，中国社会科学出版社2011年版，第245页。

上》:“名称者，别彼此而检虚实者也。自古至今，莫不用此而得，用彼而失。”对某一事物命名，隐含着对该事物性质的概括，是对该事物的认识结果的表现。高校思想政治教育者的称呼大多只用在文件、公文、学术文献中，在日常生活中，角色承担者一般被称为“思想政治理论课教师”（简称思政课教师）、辅导员、班主任等。由于高校思想政治教育者这个“共名”使用不足，高校思想政治教育者也缺乏“共同体”“圈中人”的自觉，关系伦理存在裂缝。此外，高校思想政治教育者的子角色名称也不断发生变化，仅以“思政课教师”为例，曾经被称为“政治课教师”“政治理论课教师”“马列课教师”“马克思主义理论课教师”“思想政治教育课程教师”“马克思主义理论与思想品德课（简称“两课”）教师”“公共理论课教师”等，在日常生活中也常常被称为“德育课教师”。名称的不断变化反映的是对高校思想政治教育性质的不同理解，反映出高校思想政治教育者角色定位存在一定的模糊。

首先，高校思想政治教育者角色的设立者是执政党、政府，角色的直接管理者是高校，怎样进行角色定位，角色享有的权利和应尽的责任如何界定都不是特别明确。不同高校的党政领导对于高校思想政治教育的认识水平直接影响高校思想政治教育者角色的职业定位。虽然国家层面通过文件等形式多次对高校思想政治教育者角色的定位、权利和义务作出规定，但具体的、细致的规定还需要各高校组织依据相关文件做进一步的工作，这个工作总体而言还有许多模糊不清的地方。高校思想政治教育者对自己的角色认知不清、责任不明，形成发展困惑，没有形成清晰的伦理追求和道德约束与其所在高校的思想政治教育制度建设与实践状况关联度极大。

其次，由于对高校思想政治教育者角色的研究相对不足，认识大多还停留在经验层面，对于复杂的思想政治教育者角色定位在理论和现实两个层面都还存在许多争论。更重要的是，由于高校思想政治教育者中还有相当一部分并没有经过系统的马克思主义理论和思想政治教育学的学习，对自身的角色认识是零散、感性的，还停留在现象层面，还没有形成对自身角色的普遍自我意识，在现实中常常将高校思想政治教育者角色与行政人员角色、学者角色、专业教师或通识教师角色相混淆，对于自我角色的特殊伦理要求缺乏足够的自觉，呈现出一定的功利主义倾向和工具化倾向，道德意识淡薄，道德自律不足。

最后，与高校思想政治教育者相关联的其他社会角色对高校思想政治教育者角色的期望具有不确定性。高校思想政治教育者角色内容的“时效性”很强，必须紧紧跟随政治实践、社会实践的步伐。几十年来，我国社会高速发展，思想政治教育实践日新月异，高校思想政治教育者关联的社会角色对高校思想政治教育的伦理期望也在不断地发生变化，某些新的内容和原有的内容之间不免产生冲突。此外，高校思想政治教育者角色随着高校思想政治教育事务的增加，角色内容越来越丰富，对角色的期望越来越高，各关联社会角色对高校思想政治教育者角色期望有时缺乏边界，常与其他社会角色出现较大重叠，进一步加深了高校思想政治教育者的角色伦理混同感。例如，辅导员经常会收到学生家长的一些不合理的要求，比如经常提醒孩子天冷加衣、给自己的孩子安排个学生干部当、找任课老师辅导功课之类的。辅导员有时候感觉家长把自己当学生的“监护人”，要求过多。

（四）高校思想政治教育者“角色与人格的伦理关系冲突”的原因

从道德层面，高校思想政治教育者所负期望很重，因此要求角色承担者的素质很高。学者刘五景提出，高校思想政治教育者素质的构成主要包括思想素质、政治素质、教育素质、情感素质、学习素质和公共素质，而且素质结构要全面而协调。[①]高校思想政治教育者角色的素质要求又高于思想政治教育者群体的一般水平。然而，现实中的高校思想政治教育者角色承担者是复杂的，个性特征、素质结构都各有不同，并非每一个角色承担者都能胜任这个角色。

> “那些不擅长教学，最近几年又没有科研成果的教师，我认为应该让他们转岗。但是，现在我们学校思政课教师严重缺编，学校只能让他们继续干下去。思政课教师不足是一个全国普遍存在的问题，我们学校不具备竞争优秀博士毕业生的条件，为了解决更紧迫的缺编问题，我们现在只能放宽条件。”（GXLD2101）
>
> “我也不知道自己究竟喜欢干什么，作为女生，我觉得当老师挺好的，稳定，毕业了就进了这个学校当辅导员。当了辅导员才发现我一点都不喜欢这个工作。我这人比较宅，不是很喜欢和人打交道，现在感觉一点自己的时间都没有，要搞各种活动，学生的问题五花八门，特别烦人。我准备考博，以后转到教学岗。”（FDY2106）

① 刘五景：《思想政治教育者素质论》，北京，社会科学文献出版社 2021 年版，第 110~119 页。

高校思想政治教育者角色作为一个现代职业，其社会地位、报酬都具有一定的吸引力，一些个性、能力、素质结构并不是非常适合担任高校思想政治教育工作的人也成为高校思想政治教育者。他们在实际扮演角色的过程中容易感受到不适应及“力不从心”。道德素质在刘五景关于思想政治教育者素质结构中没有单独列出，但渗透在每一种素质之中。高校思想政治教育者角色的道德素质在一定程度上决定了高校思想政治教育者的素质结构及其发展水平。具有较高道德素质的高校思想政治教育者对于自身的素质短板会产生羞耻心，会主动积极地提升自己的素质，平衡自己的素质结构。

部分高校思想政治教育者的道德素质距离角色要求还有比较大的差距，究其原因主要是内外两个方面，也就是外部的伦理规范和内在的道德追求两方面都存在不足。一方面，高校思想政治教育者入职时虽有道德要求，但大多基于过去的经历并无违法乱纪的记录，很难对其真实的人品、德行进行全面细致的考察。近年来，高校思想政治教育者入职必须具备中国共产党党员身份，其道德人格有了较大的保障，但也难以杜绝部分综合素质较低的人员混入这个队伍。在获得角色扮演资格之后，国家、高校各级组织虽然反复强调高校思想政治教育者的道德修养，但缺乏科学的考核评价机制，也没有足够的约束引导机制。一般而言，除非涉及严重违纪或违法问题，高校思想政治教育者角色承担者很少会因为道德人格达不到角色期望而退出角色。甚至个别道德素质低下的人混到领导岗位，给高校思想政治教育者角色形象带来极其恶劣的社会影响。另一方面，道德修养是一个长期艰苦的过程，受到社会环境、人生际遇以及其他因素的影响，常常面临新的诱惑与考验，需要角色承担者具备坚持不懈提升自我道德修养的意识和意志。高校思想政治教育者角色的承担者作为生活在现实世界中，具有各种需要、欲望，与外部环境进行各种信息交流的具体感性的人，人格的修炼是一个不断校准方向的过程，也是一个不断取舍的过程。从善如登，从恶如崩，人格修炼是一个不能间断、永无止境的追求过程，会遭遇各种动摇其向上向善决心的考验。高校思想政治教育者如果没有建立坚定的角色价值信念，没有顽强的意志和决心，就可能距离角色道德要求越来越远。

第三节 高校思想政治教育者角色伦理冲突的解决

角色伦理冲突是多种因素共同作用下客观存在的现象，但关键在于角色伦理价值体系的核心是否巩固，伦理序差是否清晰。角色伦理价值体系是围绕特定的社会主流价值体系构建的层次分明的不断进化的体系。伦理序差的核心是价值秩序。价值秩序指明高校思想政治教育者角色伦理关系“应当如此”的方向，规定高校思想政治教育者基本行为准则，决定着高校思想政治教育角色扮演者的角色态度、角色选择和角色行为。高校思想政治教育者角色伦理关系所蕴含的核心价值越符合人类发展的方向，符合公平正义，就越是坚固，围绕其建立的伦理价值体系就越是清晰、稳定，高校思想政治教育者及其交往角色的交往规则就越是具有约束力。价值秩序越是牢固，伦理关系体系中的伦理序差越是清晰，高校思想政治教育活动中不同角色关系就越是和谐，角色冲突就越少。社会主义核心价值观为高校思想政治教育者角色提供了构建清晰稳定价值秩序的基本框架，为解决角色冲突奠定了坚实基础。

一、解决角色伦理冲突的基本形式

角色伦理冲突一方面会导致社会角色功能发挥失常，另一方面会妨碍角色行为主体的生活，因此，角色行动主体会采取不同的方式来应对冲突以获得行动的能力，平衡生活，实现角色功能。社会角色理论认为，角色冲突的解决一般分为两种基本形式：其一，“内解决”，指角色行为主体通过自身的努力来解决自己的角色冲突。其二，“外解决”，通过利用和发挥角色行为主体以外的力量来解决角色承担中的冲突。[①] 角色伦理的冲突也可以从内外两个角度进行解决：角色行为主体通过判断冲突角色伦理的序差，依据伦理价值的高低选择优先实现的角色伦理即为角色伦理冲突的“内解决”。同样，外部力量也可以帮助角色承担者进行合乎角色伦理目的的行为选择，这就是角色伦理冲突的“外解决”。

角色冲突的困扰及其解决的速度和质量取决于角色承担者个人的价值观。虽然角色伦理冲突理论上会使角色承担者陷入道德困境，但往往具备

① 秦启文、周永康：《角色学导论》，北京，中国社会科学出版社 2011 年版，第 119~120 页。

坚定人生信念和清晰道德观的人感受到的困惑比较少，会相对容易在冲突角色的伦理价值中作出比较判断，并依据自己所坚守的道德尺度进行抉择。角色承担者个人的世界观、人生观、价值观对于角色伦理价值排序具有举足轻重的作用。人在进行任何行为选择的时候，都会作出对其而言“应该”或“不得不”的选择，“应该”是他依据内心的道德信念判断为善的选择，“不得不”则是他依据现实的条件作出的选择。“应该”选择的底层逻辑是其对世界和人生的价值判断，而“不得不”也同样如此。当一个人面对不能两全的道德选择时，只要采取行动，一定会遵从他所认为“更”具价值的判断。面对“电车难题”的时候，人们或者选择左边或者选择右边，都是保全其内心认为具有更高价值的一面。所以，“一个真正的人所‘是’的，也就是他所‘应是’的，他所‘应是’的就是他所‘是’的”[①]。价值观不仅仅停留在精神世界，它是渗透在人们言谈举止、关系交往中的客观实在。人们在处理每一件具体的事件，进行每一次选择的时候，都是在不知不觉地用自己内心深处的价值尺度进行衡量。当一个人越是对自我价值观有清晰的认知，就越是能够在面对伦理冲突中作出准确判断，便越是态度坚定、行动坚决，越少受到困扰。不同的人具有不同的价值观，价值观也有高低之分。马克思主义认为，符合社会文明进步方向、符合人民大众利益、符合人类主体性发展的社会主义核心价值观是高尚的价值观。

角色冲突外解决的力量首先来自制度。制度明确规定角色的行动规则，帮助角色承担者明晰不同选择的后果，形成一种“不得不”如此选择的压力，避免其“左右为难”的境况。例如，朋友请教师吃饭，希望教师在某个学生违纪的事情上高抬贵手不予校级处罚，教师不想令朋友难堪或不快，但也不愿意因为没处罚违纪行为影响大学生管理效果，便会陷入比较尴尬的两难境地。《中华人民共和国教师十不准》规定，一旦教师“利用职务谋取私利”便会受到影响其职业发展前途的惩戒，教师便不会“因小失大”放弃原则。制度规定越是清晰，角色承担者作出伦理选择越是容易。反之，如果某种行为因为具有隐蔽性、模糊性，难以用制度进行规范，角色承担者的选择就越是依赖其内部的价值秩序。制度的约束力越强，角色承担者就越是将其作为伦理判断的首要标准。由于法律具有最强约束力，当出现角色冲突的时候，角色承担者会首先选择遵守法律。高校

① 宋希仁：《论伦理关系》，《中国人民大学学报》2000 年第 3 期。

思想政治教育者所处的各级组织应当依据法律和社会主义核心价值观、高校思想政治教育根本任务建立清晰的高校思想政治教育者角色道德规范制度，明确角色承担者伦理行为选择方向，减少角色承担者的道德冲突感。更重要的是，制度本身具备对角色承担者进行教育的作用，能够帮助角色承担者认识到角色的伦理价值和伦理要求，提升其角色伦理判断的能力和实现角色道德的能力。制度不健全或制度执行不力都会削弱高校思想政治教育者遵守角色伦理的意识，诱发高校思想政治教育者角色伦理冲突。

角色伦理文化环境也对角色伦理的外冲突具有很强的作用。当角色伦理文化环境和谐，角色所在环境认同的价值观与某社会角色伦理所奉行的价值观高度一致，外部环境就会形成众口铄金、积毁销骨之效，强力推动角色承担者遵守角色伦理以及压制其违背角色伦理的冲动。反之，角色环境认同的价值观与某社会角色伦理所奉行的价值观不一致，就会动摇角色承担者对其角色伦理的信念，增加其内心伦理冲突，形成破坏角色伦理规范动机。思想政治教育者所在高校上下一致、师生一心都非常明确坚定地认同培养社会主义建设者和接班人是高等教育的根本使命，普遍支持高校思想政治教育者角色伦理，角色承担者所面对的角色冲突相对就少。改革开放后，高校曾受到西方自由主义价值观侵蚀，部分师生甚至学校领导对思想政治教育不重视、有抵触甚至反感，高校思想政治教育者也出现了较为严重的思想混乱，对思想政治教育角色伦理产生动摇，出现角色扮演倦怠现象，面对各种非社会主义思潮，不能旗帜鲜明、理直气壮地进行批判斗争。

无论是角色伦理冲突的“内解决”还是“外解决”都由某种价值观统摄。角色冲突的根本原因是角色在时空中的重叠。“只要存在着排序难题，就很难在生活所需的多种事物或多种价值之间维持平衡，而失去平衡就等于每种事物或价值观都失去自身的稳定性，也失去互相支撑互相作保的系统性，只要遇到严重危机，价值观和制度就陷入两难困境。”[①] 首先，从角色伦理内冲突的角度来看，作为有限的角色承担者，高校思想政治教育者必须对不同社会角色价值做出排序才能进入行动。无论是“内解决”还是“外解决”都需要价值观的稳定。“内解决”需要角色承担者自身具备稳定的人生价值体系以及围绕这一价值体系形成的清晰伦理诉求和道德追求。“外解决”也需要根据一套科学、稳定的价值观设置制度规范

① 赵汀阳：《病毒时刻：无处幸免和苦难之间》，《文化纵横》2020 年第 3 期。

以及激励约束机制。其次，从角色伦理间冲突的角度，不同角色伦理制度规范的不一致也是角色伦理冲突的原因。在一个组织中，如高校思想政治教育者，作为一个复杂的角色丛，涉及不同“条线”“条块”的工作，每一“条线”“条块”都有自己的规章制度和行为规范，如果这些规章制度和行为规范之间存在较多的矛盾，那么就会成为角色冲突的来源。同一组织、一个社会中不同组织之间具有统一的价值观追求才能最大限度地减少这种矛盾。最后，从角色伦理外冲突的角度看，角色内外两种伦理力量应当取得一致，即角色承担者的核心价值观要与组织、社会遵循的价值观相一致。角色内外两种伦理力量保持一致，角色冲突就属于暂时的、局部的冲突，不会带给角色承担者太多的困惑，也不会从根本上破坏角色功能发挥。如果角色承担者个体信奉的价值观与组织、社会所倡导的价值观之间存在错位，甚至对立，角色承担者或者言行不一致，仅仅在形式上、公开的“舞台”呈现角色要求，在“后台”否定其角色价值；或者角色承担者借助“舞台”实现自己的价值追求，在进行思想政治教育活动时，否定社会、组织价值观，对外部伦理道德规范的破坏，摧毁所扮演社会角色存在合法性基础，会制造出大量角色伦理冲突。

总体而言，角色伦理冲突在社会上升期和稳定期相对较少、剧烈度也较轻，在社会面临危机或重要转型期，由于原有的社会文化伦理环境遭到破坏，各种价值观剧烈斗争，社会角色伦理也会出现失衡，角色伦理的冲突频繁发生，甚至发生颠覆既往角色伦理的激烈对抗。随着历史的发展，不断有旧的社会角色消亡和新的社会角色诞生，旧有的角色伦理被颠覆乃至彻底抛弃也是必然的结果。判断社会角色存在的意义及其角色伦理规范的合法性应该依据角色存在，以及角色功能发挥的“善”“恶”进行判断。做出这一判断依据不是某一个体或部分社会成员所持有的价值观，而是角色伦理的实践成果，观其是否反映了时代的要求，是否有利于人民过上美好幸福的生活，是否符合人类命运共同体的整体利益，是否符合人类自由解放的发展方向。

二、社会主义核心价值观为伦理冲突的解决确立基本秩序

在《伦理学中的形式主义与质料的价值伦理学》中，舍勒揭示了价值在观念、规范、义务之应然中的奠基性地位：价值及其实现的正当或不正当便是观念中的应当与不应当，而为了落实价值的应当，便有了规范和义务。角色伦理是表达和实现价值秩序的具体方式，角色伦理关系反映了价

值秩序实现的程度。价值及其秩序在逻辑上比角色伦理更为根本。人们通过认同伦理体系中蕴含的价值秩序而自觉维护伦理秩序，主动化解伦理冲突。

（一）社会主义核心价值观为高校思想政治教育者角色伦理体系立根基定架构

首先，社会主义核心价值观的科学真理性为高校思想政治教育者角色伦理体系确立了正当性。习近平总书记在纪念马克思诞辰200周年大会上指出，以马克思命名的“这一理论犹如壮丽的日出，照亮了人类探索历史规律和寻求自身解放的道路……为人类指明了从必然王国向自由王国飞跃的途径，为人民指明了实现自由和解放的道路……马克思主义第一次站在人民的立场探求人类自由解放的道路，以科学的理论为最终建立一个没有压迫、没有剥削、人人平等、人人自由的理想社会指明了方向。马克思主义之所以具有跨越国度、跨越时代的影响力，就是因为它植根人民之中，指明了依靠人民推动历史前进的人间正道”。这是科学的理论、正义的理论、具有强大生命力的理论。200多年过去了，人类社会发生了巨大而深刻的变化，但马克思的学说依然闪烁着耀眼的真理光芒，照亮着世界前进的方向。中国共产党在领导中国人民进行艰苦奋斗的百年历史中不断推进马克思主义理论与中国具体实践相结合，形成了毛泽东思想、邓小平理论、“三个代表”重要思想、科学发展观、习近平新时代中国特色社会主义思想等卓越的马克思主义中国化时代化理论成果，不断彰显出马克思主义理论的科学力量。社会主义核心价值观蕴含着具有普遍意义的真理，是蕴含着无穷力量、具有伟大感召力的高尚价值观。围绕社会主义核心价值观构建的高校思想政治教育者角色伦理体系不仅是符合道义的，也具有强大科学真理力量，能够破除迷障，帮助高校思想政治教育者角色承担者看清伦理关系冲突的本质，指导其采取科学措施、正确方法去应对伦理冲突。

其次，践行社会主义核心价值观的成就为高校思想政治教育者确立了牢固的角色伦理信念。世界人民在马克思主义理论的指导下展开的蓬勃解放运动显示出马克思主义价值立场、伦理精神的巨大感召力。世界社会主义运动虽然遭遇过巨大挫折，但依然保持着强大的生命力，激励着人们投身其中。尤其是中国特色社会主义建设成就以无可争议的事实显示出社会主义核心价值观巨大的感召力、凝聚力和发展力。2023年4月，巴西总统卢拉访问中国期间接受采访时说，“中国是一个令人印象深刻的发展榜样”，

“中国在过去40年有数亿人脱贫，这非同寻常，对所有发展中国家都是一种鼓舞”。中国人民经历了近代百年的屈辱史，在不断探索民族独立、国家富强、人民幸福的道路上经过反复实验、比较，最终选择能够拯救中国的社会主义道路，并通过社会主义建设走向繁荣富强，一步步扎实推进中国梦的实现，让中国绝大多数人获得了更好的生存条件和更大的发展空间。中国人民树立了坚定的信念：社会主义道路是正确的选择，社会主义精神是合乎历史发展潮流的精神，社会主义核心价值观是合乎道义、具有实践科学性的正确价值观。社会主义核心价值观在中国体现了民心所向、民心所欲，具有深厚的群众基础。社会主义核心价值观为中国特色社会主义伦理关系提供了坚实的基础和牢固的框架，为各种社会角色抵御错误伦理思想，避开复杂角色实践中伦理陷阱，牢固树立角色承担者道德信念，做出正确的伦理选择，化解角色伦理冲突提供了正确方向和科学原则。

符合人民群众正义追求的社会主义核心价值观为高校思想政治教育者角色伦理冲突的长期解决提供了依据。伦理关系是一种实体关系，但也是主体主观认定为应当实现的、“正当的”伦理关系。高校思想政治教育者角色伦理关系不仅是高校思想政治教育者角色设立组织通过角色行为规范确认的角色承担者的“应然”和“必要”的角色伦理关系，也是角色承担者自身确认为“应然”和“必要”的角色伦理关系。设立组织与角色伦理主体在处理角色伦理关系上共同所确认的“应然”和“必要”具有共同的价值观基础，也就是社会主义核心价值观。在中国，社会主义核心价值观有机融入了中华民族数千年来艰苦奋斗的伦理期盼，凝聚为中国共产党百年奋斗的历史经验和精神谱系，具有蓬勃的生命力，化为中国现代化发展进程中人民普遍认同的基本价值观。社会主义核心价值观为高校思想政治教育者角色提供基本的伦理秩序和丰厚的道德滋养。围绕社会主义核心价值观构建的社会角色伦理体系没有根本上的对立，只有暂时、局部的矛盾。社会主义核心价值观为解决高校思想政治教育者角色伦理冲突确立了基本原则。角色伦理的冲突是静态的，因为有角色分工结构形成的冲突，也有因为角色定位、角色内容的发展变化导致伦理关系出现失衡。社会主义核心价值观不仅代表着当下社会普遍的伦理要求，还代表着这个社会长远的道德理想，是一个面向未来的、开放的、具有无限生命力，不断吸纳社会主义建设实践中最新伦理要素的价值观系统。因此，围绕社会主义核心价值观构建而成的高校思想政治教育者角色伦理体系能够在发展变化中保持基本稳定的性质，避免因社会变迁形成对抗性冲突。同时，社会主义核心价值观为高校思想政治教育者角色伦理关系主体吸收先进的伦理元素、丰富其角色伦理认知、牢固其伦理信念、提升处理角色伦理关系能力、维护角色伦理关系健康提供了强力保障。社会主义建设道路是一条需要不断创新、不断探索、不断面对各种风险和挑战的发展道路，高校思想政治教育者角色伦理随着社会主义道路的延伸也同样会遭遇各种风险和挑战，坚守社会主义核心价值观为高校思想政治教育者角色伦理关系的健康平衡、和谐发展提供了坚实基础。

（二）社会主义核心价值观为确立角色伦理秩序提供了基本尺度

角色伦理的根本冲突是价值观的冲突，角色冲突的化解则依靠价值观共识。角色伦理冲突是社会生活中的常态，也是不断推动角色伦理发展，深化角色伦理关系主体对角色伦理认识、提升角色伦理实践能力的重要力量。化解角色伦理冲突需要有“好的”角色伦理价值判断尺度和角色伦理关系主体维护角色伦理关系的自觉性。一方面，社会主义核心价值观提供了“好的”角色伦理价值判断尺度。社会主义核心价值观以公平正义为基本追求，是中国社会、中国人民在长期的实践生活中形成的普遍的价值认知和价值追求，既能够反映现实社会成员的利益共同点，最大限度地满足现实社会的普遍利益要求，同时包含对现实不合理问题的解决方向，包含着社会至善实现的理想追求，为社会角色关系的建构与运转提供了基本准则。另一方面，高校思想政治教育者的社会主义社会角色性质要求其角色承担者必须自觉维护角色伦理关系。高校思想政治教育者作为倡导、维护社会主义核心价值观的重要社会角色，应当深刻认识社会主义核心价值观所蕴含的伦理意义，做自觉维护、自觉遵守社会主义核心价值观的典范。高校思想政治教育者的角色伦理作为高校思想政治教育者角色内部互动以及与其他社会角色互动的应然伦理秩序，必然充分表达社会主义核心价值观的要求。高校思想政治教育者面对角色冲突，必须坚持以社会主义核心价值观所提供的价值秩序判断角色伦理冲突的性质，摆正角色伦理实现的优先顺序，保证高校思想政治教育者角色行为符合高校思想政治教育者角色伦理期望。在利益格局多元、价值取向多样的复杂局面下，正确判断伦理价值是解决冲突的前提。社会主义核心价值观为高校思想政治教育者提供了判断伦理价值的基本依据和处理伦理冲突的基本思路，要求以为党育人、为国育才为基本指向，以服务人民追求美好生活为基本追求，最大限度地兼顾高校思想政治教育活动中互动角色各方的利益，求同存异，凝聚共识，寻找合理化解冲突的途径和方法，消弭严重对抗，完成高校思想政治教育任务。在这个过程中，要求角色伦理主体胸怀培养社会主义建设者和接班人的大局，摆正在自身利益、角色任务和高校思想政治教育工作之间的位置，以团结合作的态度把握冲突、解决冲突。

（三）社会主义核心价值观减小高校思想政治教育者角色期望冲突幅度

首先，角色伦理冲突形成的重要原因是高校思想政治教育者角色关系发展中存在不平衡，并由此引发角色利益关系失衡，要解决角色伦理关系失衡就要通过合理的制度安排协调不同社会角色之间的利益关系。利益分配不公不是社会主义的正常图景，党和国家坚持从中国特色社会主义的前途命运出发，从人民群众的根本利益出发，指导高校思想政治教育主管部门、思想政治教育者所在高校依据社会主义价值秩序，通盘考虑教育、学校、师生的现实要求，用系统性思维把握高校思想政治理论教育者角色伦理关系全局，把设立科学的高校思想政治教育工作制度和高校思想政治教育者角色行为规范有机统一起来，保证了高校思想政治教育者角色伦理关系基本平衡，杜绝了高校思想政治教育者角色伦理关系产生大规模不可调和的冲突的可能。

其次，社会主义核心价值观在社会主义中国具有广泛的群众基础，为高校思想政治教育者角色化解角色伦理冲突提供了良好的社会环境。“中华优秀传统文化源远流长、博大精深，是中华文明的智慧结晶，其中蕴含的天下为公、民为邦本、为政以德、革故鼎新、任人唯贤、天人合一、自强不息、厚德载物、讲信修睦、亲仁善邻等，是中国人民在长期生产生活中积累的宇宙观、天下观、社会观、道德观的重要体现，同科学社会主义核心价值观主张具有高度契合性。”[①] 自古以来朴素的价值认知为中国人民接受社会主义核心价值观打下了良好的基础，近代以来中国特色社会主义实践的巨大成就，让社会主义价值理念成为中国人民的共同信仰。唯有在普遍认同的价值秩序主导下，人们才可以对诸角色伦理进行审视，才能形成选择共识，维持伦理秩序。具有广泛的群众基础的社会主义核心价值观为社会角色伦理冲突的解决提供了清晰的价值秩序，为社会角色在特定的时间，特定的环境因具体的、特别的利益要求产生伦理冲突时，提供了一个相互理解和达成共识的良好心理基础。不同社会角色与高校思想政治教育者角色之间出现伦理冲突的时候，各方更容易本着体谅、和解的态度共

---

① 习近平：《高举中国特色社会主义伟大旗帜　为全面建设社会主义现代化国家而团结奋斗——在中国共产党第二十次全国代表大会上的报告》，北京，人民出版社 2022 年版，第 18 页。

同寻找解决方案，减轻高校思想政治教育者角色外伦理冲突。合乎社会主义核心价值观是社会大众对高校思想政治教育者角色的普遍期待，引导高校思想政治教育者始终保持解决伦理冲突的正确方向，压制角色伦理冲突不合理的维持方，从而减小伦理冲突解决难度。仅以高校思想政治教育者角色与高校专业课教师之间的伦理冲突为例，“文以载道是知识的基本特点，教学永远具有教育性是古今中外教学的基本规律。知识伦理是形成、应用知识的价值和道德理想追求、根据及其逻辑，是在各层面知识中蕴含的道德理想追求、道德规范和要求”[①]。高校教师的教书育人活动中蕴含着社会主义核心价值观。高校思想政治教育者越能够坚持社会主义核心价值观，就越能够帮助专业课教师认识到思想政治教育的意义，并且帮助他们意识到他们自身在从事思想政治教育活动，须承担思想政治教育责任，从而在教学、科研工作中主动发挥思想政治教育功能，配合高校思想政治教育者的角色行为，从而消弭高校思想政治教育者角色与专业教师角色之间的伦理冲突。总之，社会不同群体对高校思想政治教育活动的认识越深刻越全面，对高校思想政治教育者角色的期望就越是倾向于一致，高校思想政治教育者遵循角色伦理行为规范的伦理环境就越好，角色冲突也越是容易化解。

三、社会主义核心价值观为角色发挥伦理主体力量解决冲突赋能

高校思想政治教育者角色伦理关系的冲突最终依靠作为伦理关系主体的高校思想政治教育者解决。解决伦理冲突需要高校思想政治教育者具有强大的主体意志和主体力量。社会主义核心价值观为确立高校思想政治教育者角色伦理地位，激发高校思想政治教育者伦理精神，提升高校思想政治教育者道德能力提供了理论与实践依据。

（一）社会主义核心价值观为高校思想政治教育者角色伦理地位提供保证

伦理本就意味着代表某种价值秩序的地位序差，是一定价值观的反映。角色伦理关系各方的地位与伦理冲突的解决方向和解决方式有着密切的联系。高校思想政治教育者角色地位越高，高校思想政治教育者赢得尊敬多，处理角色外伦理关系的话语权更强，化解角色外伦理冲突就越是容

① 郝文武：《知识伦理的终极追求和逻辑与结构》，《华东师范大学学报（教育科学版）》2015年第1期。

易。同时，高校思想政治教育者角色地位高，高校思想政治教育者对自我的角色认同度更高，遵守角色伦理规范的自觉性更强，化解角色内冲突的主动性更强。社会主义价值秩序为高校思想政治教育者角色伦理地位的确定提供了强大的依据。

首先，社会主义价值秩序保障高校思想政治教育者角色的主体地位。所谓价值秩序即社会价值体系中各种行为价值的高低序列，是价值观的重要内容。价值秩序确定了社会共同体、群体以及个体的价值规范和价值准则。[①] 在社会主义价值秩序中，构建共同理想，凝聚一切力量，调动一切积极因素建设社会主义社会，构建人类命运共同体属于高阶价值。立德树人是教育的中心环节，高校思想政治教育者角色在实现社会主义核心价值观，维护社会主义价值秩序中被赋予重要地位是题中应有之义。“权力作为一种对客体行为发生影响的支配力量，必须拥有高于客体的强势地位和能力。”[②] 高校思想政治教育者只有在角色活动中实际占有支配角色伦理关系的权力，才能够更好地把握角色伦理关系、处理角色伦理关系。忽略高校思想政治教育者角色的主体性，把高校思想政治教育者角色仅仅当作实现某种具体职能的工具，把满足高校管理者、大学生等社会角色的价值偏好作为评价高校思想政治教育者角色的依据，是实践中高校思想政治教育者角色伦理冲突的重要原因。坚持把社会主义核心价值观作为建构高校思想政治教育者角色伦理关系的基本依据，保证高校思想政治教育者处理其角色伦理关系的主体地位，维护社会主义价值秩序，增加高校思想政治教育者角色伦理行动的自主性和解决伦理冲突的话语权，方可更好协调高校思想政治教育者角色伦理关系。中国是工人阶级领导的、以工农联盟为基础的人民民主专政的社会主义国家，坚持党的领导、坚持社会主义办学方针是高校思想政治教育者处理角色伦理关系的首要要求，赋予了高校思想政治教育者角色依据社会主义核心价值观开展思想政治教育活动的权利，以及依据社会主义核心价值观对高校教育活动进行监督、评价、批评的权利。社会主义核心价值观为高校思想政治教育者维护角色正当权利，抵制违背思想政治教育宗旨和规律的社会角色错误行为提供了道德依据。

其次，社会主义核心价值观为维护高校思想政治教育者权利提供保障。从党和人民的根本利益出发，从大学生的全面自由发展出发，开展工

---

① 张永芝：《核心价值秩序与社会主义核心价值观》，《教学与研究》2013 年第 6 期。

② 徐精鹏、李朝祥：《权力运行中消极政治心理的体制性根源及文化心理探析》，《领导科学》2016 年第 32 期。

作是高校思想政治教育者的政治角色、文化角色、教育角色的核心伦理理念，在价值秩序中排在最高层。在资本逻辑下，职业角色是社会分工流水线上的一个环节，职业地位的高低与职业能力为所在组织创造的效益直接挂钩。职业角色的扮演者只是流水线上的“工人”，只需完成“分内”之事，并“按劳取酬”即可。随着资本逻辑渗透，高校教职员工在“绩效”考评“激励”下只顾完成自己“分内”的工作，往往忽略了角色的“应当”职责。职业角色以分工、盈利为价值核心理念，把实现“有形”的利益作为高阶价值，与高校思想政治教育者政治角色、文化角色、教育角色的价值秩序发生倒挂，引发价值秩序冲突。高校思想政治教育者政治角色、文化角色、教育角色与职业角色之间蕴含的价值秩序冲突是高校思想政治教育者角色内伦理冲突的主要原因。在社会主义初级阶段，社会主义核心价值观要求围绕公平正义构建的职场规则，普遍肯定人的主体性地位，把基于社会分工的高校思想政治教育者的职业活动视为其在一定历史时期的实践活动，尊重高校思想政治教育者职业角色权利，满足高校思想政治教育者的正当利益，有力维护高校思想政治教育者在思想政治教育活动中实现自我的权利，为高校思想政治教育者坚定做社会主义核心价值观的坚定信仰者、积极传播者、模范践行者提供了有利条件。同时，社会主义教育的本质要求引导政治角色坚定理想信念，激励教育者保持仁爱之心，要求文化角色为社会主义精神文明建设作贡献，对职业角色过度追求功利的倾向进行了有力限制。

（二）社会主义核心价值观引导高校思想政治教育者成为自觉的伦理主体

角色冲突也常常因角色的领悟偏差所致。只有知道自己是谁才能知道自己与他人的关系是怎样的并且理解这种关系为何如此。高校思想政治教育者准确认知高校思想政治教育者角色价值，在实践角色的过程中能够清楚何种伦理行为更合理、更恰当。所谓准确认知，就是高校思想政治教育者的自我认知符合社会对高校思想政治教育者角色的共同期待。高校思想政治教育者是为人民服务、为中国共产党治国理政服务、为巩固和发展中国特色社会主义服务、为改革开放和社会主义现代化建设服务的政治角色；是培养德智体美劳全面发展的社会主义事业建设者和接班人、为学生的一生成长奠定科学思想基础的教育角色；是传播马克思主义科学理论，从事马克思主义理论教育，培育和弘扬社会主义核心价值观，建设社会主义精神文明的文化角色。高校思想政治教育者不仅要了解上述社会对高校思想政治教育者角色的共同期望和要求，还要理解社会何以形成了这样的要求和理解。高校思想政治教育者要充分认识和理解高校思想政治教育者角色，首先要系统学习和掌握科学社会主义理论，了解中国特色社会主义实践历史并理解其中伦理复杂性形成的根源以及各不同伦理要素结构和关系的变化规律，才能洞悉高校思想政治教育者角色的社会主义本质，树立为人民服务、为教育对象服务的正确伦理理念。高校思想政治教育者应当研究和把握角色伦理发展规律，正确处理高校思想政治教育事务，强化伦理主体意志，以伦理主体的自觉精神本着“应当如此”的觉悟和定力去把握、引导、推动角色伦理关系向合乎社会主义价值秩序的方向不断完善。

根据马克思主义理论，角色冲突的根本在于社会分工下人的整体性意义丧失。人作为特殊的、偶然的存在而相互竞存。现代发达的社会分工形成了普遍的碎片化思维，从业者过度投入自身的岗位职责，容易忽略岗位的系统意义，不关注或不重视具体岗位对于社会整体的意义。高校思想政治教育者角色的扮演者也有陷入具体工作任务的活动倾向，只关注自己的工作目标和工作任务，不考虑与其他角色扮演者之间的配合，也不考虑自己的某一角色行为是否符合思想政治教育总体目标，是否有利于推进思想政治教育整体效果。社会主义核心价值观坚持以人民为中心的伦理取向，从社会整体利益出发，从人的全面自由发展的需要出发，引导高校思想政治教育者角色的扮演者，跳出特殊岗位、个别角色的立场，从更高的境界全面理解“立德树人”这一总体目标和根本任务的价值逻辑，正确理解自己的工作在高校思想政治教育中的定位，正确理解高校思想政治教育在国家治理体系中的地位，理解思想政治教育对于构建人类命运共同体的意义，避免“一叶障目、不见森林”的狭隘，提升维护高校思想政治教育者角色伦理关系的主体性自觉，把化解高校思想政治教育者角色伦理冲突视为自己不可推卸的责任。在不同思想政治教育工作出现重叠、竞争力的时候，角色扮演者能够从培养人的大局出发，积极沟通协调，共同努力解决问题，而不是各执已见、各弹各调，只追求自己的“业绩亮点”而扰乱思想政治教育系统运转。高校思想政治教育者树立牢固的社会主义核心价值观，热爱社会主义教育事业，把立德树人根本任务的完成作为自己最重要的使命，以社会主义核心价值观所确立的集体主义基本原则梳理为角色伦理关系，调整角色行为就能最大限度地保持高校思想政治教育者角色伦理关系和谐，化解高校思想政治教育者角色之间的伦理冲突。

（三）社会主义核心价值观推动高校思想政治教育者角色伦理实践能力不断提升

角色伦理实践能力是指高校思想政治教育者在高校思想政治教育活动中依据角色伦理规范协调角色伦理关系、化解角色伦理冲突的能力。角色伦理实践能力的提升首先要求高校思想政治教育者意识到自己在伦理关系中的有限规定性，具有遵守角色伦理义务的自觉意识和行为选择。人的本质在其现实性上是一切社会关系的总和，这一判断是社会主义核心价值观的重要理论逻辑。伦理道德的规范意识只能产生在人的生产生活实践过程中，高校思想政治教育者处理角色关系的实践能力也只能在投入高校思想政治教育活动中，在高校思想政治教育者角色实践中得到锻炼和提高。坚持社会主义核心价值观，坚持在实践中理解和践行社会主义伦理道德规范，放弃教条主义、主观主义，保持谦虚谨慎、实事求是的态度，尊重交往活动对象的主体性，向优秀的思想政治教育者学习，在工作实践、生活实践中实现自己主体精神和主体能力的不断进化。

随着现代社会竞争的代际更迭越来越快，社会文化越来越呈现出“低龄优势倾向”，年轻人的社会地位快速上升，受到政治力量、经济力量的青睐，相对而言，年长群体的社会地位则相对下降。大学生作为年轻一代中的优秀群体，社会地位及其心理势能更强，高校思想政治教育者角色强势地位相应地有所动摇。高校思想政治教育者不能再仅仅凭借制度赋予的角色地位获得大学生的尊重和配合，提升角色实践能力的要求越来越迫切。社会主义核心价值观倡导新型的平等、民主的人际关系，强调共同体意识，既反对教育者对教育对象的客体化，也反对教育对象将教育者工具化，要求建立相互尊重的师生关系，在思想政治教育活动中要保证高校思想政治教育者和大学生都能够有收获、有成长、有幸福感，为高校思想政治教育者角色的主体发展提供了平等、和谐、健康的科学道路。高校思想政治教育者应当充分把握这一角色关系发展趋势，以开放、积极的态度迎接社会主义社会新形势、新要求，自觉承担高校思想政治教育者角色伦理关系中的主体责任与义务，将社会主义核心价值观化为自身的伦理意志和道德原则，在高校思想政治教育者角色实践中实现自我价值。

第五章　高校思想政治教育者的角色伦理行为

角色伦理行为指个体在扮演角色的过程中所表现出来的，合乎道德应当和伦理期待，具有持续性、常态性显著特征的角色行为。角色伦理行为由角色伦理行为主体、角色伦理关系、角色道德规范、角色伦理目标等方面组成。角色伦理行为的原动力是由角色权利能力、角色行为能力和角色责任能力所构成，由角色承担者在模仿学习、环境约束和社会倡导中践履。①高校思想政治教育者角色伦理行为主要指高校思想政治教育者在角色伦理关系中遵循角色道德规范，在实现高校思想政治教育目标过程中具有稳定性、连续性的角色道德行为。

第一节　高校思想政治教育者角色伦理行为的演进

高校思想政治教育者角色伦理行为在中国共产党领导中国人民的百年奋斗史的过程中伴随高校思想政治教育实践逐渐形成，在不同的时代具有不同的特征。

一、高校思想政治教育者角色伦理行为的萌发

高校思想政治教育者角色伦理行为最早可以追溯到马克思主义者在中国高校的宣传、教育活动。中日甲午战争后，中国一大批先进知识分子开始介绍西学，马克思主义学说也开始为国人所接触。1917 年年末，李大钊在北京大学进步青年中开展学习和研究马克思主义。1920 年年初，李

① 田秀云等:《角色伦理——构建和谐社会的伦理基础》，北京，人民出版社 2014 年版，第 118、125~129 页。

大钊、邓中夏、高君宇等人在北京大学创办了北京大学马克思学说研究会，系统地学习和研究马克思主义。1922 年秋，以共产党人为主要骨干成立了用以培养革命干部的教育机构——上海大学，邓中夏、瞿秋白、陈望道、蔡和森、张太雷、李汉俊、恽代英等一大批中共早期理论家、革命家都在上海大学“扮演了”高校思想政治教育者角色。早期马克思主义者在高校运用马克思主义理论教育引导青年学生的行为可以看作高校思想政治教育者角色伦理行为的开端，并且奠定了高校思想政治教育者角色伦理行为的基本方向和根本性质——用科学、正义的马克思主义世界观和方法论引导教育广大青年学生投身到救国救民的伟大社会改造运动中去。

高校思想政治教育者角色是中国共产党人的革命角色之一，与新中国成立后“专业”的思想政治教育角色不同，角色行为具有很强的道德理想主义色彩，为高校思想政治教育者角色行为模式打下了“鲜亮的伦理底色”。随着革命事业的发展，中共在根据地创办了红军大学、苏维埃大学、陕北公学、华北联合大学、抗日军政大学、中央党校等学校。这一时期，高校思想政治教育者角色逐渐开始成型，一大批中共领导人成为最早的角色承担者。例如，从 1937 年 4 月至 7 月，毛泽东亲自给抗日军政大学学员讲授了 100 多个小时理论课，讲稿就是后来出版的具有深厚理论色彩的著作《实践论》和《矛盾论》。早期的马克思主义革命家、理论家深入地研究马克思主义理论，以真知灼见对受教育者施加思想和行为的影响，取得了巨大的成就，出色地展示了高校思想政治教育者角色应有的伦理行为——坚持正义、热爱真理、热爱人民、矢志不渝、身体力行。可以说，这一时期的高校思想政治教育者主要由政治角色、思想角色和教育角色三部分组成，并不具备职业角色的特征。这一时期高校思想政治教育者角色伦理行为具有很强的政治色彩，其思想活动、教育活动都围绕抗击外来侵略、推翻反动统治、救国济民这一政治行动开展。

总体而言，新中国成立以前，中国共产党的先进知识分子“创作”的高校思想政治教育者角色伦理行为具有很强的示范性。他们不仅用“思想”影响受教育者，更是用行动实践他们的“思想”，组织带领青年大学生一同参与到实际的革命工作中，与受教育者一同在理论学习与革命实践中接受教育，把思想政治教育活动有机地融入自己的生命活动之中，成为其终生奉献的“志业”，角色行为充满自律精神。早期中国共产党人创建的高校思想政治教育者角色虽然还只具有雏形，但角色扮演者的展现的角色伦理行为绽放出强烈的光芒，充满感召力，无数青年学子确立了马克思主义信仰，投身追求民族独立解放的斗争中，为中国社会主义事业终生奋斗，矢志不渝。

二、高校思想政治教育者角色伦理行为初具型范

新中国成立后，根据《中国人民政治协商会议共同纲领》“以提高人民文化水平，培养国家建设人才，肃清封建的、买办的、法西斯主义的思想，发展为人民服务的思想为主要任务”[①]的规定，国家全面建立了高校思想政治教育工作制度，开设政治理论课，设立政治辅导处与辅导员[②]，高校思想政治教育者角色成了“专门”的职业角色，并且在内部形成了具体的角色分工，有党务工作者角色、“政治理论课教师”角色、辅导员角色等。在社会主义革命和建设时期，思想政治教育工作长期在高校都是重中之重，处于教育教学的中心地位。这一时期，高校思想政治教育工作具有很强的政治色彩，高校思想政治教育者角色行为也呈现出很强的阶级伦理色彩，以传播马克思主义基本立场和方法，揭批封建思想、资本主义思想为首要任务。1961 年 9 月《中华人民共和国教育部直属高等学校暂行工作条例（草案）》颁布，提出高校学生的培养目标是具有爱国主义和国际主义精神、共产主义道德品质，拥护党的领导，拥护社会主义，愿意为社会主义事业服务，为人民服务。高校思想政治教育者的工作围绕这一培养目标展开，同时高校思想政治教育者也要在自己的工作中、生活中身体力行这些品质要求。社会主义革命和建设时期，高校思想政治教育者的角色行为具有很强的组织性、服从性和战斗性。高校思想政治教育者的角色行为围绕着党的中心任务，围绕着党的路线方针政策，不仅要做好高校的思想政治教育工作，还要大力支持广泛的社会主义教育活动。在群众性哲学学习运动中，高校组织了大量政治理论课教师、哲学系学生深入工厂、农村，帮助工农群众成立学习组织，为工农群众编写课本、讲课、辅导和开座谈会。与此同时，他们与工人农民一同学习、一同劳动、一同总结工作，联系实际搞调查研究，增强了自身对马克思主义理论更深层次的理解，也改进了自己的学风。

社会主义革命和建设时期，高校思想政治教育者角色行为的道德色彩也非常浓厚。由于高校思想政治教育在各项工作中处于中心地位，高校思

---

① 《建国以来重要文献选编》第 1 册，北京，中央文献出版社 1992 年版，第 11 页。

② 《中国共产党思想政治教育史》，北京，高等教育出版社 2016 年版，第 162~163 页。

想政治教育者角色的地位带来的自豪感激发了高校思想政治教育者的自尊、自重，其道德自律意识很强。作为文化工作者，这一时期，高校思想政治教育者角色的学术行为比较单纯，首重学术研究、知识传播的世界观和价值观。必须指出的是，专门化的高校思想政治教育者角色，尤其是政治理论课教师非常自然地逐渐积累了高校思想政治教育专业知识，为改革开放后的思想政治教育学科建设奠定了重要的基础。

这一时期高校思想政治教育者的行为具有很强的政治传导色彩，其文化工作者、教育工作者角色行为都以政治角色的规范为基本尺度。《我是怎样教政治理论课的》一书中生动地描述了当时教育工作者角色行为："我对课文的研读，是采取先粗读后精读的方法。拿我研读'政治常识课本'第二章——'中国人民的解放斗争'为例，我首先把这一章从头到尾通盘地阅读了两遍，同时用色笔把重点画上了曲线，并在书页上打上了眉批。这样做的目的是达到对全章内容有个初步的了解：即对这一章讲了几个问题、中心问题是什么、各个问题的相互关系怎样等，在脑子里有个轮廓。然后把全章的 4 节化为 4 段，按照顺序来逐段地精读。精读的目的是在粗读的基础上来进一步深刻地领会课文的精神实质。这就是说，精读，不仅要了解这一章的中心大意是什么，而且要把全章所有的问题都加以融会贯通；不仅要明确这一章提出了什么问题，而且还要弄通他的为什么。这是很难的一步，但也是很重要的一步。因此，我们必须下功夫'走'好这一步。怎样才能'走'好这一步？只有靠教员不懈地努力，认真反复地研读课文，别无他策。"① 作者描绘出了这一时期高校思想政治教育者对自身角色意义的理解："我们之所以能够获得成绩，所以能够不断前进，绝不能把它看成单单依靠自己的力量就可以获得的。依靠什么？我们说主要依靠党，依靠党的教养和正确领导。因为事情很明显，我们虽然是在讲授马克思列宁主义的理论知识，但我们本身并不一定都是成熟的马克思主义者……一个理论教员如果不紧紧地在党的领导下进行工作是非常危险的。与此相反，只有积极争取党对我们的指导，只有紧紧地在党的领导和监督下进行教学活动，才能克服我们本身的缺点，才能使得我们的工作不断前进。"② 因此，在进行教育活动时，角色承担者的正确行为就是"当这一个问题暂时还得不出明确结论或者暂时还搞不十分明白的时候，我就尽量不

① 朱起：《我是怎样教政治理论课的》，北京，人民出版社 1956 年版，第 6~7 页。
② 朱起：《我是怎样教政治理论课的》，北京，人民出版社 1956 年版，第 68~69 页。

写不讲。虽然不写不讲是个缺陷，但宁缺毋滥，总比毫无根据地乱放炮要好些”①，“在编写讲稿中是不允许教育毫无根据地编造和随便发挥的。因为，这种‘编造’和‘发挥’不仅是教学态度上的不严肃，而且也往往引起学员认识上的混乱，造成不良后果”②。这一时期，高校思想政治理论课教师的政治工作者角色行为突出，文化工作者、教育工作者的角色行为不突出。文化工作者、教育工作者角色的伦理行为必须首先合乎政治伦理要求。

高校思想政治教育者角色的发展也在这一时期经历了重大挫折。受国家政治决策失误影响，高校思想政治教育者角色由于过度强调政治而造成角色结构失衡，高校思想政治教育者的角色行为也出现重大偏差。以思想政治理论课教师角色为例，高校思想政治理论教育以阶级斗争为纲的要求，致使思想政治理论教育陷入到教条主义的窠臼，尤其是“文化大革命”中期，高校课程都强调为阶级斗争服务，思想政治理论课教师的角色功能因泛化而被淹没，反右派斗争中，“左”倾错误思想干扰和影响了高校思想政治教育者角色行为方向和方式。由于“大鸣”“大放”“大字报”“大辩论”等“疾风暴雨”式的运动被视为迅速解决思想问题的好方法③，高校思想政治教育者角色也采取了比较简单、粗暴、运动式的行为，没有坚持团结—批评—团结的思想政治教育方针和以理服人、说服教育的教育路线。“文化大革命”期间，极左思潮对思想政治教育造成严重危害，科学的理论研究受到破坏，正确的方针与原则也被抛弃，优良传统遭到败坏，高校思想政治教育者角色行为的基本规范也遭到了破坏，脱离实际、搞形式主义、讲空话大话等现象严重，思想政治教育涣散无力。④“文化大革命”结束之后，中共中央开始推进思想理论战线的拨乱反正，出台了《关于成立中央宣传部的报告》等一系列文件，1977 年 10 月出台《关于办好各级党校的决定》，重建理论联系实际、实事求是的思想政治教育优良作风，为重新确立高校思想政治教育者角色伦理行为发挥了重要作用。

总体而言，社会主义革命和建设时期，高校思想政治教育者角色依然具有强烈的道德理想主义色彩，虽然高校思想政治教育者角色在形式上已

---

① 朱起：《我是怎样教政治理论课的》，北京，人民出版社 1956 年版，第 23 页。

② 朱起：《我是怎样教政治理论课的》，北京，人民出版社 1956 年版，第 21~22 页。

③ 《中国共产党思想政治教育史》，北京，高等教育出版社 2016 年版，第 183 页。

④ 《中国共产党思想政治教育史》，北京，高等教育出版社 2016 年版，第 206~213 页。

经是“职业角色”，但又不仅仅是“职业角色”，更是“革命的不同分工”。因此，高校思想政治教育者角色并没有凸显为特殊职业道德行为，而是以党员干部的道德标准要求每一位高校思想政治教育者要为社会主义事业作贡献，全心全意为人民服务。一方面，高校思想政治教育者不仅要在角色活动中体现出道德要求，还要在日常生活的方方面面体现出高尚的道德品质。另一方面，这一时期高校思想政治教育者角色的“职业”属性在逐渐发展，角色行为在依靠道德自律的同时，也不断构建和完善了角色行为的制度规范。《中华人民共和国教育部直属高等学校暂行工作条例（草案）》规定了高校思想政治教育的目标、任务以及要求，也明确了高校思想政治教育者角色的行为规范要求：在全校师生员工中宣传马列主义、毛泽东思想，宣传党的路线和各项方针政策，不断提高全校师生员工的思想政治觉悟和道德品质；团结全校师生员工，调动全校师生员工的积极性，贯彻执行党的教育方针，保证学校各项工作的完成；要坚持用团结—批评—团结的方式处理人民内部矛盾，采取民主的、和风细雨的思想政治教育方法，必须深入细致，讲求实效；等等，奠定了高校思想政治教育者角色伦理行为的基本框架，为高校思想政治教育者角色伦理行为的发展和完善奠定了良好的基础。

三、高校思想政治教育者角色伦理行为的发展及成熟

1978 年，真理标准问题大讨论掀起了思想解放的大潮，也开启了高校思想政治教育者角色伦理行为的全面恢复进程。“由于每一次社会形态的转变都是一种社会变革，因而每一种与之相适应的道德，都可以说是每一次社会变革的结果。”[①] 党的十一届三中全会确立了党和国家的工作重心由“以阶级斗争为纲”向“以经济建设为中心”的战略转变，逐渐形成了全新的高校思想政治教育环境和全新的高校思想政治教育任务，也对高校思想政治教育者角色提出了新的伦理要求。

1980 年，教育部、共青团中央印发《关于加强高等学校学生思想政治工作的意见》指出高校思想政治工作必须紧密结合为“四化”培养人才这个中心来进行。1984 年 9 月，中共中央宣传部、教育部联合颁发《关于加强和改进高等院校马列主义理论教育的若干规定》指出“高等院校马

① 龚爱林：《变革中的道德——当前我国伦理道德发展的变化、问题及对策研究》，长沙，湖南教育出版社 2000 年版，第 2 页。

列主义课教师是塑造学生灵魂的工程师，是宣传科学共产主义的战士”，要求高校思想政治理论课教师要坚持四项基本原则，执行党的路线、方针、政策，在政治上同党中央保持一致，全心全意为人民服务，忠诚于社会主义教育事业，作风正派，为人师表，并且明确提出高校思想政治理论课教师要不断参加培训进修，要提升理论水平，进行科学研究。同年 11 月，中共中央宣传部、教育部又颁布《关于加强高等学校思想政治工作队伍建设的意见》，对高校思想政治教育工作者的政治素质和知识水平提出基本要求，鼓励专职高校思想政治教育者坚持提高文化知识水平，主动参加社会实践，提高思想政治工作能力。高校思想政治教育者的“教育者”角色得到重视，教育者角色伦理行为逐渐增强、更加规范。

1984 年，思想政治教育专业的设立有力地推进了高校思想政治教育者角色伦理行为模式的探索和完善。从此之后，伴随着高校思想政治教育专业学科的建设和大量具有硕士、博士学位的专业人才进入高校思想政治教育队伍，高校思想政治教育工作步入职业化、专业化的轨道，高校思想政治教育者角色伦理行为呈现出越来越强的理论化、科研化色彩，角色发展的空间日益打开，角色伦理行为越来越丰富，逐渐形成了系统完整的伦理期待和道德规范。1990 年颁布的《国家教育委员会关于加强高等学校专职思想政治工作者正规培训的通知》、1993 年颁布的《关于新形势下加强和改进高等学校党的建设和思想政治工作的若干意见》、1999 年颁布的《中共中央关于加强和改进思想政治工作的若干意见》、2000 年颁布的《关于进一步加强高等学校学生思想政治工作队伍建设的若干意见》都对高校思想政治教育者角色的政治、道德、研究、教育工作行为提出了明确的要求。2004 年，中共中央、国务院下发《关于进一步加强和改进大学生思想政治教育的意见》则明确了高校思想政治教育者角色由学校党政干部和共青团干部、思想政治理论课和哲学社会科学课教师、辅导员和班主任等具体角色构成，在这个文件中还对每一个具体角色的职责进行了描述，形成了高校思想政治教育者角色较为完整的行为规范结构，成为高校思想政治教育者角色伦理行为的基本指针。2011 年，教育部、中国教科文卫体工会全国委员会研究制定《高等学校教师职业道德规范》，从爱国守法、敬业爱生、教书育人、严谨治学、服务社会、为人师表 6 个方面对高校教师的角色伦理行为进行了全面的规范。此后，针对不同高校思想政治教育者队伍，尤其是高校思想政治理论课教师队伍，党和国家、地方思想政治教育管理部门、高校都纷纷出台了具体的建设意见，高校思想政治教育者角色伦理行为步入了规范发展阶段。

这一时期，高校思想政治教育者的职业角色得到了长足发展，并对高校思想政治教育者的思想工作角色、政治工作角色、教育工作角色的伦理行为产生了较大的影响。职业角色伦理行为作为市场经济运行过程中调整社会角色关系的行动。随着高校职员角色意识的提高，高校思想政治教育者增强了对自身经济权利的重视，开始追求物质利益需求的满足。这一时期高校思想政治教育者为了在职业中获得更好的发展，在职业竞争中获得更高的回报，对工作投入了更多的时间和精力，其主体性和积极性都明显得到了提升。作为文化工作者角色应当产出更多学术成果，作为教育工作者角色应当赢得学生认同的伦理原则得到了普遍认同。高校职员的角色使高校思想政治教育者的个人利益与所在高校的发展有机地结合在一起，高校思想政治教育者开始自觉地将工作重心和自我发展规划与高校发展的整体规划保持一致。与此同时，由于高校思想政治教育者的具体工作要求及其利益受到所在高校的影响越来越大，高校思想政治教育者的政治工作者角色行为有了“形式化”的苗头，甚至少数高校思想政治教育者不再认同自己的政治工作者角色。此外，高校职员角色的强化使高校思想政治教育者对角色“分内”“分外”的岗位职责边界意识更加敏感，在一定程度上降低了牺牲奉献精神，职业竞争行为也影响了同事间、师生间的交往模式，造成了情感的疏离。

四、高校思想政治教育者角色伦理行为的改进与完善

党的十八大以来，对思想政治教育工作的重视程度进一步提升，对于思想政治工作队伍，尤其是高校思想政治教育队伍的要求也越来越高。高校思想政治教育者的角色伦理行为进入一个新的发展阶段，上升到一个新的发展层次。2013 年 8 月 19 日，在北京召开的全国宣传思想工作会议上习近平总书记发表重要讲话（简称“8・19”重要讲话），指明意识形态工作的方向和路径，也成为新时代思想政治工作者的基本行动指南。2013 年 9 月，为深入学习贯彻习近平总书记的“8・19”重要讲话，中共教育部党组下发了《关于在教育系统深入学习贯彻全国宣传思想工作会议精神的通知》，对学校党政干部、共青团干部、思想政治理论课教师和哲学社会科学课教师、辅导员和班主任队伍提出了明确的要求，强调高校思想政治教育者要成为“政治坚定、理论深厚、能打硬仗的理论专家队伍”，做到“守土有责、守土负责、守土尽责”“强化阵地意识和责任担当，旗帜鲜明地

唱好主旋律、打好主动仗”“坚持团结稳定鼓劲、正面宣传为主”，不断改进、创新工作方法，积极运用新媒体，围绕热点问题“主动发声、主动回应社会关切”，对高校思想政治教育者角色的主体性发挥寄予了前所未有的厚望。2014 年，教育部颁布《高等学校辅导员职业能力标准（暂行）》。2016 年，全国高校思想政治工作会议召开，要求高校思想政治教育者要成为先进思想文化的传播者、党执政的政治支持者。同年中共中央、国务院印发了《关于加强和改进新形势下高校思想政治工作的意见》，落实了这一精神。2017 年，教育部发布《高校思想政治工作质量提升工程实施纲要》。2018 年，教育部思想政治工作司启动“高校思想政治工作青年骨干队伍建设项目”。2019 年 3 月 18 日，习近平总书记主持召开学校思想政治理论课教师座谈会。同年 8 月，中共中央办公厅、国务院办公厅印发《关于深化新时代学校思想政治理论课改革创新的若干意见》，对高校思想政治理论课教师提出“政治强、情怀深、思维新、视野广、自律严、人格正”（简称“六要”）的素质要求。2020 年 1 月，教育部颁布《新时代高等学校思想政治理论课教师队伍建设规定》，高校思想政治教育者角色伦理行为规范日益全面完善，不仅清楚指明了高校思想政治教育者角色的道德底线，更是打开了高校思想政治教育者角色行为的广阔发展空间。

2016 年 12 月，习近平总书记在全国高校思想政治工作会议上提出，高校师德师风的建设要坚持“教书和育人相统一”“坚持言传和身教相统一”“坚持潜心问道和关注社会相统一”“坚持学术自由和学术规范相统一”。在 2019 年 3 月学校思想政治理论课教师座谈会上又提出“坚持政治性和学理性相统一”“价值性和知识性相统一”“建设性和批判性相统一”“理论性和实践性相统一”“统一性和多样性相统一”“主导性和主体性相统一”“灌输性和启发性相统一”“显性教育和隐性教育相统一”思想政治理论课的“八个相统一”。高校师德师风建设的“四个相统一”和思政理论课的“八个相统一”，成为新时代加快高校思想政治教育者角色伦理行为的基本遵循。高校思想政治教育者角色是传思想政治教育之道的角色，首先要做到“信道”，何以“信道”，必须“求道”“问道”，要求高校思想政治教育者角色必然先“闻道”做到先受教育，终身潜心向学，勇于探索，思无禁区，做到真“知道”，坚“信道”，必要的时候能“殉道”。高校思想政治教育者角色作为“传道者”角色，又要考虑怎么让受教育者能够“向道”“信道”，因此，还要研究思想政治教育之道，把握高校思想政治教育的教育规律、接受规律，把握教育对象的心理认知规律，理解教育对象的成长发展规律。

党的十八大以来，高校思想政治教育者角色重新把政治工作者角色放到了角色结构的中心地位，将站稳马克思主义政治立场、坚持中国特色社会主义办学政治方向、严守教学管理服务活动中的政治规矩作为高校思想政治教育者角色行为的首要要求和开展思想政治工作所遵循的基本原则。严守政治纪律不仅是对高校思想政治教育者的政治宣讲、组织工作、思想工作等政治角色行为的要求，也是对高校思想政治教育者的文化工作者、教育工作者角色的要求，同时写进了高校职员的职业道德要求之中。高校思想政治教育者的文化工作者角色也开始受到重视。高校思想政治教育者在思想生产、理论创新方面不断努力，科研工作成为高校思想政治教育者典型的角色行为，追求真理、尊重科学、勤奋严谨、团结协作等伦理行为成为高校思想政治教育者角色伦理的重要组成部分。党和国家对高校思想政治教育者的教育工作者角色也指明了方向，提出了更高的要求，明确了教育角色伦理行为规范，必须“是道德高尚的人群”“以赤诚之心、奉献之心、仁爱之心投身教育事业”“以德施教、以德立身的楷模”。党的十八大以来，党和国家非常重视提高高校思想政治教育者尤其是思政课教师与辅导员的地位和报酬，同时提出了“对所从事职业的忠诚”和“关爱学生”的职业伦理行为要求，强调作为高校教师必须关爱学生、执着于教书育人，不能把教育岗位仅仅视为养家糊口的方式。

总之，简要回顾高校思想政治教育者角色行为伦理的发展历史，我们能够发现，高校思想政治教育之道既是国家社会发展的正道，也是高校思想政治教育者、教育对象的发展正道，既符合国家社会的需要，也符合每一名社会成员的需要。高校思想政治教育角色行为伦理的这个规律在思想政治教育实践历史中逐渐萌生，在马克思主义理论的指导下，在中国共产党领导人民群众的革命和建设实践中生长成熟。历经半个世纪的建设，中国已经形成了清晰明确和坚定不移的高校思想政治教育者角色行为伦理的基本原则和日益完善的、平衡健康、生机勃勃的规范体系。

第二节 高校思想政治教育者角色伦理行为的养成

角色伦理行为也就是指角色的道德行为。角色伦理只有落实到具体的角色扮演者行为上才具有意义。广义的角色伦理行为是可进行善恶价值判断的角色行为，包括道德行为和不道德行为。狭义的角色伦理行为则特指符合道德的角色行为，反之则称为非伦理行为。例如，敬业是角色伦理行为，玩忽职守则是非角色伦理行为。高校思想政治教育者角色伦理行为是指高校思想政治教育者角色符合道德要求、具有道德价值的行为。

一、高校思想政治教育者角色伦理行为的发生

杨国荣在《人类行为与实践智慧》一书中提到，以人的存在为视域，“是什么”与“做什么”具有内在的一致性。[①] 高校思想政治教育者角色的伦理本质与存在品格引导高校思想政治教育者角色行为的道德方向，高校思想政治教育者角色道德行为又塑造了高校思想政治教育者角色的伦理本质与存在品格。高校思想政治教育者角色的伦理本质与存在品格究其根本来源于中国共产党百年思想政治教育实践，角色伦理行为在先，角色伦理规范在后。对于个体的高校思想政治教育者而言，角色伦理规范在先，角色伦理行为在后。高校思想政治教育者角色伦理行为始于角色资格的获得，在此之前高校思想政治教育者角色行为规范已经比较健全。高校思想政治教育者作为基于高校思想政治教育的需要而设立的职业社会角色，具有明确的入职条件，在符合“政治关、师德关、业务关”等要求的情况下，个体可以获得扮演职业角色的资格。为了实现角色功能，个体在进入高校思想政治教育者角色之前，必须具备对高校思想政治教育者角色的基本认知。角色扮演者在进入角色前需要通过学习和模仿获得角色权利能力、角色行为能力和角色责任能力，了解正确开展高校思想政治教育活动的基本要求。

“权利能力”是一个法律术语，指人享受法律权利和承担法律义务的资格。角色权利能力指角色承担者享有角色权利和承担角色义务的资格。高校思想政治教育者角色承担者的角色权利能力指高校思想政治教育者享有从事高校思想政治教育的权利和承担高校思想政治教育义务的资格，是高校思想政治教育者角色伦理行为的基础。社会成员在进入高校思想政治教育岗位的同时获得高校思想政治教育者角色权利能力。高校思想政治教育者角色承担资格应当经历长期艰苦的专门训练。社会成员要获得高校思想政治教育者角色权利能力，需要经过两道程序。首先，社会成员要向高校提出申请，经高校根据高校思想政治教育岗位入职条件以及高校思想政

① 杨国荣：《人类行为与实践智慧》，北京，北京大学出版社 2020 年版，第 18~19 页。

治教育者工作需要进行考核。其次，考核合格，获得高校入职资格之后，社会成员经过规范的岗前培训，承担不同的思想政治教育工作，正式获得高校思想政治教育者角色权利能力。高校思想政治教育者角色是规范的组织角色，具有明确的角色素质要求和系统的角色行为规范，要求角色承担者必须认同高校思想政治教育者的价值准则、道德规范和行为路线。因此，社会成员在进入高校思想政治教育角色之前，应当充分了解高校思想政治教育岗位要求，并对自身的素质和能力是否能够担负角色功能进行评估，这样才能做好思想、知识、能力的准备。高校在安排社会成员进入高校思想政治教育角色之前也应当对这个人进行综合考察，确定其是否具备实现角色功能所需要的素质，其个性品质能否达到角色伦理要求。高校应当充分意识到思想政治教育者角色的承担者需要很高的综合素质，尤其在政治素质、道德素质方面要加强考核。高校应当意识到一旦高校思想政治教育者角色的行为出现偏差，会严重影响高校立德树人根本任务的完成，所以在用人的时候必须慎之又慎，应当设计科学全面的高校思想政治教育角色测评标准，考核申请者对高校思想政治教育者角色的认识水平和能力水平。角色测评内容一般包括：（1）角色权利与义务，指角色拥有的权利、获得的利益及应尽的责任；（2）角色权力与责任，指角色拥有的强制力和支配力以及应该做什么不应该做什么的规定性；（3）角色地位，指角色主体在社会中所处的阶层地位；（4）角色价值取向，指角色对某些事物的看法和观念；（5）角色意识形态，指角色的观念系统；（6）角色行为规范与方式，指角色的行为规定性及表现风格；（7）角色思维方式，指角色思考问题的惯常模式；（8）角色能力，指角色完成任务具备的心理品质；（9）角色的知识，指角色掌握的直接和间接知识水平。[①] 高校思想政治教育管理者应当根据角色目标考察高校思想政治教育岗位的申请者，考核其政治素质、知识素养、道德品质以及其对高校思想政治教育角色的认识、从事思想政治教育活动的心理以及行动能力准备。考核需要通过一定的硬指标，例如共产党员的身份、学历层次、曾经的操守记录等，还应当进行专业性测试。目前，高校对申请思想政治教育岗位的求职者大多通过笔试和面试进行专业性测试，保证了高校思想政治教育者普遍具有较高的综合素质，但还不够完善，尤其对于申请者的思想素养、政治素养、道德素养的考核还缺乏科学有效的方法。部分高校领导对于高校思想政治教

① 秦启文、周永康：《角色学导论》，北京，中国社会科学出版社 2011 年版，第 444 页。

育者角色的素质要求认识不到位，把高校思想政治教育与一般行政管理工作混为一谈，把高校思想政治教育者角色看作是为学校科研、教学辅助、服务的角色，降低高校思想政治教育者角色的准入门槛，使部分高校思想政治教育者具有角色权利能力却不具备相应的角色行为能力和角色责任能力的现象还比较普遍。

高校思想政治教育者的角色行为能力指高校思想政治教育者实际能够独立开展高校思想政治教育工作的能力，应当具备高校思想政治教育者基本的政治素质、教育素质。政治素质也可称为政治能力，是高校思想政治教育者角色行动能力的核心要素。新中国成立以来，党和国家对教育一直非常重视，对教育者尤其是高校教育者角色伦理行为提出了明确的期望。“作为灵魂工程师，应当高举马克思主义、社会主义的旗帜，用自己的文章、作品、教学、讲演、表演，教育和引导人民正确地对待历史，认清现实，坚信社会主义和党的领导，鼓舞人民奋发努力，积极向上，真正做到有理想、有道德、有文化、守纪律，为伟大壮丽的社会主义现代化建设事业而英勇奋斗。”[①] 高校教师要努力成为“先进思想文化的传播者、党执政的坚定支持者，更好担起学生健康成长指导者和引路人的责任”，不仅自己要做到“四个相统一”，还要“引导广大教师以德立身、以德立学、以德施教”[②]。党和国家领导人对教育者的角色伦理行为的期望确立了高校思想政治教育者角色伦理行为的方向和基本原则，高校思想政治教育者角色不仅要承担大学生健康成长指导者和引路人的责任，还要承担广大高校教师立德树人的责任。高校思想政治教育者角色是高校舞台中的“主角”，在一定程度上决定着高校思想政治教育活动甚至高校教育的成败。

首先，高校思想政治教育者角色是国家在高校设立的政治性组织角色。高校思想政治教育者角色承担者获得角色行为能力首先必须符合角色设立者——国家的相关要求。高校思想政治教育者角色伦理行为的要求以红头文件形成明确的规范。2008 年，《中共中央宣传部　教育部关于进一步加强高等学校思想政治理论课教师队伍建设的意见》明确要求，“思想政治理论课教师必须坚持正确的政治方向”。2017 年，教育部颁布的《普通高等学校辅导员队伍建设规定》第七条关于高校辅导员的基本素质首先明确规定“具有较高的政治素质和坚定的理想信念，坚决贯彻执行党的基

① 《邓小平文选》第 3 卷，北京，人民出版社 1993 年版，第 40 页。

② 《习近平谈治国理政》第 2 卷，北京，外文出版社 2017 年版，第 379 页。

本路线和各项方针政策，有较强的政治敏感性和政治辨别力”。2019年，习近平总书记在学校思想政治理论课教师座谈会上指出，办好思想政治理论课，最根本的是要全面贯彻党的教育方针。2020年，教育部下发《新时代高等学校思想政治理论课教师队伍建设规定》明确“思政课教师应当增强‘四个意识’，坚定‘四个自信’，做到‘两个维护’，始终在政治立场、政治方向、政治原则、政治道路上同以习近平同志为核心的党中央保持高度一致”。

其次，高校思想政治教育者应当具备完成高校思想政治教育工作任务，发挥高校思想政治教育者角色功能的教育素质。教育素质包括热爱高校思想政治教育事业，掌握高校思想政治教育规律和高校思想政治教育工作技能等基本内容。高校思想政治教育者角色的教育素质不仅包括一般教育者应具备的教育知识、教育经验、教育方法，还应当具备专门的高校思想政治教育知识、经验和技能。高校思想政治教育者角色不仅是做大学生思想政治教育的角色，还是教育思想政治教育者的角色。高校思想政治教育者还负有教育辅导社会其他思想政治教育者，为其他思想政治教育者提供理论与实践指导的任务。思想政治教育有独特的教育要求、教育规律和教育方法。高校思想政治教育者角色还应当不断积累思想政治教育工作经验，探索思想政治教育工作规律与方法，培训指导思想政治教育者普遍提升思想政治教育的能力。

高校思想政治教育者的角色责任能力是指高校思想政治教育者角色独立承担角色任务，接受高校思想政治教育者的角色行为规范约束的能力。高校思想政治教育工作的重要地位决定了高校思想政治教育者角色具有更加严格的行为规范要求，既包括高校教师应遵守的职业行为规范，还包括思想政治教育工作行为规范。约束高校思想政治教育者的行为规范的法律主要有《教师法》《高等学校教师职业道德规范》《教育部关于建立健全高校师德建设长效机制的意见》等。2018年，教育部印发《新时代高校教师职业行为十项准则》划出10项“不得”出现的行为，要求“对于发生准则中禁止行为的，要态度坚决，一查到底，依法依规严肃惩处，绝不姑息”。在此基础上，2018年，教育部颁布了《教育部关于高校教师师德失范行为处理的指导意见》，明确规定根据情节轻重，对高校教师的师德失范行为进行批评教育、诫勉谈话、责令检查、通报批评，取消其在评奖评优、职务晋升、职称评定、岗位聘用、工资晋级、干部选任、申报人才计划、申报科研项目等方面的资格，以及警告、记过、降低岗位等级或撤职、开除等惩戒措施。高校思想政治教育者首先要遵守高校教师的角色行为规范，在此基础上，2017 年通过的修订版《普通高等学校辅导员队伍建设规定》，2020 年通过的《新时代高等学校思想政治理论课教师队伍建设规定》对高校思想政治教育者的角色行为规范也作了专门的规定。高校及高校各思想政治教育管理部门根据国家的相关规定还制定了更为具体详尽的高校思想政治教育者的角色行为管理条例。国家、高校、主管部门出台的管理制度形成高校思想政治教育者角色的责任能力范围。高校思想政治教育者必须具备自觉严格遵守上述规定的自律能力，一旦出现行为失范，就必须接受相关处罚。

二、高校思想政治教育者角色伦理行为的学习

角色承担者学习高校思想政治教育者角色伦理行为的过程也可称为角色承担者发挥主体性，探索角色行为伦理的过程，可以分为学习准备阶段、刻意模仿阶段、自主塑造阶段、探索创新阶段 4 个阶段。4 个阶段作为一个连续的过程并没有明显的界限，每一阶段也都包含不同程度的其他阶段行为，只是某种行为特征更为显著、突出。

（一）学习准备阶段

随着职业化、专业化的发展，高校思想政治教育者角色的承担者现在一般在进入职场之前有相当一部分就已经开始学习高校思想政治教育者角色伦理行为，这部分人就是马克思主义理论学科的博士研究生和硕士研究生。如果他们将来进入高校，博士研究生一般会进入思想政治理论课教师角色，硕士研究生则多一个选项，还可以进入辅导员角色。随着博士研究生人数的增加，硕士研究生进入高校思想政治理论课教师角色的机会大大减少。研究生阶段，准思想政治教育者学习的主要方向是如何做一个理论研究者，尤其是博士生。这个期间，他们学习马克思主义理论学科的专业知识，学习马克思主义理论学科的研究方法，初步形成理论探索的方向。因此在这一阶段，准高校思想政治教育者主要任务是学会高校思想政治教育者角色的学科伦理行为，养成学术研究的伦理行为习惯。当然在此期间，他们也会观察他们的导师和其他思想政治教育者，大多是高校思想政治理论课教师的其他角色伦理行为，尤其是教育伦理行为。这种观察在未来他们自己扮演高校思想政治教育者角色的时候会不自觉地模仿。

Z 老师说："我的硕士导师是一个对学生非常温和的人。我

的毕业论文，他是一个字一个字地改，甚至标点符号他都改。其实他很忙，有行政工作，是研究生院的常务副院长，院长是副校长兼任的，研究生学院的日常工作都是我导师抓。他还上两三门课，上的课也很受学生欢迎，带的学生又多，我其实都不怎么好意思去找他，就怕给他添麻烦，所以论文初稿看他改得那么认真，我后来写东西就严谨很多。”“读书的时候还有一位老师对我影响很大，他学识丰富，视野开阔，上课的时候旁征博引，特别受同学欢迎。我很羡慕他，读书的时候就期待将来自己站在讲台上的时候能像我导师，还有这位老师的样子。所以，我一直很重视教学，花很多工夫，虽然在科研上成果出来得慢了一点，但我觉得思政课教师首先应该是一个好教师吧！”（SZKJS2114）

Z老师在求学阶段系统地接受学术伦理行为的训练，同时在有意无意地观察高校思想政治教育者人格展示、师生交往、教育教学等其他角色伦理行为，为未来塑造属于他自己的思想政治教育者角色奠定基础。相对而言，硕士研究生受到辅导员的影响更大，硕士研究生进入辅导员角色的比例也较高，硕士研究生辅导员的工作模式、行为特点对他们的影响同样很大。

L是刚入职两年的辅导员，前一段时间因为处理一个学生在宿舍里使用违章电器的时候直接将学生买的电热壶摔坏了，引发冲突，受到学校的批评。他有些不服气，认为对待违规学生就不能手软，要态度坚决。他说：“我以前读书的时候，辅导员说一不二，把学生管得服服帖帖的，我就挺佩服的。学生就应该有个学生的样子，自己错了还有理了，学校这样纵容学生让我的面子下不来，我以后怎么做工作？”（FDY2107）

L老师的辅导员处理学生工作事务的态度、方法都对他形成了一定的示范，无论是好的一面还是坏的一面，都影响了他进入角色后的行为。高校思想政治教育者角色是一个历史生成、积淀而成的角色，每一个角色的承担者都在塑造着其他角色承担者，每一个角色承担者都应当对此具有充分的自觉。每一位准高校思想政治教育者都会经历学习准备阶段，部分人的学习自觉意识不强，这为他们未来扮演角色带来较大的麻烦。

（二）刻意模仿阶段

思想政治教育角色行为实践性极强，虽然具有一定的“程式”，但给角色承担者个性发挥的空间很大，新晋的角色承担者往往不能直接从书本中获得角色扮演的技巧，需要角色扮演者自己体会。新入职的刚从学校毕业的研究生首先在组织和同事的帮助下逐渐形成对自己将要扮演的高校思想政治教育者角色伦理观念。他会首先学习国家、高校乃至所在具体部门颁布的各种文件中所规定的角色职责，了解自己必须完成的工作、质量要求和角色的晋升条件等。在这个过程中，他要学习如何摆正自己与组织中其他角色之间的关系，尽快融入群体中，营造一个和谐、有利于展开自己角色行为的空间。一般而言，他们首先会观察所在群体其他教师的日常行为，主动了解必须完成的工作要求。高校思想政治理论课教师角色往往有一个助教见习期，在此期间他们会有意识地选择至少一位教师作为学习的主要对象，观摩其教学、科研活动，仿效他们的角色行为。辅导员往往会直接进入角色，承担起程序相对清楚的工作，并在此过程中观察其他学生工作者的角色行为。因为年龄比较接近大学生，辅导员往往还比较注重听取大学生的反馈，仿效那些受到学生欢迎辅导员的角色行为。

C老师博士毕业后在一所高校做思想政治理论课教师。他们学校有一位思想政治理论课教师的教学比较有名，他就堂堂不落地认真地听了这个老师一个学期的课，总结这个老师教学的特点，在自己设计教学的时候，有意进行模仿，基本上把那位老师使用的教学案例都照搬到自己的课堂里。（SZKJS2115）

F老师硕士毕业后进入一所高校做辅导员。他觉得一般事务上手还是比较容易的，最棘手的就是处理学生违规行为和学生之间的冲突。他说：“和做了几年辅导员的X老师相比，刚开始我感觉自己确实挺‘菜’的。学生出了事，我就很焦虑，经常睡不着，和学生的冲突也多。但X老师就显得游刃有余，虽然他也很忙，但不乱。我就主动请教他，他会把许多经验传授给我，告诉我该怎么和学生讲话，遇到事怎么表态，什么样的事应该请示，什么样的事要自己处理等，对我帮助很大。所以，我也很愿意和其他辅导员分享我的经验，能给别人一点帮助让我很开心。”（FDY2108）

在模仿阶段，新晋角色承担者会很在意领导、同行、学生等相关角色对自己学习角色、试练角色行为的反馈，形成对于高校思想政治教育者角色与其他角色之间伦理关系的理解。在此过程中，他很快了解到自己扮演的角色可以享受的权利，清晰自己要承担的高校思想政治教育者角色的地位、价值、职责、规范，同时对自己要扮演的高校思想政治教育者角色应具有的思想、品格、形象、社会评价等形成较为全面的了解。

不同的人在这一阶段所用的时间不同。有意识地增加与其他角色扮演者的互动，全面观察其他角色扮演者的角色行为方式，选择优秀的角色扮演者重点观摩其角色演绎的技巧会让新晋的角色扮演者更快地理解角色，形成较为科学全面的角色观念。这部分的观察、模仿主要集中在职场，包括参加会议、政治活动、理论学习、开展思想政治教育活动、社会服务、参加单位组织的教学、科研、文体等各种活动的“台前”角色行为，形成对角色行为模式的认识，例如，高校思想政治教育者的行为应当端庄而有教养、热情又不失严肃、严谨又不失温暖等。角色行为的观察模仿也会延伸到私人交往的“台后”。高校思想政治教育者在私人组织的聚会中，会比较自由地交流对于单位人际关系、组织规则、工作情况等角色扮演相关人与事的态度、观点，会使新晋角色扮演者更深入地领会角色行为中的伦理规则。

一般而言，高校思想政治教育者刻意模仿其他扮演者角色行为的时间比较短，越是后期表现优秀的思想政治教育者，就越能更快速地理解和遵循高校思想政治教育者角色伦理行为的要求，并在此基础上进入自主塑造角色的阶段，不断增强自己的角色演绎风格，拓展高校思想政治教育角色行为路径。也有少数新晋的角色承担者在这一时期没有及时形成对所扮演角色的正确认知，不能很快进入角色。这与其个体的主动性发挥，以及仿效对象出现偏差都有一定的关系。这一时期，新晋角色承担者在观察“老演员”的角色行为，同时身处“老演员”的观察评估之中。“老演员”会根据对新晋角色承担者的个性、品格、能力等的判断调节与他们互动的行为方式。因此，同一位或同一群“老演员”对刚入职的高校思想政治教育者产生的影响也是不同的。

（三）自主塑造阶段

新晋高校思想政治教育者进入角色，直接开始正式的角色活动。高校思想政治理论课教师独立承担教学任务，在党政工作和共青团工作岗位分配了具体的工作范围，辅导员班主任开始独立负责学生管理工作的时候，都各自开始了独立探索角色的行为。这个时候，他们对明文规定的高校思想政治教育者角色行为规范已经基本清楚，同时大致了解了自己岗位的工作流程。这个时期，他们开始把自己的角色地位观念、角色义务观念、角色行为观念和角色形象观念在具体的工作中呈现出来，塑造出具有自己个性的高校思想政治教育者角色。

> G老师博士毕业后进入一所高校做思想政治理论课教师。他在入职的第一个学期里，把教研室所有老师的课都听了一遍，琢磨不同老师的教学风格，记了很多笔记。他也非常主动地和其他教师交流听课感受，虚心向老教师请教，这让他结束助教学习期站上讲台的时候感觉心里比较有底。他说："和其他老师交流能了解他们上课的意图和设计，但他们教学时候的个人风格我感觉和他们的个性有关，也和经验有关。有些东西要凭感觉去把握，我会根据我自己比较适合的方式去站讲台，不会把其他老师的东西直接搬到我的课堂上。"（SZKJS2116）
>
> Z老师在一次集体备课活动中提出问题，思想政治理论课教学首先应该和大学生讲清楚的是什么？然后他自问自答："思想道德修养与法律基础课[①]一开始应该和大学生讲清楚为什么要让他们上这门课。很多大学生还像中学生一样，把思想道德修养与法律基础课当成副课，就想混个学分。还有一些大学生觉得这门课没啥用，讲的那些道理都听过很多遍了，上这门课正好放松放松。其实这门课对国家、对学生都很重要，绪论里面讲的道理需要花时间给大学生讲透，不能像有的老师那样简单按照课件说两句就结束。"然后他花了半个多小时讲述了他对于这门课的理解，让大家感受到他对自己的角色地位、角色责任认同度很高。由于肯用心思，他的教学水平提高得很快，迅速在同行中脱颖而出。（SZKJS2117）

角色扮演者在角色目标指导下自主塑造自己的角色行为、角色形象的过程贯穿于整个角色活动过程，但入职之后3年到5年是职业地位发生变化后的一段时间，也是明显的形塑期，其他角色活动时间更多的是对自己

① 《思想道德修养与法律基础》现更名为《思想道德与法治》。

角色行为和角色形象的巩固和完善。在形塑自我角色行为伦理过程中，高校思想政治教育者逐渐养成了自己的角色伦理行为模式，打造出各具特色的高校思想政治教育者角色。

> H老师回复学生的信息很快，他的手机保持24小时开机状态，有时候晚上已经躺到床上准备睡觉了，学生发信息过来他也会开灯起来回复，他觉得自己就像这些学生的家长。和H老师同年入职的D老师对H老师的做法不是太认同，他认为像H老师这样是因为他现在还单身，如果有家庭了就肯定坚持不下去。D老师也认为不必要这样，辅导员虽然下班后也经常要处理学生的问题，但他认为下班后只需要处理涉及学生安危的紧急情况。D老师和他带的学生干部说，下班后不要随便打搅他。当然，他对领导经常下班后给他发工作通知也比较反感，但他觉得这个只能忍受。（FDY2109）

角色行为伦理的形成不仅是由落于书面的道德规范、法律法规所调节，也由高校环境的隐性交往规则所决定，包括地区风俗、工作习惯、管理风格等。因此，新晋高校思想政治教育者需要经过一段时间的角色行为模式“试运行”，比较不同的行为方式，鉴别伦理行为与非伦理行为的区别，吸纳不同角色伦理行为的反馈信息，调节完善并巩固自己的角色伦理行为模式。这个过程是一个用新的角色伦理行为替换旧的角色伦理行为的渐进过程，总体而言角色承担者的角色伦理行为模式是稳定发展的状态。然而，如果角色环境带来角色地位发生较大的变化，角色承担者的角色伦理行为也会受到较大的冲击，例如职称、职务晋升带来的角色地位变化，角色承担者与其他社会角色之间的互动行为规则相应发生变化。随着国家对高校思想政治教育者的要求更高、投入更大，高校思想政治教育者的角色也因此呈现出更加积极进取的行为姿态，同行之间的竞争更加激烈，角色承担者的权利意识、责任意识、行为规范意识都有了明显提高。

（四）探索创新阶段

角色行为创新指角色扮演者在角色行为伦理的基本框架内对于如何实践角色伦理的行为方式进行的探索和创新。角色扮演者对角色行为的探索创新阶段从角色准备期就已经开始了，伴随着角色学习、角色实施的全过程。角色既是扮演者的行为模板，也是扮演者的作品。引发角色扮演者探索创新角色伦理行为的原因有两个：一是社会对角色期望的变化，二是角色承担者的个性。

前文我们梳理了中国高校思想政治教育者角色伦理行为的历史演进，随着高校思想政治教育任务的变化，社会对高校思想政治教育者的角色期望也在不断发生变化。角色承担者必须根据社会期望的变化，探索新的角色伦理行为方式。新时代高校思想政治教育者角色在新的思想政治教育形势下如何满足国家、社会、高校、学生对其角色的期待，对于每一个角色承担者都是新的挑战。他需要延续其已有的角色扮演成功的经验，还需不断汲取新的元素，创造新的角色演绎方式，不断满足角色的社会期望。此外，角色社会期望的变化也可能是角色承担者的"舞台"发生了转换。例如某学生硕士毕业后进入一高职院校担任辅导员工作，后离职攻读博士学位，毕业后进入"双一流"高校担任思想政治理论课教师，无论是学校的要求、同事的交往模式或是教育对象的期望都发生了巨大的变化。"舞台"转换后，角色承担者早期的经验依然会继续在新的"舞台"发挥作用，但他也需要尽快学习探索掌握新的角色演绎方法，生成其独特的角色行为模式。

从角色承担者角度来看，高校思想政治教育者进入角色之后采取何种角色行为与他个人的世界观、人生观、价值观、能力结构、人格特征等具有强相关性。高校思想政治教育者角色是具体扮演者人生全部角色之中的重要角色之一。个体的全部社会角色行为具有内在的一致性，虽然由于不同社会角色的社会期望和行为规范有所差异，在具体的行为方式上各具形态，但对于具体扮演者而言，其行为的背后逻辑具有同一性。例如，一个信奉强者为尊的人在生活各方面都会显示出强势特征，在扮演高校思想政治教育者角色的时候虽然也会表现出平等、温和的姿态，但其内心深处是蔑视弱者的，他在对待学生时非常严格，常常恨铁不成钢，学生如果不受教，其会因为"朽木不可雕"而被放弃。在角色扮演的过程中，角色承担者会不断接收到角色互动各方的反馈，提示其角色演绎的成败，促使其反思、改变其角色观念和角色行为。高校思想政治教育者对于高校思想政治教育者角色伦理的认知和观念的变化持续推动他探索适合他自己的更为合适的角色演绎方式，呈现出新的角色伦理行为特点。

总之，高校思想政治教育者的角色行为具有基本统一的伦理框架，贯穿于高校思想政治教育者角色社会期望和角色实践过程中。角色承担者通过角色学习、角色探索、角色创新等方式塑造出丰富多姿的角色形象，不断丰富角色的内容，不断推动高校思想政治教育者角色伦理行为向更好的方向发展。

三、高校思想政治教育者角色伦理行为的培养

高校思想政治教育者角色伦理行为的培养主要指外部力量通过教育、规范、引导的方式塑造角色扮演者养成角色伦理行为的过程，一般可以分为制度约束、教育培训、激励引导 3 个方面。

第一，制度约束确立角色伦理行为的基本规则。为了保障社会的和谐发展，任何社会角色都必须遵循一定的道德行为规范。角色伦理行为的养成需要自律与他律的结合。角色承担者基于个体的理性，认识到角色道德的意义，自觉遵守道德规范，这种自律精神对角色伦理行为的养成是至关重要的，其力量来自角色承担者个体的道德品格，是角色伦理行为的根本保证。然而，缺乏外在强制力量，角色伦理行为的养成也是无法想象的。在复杂的人与环境互动的角色实践过程中，仅靠角色承担者的自律是无法保证角色伦理行为的稳定与持久的。高校思想政治教育者角色伦理行为也需要他律的约束、规范。约束和规范力量本身也具有引导的作用，可以在潜移默化中改变角色扮演者的角色伦理观念和行为习惯。制度是全面、有形、科学及有力的他律系统，对于高校思想政治教育者角色伦理行为的培养具有不可替代的作用。

高校思想政治教育者角色伦理行为培养制度是依据高校思想政治教育者角色的地位和期望而设立的。高校思想政治教育者角色是高校教师角色与思想政治教育者角色的叠加。国家通过立法的方式明确了对高校思想政治教育者角色的伦理行为要求。《中华人民共和国宪法》第十九条明确了国家的教育事业的方针、政策、教育方法、公民受教育的权利和义务；第二十三条明确了国家培养、发挥社会主义专业人才的教育方向；第二十四条明确了社会主义精神文明建设的方向，确立了“反对资本主义的、封建主义的和其他的腐朽思想”的教育伦理底线。《教育法》《教师法》《高等教育法》《科学技术进步法》《著作权法》等普通法确立了高校教师角色的基本伦理要求，是高校思想政治教育者角色行为的基本遵循。《教师资格条例》《高等学校预防与处理学术不端行为办法》《学位论文作假行为处理办法》《高等学校学术委员会规程》《国家科技计划实施中科研不端行为处理办法（试行）》《事业单位人事管理条例》《事业单位工作人员处分暂行规定》等行政法规则对高校教师角色的行为做出了全面具体的要求。由于

高校思想政治教育者大多是中共党员，还必须遵守《中国共产党纪律处分条例》。依据法律法规，教育主管部门发布的具有约束力的政策、规定，如《关于建立健全高校师德建设长效机制的意见》《新时代高等学校思想政治理论课教师队伍建设规定》《普通高等学校辅导员队伍建设规定》《新时代高校教师职业行为十项准则》《教育部关于高校教师师德失范行为处理的指导意见》等对高校思想政治教育者角色的道德义务、道德行为进行更加明确的规范。在此基础上，各高校也会根据法律法规、国家政策制定本单位高校思想政治教育者角色的行为规范，采取一定的措施保障高校思想政治教育者角色承担其道德义务。

第二，教育培训提高角色伦理行为意识。教育培训是高校思想政治教育者养成角色伦理行为习惯的重要保障。高校思想政治教育者角色责任重大，角色环境、角色关系处在时时变化之中，角色承担者需要在观念和能力上不断更新换代。一方面，高校思想政治教育者要主动学习、终身学习，不断吸收新信息、新知识、新思想，更新行为模式；另一方面，高校思想政治教育者的管理单位也应当积极组织各种有针对性的、集中高效的培训活动，推动和帮助高校思想政治教育者发展和完善其角色伦理行为。

教育培训首先应当强化高校思想政治教育者对其角色性质、角色目的、角色期望、角色关系、角色规范的认知，帮助高校思想政治教育者提升角色伦理意识，增强高校思想政治教育者的角色伦理品格。角色认知的培训是提升高校思想政治教育者对其角色地位职责、伦理期望、道德规范的认知水平，增强高校思想政治教育者遵守角色伦理的自律精神，引导高校思想政治教育者强化养成角色伦理行为的重要基础。角色伦理行为也受到角色承担者的情感、心理、意志的影响，但角色伦理的认知是角色伦理情感、心理体验和道德意志的基础。只有对自身角色的伦理地位和要求有了充分的认知，才能自觉按照高校思想政治教育者角色的道德规范和原则行动。

高校思想政治教育管理者还应当有计划地对高校思想政治教育者进行角色行为技能的培养训练。高校思想政治教育者具有较高的角色活动技能，就能更科学、准确地完成高校思想政治教育者角色伦理行为，达成角色伦理目的。同时，高校思想政治教育者具有更强的角色演绎能力，能够在角色伦理行为中感受到更多的赞赏，形成自信愉悦的角色情感体验，有助于增强其角色伦理行为动力，形成持续稳定的角色伦理行为取向。高校思想政治教育形势越来越复杂，对高校思想政治教育者角色能力的要求越来越高。角色能力，也就是科学角色行为的能力，在角色伦理行为中所占的分量越来越重。

第三，科学的评价激励能引导角色伦理行为的正确方向发展。科学的评价有助于高校思想政治教育者改善其角色伦理行为，高校思想政治教育者通过评价获得角色伦理行为的反馈。评价是高校思想政治教育者调整角色行为的重要依据。合理的激励机制引导高校思想政治教育者角色伦理行为向正确的方向发展以及采取正确的行为模式。作为职业角色，高校思想政治教育者角色伦理行为与高校思想政治教育管理体制，教育者评价激励机制具有最直接的关系。某一种行为越是得到的物质和精神回报丰富，该行为就会得到强化；反之，某一种行为如果造成物质和精神上的损失，该行为就会得到修正。

高校思想政治教育者角色行为伦理蕴含在高校思想政治教育者的角色期望中。高校思想政治教育者正确反馈这种期望的行为就是角色伦理行为。根据社会角色理论[①]，角色期望有两种类型：一种是作为角色“局外人”的期望，例如高校思想政治教育者需要明白他的领导、同行、学生等对他应该做什么不应该做什么的态度，还必须学会采纳他们的观点，因为这些看法和观点，直接影响角色行为的结果是“奖赏”还是“惩罚”。另一种角色扮演者还具有角色的自我期望，就是高校思想政治教育者对自己应该做什么、不应该做什么、什么可以做、什么不可以做、可以怎么做、不可以怎么做的期望。例如，一个辅导员，在他实际承担学生管理工作之前，他必然会有关于如何做好大学生管理工作的各种设想，有他自己期望在这个工作中获得什么样的结果，他对自我角色的期望就包括在这些设想里面。首先，高校思想政治教育者对于自我角色的期望基于他对自己所扮演角色的解释和看法。

> L老师是一个具有很强职业规划意识的老师。他说：“我入职后认真研究了学校关于职称晋升的文件，把晋升副教授、教授所需要的具体条件做了一个表格，然后给自己制订了个比较清晰的计划，每年达到哪几项条件。虽然我现在离评教授还早，但我认为凡事预则立，不预则废。虽然教授评聘条件会变，但大概方向不会变，事先规划好总是不会错的。”（SZKJS2118）

① 秦启文、周永康：《角色学导论》，北京，中国社会科学出版社2011年版，第92~93页。

L 老师本科毕业后先在公司工作了两年，后来考上硕士研究生，一直读到博士毕业后才进入高校。在 L 老师看来，高校思想政治理论课教师角色和他以前在企业的工作角色一样都是职场角色，职场就是一个不断努力升职加薪的过程，按照职场要求努力就是最正确的选择。L 老师这样的年轻高校思想政治理论课教师越来越多，但多数人没有这么典型，一般是有所关注，感受到压力，但并无明确的进度规划。

其次，高校思想政治教育者对于自我角色的期望也受到“局外人”对高校思想政治教育者角色看法的影响。

> Y 老师入职后很快就获批省级、国家级科研课题，每年都能在不同层级的学术期刊发表几篇论文。他非常勤奋，每天都会在办公室读书、写作到很晚。他说：“我读博士期间就意识到其他人文社会科学的老师觉得我们这些思政课教师的学术水平不高，一方面我感觉不服气，另一方面也确实觉得我们学科老师整体学术功底不深。有些老师认为思政课教师可以不用多少理论功力，但我认为思政课教师的理论功力不仅不能弱反而应该比其他老师更强才对，高数老师只要教会学生解题思路，思政课教师要改变学生的观点，没点真本事是不行的。我不想自己像有些思政课老师那样被别人看不起，我想在学术上有所成就。”（SZKJS2119）

Y 老师意识到“局外人”对高校思想政治理论课教师角色的看法和期望，这些看法影响了他对自我角色发挥方向的确定。随着他的角色行为产生的后果开始显现，例如他因为学术成功获得更多的物质回报和荣誉地位或者因为对教学的投入不够限制了他的职业发展，他对自我角色行为的判断和选择会得到强化或调整。

因此，高校应该根据党和国家关于高校思想政治教育工作的期望、关于高校思想政治教育队伍建设的要求，结合本校思想政治教育的具体形势和要求，制定科学合理的思想政治教育者评价激励机制，有力引导、规范高校思想政治教育者养成正确的角色伦理行为。

四、高校思想政治教育者角色伦理行为自律

高校思想政治教育者角色伦理行为模式养成根本是思想政治教育者的道德自觉性体现。高校思想政治教育者角色伦理是国家、社会、其他社会

角色对高校思想政治教育者的外在要求，也是高校思想政治教育者角色道德实践的基础。道德是他律通过自律起作用的规范体系，高校思想政治教育者角色伦理也必然是通过高校思想政治教育者践履角色道德行为实现的。高校思想政治教育者应当通过充分掌握马克思主义理论和思想政治教育学基本原理、正确认识和理解高校思想政治教育者角色道德规范，形成对思想政治教育者角色道德规范的真诚信仰，从而自觉按照角色道德行为规范约束和支配自己的角色行为。高校思想政治教育者不是角色道德行为规范的被动执行者，而是清楚理解角色道德规范的社会主义价值追求，在面对复杂的高校思想政治教育情境的时候，能够灵活地采取合理的行为方式，艺术化地解决实际思想政治教育问题的角色。因此，高校思想政治教育者角色道德行为是有清楚边界的，能够引导角色承担者采取正确的角色行为，但角色实践又是非常丰富的，判断具体行为是否符合角色道德规范，需要高校思想政治理论课教师有准确的道德理解能力、事态判断能力、环境掌控能力和行动创新能力。高校思想政治教育者只有在充分发挥自身的主观能动性，将角色道德内化于心的状态中，经过长期的角色实践，通过不断总结积累，道德能力达到较高程度才能良好呈现出角色行为的道德要求。

首先，高校思想政治教育者在进行角色行为的过程中必须做到坚守角色伦理目标。角色伦理目标不仅是角色行为的方向，也是角色行为的灵魂。高校思想政治教育者的角色伦理目标来源于共产主义教育理想、中国特色社会主义教育目标、高校的发展目标、大学生的成长目标（大学生成长目标既包括他们自身的成长期待，也包括他们的家庭、未来将进入的职业、社会生活中的交往关系的期待）等。这些复杂要素组合成角色伦理目标，总体上是相辅相成的，具有共同的指向，但也存在一些冲突或暂时的矛盾，高校思想政治教育者必须充分领悟自己的角色伦理目标，形成坚定的角色伦理目标追求。一般而言，高校思想政治教育者角色的伦理目标是帮助大学生树立为共产主义远大理想和中国特色社会主义共同理想而奋斗的信念和信心，激励大学生自觉把个人的理想追求融入国家和民族的事业中，培养大学生形成健全的人格、高尚的品格和良好的自我修养，热爱生活，健康生活。

其次，高校思想政治教育者角色要处理好多重角色伦理关系。高校思想政治教育者的角色伦理关系是高校思想政治教育者处理各种高校思想政治教育关系的权利和责任的总称。高校思想政治教育者的角色伦理关系包括高校思想政治教育管理者与高校思想政治教育者之间的关系、高校思想政治教育者与大学生之间的关系、高校思想政治教育者内部关系、高校思想政治教育者与其他高校教师之间的关系、高校思想政治教育者与社会之间的关系。高校思想政治教育管理者包括执政党、国家各级教育管理部门、高校管理部门，处理各种高校思想政治教育者角色伦理之间的关系。

高校思想政治教育者应当依据国家相关法律法规确定角色权责。高校思想政治教育者是高校教师角色的组成部分，享有《教师法》《教育法》所规定的权利和义务。同时，高校思想政治教育者又是思想政治教育队伍中的一部分。虽然没有关于思想政治教育的专门法律，但由于思想政治教育者的政治人身份，应当参考《公务员法》的相关规定，确定相关责任和义务。高校思想政治教育者还应当依据相关国家文件确立相关自身的权利和义务。高校思想政治教育的相关政策依据高校思想政治教育实践的发展也在不断调整，但其基本价值追求和伦理原则是一致的，是一个不断加强、改进和完善的过程。进入21世纪以来，对高校思想政治教育和高校思想政治教育者发布了一系列具有重大指导意义的文件，规定了高校思想政治教育者享有从事思想政治教育并在此岗位上获得报酬、培训、晋升的权利，规定了高校思想政治教育者在政治素质、业务素质、道德素质方面的基本要求和发展方向。从文件规定可以看到，高校思想政治教育者被赋予重任，也承担着巨大的压力，要求高校思想政治教育者具有远超过一般社会成员的素养，必须具备“自强不息”的奋斗精神。同时，高校思想政治教育者应当热爱大学生思想政治教育事业，有强烈的事业心和责任感。习近平总书记在2016年全国高校思想政治工作会议上指出，思想政治工作从根本上说是做人的工作，必须围绕学生、关照学生、服务学生，不断提高学生思想水平、政治觉悟、道德品质、文化素养，让学生成为德才兼备、全面发展的人才。高校思想政治教育角色不是一般的职业角色而是具有很强“公益”性质的角色，高校思想政治教育工作责任重大，关涉一代代社会新人的健康成长，在一定程度上没有校内校外的空间分隔，也没有上班下班的时间限定，所有优秀的高校思想政治教育者都是只要大学生在思想心理上需要帮助、在学习生活上出现问题就会及时给予帮助，没有对高校思想政治教育事业的一腔热忱、没有对大学生的真诚关爱、没有自我牺牲的奉献精神就难以为继。高校思想政治教育者不能斤斤计较付出与报酬的对等，必须具有高度的奉献精神。

高校思想政治教育者角色也是弘扬社会主义公民道德的示范者。高校思想政治教育者应当追求更高的道德修养，依据党的十八大以来党和政府培育和践行社会主义核心价值观所提出的重要思想和重要部署，尤其是《关于培育和践行社会主义核心价值观的意见》《关于进一步把社会主义核心价值观融入法治建设的指导意见》《关于推进诚信建设制度化的意见》《新时代公民道德建设实施纲要》等重要的指导性文件，坚持在日常生活中以社会主义核心价值观为引领，将社会主义核心价值观的要求贯穿到道德人格修养的各方面，以主流价值建构社会道德规范，强化社会对社会主义道德的认同，指引全社会成员自觉进行道德实践，引导全社会成员明大德、守公德、严私德。高校思想政治教育者应当充分阐明社会主义核心价值观所体现的新时代中国人道德发展的美好前景，为确立当代中国人伦理道德的根基做出不懈努力，成为新时代公民道德建设的模范践行者，追求高尚的道德人格，塑造出爱国、敬业、诚信、友善的美好道德形象。高校思想政治教育者同时应当是非社会主义道德观念和行为的批判者。高校思想政治教育者应当是理论工作者，要担负起从理论上批判错误价值观念的责任。青年大学生很容易被错误的思想观念所迷惑，只有在理论上彻底揭露各种非社会主义思潮的错误，才能从根本上维护社会主义道德体系。高校思想政治教育者应当努力提升自己的马克思主义理论素养，自觉担负起理论批判的责任，为社会主义公民道德建设奠定坚实的理论基础。

第三节　高校思想政治教育者角色伦理失范行为的管控

广大高校思想政治教育者角色承担者兢兢业业，凭借高度的责任意识和出色的能力素质履行思想政治教育职责，为党育人、为国育才，践行社会主义核心价值观，是高校立德树人的主力军，引领示范社会主义道德风尚的先锋队，发挥着不可或缺的重要作用。但受到多种因素的影响，在高校思想政治教育实践中，高校思想政治教育者角色承担者也时有背离高校思想政治教育者角色伦理要求的行为，危害到高校思想政治教育工作，损害了受教育者的利益，影响了高校思想政治教育者角色形象。高校思想政治教育者角色承担者背离角色伦理要求的伦理失范行为必须得到有效的防治和科学的矫正。

一、高校思想政治教育者角色伦理失范行为概述

一般而言，角色伦理失范行为指角色承担者违背角色伦理要求和角色伦理规范的行为。高校思想政治教育者的角色伦理失范行为是一种特殊的角色伦理失范行为，不仅指高校思想政治教育者违背高校思想政治教育者角色的伦理规范的角色行为，还指违反高校思想政治教育者角色道德应当的角色行为。高校思想政治教育者角色伦理以社会主义核心价值观为纲领，高校思想政治教育者的角色伦理失范行为究其实质是在角色活动中违背社会主义核心价值观的行为。高校思想政治教育者的角色伦理失范行为是角色承担者在行使高校思想政治教育者权利，承担高校思想政治教育者职责，从事高校思想政治教育工作的过程中违背角色伦理道德要求的行为。高校思想政治教育者的角色伦理失范行为依然是一种高校思想政治教育者角色行为而不是其他社会角色行为。高校思想政治教育者角色承担者在进行其他非高校思想政治教育活动中出现的伦理失范行为不是高校思想政治教育者角色伦理失范行为。例如，高校思想政治理论课教师在教学过程中违背政治宣传纪律，辅导员在大学生评奖评优过程中违反公平公正原则的行为都属于高校思想政治教育者角色伦理失范行为，而高校思想政治教育者在闲暇时间酒后驾车则不是高校思想政治教育者角色伦理失范行为，属于公民角色伦理失范行为。高校思想政治教育者角色伦理失范行为不能溢出角色活动范围，违背道德应当或伦理规范的行为都应当在角色活动范围内理解，不能泛化为角色承担者的一切活动中。

高校思想政治教育者角色的特殊地位和职责要求角色伦理失范行为不仅包括违背法律法规、制度规章所设置的行为规范的行为，还包括与社会期望的道德应然相背离的行为。例如，社会期望高校思想政治教育者角色做到“政治强”“情怀深”“思维新”“视野广”“自律严”“人格正”，高校思想政治教育者角色承担者就要锤炼马克思主义政治信仰，坚定正确政治立场，不断努力学习探索、积极进取，坚持陶冶身心、涵养德性。如果不思进取，以其昏昏，使人昭昭，在大是大非面前不能保持政治清醒，以所谓的尊重学生独立思考，保持中立客观的价值立场从事思想政治教育也是高校思想政治教育者角色伦理失范行为。因此，本章节所谓的“范”不仅指有形的规范，还指无形的期望要求。高校思想政治教育者角色伦理失范行为不只是违背伦理道德底线标准的行为，也包括无法直接用伦理道德规范进行约束，却又不符合高校思想政治教育者角色伦理要求的行为。因

此，高校思想政治教育者角色伦理失范行为类型可分为以下两大类型，每种类型又包括不同的类别。

（一）违背法律法规、制度规章的高校思想政治教育者角色伦理失范行为

高校思想政治教育者违背法律法规、制度规章所设置的伦理规范的角色伦理失范行为与普通高校教师角色伦理失范行为是一致的。从高校思想政治教育者角色的构成，依据教育部于 2018 年 11 月 8 日印发并实施的《新时代高校教师职业行为十项准则》，高校思想政治教育者角色伦理失范行为可以归纳为政治角色伦理失范行为、文化角色伦理失范行为、教育角色伦理失范行为和管理角色伦理失范行为四大类。

1. 政治角色伦理失范行为。在高校思想政治教育活动中损害党中央权威、违背党的路线方针政策的言论或采取违反政治纪律的行为，“损害国家利益、社会公共利益，或违背社会公序良俗”的言行以及“通过课堂、论坛、讲座、信息网络及其他渠道发表、转发错误观点，或编造散布虚假信息、不良信息”的行为。政治性是高校思想政治教育者角色的本质属性，维护党中央权威，拥护中国共产党的路线方针政策是角色最重要的职责，违背这一职责的行为是最严重的角色伦理失范行为。“损害国家利益、社会公共利益，或违背社会公序良俗”的行为是法律禁止的严重非伦理行为。高校思想政治教育者角色具有维护国家利益、社会公共利益，弘扬社会主义核心价值观，推进社会主义精神文明建设的基本义务，更需要严厉禁止这一类非伦理行为。作为高校思想政治教育者角色伦理失范行为，此类行为的发生场域包括课堂、大学生管理、与大学生的集体互动以及相关的教育培训、学术活动等高校思想政治教育者角色活动的一切公开场合。高校思想政治教育者是传递真善美的道德教育角色，是专门向社会、向教育对象传递正能量的社会角色，具有党和国家喉舌的功能，因此，通过任何渠道发表、转发错误观点，或编造散布虚假信息、不良信息的行为对于高校思想政治教育者角色都是具有政治性的伦理失范行为。

2. 文化角色伦理失范行为。以文化人是高校思想政治教育的主要模式。高校思想政治教育者角色产出的知识以及产出知识的方式都具有重要的思想政治教育作用，会对大学生产生很大的影响。高校思想政治教育者角色违背知识生产与知识传播的学术伦理规范，粗制滥造、生产和传播华而不实，背离真理，趣味低俗等文化产品，危害社会文化生活质量的行为

都是文化角色伦理失范行为。此外，高校思想政治教育者“抄袭剽窃、篡改侵吞他人学术成果，或滥用学术资源和学术影响”的行为也是严重的伦理失范行为，由于角色的特殊示范性作用，其危害程度超出一般高校教师的同类型行为。

3. 教育角色伦理失范行为。高校思想政治教育者一切违反教育教学纪律，擅离职守，敷衍教育教学，在教育教学过程中漠视或粗暴对待学生，损害学生利益，以及擅自从事影响教育教学本职工作的兼职、兼薪等行为属于教育角色伦理失范行为。高校思想政治教育者角色承担着向大学生传授知识，传递正确的世界观、人生观、价值观的责任，在从事教育教学活动中必须严格遵守教学秩序，尊重教学规律，关心爱护学生，尽心尽责地完成立德树人的根本任务。高校思想政治理论课是大学生思想政治教育的主渠道，日常思想政治教育是大学生思想政治教育的主阵地，高校思想政治教育者未能“守土尽责”就属于教育角色伦理失范行为。

4. 管理角色伦理失范行为。高校思想政治教育者与学生发生不正当关系，猥亵、性骚扰学生的行为，要求学生从事与教学、科研、社会服务无关事宜的行为，“在招生、考试、推优、保研、就业及绩效考核、岗位聘用、职称评聘、评优评奖等工作中徇私舞弊、弄虚作假”的行为，“索要、收受学生及家长财物”及其他违背廉洁纪律与家长不当交往的行为，“擅自利用学校名义或校名、校徽、专利、场所等资源谋取个人利益”的行为等都属于高校思想政治教育者管理角色伦理失范行为。高校思想政治教育者的思想政治教育活动贯穿大学生生活的方方面面，坚持正确的角色行为和维护良好的角色形象也是高校思想政治教育者角色的道德要求。高校思想政治教育者必须坚持身教与言传相结合，尤其要重视身正的示范作用，任何有悖伦理道德的行为都会降低角色功能，危害高校思想政治教育事业。

（二）违背角色伦理要求和道德应当的角色伦理失范行为

高校思想政治教育者角色占据重要的社会地位，承担为大学生一生成长奠定科学的思想基础的职责，一直承载着很高的社会期望。党的十八大以来，习近平总书记多次表达了对高校思想政治教育和高校思想政治教育者的期望和要求，要求高校思想政治教育者以德立身、以德立学、以德施教。高校思想政治教育者要以传承马克思主义信仰、社会主义信念为己任，要以传承中国人民的伟大创造精神、伟大奋斗精神、伟大团结精神、伟大梦想精神为己任，以弘扬社会主义核心价值观为己任。高校思想政治教育者应当有崇高的理想信念、有高尚的道德情操、有深厚扎实的学识、有博大的仁爱之心。因此，高校思想政治教育者的角色道德要求远高于普通国家公民，对于其角色道德失范的判断标准也大大严于对一般职业角色的判断标准。依据高校思想政治教育者角色构成，高校思想政治教育者违背角色伦理要求和道德应当的角色伦理失范行为也可以归纳为政治角色伦理失范行为、文化角色伦理失范行为、教育角色伦理失范行为和管理角色伦理失范行为四大类。

1. 政治角色伦理失范行为。高校思想政治工作关系党和人民事业的发展。高校思想政治教育者是承担高校立德树人根本任务的主力军，肩负着全面提升大学生思想政治素质，引导学生树立正确的世界观，勇担时代责任和历史使命的重要责任。高校思想政治教育者要帮助大学生增强在复杂的国际国内环境中辨明方向、看清趋势、把握未来的能力，自觉将个人的理想追求融入国家和民族的事业中，把远大抱负落实到实际行动中，勇做走在时代前列的奋进者、开拓者。因此，高校思想政治教育者不主动增强自己的政治素质，不认真参与政治学习，以各种形式主义的方式对待政治任务；不坚决与各种非马克思主义、反社会主义的政治思潮作斗争；放任大学生发表错误的政治言论，漠视大学生政治思想上的不良倾向，没有主动担负起引导教育大学生端正政治思想和政治立场的行为等，都可以视作高校思想政治教育者政治角色伦理失范行为。在高校思想政治教育者角色承担者中，公然违反角色政治纪律的伦理失范行为相对较少，但在角色活动中疏远政治、放任乃至附和错误政治言论的角色伦理失范行为相对严重。

2. 文化角色伦理失范行为。我国对科学知识和卓越人才的渴求日益强烈，对高校思想政治教育者的文化角色越来越重视，寄予的期望也越来越多，越来越大。高校思想政治教育者应当视野宽广，有知识视野、国际视野、历史视野，能够把马克思主义理论和社会主义核心价值观讲明白、讲清楚。高校思想政治教育者还应当勇于文化创新，生产新思想、新知识，敢于抢占国内国际知识、理论创新的制高点。随着文化角色承载的社会期望越来越高，文化角色行为在高校思想政治教育者角色行为中所占据的时间和精力也越来越多。高校思想政治教育者的文化伦理失范行为也开始增多。除上述直接违反学术道德的行为外，高校思想政治教育者角色承担者在文化活动中故步自封，拒绝学习进步，懈怠理论学习和研究，为谋私利背弃真理，在指导学生学术研究中敷衍应付等行为都属于文化角色伦理失范行为。

3. 教育角色伦理失范行为。教育者是教育工作的中坚力量，高校思想政治教育者角色“承载着传播知识、传播思想、传播真理，塑造灵魂、塑造生命、塑造新人的时代重任”。国家与社会期望高校思想政治教育者角色在传授知识，引导价值观的过程中正其道、端其行、诚其意、爱其生，做到忠诚于教育事业，用心投入教育教学，做好大学生健康成长的引路人。“教师成为学生道德上的指路人，并不在于他时时刻刻都在讲大道理，而在于他对人的态度（对学生、对未来公民的态度），能为人表率，在于他有高度的道德水平。”[①] 高校思想政治教育者在从事教育活动过程中，一切违背社会主义核心价值观的行为，举止言谈随意，不尊重学生，敷衍教育教学工作，长期拒绝提升教育能力，放任学生不良行为等，都属于高校思想政治教育者教育角色伦理失范行为。

4. 管理角色伦理失范行为。高校思想政治教育者是高校思想政治教育活动的管理者，肩负着规划具体的思想政治教育活动，落实实施思想政治教育活动，通过制定大学生行为规范，监督、评价大学生参与思想政治教育、日常教育活动中的行为，约束、激励大学生积极参与思想政治教育活动，养成良好的道德行为习惯，成长为党和国家需要的优秀人才。高校思想政治教育者角色承担者在管理活动中应当洁身自好、一尘不染、公正使用权力，还应当努力探索思想政治教育管理规律，以高度的责任心和公道正派的作风，公平地对待所有的学生，尊重学生人格，保障大学生的利益。角色承担者在从事高校思想政治教育管理活动的过程中对待学生存在亲疏远近，在大学生评奖评优、聘任学生干部、保研推荐等关涉大学生切身利益的管理活动中有所偏向，日常管理工作中不尊重大学生的人格，工作作风简单粗暴，仅仅按照流程管理学生却忽视学生的精神、心理的教育疏导等行为，是高校思想政治教育者管理角色伦理失范行为。

违背角色伦理要求和道德应当的角色伦理失范行为在实践中具有隐蔽性，也比较难以界定，因此很难得到控制，但又是能够被师生所感知的，其危害性并不少于违背法律法规、制度规章所设置的行为规范的高校思想政治教育者角色伦理失范行为。违背角色伦理要求和道德应当的角色伦理失范行为会渐渐腐蚀角色伦理根基，危害高校思想政治教育事业。

---

① ［苏联］苏霍姆林斯基：《和青年校长的谈话》，赵玮等译，上海，上海教育出版社 1983 年版，第 171 页。

二、高校思想政治教育者角色伦理失范行为发生的原因

高校思想政治教育者角色非伦理行为的形成既有角色承担者自身的原因，也有社会角色的原因。高校思想政治教育者角色承担者是角色伦理实践的主体，据此，高校思想政治教育者角色承担者伦理失范行为的动因可以分为两大类：一类是角色伦理失范行为的外因，即角色伦理失范行为因受制于角色环境而为之；另一类是角色伦理失范行为的内因，即角色伦理失范行为因受制于高校思想政治教育者自身的素养而为之。

（一）角色伦理失范行为的外因

高校思想政治教育者角色伦理的要求和实现都源自实践的需要。作为现实生活中的个体，角色承担者在高校思想政治教育活动过程中通过与客观环境的互动来实现其权利，承担其义务，满足角色的伦理要求。环境是高校思想政治教育者角色行为的重要塑造力量，当环境中尤其是制度环境、文化环境中存在不利于高校思想政治教育者角色实现的因素，就可能会诱导出高校思想政治教育者的角色伦理失范行为。社会环境快速变迁导致角色规范不清是违反道德规范的高校思想政治教育者角色失范行为的主要外部因素，关于这个问题学者讨论得相对较多，本章就不再赘述。这里我们主要分析违背角色道德应当的失范行为外因。

1. 高校思想政治教育系统整合性不足导致角色伦理失范行为。

> “有一次上课的时候我收到一个学生的假条，说是由于选课出现其他课程与我上的毛中特相冲突的情况，想要得到批准不上我这门课，结果辅导员在他的假条上写着‘辅导员已知情，是否同意所请，由任课老师批准。’辅导员不想得罪学生，把皮球踢到我这里，不是让我作难吗？这个课是必修的，选修的课是可以调整的，辅导员不应该心里有数吗？不应该直接回绝学生的不合理要求吗？有时候我们上课还时不时会收到学校其他部门批的假条，抽调学生参加什么培训、什么活动之类的。不放学生去参加活动吧，准假的部门和学生都对我有意见，而且他们也没打算听我的意见，常常是其他学生把假条带过来交给我。思政课再怎么说起来重要，学校或者学生其实还是都没太当回事。”（SZKJS2120）

上述案例中的思政课教师的角色权利在高校思想政治教育活动中没有得到足够的尊重。思政课教学与其他思想政治教育活动之间缺乏合理的协调机制，学校没有充分赋予思政课教师处分角色活动事项的充分自主权。在这种情况下，角色承担者放弃了其管理教学秩序、完成对每一位大学生进行思想政治理论教育的职责。同时，辅导员和思政课教师都向大学生示范了不负责任的工作作风，违背了高校思想政治教育者角色的社会期望。

> “我下课后有时候想找马原老师聊聊，因为他上的课我很喜欢。我有些困惑想从他那里得到一些指点，但他说有事课间讲，他的事很多，学生又多，都课后找他，他没那么多时间精力，所以他不给我们留联系方式，让我们课后不要打扰他。我想找他谈的是我个人的事，课间和他谈不方便，也说不清楚。”（DXS2101）

上述案例中的大学生需要一个令他信任的老师倾听和给予他一些建议，他期望自己喜欢的思政课教师能满足他的需要，按照高校思政课教师角色期望的道德应当，案例中的老师应当对大学生的心理健康负责，接纳大学生的倾诉。但老师所述的问题又是现实的，一位思政课教师面对大量的学生和不同层次、不同类型的问题是力不从心的。为了避免给自己的生活增加负担，这位教师完全关闭了与学生的课外互动和帮助学生解疑释惑的通道，包括他应当承担的理论学习方面的指导。只有科学落实全员、全方位、全过程育人，明晰高校思想政治教育者角色的职责范围以及承担职责的渠道，而不是要求每一位高校思想政治教育者角色承担者承担全部的思想政治教育职责，才能帮助角色承担者更好地实现角色功能，通过不同角色承担者的有机协作完成高校思想政治教育的全部使命。

2. 角色期望冲突导致角色伦理失范行为。高校思想政治教育者角色行为伦理规范并不仅是高校思想政治教育者的行为清单，而是一个角色社会期望系统。高校思想政治教育者角色的社会期望以价值观为基础，同时包括认知、情感、态度等诸多元素，其各自的侧重点不同，会导致角色承担者无法在同一时间满足角色道德的全部要求，必然会出现“某些”角色伦理失范行为。从这个意义上讲，高校思想政治教育者角色承担者的同一行为在违背某种“应当”角色期望的角色道德失范的时候，在另一个角度又是合乎伦理的道德行为。

“我很喜欢上课。我觉得一个老师首先应该把课上好，所以我以前在教学准备、和学生交往上花的时间很多，因此我上课还是挺受学生欢迎的。但是学校的职业评价规则给了我很大压力。每到年终总结的时候，领导都是用数字说话，拿了什么项目、发表了什么论文、获得了什么奖之类的，我尽心尽力上课基本听不到一句表扬，年终收入也和把精力放在科研上的老师差不少，心里感觉不太平衡。有些老师也总是提醒我多花点工夫做科研。我也理解，学院要发展，科研成果很重要，但是我时间精力有限，思政课又不像其他课，必须不停地补充新材料，我很难同时兼顾教学科研，这两年为了评职称，教学也就难免马虎一点了。”（SZKJS2121）

“我们常说，上面千条线，学生工作一根针，各个部门只要和学生有点关系的事情都要我们辅导员配合。什么日常行为管理、评级评优、班级建设、网络舆情疏导、各种毕业就业手续等，还要找那些出状况的学生谈话，忙得团团转。我们一般优先完成学校部门布置的事情和常规工作，组织安排的事必须得完成啊！当然，学生如果出了严重的事情，其他事情也只好应付一下，拍个照表示做过了，到时候好好总结一下就对付过去了。”（FDY2110）

以上两个案例中的角色承担者面对着无法两全的困境，必然会导致某一角度、某一层面的伦理失范行为。高校思想政治教育者角色由于特殊的社会地位，承载的社会期望非常复杂，同时来自各方的绩效考核也很复杂，有时候超出了角色承担者能够负担的范围。同时，高校思想政治教育者角色做的是人的工作、思想的工作，需要一定程度的时间精力“冗余”，不宜过度追求效率，也不宜将角色承担者的时间和精力“最大限度”地“被”占用。当高校思想政治教育者角色承担者缺乏时间精力的自主控制力的时候，他容易以形式的方式应付社会期望，敷衍根本的、重要的职责，出现严重的角色伦理失范行为。现实中常常存在角色承担者以会议、标语、文件、活动等形式“完成”角色任务，完全不在意所宣传的内容是否真正进入了教育对象的头脑和心灵，是否带来了社会风气改善的现象，部分是因为角色承担者缺乏使命担当精神，还有一部分的原因是角色承担者疲于应付超额工作要求。

3. 伦理关系失衡导致角色伦理失范行为。在实践过程中有时会对角色扮演者提出不合理要求，使角色扮演者的行为不可避免地违背某一方面的角色伦理要求。道德行为是具体的，不以行为的对象是否承担道德责任为前提，但角色伦理则要求权责一致，因为伦理是行为应遵循的道理和准则，是长期的、双向的关系建立的基础。"'思想'一旦离开'利益'，就一定会使自己出丑。"[①] 伦理一旦离开利益也就必然成为"非伦理"的东西。高校思想政治教育者作为进入高校思想政治教育伦理关系的主体应当与其他主体一样，应该能够依据正确处理高校思想政治教育关系的伦理（道理或准则）获得"利益"。当高校思想政治教育者的权利大而责任小或者权利小而责任大的时候，都会带来角色行为的偏差，乃至出现角色伦理失范行为。在实践中，高校思想政治教育者的权力小责任大是比较常见的现象，也是导致角色伦理失范行为的重要原因之一。

> "我当然知道思政课教师的'六要'和教学应该做到'八个相统一'，那当然是应该的，我举双手赞成。但你也知道，国家的这些要求体现在教师评价上就是一个政治合格、师德达标，其实是虚的，或者就是底线，只要不犯事，没听说谁因为政治、德行的问题评不上职称。评职称的论文、项目、获奖的要求才是实的，越来越高，达不到就上不去。我要是一直是个讲师，我就连当教师的资格都没有了，更别提什么好老师呢！"（SZKJS2122）
>
> "在我看来，按照国家要求，我们辅导员的主要职责是做大学生思想政治教育，不管是日常管理还是组织活动，都应当服从服务于这个目标。辅导员应该有时间学习思考，应该有时间慢慢做学生的思想工作。但实际上，如果你想得到提拔的话，你就必须听领导的话，在各种五花八门的活动中争取获奖，忙得不亦乐乎。学生的事挺多的，他们都希望我们有耐心、讲道理，但完成一个个任务是有时限的，简单粗暴就免不了。"（FDY2111）

上述案例中，高校思想政治教育者角色成功与否的评价权以及相应的激励机制中，角色扮演者感受到现实的激励政策与角色的社会期望之间存在错位。高校思想政治教育者的政治角色不同于政治家的政治角色，政治

---

① 《马克思恩格斯文集》第1卷，北京，人民出版社2009年版，第286页。

家的政治角色是纯粹的，但高校思想政治教育者的政治角色是“职业性”的，具有很强的“利益”驱动属性。不合理的激励机制会诱导角色扮演者偏离角色社会期望的应有行为轨道，增加角色伦理失范行为的概率。

（二）角色伦理失范行为的内因

外因通过内因起作用，高校思想政治教育者的角色非伦理行为的根源还在于角色扮演者自身的素质没有达到角色社会期望的水平。社会学家戴维·波普诺认为：“在现实生活中，社会赋予某种角色的规范与角色扮演者的实际表现常常存在差距，换言之，即角色期待与角色表现之间不匹配。前者是指社会对角色扮演方式的定义，而后者是指某人实际扮演某一角色的方式。这两者之间差距的存在有多方面的原因。原因之一可能是人们尚未完全领会他们的角色，也可能因为个人的原因而拒绝按照他人的对角色的期待去扮演……角色期待与角色表现存在差距的第二个原因则有可能是对角色的期待不清晰，尤其是在对待新近出现的角色时。”[①] 未完全领会角色、因为个人原因拒绝按照角色期望扮演角色和对待角色期待不清晰都可归纳为角色扮演者的素质不足。就高校思想政治教育者角色扮演者而言，素质不足主要体现在：一是不清楚高校思想政治教育者角色的伦理道德要求，即角色意识不强；二是知道高校思想政治教育者角色的伦理道德要求，个人原因不愿意遵守；三是既知道高校思想政治教育者角色的伦理道德要求也愿意遵守它，但能力有限，事与愿违。

1. 角色意识不强。角色意识不强是新入职的高校思想政治教育者角色扮演者较为普遍的问题。角色意识不强并非指角色扮演者缺乏扮演好角色的意愿，他们不缺角色使命感，但缺乏对高校思想政治教育者角色的全面、深刻的理解。高校思想政治教育者角色内容非常丰富，对角色的社会期望关涉的范围非常广泛。高校思想政治教育者角色扮演者面对这样一个兼具政治、伦理、教育多方面社会期望的角色，容易出现泛化角色的认知错误，忽视高校思想政治教育者角色的特殊规范要求，失去角色行为的边界。

> “思政课当然很重要，现在大学生的人文素养还是比较弱的，家里又是惯宝宝，很多人在待人接物上也显得很笨拙。思政课可以帮助大学生增加人文社会科学知识，指导他们做人做事，也能

① ［美］戴维·波普诺：《社会学》，李强等译，北京，中国人民大学出版社 2007 年版，第 98 页。

在心理上对他们有所引导。至于你说的政治理论，那些肯定要讲，但没必要讲那么多，太空了，学生不爱听，反正为了考试学生也要背。”（SZKJS2123）

上述案例中的思政课教师对于思政课教学的要求认识与人文通识课程的教学要求相混同了，忽略了思政课教师角色的根本属性是政治性，不是一般意义上的教大学生做人去适应社会、适应生活，而是要为党育人。现实中，高校思政课教师专业来源复杂，有不少教师对高校思想政治教育角色的政治性意识不足，甚至有逆反心理，在课堂中大量传播西方政治、伦理思想，背离了高校思想政治教育的正确方向。一部分辅导员在大学生党建工作中，一味地强调学业成绩而忽略考察其政治信仰和政治立场等行为，都是对自己的角色内涵、角色行为规范认识不足的表现。

2. 角色责任感不足。高校思想政治教育者角色所承载的道德要求很高，需要角色承载者有极强的敬业精神、服务意识、道德修养和自律精神。随着高校思想政治教育者角色的职业化发展，有相当一部分角色扮演者将扮演高校思想政治教育者角色视为“打一份工”，把教育、教学、管理等工作看作一个付出劳动换取报酬的过程，主张付出与收益相当，有利则上，无利则避。部分角色扮演者对高校思想政治教育者角色蕴含的牺牲奉献精神不接受、不理解，拒绝付出“额外”的劳动。部分角色扮演者甚至在角色活动中千方百计地“以最小付出争取最大收益”，为自己谋取私利。同时，随着时代的变迁，师生关系、同事关系的疏离对高校思想政治教育也造成了很大影响。相当一部分高校思想政治教育者角色扮演者把大学生仅仅视为“顾客”，不愿意投入情感，缺乏对大学生应有的伦理关怀。部分高校思想政治教育者角色扮演者不愿意学习和提高自身，在工作中上下敷衍，长期没有进步，距离角色应有的素质越来越远。

角色责任感不足的原因首先是扮演者缺乏对高校思想政治教育事业的认同和热爱，缺乏献身高校思想政治教育事业的决心和意志。高校思想政治教育者角色的责任是多方面的，既有宏观的政治责任、文化责任、道德责任，要对国家社会负责，也有具体的教育责任、管理责任、服务责任，对角色扮演者的道德修养、意志品质要求不断提高，需要角色扮演者以高度的责任感作为强大的内驱力引导自己不断修行，不断自我完善。每一个角色扮演者与角色的要求之间都存在着距离，但只有角色扮演者背离角色要求方向的行为才属于角色伦理失范行为。在现实中，一部分高校思想政治教育者在个性品质方面存在一定的不足，固执偏狭、张扬浮躁、懒散怠惰、我行我素等，对角色相关他人缺乏伦理关怀，或者缺乏道德意志，在选择角色行为时抵御不了环境的诱惑和功利的欲望。高校思想政治教育者角色扮演者应当自觉地将党的教育事业放在首位，以弘扬社会主义核心价值观为基本出发点和落脚点，以高度的责任感锻造坚强的意志，实现角色的道德期望。

3. 角色能力不足。高校思想政治教育者是一个对扮演者综合素质要求极高的角色，不仅要求角色扮演者政治坚定、道德高尚、爱岗敬业，要求角色扮演者具有深厚的马克思主义理论学养和广博的人文社会科学知识，还要求角色扮演者掌握高校思想政治教育的规律，卓越的思想政治教育工作方法。高校思想政治教育者角色是一个专业角色，角色扮演者要成为高校思想政治教育专家。高校思想政治教育者角色扮演者的专业能力还有很大的提升空间。许多高校思想政治教育者角色扮演者以往并未接受过系统的思想政治教育专业训练。高校党政工团工作人员、辅导员大多并非思想政治教育学科出身，甚至许多高校思想政治理论课教师也并非马克思主义理论学科专业出身，学科专业五花八门。

> “我上的课同行来听都还是能认可的，这应该就说明教学质量还可以吧？但是学校让学生给我们打分，我这人对学生要求比较严，学生不好好听课我会严厉地批评他们，所以前两年学生评教分数就不怎么高。还有少部分学生给我打的分都不及格。学校规定，评职称的时候，学生评教是教学质量评价的重要指标，老师就因为学生评教分数稍微差了一点就被否决了。××× 老师学生打分就挺高的，但其实我们都知道，他的课很水，挺搞笑的，一点理论水平都没有，但学生就喜欢，还成为教学质量好的榜样……让学生打高分的方法我又不是学不会，纪律宽松、多讲他们喜欢听的故事、放点视频、期末给高分，现在我的分数也上来了。”（SZKJS2124）

上述案例中的思政课教师面对着角色扮演的困境，没有认真反思自己身上的不足，而是采取了错误的方式应付教学。思政课教学中严格管理学生是一个思政课教师的责任，是教育学生的一个重要的环节。严格管理学生与教学吸引学生、赢得学生的认可之间是可以并行不悖的，要求教师研究教学规律，研究教学对象，巧妙组织教学内容，采取恰当的教学方法。案例中陈述者所提到的另一位教师，“一点理论水平都没有”，也显示出专业素质的欠缺。

三、完善高校思想政治教育者角色伦理失范行为矫正机制

高校思想政治教育者角色道德行为失范的矫正机制是指高校思想政治教育者在践履高校思想政治教育者角色伦理过程中对高校思想政治教育者角色伦理行为进行检查、评价，修正错误角色行为，使高校思想政治教育者角色行为重新步入正轨的机制。矫正机制通过控制和调节高校思想政治教育者的角色伦理实施过程中的伦理失范行为保证角色伦理的实现。因此，矫正机制是为了达成高校思想政治教育者角色伦理目标的纠偏机制，是高校思想政治教育者角色伦理实现不可或缺的重要机制之一。

（一）健全高校思想政治教育活动监督管理机制

角色伦理作为一种实践过程中生成的关系体系、规范体系，即是明确的又是模糊的，既是稳定的又是变化的。高校思想政治教育者角色伦理首先是原则，是方向，是要求，而其具体的规则、实施方案则是需要根据实践的环境和条件进行恰当的调节。这就不可避免带来实施过程中判断的失误和偏差，即形成前文所说的角色道德失范“外因”。一方面，不同高校思想政治教育者在实践角色伦理的过程中对高校思想政治教育者角色伦理活动的目标、决策、践履方案的理解会有偏差；另一方面，不同高校思想政治教育者面对的具体问题所需要的解决方案也无定法，要具体问题具体分析。某些行为在A情境中是合乎伦理要求的行为，在B情境中就是伦理失范行为。因此，为保证高校思想政治教育者角色行为符合伦理要求，对高校思想政治教育的活动过程进行监督管理是非常重要的。

高校思想政治教育者角色伦理的实现与高校思想政治教育目标的达成总体上是一致的，但侧重点不同。高校思想政治教育目标的达成既表现为思想政治教育对象“成人”，也表现为高校思想政治教育者实现了自我的超越。高校思想政治教育者角色伦理的实现首先服务于高校思想政治教育目标，同时能达成高校思想政治教育者自我实现。高校思想政治教育过程的监督检查机制也是对高校思想政治教育者角色伦理实践过程的监督检查，以高校思想政治教育目标实现为基准，判断高校思想政治教育者角色伦理的实践是否科学合理，是否符合高校思想政治教育者角色伦理的核心价值要求。如果脱离具体情境的要求，依据抽象的伦理尺度检验高校思想

政治教育者角色伦理的实践，可能会偏离角色伦理的根本，将角色伦理变成僵死的律条。例如，高校思想政治理论课教师应该约束学生严格遵守教学秩序，不可早退，但如果上课过程中学生突发疾病，就不仅应当允许他去看病，甚至必要时还应当立刻停课将学生送医。一味追求角色行为符合规范而忽略行为根本意义，也可能会因为过度追求行为合乎伦理规范而忽略具体环境的变化和时间的转换，最后导致角色伦理只是在形式上获得了尊崇，而在实质上造成行为道德失范。

高校思想政治教育过程的监督检查实质上是高校思想政治教育者在高校思想政治教育者角色伦理指导下，对高校思想政治教育者角色伦理实践的目标、决策、践履方案实施的再认识过程，是高校思想政治教育者角色管理者根据一定的操作程序，运用科学的操作模式、操作手段，对高校思想政治教育者角色伦理实施过程进行控制和约束，使高校思想政治教育活动杜绝随意性、任意性，防止高校思想政治教育者的活动越出角色伦理的范围，保证高校思想政治教育者的角色活动处于合理的水准，保证高校思想政治教育在预定的轨道上进行的过程。此外，检查监督机制也是根据外部环境的变化灵活实践高校思想政治教育者角色伦理的重要环节。正如列宁所指出的："实质：'善'是'对外部现实性的要求'，这就是说，'善'被理解为人的实践＝要求（1）和外部现实性（2）。"[①] 高校思想政治教育者角色伦理实现的目的不在于角色伦理本身，而在于更好地进行高校思想政治教育的实践。实践就是在原则目标指导下根据外部现实的要求而采取行动、达成目的的过程。由于高校思想政治教育的环境和形势经常变化，高校思想政治教育的具体内容和要求也会随之变化，高校思想政治教育者角色伦理践履过程中经常会遇到一些意想不到的新情况、新问题，高校思想政治教育者就要对预定的行动方案进行更新，而不能死搬教条，一味遵守原定的实施计划，致使高校思想政治教育者坚守角色伦理的努力反而背离了高校思想政治教育目的，引起高校思想政治教育者和其他相关角色产生对高校思想政治教育者角色伦理的质疑和否定，导致严重的角色伦理失范行为。以高校思想政治教育目的的实现为基本评价尺度，监督检查高校思想政治教育过程，也就更好地保证了高校思想政治教育者角色伦理的实现。高校思想政治教育者的角色伦理——政治强、情怀深、思维新、视野广、人格正、自律严，最根本的是要全面贯彻党的教育方针，解决好

① 《列宁全集》第55卷，北京，人民出版社2017年版，第183页。

培养什么人、怎样培养人、为谁培养人这个根本问题，达到传播知识、传播思想、传播真理，塑造灵魂、塑造生命，培养担当民族复兴大任的时代新人，培养德智体美劳全面发展的社会主义建设者和接班人的思想政治教育目的。

（二）健全高校思想政治教育者角色伦理行为测评机制

根据社会学理论，社会角色与角色承担者自我之间的同一性越强，角色承担者就越感到自由，能够更好地融入角色，并自觉地遵守角色伦理。反之，角色承担者与其扮演的社会角色之间的同一性弱，角色承担者违背角色伦理的概率就比较大。因此，要保证角色伦理的实现，需要选择恰当的人来扮演恰当的角色，这就是角色测评。角色测评是指依据一定的科学原理，使用有效测评手段，对角色主体的知识技能、能力倾向、人格特征等要素实施测量和评鉴，包括测量和评价两部分。测量主要是测量角色承担者的素质，如知识水平、工作技能、能力、兴趣、需要、价值观取向等。评价是对测量的结果进行价值判断，即比较角色承担者的素质特征与角色要求之间的同一性。[①] 高校思想政治教育者角色测评是依据一定的科学原理，使用有效测评手段，对高校思想政治教育者的知识技能、能力倾向、人格特征等要素是否符合高校思想政治教育者角色要求实施的测量和评鉴，是高校思想政治教育者角色伦理实现的重要保证机制。从角色伦理实现的需要出发，高校思想政治教育者角色测评的重点就是测量角色承担者的价值取向、人格特征、道德修养是否符合高校思想政治教育者角色伦理标准。由于人的思想、行为都具有发展性，角色测评，或者筛选合适角色承担者的过程不是一次性的，而是长期动态的。

以角色伦理实现为目的的高校思想政治教育者角色测评，首先需要对高校思想政治教育者角色伦理行为的结构进行分析，一般包括：（1）高校思想政治教育者角色伦理行为的目标；（2）高校思想政治教育者角色行为的价值取向；（3）高校思想政治教育者角色伦理行为的动机系统；（4）高校思想政治教育者角色行为规范等。对角色承担者进行测评，主要考察：（1）扮演高校思想政治教育者角色目的；（2）扮演者的政治立场；（3）高校思想政治教育者角色扮演行为的道德取向；（4）角色扮演者的人格特征；（5）角色扮演者的道德思维能力；（6）角色扮演者的心理素质。角色扮演者测评是综合测评，是围绕政治、道德、能力素质展开的结构性评

① 秦启文、周永康：《角色学导论》，北京，中国社会科学出版社 2011 年版，第 443 页。

价，不仅要观察角色扮演者当下的素质状况，还要评估其未来发展的趋势。高校思想政治教育者角色伦理的测评也是促进角色承担者更好地认识和形成角色伦理，防范角色伦理失范行为的过程。个体对于角色伦理的认知往往会受到自身经验的限制，总会存在或多或少的偏差，通过角色“扮演”测评，能够帮助角色承担者认识到自身要扮演好高校思想政治教育者角色具有的优势是什么，不足是什么，亟待改进的地方在哪里，既有助于相关互动角色正确全面评价角色扮演者行为，引导高校思想政治教育者完善自身，还能够形成压力和动力激发高校思想政治教育者遵循角色伦理的内在动机，帮助他主动提升自己以更好地实践高校思想政治教育者角色伦理，纠正角色认知偏差，主动调整行为方式，避免角色失误。

高校思想政治教育角色测评是一项复杂的工作，要保证测评结果的准确性和有效性，需要科学的测评方式和测评手段。总体而言，我们对于高校思想政治教育者角色的测评还停留在比较主观、模糊的层次，落后于高校思想政治教育者角色的专业化发展要求。由于高校思想政治教育是一项非常复杂的工作，其工作过程和工作结果都难以量化，给测评带来了非常大的困难。高校思想政治教育者角色伦理实现的过程和状态也因此长期处于恰当评价的状态中，更多依靠领导和同行的主观印象，在一定程度上影响了高校思想政治教育者践行角色伦理的积极性。因此，高校思想政治教育者角色伦理实践水平的评价需要专家和学者，尤其是高校思想政治教育者自己进行努力探索。

最后，特别需要指出的是，角色伦理行为测评既要有清晰的指向和标准，又不能简化为数字评分系统。高校思想政治教育者角色是一个实践性非常强的角色，角色伦理是在角色关系的动态演进中实现的，因此，数字化评价本身也容易走向伦理的反面。

（三）健全高校思想政治教育者角色伦理失范行为自我矫治机制

高校思想政治教育角色活动需要角色承担者具备较高的素质并付出非常大的努力。高校思想政治教育者践履角色伦理也不是一个简单的按章办事，而是角色承担者在实践过程中面对复杂多变的实际情况表现出来的自信、自立、自尊、自强。高校思想政治教育者践行角色伦理首先要对自己扮演角色、践履角色伦理具有正向的态度和情感体验，也就是相信自己的认识和能力有助于角色任务的完成和角色伦理的实现，从而主动控制、反思、调节自己的角色行为，对自己出现的偏差及时纠正。其次，高校思想政治教育者在承担角色功能的时候具有很强的责任心，重视自我管理，不断提升自己的能力，积极参与到各种角色关系之中，不逃避、不回避角色伦理行为中的任何困难和挑战。一般而言，高校思想政治教育者越是自立，他的自信也就越强，对自我的期待也就越高，对于角色伦理的坚守也就更认真。再次，高校思想政治教育者珍惜自己的角色形象，对自我从事的高校思想政治教育活动具有强烈的自我认可、自我要求，努力维持自我的尊严，约束自己在进行角色活动中避免出现违背角色伦理引人诟病、动摇内心信念的行为。高校思想政治教育者的角色自尊是其防范角色偏差行为的重要动机。在现实中我们可以发现，一个非常尊重自己和自己所扮演角色的高校思想政治教育者更在意角色互动对象尤其是大学生的评价，他为了努力维持符合角色伦理所要求的形象，会更严格地要求自己。最后，高校思想政治教育者还具有不断提升自我、充分发挥自我潜能、追求更好地完成角色任务、完美地呈现角色特质的人格特征。这种人格特征推动高校思想政治教育者在践履角色伦理的过程中勇敢顽强，不惧怕任何阻碍和失败，具有很强的自律精神和坚韧不拔的意志，表现出对自我、教育对象、高校和社会强烈的责任感和奉献精神。角色自强是高校思想政治教育者角色伦理实现层次不断提升的保证。角色的自信、自立、自尊、自强都是高校思想政治教育者角色伦理实现，是预防角色失败、角色伦理失范的重要保证。高校思想政治教育者角色伦理的实现首先要保证角色的健康，通过一系列的制度建设和角色行动来增进角色健康，抵御角色伦理失范的风险。在此基础上，针对高校思想政治教育者角色扮演过程中的偏差，也能有效进行矫正。

高校思想政治教育者角色的承担者一旦出现角色伦理失范行为，就需要及时地进行矫正，甚至是通过剥夺角色扮演资格来维护角色伦理。矫正，不仅是角色承担者已经做出违背角色伦理规范要求之后的工作，更是对角色承担者角色行为方向的纠偏，要注重防范背离角色伦理要求的趋向。对角色承担者的教育引导工作不可松懈，必须落到实处，贯穿角色承担者的角色学习、角色实践、角色评价的全过程，逐渐营造出浓厚的角色伦理氛围，帮助角色承担者在良好的伦理环境中感受到角色伦理规范的意义，逐渐形成自觉遵守角色伦理规范的自觉意识和维护角色伦理规范的主动性。“公共生活的伦理秩序与道德行动对规范的实践认同（practical identity）二者之间是交互确认的关系。”[①] 高校思想政治教育者角色的承担

① 王强、房晓琛：《伦理关系：当代中国道德文化建设的困境与出路》，《中南大学学报（社会科学版）》2018 年第 6 期。

者对于“公共生活的伦理秩序”的认同与其角色道德行为之间是交互确认的。高校思想政治教育角色伦理关系作为社会关系的有机组成部分，社会关系中的伦理秩序是高校思想政治教育活动中诸多角色关系原则与规定确立的依据。因此，社会主义核心价值观在社会公共生活秩序中的制度表达，形成了良好的角色活动的伦理空间和伦理秩序，能够帮助高校思想政治教育者角色承担者树立对角色道德规范的信念，强化其角色道德行为实践动力，使其养成角色道德实践行为习惯。

第六章　创建高校思想政治教育者德福一致的角色生活

伦理生活并不是一种独立的生活方式，而是一种有道德的政治生活、经济生活、文化生活、日常生活。伦理作为一种指向和谐美好的关系秩序，人的伦理生活应当是“外得于人，内得于己”的美好生活。高校思想政治教育者角色伦理生活也应是高校思想政治教育者有道德的美好和谐的思想生活、政治生活、教育生活。角色伦理生活可以令角色伦理主体——高校思想政治教育者，于外，利国利民，宜人宜事；于内，精神和谐，生命阔达。因此，高校思想政治教育者角色伦理主体至少要在 3 个方面进行努力：创造和谐角色伦理社会情境、构建高校思想政治教育者角色伦理共同体以及享受自洽的角色伦理生活。

第一节　创造和谐角色伦理社会情境

在儒家看来，当仁心在主观的人格世界和客观的物质世界中同时展现出来，己人皆立、万物一体，生命才能乐以忘忧而入圆融之境。[①] 高校思想政治教育者角色伦理情境乃是高校思想政治教育者德福一致角色伦理生活展开的客观世界。情境是指存在于意识（心理）与现实相结合构建出来的环境，既包括客观实在的物质、制度、规范，也包括身处其间的人们对客观环境的感知、情绪、态度，更侧重人们对包括人际关系结构的客观实在的主观体验。需要特别指出的是，承认伦理情境对于伦理道德的意义并不意味着伦理道德仅仅是具体“情境中的”。在一定的时空中，社会关系

① 黄泰轲、王泽应：《儒家生命学问的价值建构》，《南通大学学报（社会科学版）》2017 年第 2 期。

呈现出一定的稳定态势，伦理道德必然有其明确的是非标准，否则就不能称之为伦理道德。高校思想政治教育者角色伦理情境是指在高校中工作生活的人们对于高校思想政治教育者角色的地位、形象、价值、行为模式等所具有的心理感受和态度组成的角色生存境况。失去人们对高校思想政治教育者角色的普遍理解、支持和认可，高校思想政治教育者的角色伦理生活的价值感和幸福感就会降低，其践履角色伦理的信心就会遭受重创，践履角色伦理的动机则会动摇，践履角色伦理的行为难以为继。因此，培育良好的高校思想政治教育者角色伦理情境对于高校思想政治教育者角色伦理的实现至关重要。

一、培育角色生活空间伦理共识

高校思想政治教育者角色处于何种伦理情境：一看该情境是否具有清晰的伦理指向，也就是社会环境是否已形成具有普遍共识的清晰明确的价值体系；二看高校思想政治教育者角色伦理是否符合社会普遍的伦理信念。两者结合起来所显现的就是社会是否共同认可和普遍接受高校思想政治教育者角色伦理。“伦理生活意指对于我们作为其中一部分的一个现行社会所应担负起来的道德职责。这些职责是建立在现行规则和用法基础之上的。”[①] 社会不能形成关于高校思想政治教育者角色伦理的一致性认识，就难以形成普遍有效的“现行规则与用法”，角色扮演者便会失去判断行为伦理性质的依据，陷入道德困境。因此，社会对高校思想政治教育者角色伦理的共同认可和普遍接受构成了高校思想政治教育者的角色伦理生活美好情境。只有让高校思想政治教育者角色伦理符合社会成员普遍同意的价值判断和道德要求，才能够帮助高校思想政治教育者坚定其角色伦理信念，激发高校思想政治教育者产生强烈的角色道德情感，提升其道德自律精神和能力，不断在角色道德层次上进行自我超越。社会对高校思想政治教育者角色伦理的共识，也会形成强大的社会监督力量，防范高校思想政治教育者出现角色道德失范行为，帮助其守住角色伦理底线。培育高校思想政治教育者角色生活空间伦理共识主要从内外两个方向展开：通过弘扬社会主义核心价值观确立高校思想政治教育者角色生活空间伦理信念；通过广泛宣传高校思想政治教育者角色赢得社会支持和帮助。

① ［加拿大］查尔斯·泰勒:《黑格尔》，张国清、朱进东译，南京，译林出版社 2002 年版，第 575 页。

一定意义上，伦理信念缺失是现代社会最深层次的危机。由于伦理信念的普遍缺失，现代人陷入道德冷漠、虚无难以自拔，只能谋求物质奢靡或感官刺激中的片刻欢愉。在这样的时代背景中，高校思想政治教育者的幸福具有双重困境，一是这种时代普遍的人际冷漠和道德虚无本身；二是社会成员对高校思想政治教育者角色的贬低、拒斥和否定。现代普遍的人际冷漠和道德虚无背后的价值逻辑与高校思想政治教育者角色存在的价值逻辑之间的背反，阻碍了高校思想政治教育者角色在社会生活中被尊重、被接纳、被理解。高校思想政治教育者只有努力引导社会成员确立与高校思想政治教育者角色共同的价值追求，重建社会生活空间伦理信念，从非道德性虚空中挣脱出来，展开温暖明亮的伦理生活画卷，才能获得自己的幸福。重塑社会生活空间伦理信念不仅是高校思想政治教育者为社会普遍幸福应担负的角色义务，也是高校思想政治教育者实现自我幸福的角色权利。

高校思想政治教育者要引领全社会弘扬和践行社会主义核心价值观，树立社会主义社会共同道德理想，对抗源自西方的现代资本逻辑支持的个人主义价值追求，破除物质崇拜的人际非伦理关系，夯实社会主义社会道德理想基石，为社会主义社会道德理想提供充分的依据。一方面，高校思想政治教育者要用科学社会主义的真理力量破除个人主义价值观形成的思想迷雾，帮助社会成员养成科学批判思维能力，从理性上接纳社会主义核心价值观。另一方面，高校思想政治教育者还要积极以中华优秀传统道德理想信念的吸引力激发对社会主义伦理共同体生活的普遍向往，帮助社会成员形成对社会主义核心价值观的情感认同。以情入理、以理动情，使社会主义社会共同道德理想在人们的头脑和心灵中共融共鸣。

高校思想政治教育者还要推动社会形成善有善报、恶有恶报的伦理回报机制。社会转型期，各领域有德无福、无德有福的现象一再出现。青少年在实践中反复感受到德福背离就无法顺利地建立正确的价值体系，成年人已经建立的价值体系也会动摇或崩溃，在进行道德选择时难以坚定向善。马克思说："哲学家们只是用不同的方式解释世界，而问题在于改变世界。"[①]"实际上，而且对实践的唯物主义者即共产主义者来说，全部问题都在于使现存世界革命化，实际地反对并改变现存的事物。"[②]作为

① 《马克思恩格斯文集》第1卷，北京，人民出版社2009年版，第506页。
② 《马克思恩格斯文集》第1卷，北京，人民出版社2009年版，第527页。

马克思主义者的高校思想政治教育者角色承担者也应当主动、积极地改变自己的社会环境，与一切否定、扭曲高校思想政治教育者角色伦理的思想观点作斗争。这不仅能够为自己创造一个更适宜的角色伦理情境，也是角色承担者实践高校思想政治教育者角色伦理的责任。高校思想政治教育者既要在理论上揭示德福背离的根源，指出其在社会主义初级阶段的暂时性和偶然性，更要在实践中努力推动社会主义社会经济生活、政治生活不断进步，强化社会经济伦理和政治伦理制度，完善社会伦理生活保障机制，呵护社会成员美好的伦理信念。只有高校思想政治教育者所言为实、所言如判，高校思想政治教育者角色才能赢得社会大众的普遍信任。

高校思想政治教育者角色伦理指向和伦理内容符合全社会的伦理信念是高校思想政治教育者得以享受美好角色伦理生活的根本。高校思想政治教育者角色伦理以社会主义价值体系为基准，指向社会主义核心价值观的普遍认同和自觉遵循，为高校思想政治教育者角色伦理得到社会普遍支持奠定了坚实的基础。然而，社会对高校思想政治教育者的工作情况了解较少，对高校思想政治教育者角色的认识水平参差不齐，对高校思想政治教育者角色生活存在一定的误解，影响了高校思想政治教育者的角色伦理生活幸福体验和坚持角色伦理生活的信心。高校思想政治教育者首先要主动争取和配合国家做好角色伦理保障和宣传工作。国家对高校思想政治教育的坚定支持在引导社会形成高校思想政治教育者角色伦理共识中能够起到强有力的定向和固基作用。改革开放后的前十年，由于国家对思想政治教育的重视程度有所下降，高校思想政治教育者角色地位在社会大众的心里严重降低。党的十八大以来，国家大力提升了高校思想政治教育者角色地位，投入大量资源支持高校思想政治教育者全面发展，为高校思想政治教育者的角色伦理生活提供了良好的条件，也吸引了更多优秀的人才投身高校思想政治教育事业，角色的社会心理地位有显著提升。

高校思想政治教育者要努力争取和配合高校各级组织的支持和帮助。高校思想政治教育环境建设以及对思想政治教育者角色的定位和评价，对于形成良好的高校内部思想政治教育者角色伦理情境起到关键作用，同时间接引导社会对于高校思想政治教育者角色伦理的认识和判断。高校思想政治教育者应主动向社会宣传思想政治教育学科、专业、人物、工作的情况，听取人民群众的意见，争取人民群众的认可和支持。高校思想政治教育者角色承担者应当依角色关系的远近，借助角色关系网络进行努力构建良好的伦理支持环境。高校思想政治教育者首先应当赢得角色近相关的关系角色对高校思想政治教育者角色伦理的认可与支持。大学生是高校思想政治教育者角色伦理生活不可或缺的关系角色。大学生对高校思想政治教育者角色伦理的认可和支持直接影响高校思想政治教育者角色伦理生活的体验和判断。高校思想政治教育者应当在大学生中间培育关于高校思想政治教育者角色伦理的共识，然后通过大学生争取高校其他教师、大学生亲友的认可，再通过高校其他教师、大学生亲友扩大影响范围，逐渐树立高校思想政治教育者角色的口碑，获得广泛支持。

二、塑造利于角色伦理的声协音和话语空间

话语的结构、表达惯式、承载的内容、情绪是角色伦理情境最重要的构成，甚至可以说，话语空间就是伦理情境，直接对角色承担者的伦理行为施加影响，甚至起到左右角色伦理活动的作用。良好的高校思想政治教育者角色伦理情境需要掌握空间话语权并进行主动的社会舆论引导。社会舆论引导也可称为社会舆论调控，指通过话语的建构、传播引导人们的思想情感，影响人们的行为判断。社会舆论引导既可为高校思想政治教育者角色伦理行为提供价值导向，约束高校思想政治教育者的角色行为，也可促成高校思想政治教育者角色伦理内化为角色承担者的道德素质。可以说，社会舆论引导对高校思想政治教育者角色伦理行为有着巨大影响，是高校思想政治教育者角色伦理实现社会机制的重要构成。习近平总书记指出“不好的社会舆论成为民众的‘迷魂汤’、社会的‘分离器’、杀人的‘软刀子’、动乱的‘催化剂’”[①]，强调“好的舆论可以成为发展的‘推进器’、社会的‘黏合剂’和道德的‘风向标’”[②]。关于高校思想政治教育、高校思想政治教育者、高校思想政治教育者角色伦理的舆论对塑造高校思想政治教育者角色伦理生活不可轻忽。

高校思想政治教育者角色承担者在实践角色伦理的过程中常常因非理性舆论的掣肘而出现角色伦理失范现象。这里的非理性舆论指一种社会生活中普遍存在的因偏见、情绪化而形成的对某些人或事不合理的公众言论，在此特指社会大众包括高校师生群体对高校思想政治教育者角色伦理的片面的、偏颇的、带有否定性的群体性言论。这些针对高校思想政治教育者角色伦理的非理性舆论大多包括 3 个方面的内容：其一，指责高校思

① 新华通讯社课题组编:《习近平新闻舆论思想要论》，北京，新华出版社 2017 年版，第 85 页。
② 新华通讯社课题组编:《习近平新闻舆论思想要论》，北京，新华出版社 2017 年版，第 85 页。

想政治教育者是“不学无术”的人，否定角色承担者在学科方面的付出和成绩。这种偏见在高校教师群体中有相当的普遍性，虽然在高校思想政治教育者的努力下，高校在马克思主义学科建设上取得了丰硕成果，但毕竟建设时日较短，比起历史悠久的成熟学科还存在一定差距，因此，构成轻视高校思想政治教育者角色的舆论环境，在一定程度上抑制了高校思想政治教育者的坚守角色伦理的信心。其二，指责高校思想政治教育者是“特权阶层”，否定高校思想政治教育者角色的特殊价值。由于高校思想政治教育者所承担的责任非常重要，党和国家对高校思想政治教育者在政治、思想、思维、能力、德行等方面的要求比一般高校教师更高，国家从高等教育发展战略出发，长期坚持对马克思主义学科的扶持，给予高校思想政治教育者在求学、职称评定上提供的一些特殊政策、在薪酬上采取的支持或保障措施都让部分高校教师心生不平，觉得高校思想政治教育者是“政治权力的附庸”“占了很多便宜”，从而否定高校思想政治教育者角色的付出、贡献和能力。思政课教师是“受重视的边缘人”①。这种指责高校思想政治教育者角色有“特殊照顾”的非理性舆论对角色承担者的自尊心伤害较大，也会动摇角色承担者坚持角色伦理的决心和意志。其三，否定高校思想政治教育者角色的存在价值，认为高校思想政治教育者对于大学生的成长没有任何意义，甚至有人认为是负价值。虽然近几年在党和国家的大力推动之下，在高校内思想政治教育工作的铺展中，越来越多的人对高校思想政治教育者角色在高校教育、大学生成人成才中的关键性地位和作用的认识有所提升，但部分高校教师、大学生、学生家长以及社会其他成员心目中长期存在的偏见还没有消除，甚至在少数人心里还非常顽固，因此，一旦出现高校思想政治教育工作需要大学生投入时间和精力较多的时候，就会出现某些不利于高校思想政治教育者的言论，指责高校思想政治教育者妨碍大学生的学业。尤其某些年轻大学生基于功利心理驱动，在面对较为繁重的学习任务的时候，认为高校思想政治教育者“只会说些没用的空话”，对某些针对思想政治教育和思想政治教育者不满的言论会跟着起哄、助推。这些非理性舆论的出现，容易扰乱高校思想政治教育者角色承担者对角色身份的认同，打击角色承担者的信心，降低其对角色伦理的自我约束意识。

---

① 陈晓云:《高校思想政治理论课教师的角色冲突——场域理论视域下的高校思政课教师发展研究》，上海，上海三联书店 2019 年版，第 125~148 页。

高校思想政治教育者应当针对上述3个方面的问题主动出击，努力消除非理性舆论形成的原因，指出非理性舆论的错谬，争取社会成员广泛的理解。其一，针对关于高校思想政治教育者的学术偏见，每一个高校思想政治教育者都应当更加努力提升自己的学术能力，积极投身马克思主义理论学科建设事业，不断积累思想政治教育专业厚度。这是一个有赖于全体高校思想政治教育者长期艰苦努力的工作，也是掌握话语权、主导舆论的根本所在。与此同时，高校思想政治教育者应当主动与那些贬低自身的言论作斗争，勇于在各个领域开展对错误思想的批判，多发声、发好声，让自己的声音更具说服力。其二，针对高校思想政治教育者"特权阶层"的指责，要做好沟通交流，加强工作和生活交往，转变关于高校思想政治教育者的误解。高校思想政治教育者应积极投身"三全育人""课程思政"等高校思想政治教育的各个环节，为全校教职员工开展思想政治教育提供专业服务，用良好的专业形象和工作作风赢得大家的理解。高校思想政治教育者应积极打破生活中的隔离，主动和不同的社会成员交朋友，建立友好和谐的关系，并在日常生活中渗透社会主义核心价值观，展示高校思想政治教育者角色伦理的吸引力，破除误解。高校应主动推出、宣传优秀思想政治教育者，向全社会示范和普及高校思想政治教育者的角色伦理行为模式。当前"高校思想政治理论课教师年度影响力人物"的关注度和影响力都局限在比较小的圈子里，应加大面向社会的宣传力度和广度。其三，针对有意攻击高校思想政治教育者角色伦理价值的言论要做坚决的斗争。高校思想政治教育者要与误解、扭曲、污蔑社会主义核心价值观的言论作斗争的同时也要理直气壮地与误解、扭曲、污蔑高校思想政治教育的言论作斗争。作为思想政治教育者，尤其是高校思想政治教育者应当意识到对思想政治教育的扭曲和污蔑与对思想政治教育内容，也就是社会主义价值体系的扭曲和污蔑具有同样的危害，这两者往往是不可分割的。高校思想政治教育者要主动出击，深入研究各种非议思想政治教育的思想、观点、言论，揭露其错误的根源，并进行深刻彻底的批判，最大限度地控制错误言论对社会大众的误导，为高校思想政治教育者创造一个平和的角色伦理话语空间。

习近平总书记在2016年4月19日网络安全和信息化工作座谈会上的讲话中强调，舆论工作者必须重视如何提高舆论引导的能力问题。习近平总书记指出："凝聚共识工作不容易做，大家要共同努力。为了实现我们的目标，网上网下要形成同心圆。”[①] 高校思想政治教育者角色应当具备强大的舆论引导能力，在面对虚拟与现实世界交融，舆论传播迅捷，非理性舆论蔓延范围广，大众情绪非理性倾向增强的挑战时，不仅要学会如何有效传播思想政治教育内容还要学会如何宣传自己的角色形象，尤其是掌握最新的舆论引导技术，为自己打造良好的舆论环境。高校思想政治教育者要充分意识到，自身形象的确立和宣传，不仅有利于自身的存在和发展，也是思想政治教育功能发挥的重要环节。孔夫子曾云，“其身正，不令而行”，这是根本，但现实社会日益复杂，各种资讯铺天盖地，人们生活在杂多碎片的信息世界之中，只有持之以恒、坚持不懈，以大量优质的自我宣传才能在大众心中确立一个比较明确的认识。高校思想政治教育者应当主动与外部世界沟通，增信释疑，赢得信任和尊重，为自己打造一个良好的思想政治教育工作、生活空间。

高校思想政治教育者要向社会阐明思想政治教育的意义。总体而言，对思想政治教育意义的强调和阐释在思想政治教育管理层面、思想政治教育学术层面讲得多，而对思想政治教育的教育对象，对社会大众诠释得不足。高校思想政治教育者面对大学生、社会大众更注重对他们进行思想政治教育，而缺乏对自身工作的宣讲。也就是说，高校思想政治教育者对于思想政治教育的内容意义解释得多、宣传得多，对思想政治教育本身的价值阐述得不够。这就造成一个严重的误区，社会大众、教育对象中有相当多的人把思想政治教育视为外在于自身的东西，把接受思想政治教育看成是外在强加于自身的东西，排斥、厌恶思想政治教育。虽然高校思想政治教育者角色的舞台主要在高校，但作为专门从事思想政治教育工作的角色，是全国思想政治教育者角色的一部分。社会大众普遍理解思想政治教育的必要性，尤其是对社会每一个体自我发展的重要性，接纳思想政治教育者角色、关注思想政治教育者及其工作情况，对高校思想政治教育者角色的权利、义务、行为规范也会有更清楚的把握，形成有利于高校思想政治教育者角色伦理实践的氛围。同时，基于对自身利益的考虑，社会大众尤其是大学生会敦促高校思想政治教育者角色实现其伦理功能，帮助高校思想政治教育者角色的承担者更好地把握自己的角色伦理行为和道德形象。高校思想政治教育者作为思想政治教育的专业研究者、教育工作者应积极通过引导社会大众，尤其是大学生正确认识思想政治教育，帮助他们

① 《习近平谈治国理政》第2卷，北京，外文出版社2017年版，第335页。

主动进入思想政治教育活动，理解思想政治教育，理解思想政治教育者角色，支持思想政治教育者的努力，支持思想政治教育者的道德行为，构建利于高校思想政治教育者角色伦理生活的舆论环境。

三、夯实正理平治角色活动空间基础

正理即为合乎道，为善；平治乃因守法，有序。忧患生于不安，美好的角色伦理生活一定依赖角色活动空间的长期稳定。角色活动空间的长期稳定则是靠维护空间秩序的伦理制度支撑着。由法律法规、组织纪律、职业道德等构成的高校思想政治教育伦理制度体系为高校思想政治教育者德福一致的伦理生活提供了重要保障。高校思想政治教育者应努力推动高校思想政治教育伦理制度不断完善。

任何社会角色都是由现实中具有七情六欲的人来扮演的，扮演社会角色的人在角色伦理认识、道德追求、人格境界方面必然良莠不齐，为了保证社会角色基本功能的实现，必然要对社会角色的行为进行比较清晰的规范，才能保证社会角色不至于因为不同承担者的个性化差异变得混乱扭曲。“制度因素和组织因素共同形塑了行动场域的关系网络，也构成我们考察社会行动的两种维度。”[①] 组织制度的伦理属性引导着组织成员的价值取向和行为习惯，构成个体进入组织的资格以及在组织中发展的机会。制度中的伦理属性为制度的长期有效提供了强大的保护机制，让道德行为成为持续的普遍伦理现象。制度是行为规范的总和，“只要制度能够必然保证做某种事情会有可信的回报，那么人们必定都追求那种被规定有可信回报的事情”[②]。制度越是清晰地呈现出社会所倡导的道德取向，应然与实然达成一致，应然行为的有益回报能够等于或大于逐利的自然行为的有益回报[③]，即良行有好报，组织的伦理引导力就强；反之，良行无报，甚至良行恶报则必然伦崩理坏。制度的伦理属性是良好高校思想政治教育者角色伦理情境的基石。高校思想政治教育者应从 3 个角度自觉维护高校思想政治教育者角色伦理制度规范体系的效度。

首先，高校思想政治教育者角色必须坚决捍卫法律法规。在现代社会，法治是社会治理的基本道路，道德与法律在价值取向等方面根本上是

① 韩瑞波:《空间生产、话语建构与制度化动员》,《学术探索》2020 年第 6 期。

② 赵汀阳:《教育问题：遗产、经典和榜样》,《陕西师范大学学报（哲学社会科学版）》2020 年第 2 期。

③ 赵汀阳:《伦理的困惑与伦理学的困惑》,《道德与文明》2020 年第 3 期。

一致的，都是主流意识形态的重要组成部分，法律成为道德的重要支撑，道德是法律的源泉与根本。按照宪法和法律的精神、规范从事高校思想政治教育职业活动，是对高校思想政治教育者最基本的要求，是对高校思想政治教育者角色伦理规范最强大、最清晰的导向。高校思想政治教育者作为高等教育立德树人关键任务的承担者角色，其行为在守法方面必须具有良好的社会示范作用。高校思想政治教育者在进行角色扮演的过程中，在社会日常生活中的行为内容与行为方式都必须严格遵循法律规范的要求。高校思想政治教育者角色伦理直接相关的法律法规有《中华人民共和国教育法》《中华人民共和国教师法》《中华人民共和国高等教育法》《教师资格条例》等。高校思想政治教育者应当勇敢捍卫法律法规赋予高校思想政治教育者角色的合法权利和合法权益，维护高校思想政治教育者践行角色伦理的积极性，同时充分理解法律法规所规定的高校思想政治教育者角色的责任和义务，依法与高校思想政治教育领域的不正之风作斗争，维护高校思想政治教育工作的正常秩序，对消极的、违背高校思想政治教育者角色伦理的行为进行有效约束和惩戒，守住高校思想政治教育者角色伦理的底线。

其次，高校思想政治教育者应主动建构并自觉遵守职业伦理。高校思想政治教育者职业伦理不仅对高校思想政治教育的健康发展有重要的保障作用，同时，也有利于树立高校思想政治教育者形象，帮助社会大众更好地了解和维护高校思想政治教育角色伦理。形成统一的高校思想政治教育者职业伦理意义重大。统一的高校思想政治教育者职业伦理有助于明确高校思想政治教育不同部门的工作者形成高校思想政治教育者共同体意识，有利于不同部门、不同工作性质的高校思想政治教育者相互合作，形成更强的系统协作机制。统一的高校思想政治教育者职业伦理也有助于高校思想政治教育者更好地处理群体内部关系，化解现实中普遍存在的不同类型高校思想政治教育者之间的摩擦和冲突。当前，高校思想政治教育职业伦理的建设与高校思想政治教育事业发展之间还存在差距。一方面，尚未有系统全面的全国统一、专门能够突出职业属性的高校思想政治教育者职业伦理规范；另一方面，各高校也普遍缺乏专门的高校思想政治教育者职业伦理规范。当然，许多高校结合本校发展目标，根据高校思想政治教育的实际，分别制定了辅导员的职业规范、高校思想政治理论课教师师德规范，但多数高校都是以高校教师的职业道德来规范高校思想政治教育者，高校思想政治教育职业伦理的特殊性没有充分体现出来。高校思想政治教育者应当主动参与高校思想政治教育职业伦理的制度化建设，自觉探索、了解、掌握高校思想政治教育者角色伦理的原则、规范与要求，将高校思想政治教育者角色的道德信念、品质与情操、伦理责任、义务化为具体、科学、可落实的职业伦理规范。

最后，高校思想政治教育者还要不断推进高校思想政治教育管理伦理制度建设。每一个高校都有自己的伦理文化传统和思想政治教育目标及内容，有对思想政治教育者行为的具体期望。高校应当结合自身的具体发展目标和管理文化、资源状况、高校思想政治教育队伍情况等，制定自己的思想政治教育工作管理制度。高校形成完备的思想政治教育管理规章制度，针对不同的高校思想政治教育者角色行为特点制定科学的思想政治教育者行为管理规范。高校首先要将上级主管部门下发的各类思想政治教育管理政策文件结合本校实际，转化为本校的思想政治教育者角色管理制度，制定出可操作的实施办法，在学校的思想政治教育活动中运行。高校思想政治教育管理制度应当具备清晰的伦理精神和伦理要求，对不同的高校思想政治教育部门和角色承担者的行为进行有效的教育、监督、评价和纠正。只有具有完善的伦理管理制度才能将高校思想政治教育者角色伦理行为落到实处，担负起对国家、社会、高校的伦理责任。高校思想政治教育者应当在高校发挥主人翁精神，主动参与到高校思想政治教育管理制度的建设活动中，并积极推动高校思想政治教育管理伦理制度不断完善，为本校也为自己构造一个稳定、和谐、良善而又生机勃勃的伦理生活基本框架。

总之，主动构建良好的高校思想政治教育者角色伦理情境是高校思想政治教育者美好角色伦理生活的基本前提。

第二节　构建高校思想政治教育者角色伦理共同体

科技进步和世俗化日渐突出了个体的力量，也斩断了以人与人紧密连接互动为基础的伦理共同体，而带来人精神生命的脆弱与痛楚。道德感、幸福感都离不开对共同体强烈的归属感。正如黑格尔的观点，伦理法则仅有纯粹的形式是不行的，它必须是经验的，要作为有机体实现出来。找到共同体归属感的高校思想政治教育者，角色伦理生活对于他就不会是“应付差事”的“强迫劳动”，而是转化为如歌之生命栖居其中的“伊甸园”。

角色属性要求思想政治教育者角色共同体必然是伦理共同体、精神共同体。在新时代的发展境遇中，重建思想政治教育者角色伦理共同体的时机已然降临，高校思想政治教育者应当把握这一时机，加快推动角色伦理共同体建设。

一、重建角色伦理共同体条件渐渐成熟

所谓“共同体”，就是一个休戚与共、生命交织所形成的整体，是每一个“我”之“我们”。在现代社会，人类命运共同体大多不再是经历长期的历史自然形成的，而是主动建构的共同体。这样的共同体具有显著的伦理属性，是个体的“公共性”本质的存在形式。从这个意义上讲，思想政治教育者作为担负“公共”责任的社会角色，角色承担者理应以共同体的方式存在。

高校思想政治教育者角色独立出现的时间比较晚，最初其只作为一个政治伦理共同体的成员身份降临世间。早期的思想政治教育者为了共同的理想信念自觉组织起来，以唤醒民众、救国救民为己任，构建了一个强大的政治伦理共同体。这个伦理共同体以马克思主义为指导思想，以实现人的全面解放作为伦理奋斗目标，以在工农中“灌输阶级斗争精神”“进行马克思主义启蒙教育”为共同的工作内容，形成思想政治教育的基本原则、工作计划和行动纪律。[①] 围绕实现共产主义终极使命展开思想政治教育工作是思想政治教育者所属政治共同体的基本伦理原则。这个伦理共同体在中国共产党领导中国人民救亡图存的革命斗争中发挥了巨大的作用。思想政治教育者在这个政治伦理共同体中勇敢无畏、甘于奉献，虽流血牺牲、历尽艰辛却精神振奋、生命充实。

新中国成立后的前30年，思想政治教育者作为国家政治伦理共同体的成员，承担“改造思想，提高社会主义觉悟”[②] 的角色任务。这个时候的思想政治教育者虽无思想政治教育者角色共同体意识，但具有强烈的国家政治共同体意识和归属感。“我们之所以能够获得成绩，所以能够不断前进，绝不能把它看成单单依靠自己的力量就可以获得的。依靠什么？我们说主要依靠党，依靠党的教育和正确领导。因为事情很明显，我们虽然是在讲授马克思列宁主义的理论知识，但我们本身并不一定都是成熟的

① 《中共中央文件选集》第1册，北京，中共中央党校出版社1989年版，第3~8页。

② 教育部社会科学司：《普通高校思想政治理论课文献选编（1949—2008）》，北京，中国人民大学出版社2008年版，第33页。

马克思主义者……一个理论教员如果不紧紧地在党的领导下进行工作是非常危险的。与此相反，只有积极争取党对我们的指导，只有紧紧地在党的领导和监督下进行教学活动，才能克服我们本身的缺点，才能使得我们的工作不断前进。”[①] 从上面这一段话中可以注意到，虽然思想政治教育者角色通过分工独立登上了政治舞台，但没有形成独立的思想政治教育者共同体意识和归属感，认为“我们虽然是在讲授马克思列宁主义的理论知识，但我们本身并不一定都是成熟的马克思主义者”，但自豪归属于一个更高更强的伟大共同体——中国共产党领导的社会主义政治共同体。这一时期的思想政治教育者感觉心里踏实，行动方向明确，来自组织的支持让其工作起来充满底气，因此，高度自觉执行并维护组织纪律。虽然这期间经历了许多波折，思想政治教育者也受到种种冲击，但依然保持着很强的政治伦理精神，保持着对思想政治教育事业的高度忠诚。

一方面，政治伦理共同体成员经历锻造了思想政治教育者的伦理精神，为思想政治教育者确立了崇高伦理理想、强烈的伦理共同体感情和自觉维护伦理原则的自律意识，为高校思想政治教育者角色共同体固本开新提供了深厚伦理传统。另一方面，这个时期的思想政治教育者按照国家政治伦理一体性结合在一起，角色素质和能力总体还不足以独立承担思想政治教育任务，个体的角色主体性精神也未得到足够的彰显，构建思想政治教育者角色伦理共同体的基础比较薄弱。

改革开放后，随着经济交往的扩大，我国以学科建设为载体的思想政治教育者角色共同体意识逐渐生发。社会主义市场经济的确立让资源在全国流动开来，思想政治教育的科学化发展成为实践的需要。思想政治教育专业、学科开始建立，不同组织尤其是高校思想政治教育者之间的交流、交往日益深入。高校从事政治宣传、马克思主义理论的教师、大学生辅导员、党团组织及学生工作部门成员等共同拥有了“思想政治教育者”这个称谓。思想政治教育者角色爆发出巨大的活力，角色承载的功能快速增加，呈现出一片勃勃生机。随着思想政治教育科学化的发展，思想政治教育者在学科建构的过程中形成向心力，首先形成了建构学术共同体的自觉意识，并提出思想政治教育学科共同体建构的“身份认同、共有理解、共同信念、总体方法论四个基本维度”[②]，呼吁首先为思想政治教育者角色

① 朱起：《我是怎样教政治理论课的》，北京，人民出版社 1956 年版，第 68~69 页。

② 胡晶晶：《思想政治教育学科共同体探析》，《思想政治教育研究》2010 年第 3 期。

“定名”，“夯实”共同体基础，打造思想政治教育学科平台，制定行动原则[①]。应形势发展需要，高校思想政治教育者开始探讨思想政治教育者角色共同体形成的可能、现实条件和前景，认为思想政治教育者角色共同体的形成在实践和理论上都已经是不争的事实，提出思想政治教育者角色共同体维持、发展的5条途径[②]。随着思想政治教育者专业化发展，思想政治教育者之间多了“学缘”羁绊，在学科、专业上的联系变得紧密、频繁，尤其是高校思想政治教育者的交往不再局限于所在学校的单位空间，越来越多地形成了跨校际的“高校思想政治教育者角色群”。高校思想政治教育者角色共同体形成的基本条件逐渐成熟，高校思想政治教育者角色共同体意识越来越强。

高校思想政治教育者共同体在形成的同时就面临着巨大的挑战。市场经济中的私有、竞争属性带来的离散力不断消解共同体的凝聚力，破坏共同体的稳定。高校思想政治教育者职业角色的强化是伦理共同体动摇的重要表现。高校思想政治教育者角色共同体曾经最具凝聚力的坚固伦理地基是政治伦理。这一种政治伦理具有很强的集体属性，由宏大的政治话语进行表述。中国社会开启社会主义市场经济之后，政治需要面对的具体而微的生活场景越来越多，在快速发展的网络世界和全球交融的现实世界中，原有的话语体系遭遇抵制，其所支撑的政治伦理的感召力开始下降。对现实利益的追逐成为人们同一的欲念和价值立场，虽然它也常常形成各种组织协调人们的行动，但它没办法将人会聚成长期稳固的共同体。为利益而栖身的组织，在人们的心中只是“暂居”之地，不会因为维护所在的组织而牺牲。高校思想政治教育者角色承担者，随着全社会单子式的竞争越来越激烈，也逐渐失去了自己的政治伦理共同体。随着高校思想政治教育者的职业角色大大强化，政治角色、伦理角色相应地被弱化了。职业角色增加了角色承担者个体的能力，减弱了角色承担者对共同体的精神依赖。高校思想政治教育的角色承担者随着物欲追求的强化，成员之间的冷漠感开始蔓延，共同体归属感下降，对角色伦理的认同维系变得困难，对自己的角色生活也产生了较强的倦怠感。以高校思政课教师为例，陈晓云的调查显示，他们对自己的角色生活非常满意的很少，仅占4.1%，比较满意的占62.6%，不满意的占33.3%。角色的责任意识开始变得淡漠，不少人把

---

① 王颖：《思想政治教育学：与名与实、走出混沌》，《理论与改革》2003年第5期。

② 戴锐：《思想政治教育共同体形成的可能、现实和前景》，《思想教育研究》2012年第9期。

工作看成一个“饭碗”，不是非常投入，马虎混的也有。[①] 高校思想政治教育者角色职业化所引发的思想政治教育者角色伦理问题成为思想政治教育者角色伦理共同体建构过程中必须直面的难题。高校职场重个体成果评价而轻集体过程评价的导向，拆解了角色扮演者之间的职业合作，激烈的个体职称、职务、地位、收入的竞争让角色扮演者成为一个凸显自我缺乏归属感的“单兵”，普遍缺乏共同体归属带来的幸福感和价值感。不仅如此，由于思想政治教育实效性不足，高校思想政治教育者还感受到角色生存危机，意识到重建高校思想政治教育者角色伦理和高校思想政治教育者角色伦理共同体的必要性和紧迫性。

21 世纪以来，中国共产党应新的时代特征和实践要求，提出加强和改进大学生思想政治教育，对高校思想政治教育作了系统部署，2004 年出台《关于进一步加强和改进大学生思想政治教育的意见》，2005 年出台《关于调整增设马克思主义理论一级学科及所属二级学科的通知》，极大提振了高校思想政治教育者的信心。高校思想政治教育进入积极开拓、科学发展时期，思想政治教育学科建设不断增强，各地教育主管部门、各高校通过多种方式加强高校思想政治教育者培训，为高校思想政治教育者相互交流、建立情感、合力工作搭建了良好平台，大大促进了高校思想政治教育者角色伦理共同体发育。

党的十八大以来，中国共产党对高校思想政治教育整体布局、系统谋划，达到了一个新的高度，明确了高校思想政治教育关系高校教育性质、关系中国特色社会主义事业后继有人和兴旺发达的战略地位，为高校思想政治教育者确立了为青年学生成长奠定科学思想基础的立德树人的根本任务，指明了高校思想政治教育者角色伦理共同体的价值立场；对以思想政治理论课教师为代表的高校思想政治教育者队伍的建设高度重视，指导各高校制定思想政治教育者角色承担者条件，对思政课教师提出“政治要强”“情怀要深”“思维要新”“视野要广”“自律要严”“人格要正”等主体道德修养要求；对思想政治教育工作提出“八个相统一”工作伦理要求，为高校思想政治教育者角色伦理共同体确立了基本伦理原则。高校思想政治教育者 10 余年来，队伍快速扩大，在学科、专业、实践各方面都逐渐形成了自己的特色和整体合力，高校思想政治教育者角色共同体身份

① 陈晓云:《高校思想政治理论课教师的角色冲突——场域理论视域下的高校思政课教师发展研究》，上海，上海三联书店 2019 年版，第 130~143 页。

意识、共同责任意识、共同合作意识大大增强。高校思想政治教育者已然有效地组织起来，构建高校思想政治教育者角色伦理共同体的时机逐渐成熟。高校思想政治教育者应当抓住这个机遇，大力推进具有一致的价值追求和伦理目标，由思想政治教育者共同参与、互相合作、共担责任的高校思想政治教育者角色伦理共同体建构进程。

二、构建角色伦理共同体意识

构建高校思想政治教育者角色伦理共同体首先要形成共同体意识群化，即在高校思想政治教育者之间构建牢固的、共同认可的和共同维护的角色共同体意识。共同体意识群化是推进高校思想政治教育者普遍认同共同体成员身份，共同享有一致价值观，形成共同追求的伦理目标和基于共同利益的共同权利和共同责任意识，使高校思想政治教育者群体进化为有机团结的共同体的过程。

个体融入共同体的过程是一个接纳共同体共享价值观，以共同体的共享价值观作为个体人生价值观的过程。“共同体成员所持的价值观、情操和信念，它能够为使人们凝聚于一项共同事业提供所需要的‘黏合剂’。共同体中心统管对共同体有价值的东西，提供指引行为的规范，并赋予共同体的生活意义。”① 由于共同体中成员具有相同的价值追求，为相同的信念而奋斗，为了共同目标彼此信任、分工协作，彼此之间具有强烈的共鸣和信任。个体通过归属共同体获得自我价值实现，形成与共同体休戚相关、荣辱与共的情感。构建高校思想政治教育者角色伦理共同体就要在高校思想政治教育者中形成牢固的、共同认可的和共同维护的共享价值观。共享价值观帮助高校思想政治教育者准确地领悟自我及其他人在角色活动中的行为意义，彼此进行默契高效配合，完成高校思想政治教育任务。培育和弘扬社会主义核心价值观是高校思想政治教育的重要内容，社会主义核心价值观理应是高校思想政治教育者个体的价值信念。换言之，社会主义核心价值观必然成为高校思想政治教育者角色伦理共同体共享价值观的中心、主体。高校思想政治教育者角色伦理共同体共享价值观群化，从根本上就是高校思想政治教育者通过价值选择、价值认同和价值信仰达成价值共识，共同确立为人的全面自由发展努力奋斗的公共伦理诉求，旗帜鲜明倡导大学生成长为社会主义合格建设者与接班人的一致价值目标，将高

① ［美］托马斯·J. 萨乔万尼：《道德领导》，上海，上海教育出版社 2002 年版，第 58 页。

校思想政治教育者角色伦理信念化为高校思想政治教育者角色伦理共同体牢固精神纽带的过程。

共享价值观群化的过程是一个凝聚价值共识的过程，并非一个依据某个“高高在上的”意志或者某种抽象逻辑的推演，而是以社会主义核心价值观为指导，以满足大学生健康成长为核心理念，充分尊重每一个高校思想政治教育者和教育对象的交际和成长发展需求，达成高校思想政治教育者协同育人的最大价值共识。高校思想政治教育者角色伦理共同体构建共享价值观还必须有机结合所在高校的文化伦理特点，将高校长期形成的育人价值理念、伦理原则、道德底蕴与社会主义核心价值观紧密地结合在一起，激发高校伦理文化的内在活力，充分调动积极的高等教育伦理要素，有机编织伦理元素间的价值共识，包容个体间的差异，化解伦理冲突，整体性优化高校思想政治教育者角色伦理共同体共享价值观结构，形成高校思想政治教育者角色伦理共同体遵循的基本价值尺度和具体伦理原则系统。高校思想政治教育者角色伦理共同体通过凝聚、宣传、培育、实践等多种方式将共同体的基本价值尺度和具体伦理原则系统内化为高校思想政治教育者个体的教育共识和伦理自觉，融入高校思想政治教育者个体角色日常生活，让每一个高校思想政治教育者都能够以角色身份为荣，关心高校思想政治教育发展，为高校思想政治教育目标努力奉献，在追求共同体共享价值观过程中感受到温暖、友好，获得精神家园和自我价值实现的方向和途径。

对于一个共同体来说，共同愿景是让共同体内的成员凝聚在一起的根本原因。共同愿景就是共同体成员共同利益的未来满足图景。共同体成员在共同愿景中树立共同信仰，达成共同努力奋斗的共识。共同愿景是共同体强大号召力和凝聚力的源泉。并非每一个共同体成员都能够正确区分“对于其个人来说是重要的事情”和“仅仅是习惯和程序上的事情”，共同体成员要相互帮助，将共同体成员的个人发展愿景与共同体共同目标有机结合起来，认识到在共同体目标中达成个人发展愿景的可行性，并合理规划自己的角色行为，在为共同体目标与其他成员相互合作、共同奋斗中感受到自我的成长和价值的实现。当前，高校为了激励教师释放出最大的工作潜力，非常重视鼓励个体通过竞争获得更多资源、地位、财富等，高校思想政治教育者的发展也不例外。但由于教师个体基于自身多种条件和不同发展阶段的差异，在竞争过程中处于不同的起点，容易造成机会失衡和资源分配不公，破坏共同体成员的共同愿景信念，减少共同体成员的合作行为。因此，高校思想政治教育者角色共同体应当坚持公平发展、合作发展、共享发展伦理原则，强化共同体共同目标意识，同时为每一位高校思想政治教育者个性化发展目标提供支持。

正如一场表演不是依靠演员的个体行为完成的，而是整个剧组的集体行为，高校思想政治教育的成功不是仅凭某一位思想政治教育者的努力，而是整个高校思想政治教育者角色共同体共同努力的结果。越是复杂的表演所需配合的人越多。角色成功取决于剧组群体为角色价值实现的“共谋”。高校思想政治教育者角色伦理共同体在总体目标的指引下，通过全体思想政治教育者共同配合、联合行动，维持思想政治教育者角色所建立的情境定义，从而在愿望、预期、信念、行动等逐渐达成思维习惯的共同性或相似性，并且在达成目标、取得成绩后享受到共同体其他成员的祝贺和在共同体中成功的满足感，从而形成归属同一共同体的强烈体验。高校思想政治教育者要普遍形成共同体目标互依性意识，充分认识到高校思想政治教育目标是一个由许多具体的多层级目标根据一定的结构组合形成的系统。共同体应当构建这样一种目标体系：每一位高校思想政治教育者个体的角色目标乃至生活目标，对于高校思想政治教育整体性目标的达成都有不可替代的价值，让每一位高校思想政治教育者的未来愿景都能在共同体整体目标达成的过程中具有实现的确定性，感受到自己工作对于其他共同体成员的重要性。高校思想政治教育者角色伦理共同体应当充分尊重成员个体的真诚善良意志，引导高校思想政治教育者主动而真诚地为了共同体目标奉献，使之感受到自己的努力为共同体目标实现具有重要意义。高校思想政治教育者应主动调整个人愿景，和共同体总体目标保持一致，充分激发出自我维护共同体伦理价值目标的积极性，全身心地投入思想政治教育工作中，产生强烈提升自我思想政治教育专业素养意愿，从而构建一个集体与个体自我发展相互促进的有机生命体。

由于个体具有多个社会角色，属于多个群体，可能出现价值取向错乱的情况，如果高校思想政治教育者角色的价值取向与他的其他角色价值取向背离，个体的高校思想政治教育者角色伦理共同体的归属感就容易动摇，在承担高校思想政治教育者角色的过程中可能做出偏离角色伦理的行为，进而损害高校思想政治教育者角色形象。如果偏离角色伦理的行为没有及时得到制止，就会慢慢侵蚀整个群体的伦理价值信念，甚至导致整个高校思想政治教育者角色伦理共同体崩溃。“成员的界定以及规则将决定什么人被允许参与共同体的活动，以及什么人将受到共同规则和权威的管治”[①]，形成群体彼此利益相关的责任共担意识。高校思想政治教育组织应当通过共享价值观，以制度划定角色身份边界，规划思想政治教育活动，设置思想政治教育科学激励评价机制，在共同体中建立成员个体责任制，要求每一位高校思想政治教育者都要对共同体其他成员的思想政治教育工作成就承担支持、帮助、促进的责任，帮助高校思想政治教育者通过合作克服工作生活“共同问题”，感受共同行动的整体意义和来自共同体的关怀，在高校思想政治教育者个体心中培养共同责任意识以及良好互依的同伴关系。

三、构建角色伦理共同体生活准则

戈夫曼在《日常生活中的自我呈现》中指出，由于同一剧班的每个成员都必须依赖同伴们的恰当举动和行为，反之这些同伴也必须依赖于他。因此，他们之间必然存在一种相互依赖的契约，将剧组成员彼此联系起来[②]，否则这个剧班的表演就无法保障。高校思想政治教育者之间首先必须接纳这样一个原则，那就是每一个人都必须为完成高校思想政治教育工作而相互合作，每个人都必须扮演好自己的角色，不能为了突出自己的“个性”而忽略整个思想政治教育共同体对于角色基本演绎行为的规定。高校思想政治教育者角色伦理共同体必须形成普遍的行为规范以保证每一次表演的成功。每一位高校思想政治教育者都应当遵守共同体的行动契约，维护角色伦理行为的基本框架，保证角色伦理共同体的存在和发展基础。一旦某个高校思想政治教育者拒绝承担角色责任，打破共同体达成的共谋约定，破坏共同体的协调行动，导致角色失败，就可能会威胁到整个共同体的发展。

高校思想政治教育者角色伦理共同体应当形成正式、书面、科学的伦理准则、规章，给每一位高校思想政治教育者的角色行为提供充分指导与依据，保障高校思想政治教育者角色伦理共同体稳定发展。高校思想政治教育者角色伦理行为准则是高校思想政治教育者角色伦理共同体共享价值观的具体化，它反过来也能影响高校思想政治教育角色伦理共同体的共享价值观信念，引导高校思想政治教育者理解角色伦理价值，引领高校校园

① ［美］德博拉·斯通：《政策悖论：政治决策中的艺术》，顾建光译，北京，中国人民大学出版社 2006 年版，第 19 页。

② ［美］欧文·戈夫曼：《日常生活中的自我呈现》，冯钢译，北京，北京大学出版社 2008 年版，第 207 页。

伦理文化建设。高校思想政治教育者角色伦理行为准则是高校思想政治教育者角色伦理共同体的支柱。

高校思想政治教育者角色伦理准则制定是为高校思想政治教育角色伦理共同体立法，是高校思想政治教育者角色伦理价值在共同体行动中的现实呈现。高校思想政治教育者角色伦理价值实践的方式和结果是人们判断高校思想政治教育发展程度、发展活力的重要感性尺度。没有高校思想政治教育者角色伦理共同体行为准则，高校思想政治教育者角色伦理价值也没有任何意义。高校思想政治教育者角色伦理行为准则是共同体成员的行动指南，也是角色承担者处理角色相互之间相处、相存、相争、相让关系的明确细化措施。高校思想政治教育者根据科学的共同体角色伦理行为准则正确预期共同体其他成员相互交往的结果，规划自我行动路线，从而构成高校思想政治教育活动的基本秩序。高校思想政治教育者角色伦理共同体行为准则为共同体成员提供基本的行为规范，进入伦理共同体的高校思想政治教育者，可以通过遵守角色伦理共同体的行为规范形成对高校思想政治教育伦理精神的建构原则及其落实的直接经验，从而逐渐增强高校思想政治教育者角色伦理共同体共同价值理解和角色伦理共同体角色成员身份意识。因此，高校思想政治教育者角色共同体应当为成员构建健康的伦理生活，利于成员更好地在共同体中获得高校思想政治教育者角色意义的确证，自觉投入角色实践。

高校思想政治教育者角色伦理共同体是为社会主义制度服务的组织，其自身也必然要遵循社会主义制度伦理。“在中国社会主义制度下，有事好商量，众人的事情由众人商量，找到全社会意愿和要求的最大公约数，是人民民主的真谛。”[①] 高校思想政治教育者角色在构建共同体进行思想政治教育合作行动时，必然需要进行高校思想政治教育价值整合。高校思想政治教育价值整合过程应当是高校思想政治教育者之间在交往和碰撞中逐渐形成的公共道德自律意志生发的过程，是围绕关于价值理念、价值原则、价值实践共识基础上形成的对共同体成员普遍有效的行为规范和约束。换言之，高校思想政治教育者角色伦理共同体的行为伦理准则是高校思想政治教育者自我约束、自我管理同时相互约束、相互管理的规则系统。这并不意味着高校思想政治教育者角色伦理系统完全是从无序的状态中启动的。高校思想政治教育者角色伦理共同体行为准则以立社会主义道

① 《习近平谈治国理政》第 2 卷，北京，外文出版社 2017 年版，第 292 页。

德、以社会主义建设者与接班人为立足点，以社会主义核心价值观指引共同体伦理生活全局，以大学生健康成长为逻辑基础，充分征求和尊重高校思想政治教育者对角色伦理共同体生活的需求，划定高校思想政治教育者角色伦理行为的权责边界，完善和规范高校思想政治教育者人际交往展开模式，凝聚高校思想政治教育者角色伦理共同体生活规则共识，营造共商共建共享的高校思想政治教育者的角色伦理共同体生活自治氛围。

高校思想政治教育者角色地位的重要性以及高校思想政治教育的复杂性决定了高校思想政治教育者角色伦理行为准则必然具有契约规范性质、授权法性质和自治规范性质等多重属性。高校思想政治教育者角色伦理行为准则必须接受国家以相关法律和社会主义核心价值观为尺度的法律和道德的双重审视。如果高校思想政治教育者角色伦理行为准则仅仅由高校思想政治教育者共同体自主确定，那么就难免出现争论不休或严谨性不足的问题，甚至也难以完全避免偏离高校思想政治教育要求的危险。如果高校思想政治教育者角色伦理行为准则离开高校思想政治教育者共同体民主协商的形成程序，则打破了角色伦理是角色承担者道德自由的根本性质，破坏了角色伦理权利义务一致的基本法治原则。因此，一方面，在制定高校思想政治教育者角色伦理行为准则的时候必须通过全面、完整、细致的学习、理解我国教育法律法规要求以及国家发布的关于教育、高等教育、高校思想政治教育、高校思想政治教育者的政策，为高校思想政治教育者角色伦理行为准则提供立法依据，同时，明确高校思想政治教育者共同体在角色伦理行为准则制定中的自由裁量的空间。高校思想政治教育者角色伦理行为准则的具体制定应当由不同高校的思想政治教育者根据所在高校的具体情况，根据充分协商讨论的民主程序形成议案。为了规范高校思想政治教育者的规则制定权限，必须通过批准和备案制度。高校思想政治教育者角色伦理行为准则的草案形成后，必须经高校思想政治教育主管部门审查通过才能具备效力，同时要加强高校思想政治教育主管部门和高校党委对高校思想政治教育者角色伦理行为准则实施的日常监督。规则一经生效，高校思想政治教育者就应当以此为自身的角色行为规范。如果个体对高校思想政治教育者角色伦理有不同的理解或新的感悟，应通过恰当的渠道推动整个共同体重新理解角色伦理，修订原行为规则或制定新行为规则，而不能随意破坏共同体行为原有规则。高校思想政治教育者可以通过学术研讨，工作交流等方式来表达自身对于角色的感悟，同时争取得到整个共同体的理解和配合。

需要特别指出的是，高校思想政治教育者角色伦理共同体不是一个扁平的结构。高校思想政治教育者角色伦理共同体中的资源按照严格规范程序高效率运行需要对共同体中的权力进行科学分配，不同的角色承担者在共同体中也存在身份、权力、责任的差异，应受到不同程度的约束。社会主义核心价值观强调地位越高、权力越大、能力越强的共同体成员，越是应当承担更多的伦理责任，承受更多的道德约束，具备更高道德水准。这一点对于增强角色伦理共同体成员的正义获得感、归属感不可或缺。

四、增强和扩大共同体伦理价值影响力

高校思想政治教育者角色伦理共同体不是一个封闭自洽的系统，而是一个与外部世界紧密联系在一起的开放生命体。高校思想政治教育者角色伦理共同体成员同时也是其他伦理共同体成员，高校思想政治教育者角色伦理共同体的存在意义根植于共同体之外，体现在大学生的健康成长上。因此，高校思想政治教育者角色伦理共同体的归属感不仅来自角色共同体对角色伦理的一致认同，也来自角色相关者对角色共同体伦理的接纳和赞赏。更重要的是，高校思想政治教育者角色作为引领社会思想道德观念的社会角色，其角色伦理价值应具有先进性，对全社会的伦理价值具有引领力。高校思想政治教育者应当主动宣传推广高校思想政治教育者角色伦理价值及其角色伦理行为准则，扩大角色伦理共同体角色价值的引领力、影响力。

高校思想政治教育者共同体角色伦理价值及其角色伦理行为准则的宣传推广有利于构建和谐的共同体成员内在精神环境，进一步强化角色伦理价值对角色共同体成员的引领力。讲授本身就是一种最好的学习方法。当高校思想政治教育者反复为他人讲述角色共同体的基本伦理价值及其角色伦理行为准则的时候，会不时发现自己的认识盲区，听到各种质疑声音，迫使其对角色伦理进行思考和研究，形成系统深刻的理解。思维和语言是相互依存、相互促进的人类反映现实意识形式的两个方面。语言作为一个人实现思维以及巩固和传达思维成果的工具，在其长期反复的言说中，积累了不断加深自我认知反馈。宣传推广也是高校思想政治教育者为共同体和自身的行为进行意义辩护的过程。高校思想政治教育者不断为角色伦理共同体进行辩护的过程，就是一个不断为自己的角色价值寻求答案的过程，是一个不断强化自我的思想政治教育者角色意识的过程，是一个用思想政治教育者角色伦理价值统合其所承担的其他角色伦理价值的过程，以及是一个用思想政治教育者角色伦理行为准则约束其日常生活行为的过

程，因此也是一个克服内在矛盾、实现自我精神世界和谐的过程。宣传推广的过程，就是高校思想政治教育者共同体进一步深化对高校思想政治教育者角色伦理价值和伦理行为准则的认同过程。在宣传推广的过程中，高校思想政治教育者共同体内部每一个人都能够贡献出在推广宣传中的思考成果，并共享这一成果，通过集体智慧提高高校思想政治教育者角色伦理价值和伦理行为准则的认识水平。同时，基于宣传推广的需要，共同体成员也会在内部讨论其宣传推广过程中产生的困惑或遭遇的挑战，并借助集体智慧解决这些问题。这个过程，同时是共同体形成强大凝聚力的过程。

高校思想政治教育者宣传推广角色伦理价值和伦理行为准则有助于增强共同体伦理价值感召力。高校思想政治教育者宣传推广角色伦理价值和伦理行为准则也有助于提高整个共同体的角色伦理实践水平，推动高校思想政治教育者共同体前进与发展，树立高校思想政治教育者角色伦理共同体良好形象。高校思想政治教育者主动宣传推广角色伦理价值和伦理行为准则，也就意味着时时通过角色伦理价值进行自我警醒，促使其对角色行为进行自我反思和自我调整。可以说，高校思想政治教育者向社会主动宣传推广角色伦理价值和伦理行为准则的过程，也就是发挥角色伦理价值和伦理行为准则对于自我行为的约束力，帮助他更好地塑造自己角色形象的过程。更重要的是，高校思想政治教育者共同体宣传推广高校思想政治教育者角色伦理价值和伦理行为准则的过程，也就是每一个角色承担者不断向共同体其他成员以及角色相关者承诺遵守角色伦理的过程，也是一个用高校思想政治教育者角色伦理价值和伦理行为准则去观察和评判其他成员的过程。因此，高校思想政治教育者角色伦理价值和伦理行为准则的宣传推广在共同体内部能够形成强大的道德约束力。无数事实证明，也只有通过这种宣教活动，才能使高校思想政治教育者角色承担者对高校思想政治教育者角色伦理产生基本认同，也才能使高校思想政治教育者共同体的整体道德水准不断提升，从而更好地实现高校思想政治教育的工作目标和道德目标。

高校思想政治教育者宣传推广角色伦理价值和伦理行为准则有利于提升角色伦理共同体对社会大众的引领力。高校思想政治教育者对角色伦理价值和伦理行为准则的宣传推广，一方面，向社会尤其是角色互动者表明了自身角色的属性、特点、行为方式，促使社会、角色互动者选择与高校思想政治教育者角色伦理价值所期待的方式进行互动，减少高校思想政治教育者在实现角色伦理价值时出现冲突，能够赢得更充足的理解、支持和帮助。另一方面，高校思想政治教育者角色承担者对角色伦理价值的宣传推广也是对社会其他成员，尤其是相关角色互动者的一种教育。社会普遍理解高校思想政治教育者角色伦理时，就会形成对高校思想政治教育者角色伦理的呼唤和要求，积极践履角色伦理的高校思想政治教育者就会受到褒扬，有力激发其产生更强大动力去认真扎实地建设并践履高校思想政治教育者角色伦理。而且，高校思想政治教育者宣传自身的角色伦理价值的同时必然要充分证明这种角色伦理价值与社会主义核心价值观之间的有机联系，要进一步证明社会主义核心价值观的科学性和正义性，进一步深化社会成员对社会主义核心价值观的认同，增加对高校思想政治教育者角色伦理价值的肯定。我们观察现实中诟病思想政治教育和思想政治教育者的言论就会发现，对思想政治教育的目标、价值、方法的认识不足是非常重要的原因。社会大众对具体思想政治教育活动、思想政治教育者的不满更多的是对思想政治教育所主张、所提倡、所坚持的伦理价值理念的质疑。高校思想政治教育者主动宣传推广角色伦理价值既是对思想政治教育自身的宣传，更是对社会主义核心价值观的宣传。高校思想政治教育者通过宣传推广角色伦理共同体的伦理价值和伦理行为准则，促使社会成员全面准确理解高校思想政治教育者角色，科学评价高校思想政治教育者角色行为，认同高校思想政治教育者的角色行为，意识到高校思想政治教育者角色伦理共同体与自身之间所具有的根本利益，主动、热情支持思想政治教育者角色伦理共同体成员的角色伦理行为，鞭策出现角色伦理偏差行为的高校思想政治教育者及时调整自己的角色行为，更准确地呈现角色伦理价值。

总之，高校思想政治教育者应当积极建构高校思想政治教育者角色伦理共同体，为自己的角色活动和角色生活打造坚实的依靠，通过伦理共同体确认角色身份，找到自己的社会位置，感受到温暖、友善、关怀、支持的角色关系，进入优美丰富的精神家园，获得角色生活的满足和快乐。

第三节 享受自洽的角色伦理生活

幸福是一种主观感受，要符合客观的伦理道德要求，只能因为“客观伦理”其实就是主体的“主观欲望”，就是主体生活实践达到了“合规律性与合目的性的合理的统一”[①]。自律，是在合理把握规律性与目的性统一

① 郝文武：《现代中国教育本质观的合理性建构》，《高等教育研究》2022 年第 1 期。

中主动选择的自我约束。由于主体为自己的幸福选择的守则行为与他者对自我的期望相一致，故福德兼有。自律是主体维护伦理生活的自觉。高校思想政治教育者角色伦理需要外部的管理、制约，但归根结底要符合高校思想政治教育者自己的意愿才能落实。人的行为内容和行为方式决定了人的存在姿态。在正常的环境下，“个人对自己的成功负有具体的和最终的责任”[①]。高校思想政治教育者对伦理环境与伦理规范的价值判断、心理诉求与行为调控对于其角色生活状态至关重要。一个幸福的人便是不断奋进、自我超越的人。因此，高校思想政治教育者欲享受自洽伦理生活，必须努力成为一个道德高尚的人。

一、在觉解角色伦理中强化信心

冯友兰在《新原人》中提出了人生从低到高排列的4种境界：自然境界、功利境界、道德境界和天地境界。不同境界主体有不同的行为意向，而不同行为意向选择的根源在于主体对于我与社会关联的“觉解”程度。一个人能否进入道德境界，关键看我们对于维护社会结构和角色关系的“道德”规范是否能够“觉解”。从社会角色的角度理解，也就是社会角色的承担者对于自己所承担的社会角色在社会关系结构中的地位、角色关系体系的状态与角色利益之间关系的理解和认识水平，以及角色伦理对于维护角色社会地位、润滑角色社会关系的意义的认知水平。角色承担者越是深刻地认识到高校思想政治教育者的地位与职责、认识到自我利益与角色伦理实现之间的联系，就越是“觉解”高校思想政治教育者角色伦理，高校思想政治教育者角色伦理对于他就越是有意义。可以说，角色承担者对高校思想政治教育者角色伦理的了解越深越多，高校思想政治教育者角色伦理对于角色承担者的意义也就越是丰富。充分“觉解”了角色伦理，角色扮演者也就真正进入了高校思想政治教育道德境界。“觉解”观反映的是道德的主体“自由”意识。道德的根本动力不是来自外部力量的牵拉推拽而是源自内部的自我驱动，不是源自“要我”如何而是因为“我要”如何。这份“自我选择”的角色伦理带给角色承担者充分道德主体的实在感。如果高校思想政治教育者对高校思想政治教育者角色伦理的认识不到位，不知其对于自己利益的意义，就不能发自内心地拥护高校思想政治教育者角色伦理，遵守角色伦理的行为“不知其然而然”，只是基于外

① ［美］德沃金：《至上的美德》，冯克利译，南京，江苏人民出版社2003年版，第7页。

部的诱惑或惩戒，“行乎其所不得不行，止乎其所不得不止”，不仅不具有真正的道德价值，还因为常常感受到压抑和矛盾而陷入苦闷，一旦诱惑足够，随时会背离角色伦理。

高校思想政治教育者个体对于高校思想政治教育者角色伦理的“觉解”必须建立在准确、深刻理解高校思想政治教育者角色的基础之上，也就是说，“首先，他必须知道那种行为”①。角色扮演者真正理解高校思想政治教育者角色概念。对概念的理解不能望文生义或想当然，既要掌握普遍性概念的抽象思维逻辑，还要与概念所指事物的各种具体状态相贯通，尤其应当理解这个概念与自己的人生、所处世界的关联。因此，高校思想政治教育者把握高校思想政治教育者角色概念，需要充分了解高校思想政治教育者角色的历史、内容、需求、信念、规律等全部角色内容与形式，必须将高校思想政治教育者角色的认识上升到“客观概念”的高度。所谓“客观概念”就是经过“琢磨的、整理过的、灵活的、能动的、相对的、相互联系的、在对立中统一的”的概念②，是思想对事物发展规律的“真理性”概括和把握。获得高校思想政治教育者“客观概念”是一种根本性的道德努力，是一种从基础上培育高校思想政治教育者角色伦理共识的行动。在获得高校思想政治教育者“客观概念”的基础上，角色扮演者才能够意识到高校思想政治教育者角色的伦理应当，以及实现高校思想政治教育者角色道德的实践应当。高校思想政治教育者不能陷入“主观概念”的虚妄之中。“主观概念”是一种在思想意识层面对客观事物的想象。“主观概念”的形成是建立在对客观事物局部的、暂时的、经验性感知的基础上的，根据自己的意愿进行的随意、简单推演。由于“主观概念”不能反映客观事物的全貌，因此在人们之间常常不能达成一致，甚至会出现严重的对立。在现实中，人们包括高校思想政治教育者自身对于思想政治教育、高校思想政治教育、思想政治教育者、高校思想政治教育者角色等概念的把握大都停留在“主观概念”的层面。许多人就像摸象的盲人一样，“其触牙者即言象形如芦菔根，其触耳者言象如箕，其触头者言象如石，其触鼻者言象如杵，其触脚者言象如木臼，其触脊者言象如床，其触腹者言象如瓮，其触尾者言象如绳”③，争执不休。思想政治教育、高校思想政治教

---

① ［古希腊］亚里士多德：《尼各马可伦理学》，廖申白译注，北京，商务印书馆 2017 年版，第 44 页。

② 《列宁全集》第 55 卷，北京，人民出版社 2017 年版，第 122 页。

③ 闫秀文：《中华成语探源》，长春，北方妇女儿童出版社 2014 年版，第 167 页。

育者角色要成为科学性的“客观概念”，需要付出大量的努力。这是一项艰苦的学术工作。这个工作从国家的层面一直在做，学术界的许多学者也在致力于这个研究，但尚未完成，更未成为“常识”。

研究和把握思想政治教育是什么，高校思想政治教育者角色是什么这个工作首先是思想政治教育者，尤其是高校思想政治教育者的任务。一方面，高校思想政治教育者角色道德规范从根本上说应当是高校思想政治教育者的道德自律，是高校思想政治教育者角色共同体的自我规范。道德自律的前提是认识自己，找到自我行动和与他人交往的坐标。作为一个思想政治教育者，不能真正认识自己，便不能很好地认识世界，认识思想政治教育活动中的各种关系，也不能更好地从事思想政治教育的实践，自然也就无法在思想政治教育中完善自身，实现道德人格的完善。另一方面，高校思想政治教育者作为高校教师，本身就天然地肩负学术研究的任务，这是他区别于其他场域中的思想政治教育者的一个重要特质。高校思想政治教育者角色不仅是一个在高校实施思想政治教育活动的角色，也是一个思想政治教育学科的建设者角色，是思想政治教育的研究者角色，而高校思想政治教育者角色是其研究无法绕过、无法回避的研究对象。

高校思想政治教育者如同所有的思想政治教育者一样，对自身所扮演角色的把握大多是从国家所赋予思想政治教育的意义开始的。国家对高校思想政治教育者所下的定义是关于思想政治教育、高校思想政治教育者等领域的主要研究成果的汇集，因此比较全面和准确，也具有很高的权威性。角色承担者通过学习国家相关部门发布的关于高校思想政治教育和高校思想政治教育者的文件、政策，通过学习国家领导人关于高校思想政治教育和高校思想政治教育者的讲话来理解自己所扮演的角色，认识角色伦理，确定行为规范是科学明智的选择。然而，这并不意味着思想政治教育者、高校思想政治教育者可以减少对这些基础问题的研究。伦理道德本不是某种“神授”的律条，而是生活于其中的所有具体的人在相互的交往关系中逐渐创设和发现的规则，随着时代的变迁、社会的更迭在不停地演化。

高校思想政治教育者对思想政治教育、高校思想政治教育者角色是什么的探究过程本身就是发现伦理、理解道德的过程，也是角色伦理道德实现的过程。一方面，从认识规律上，任何真正的认识都是抽象和具体的双重把握。高校思想政治教育者对高校思想政治教育者角色的把握不仅需要抽象性的理性把握，还需要具体的感性的体验和知觉，需要在具体的感性活动中验证抽象的理论概括，还要在具体的感性活动中去发展理论、丰富理论。否则，仅仅是通过书面的学习所掌握的概念，只能是僵化、空洞的教条，既不能深入高校思想政治教育者的内心，也无法帮助高校思想政治教育者正确理解和应对具体的角色活动的场景、关系所产生的复杂性，自然也就无从赋予角色伦理以生命，不能形成角色伦理信仰和自觉的道德行为。另一方面，高校思想政治教育者对思想政治教育、高校思想政治教育者角色概念的探究也是一个不断自我建构的过程。现实中，每一个高校思想政治教育者都是根据自我与其他角色之间的关系对自我的思想政治教育者角色进行表征，同时对自身思想政治教育者角色形成完整的认知结构。这既是高校思想政治教育者角色的建构也是角色承担者的自我建构。这个自我建构的过程必然是一个自我追问、自我反思的主动行为，而不是随波逐流的被动姿态。

黑格尔说："没有思维和概念的对象，就是一个表象或者甚至只是一个名称；只有在思维规定和概念规定中，对象才是它所是的东西……"[①]高校思想政治教育者只有通过把握高校思想政治教育者角色才能理解高校思想政治教育者角色伦理，才能将其化为自己的行动指南。当然，"表象思维的习惯可以称为一种物质的思维，一种偶然的意识，它完全沉浸在材料里，因而很难从物质里将它自身摆脱出来的同时还能独立存在。与此相反，另一种思维，即形式推理，乃以脱离内容为自由，并以超出内容而骄傲；而在这里，真正值得骄傲的是努力放弃这种自由，不要成为任意调动内容的原则，而把这种自由沉入内容，让内容按照自己的本性，即按照它自己的自身而自行运动，并从而考察这种运动"[②]。高校思想政治教育者的研究活动，或者说高校思想政治教育者角色的自我建构活动并非头脑中的逻辑推演，而是将自觉性思维投入日常的关系和活动中去考察和理解。如此，高校思想政治教育者角色伦理就是高校思想政治教育者自己的伦理，是其生活在其中同时乐在其中的世界。

二、在职守自律中赢得尊重

亚里士多德说，"幸福是通过学习、某种习惯或训练而获得的"[③]。职守是一种根据社会角色的属性、地位、功能等要求由命令责成的职责，即

① 《列宁全集》第 55 卷，北京，人民出版社 2017 年版，第 194 页。

② ［德］黑格尔：《精神现象学》（上），贺麟、王玖兴译，北京，商务印书馆 1979 年版，第 40 页。

③ ［古希腊］亚里士多德：《尼各马可伦理学》，廖申白译注，北京，商务印书馆 2017 年版，第 25 页。

必须为一定行为或不为一定行为以符合角色属性、角色地位，满足角色功能正常发挥的强制性要求，是一种强制性义务。职场是养成角色“德性”的专门训练场。职守自律指社会角色在角色活动中将职场守则内化为自己的意志，根据应当履行的角色义务来约束自己的行为。《晋书·列女传·羊耽妻辛氏》云：“职守，人之大义也。”职守，或者是角色义务是社会角色存在的基本理由，是社会基本秩序的基石。人人忠于职守，做好角色本分，就能最大限度减少社会运行成本，减少社会摩擦和冲突，从而增加社会幸福指数。现实社会中，某些社会成员承担超出其应尽义务的部分在一定程度上就是因为相当多的社会成员没有尽到自己应当尽到的职责，由此产生许多矛盾和不满。这里探讨的角色职守主要是社会公共角色的职业责任，因此角色职守自律特指社会角色自觉主动地做好自己的本职工作，优质高效完成工作任务。高校思想政治教育者角色的职守自律指高校思想政治教育者根据国家、高校的相关命令尽忠职守，自觉自发地担当岗位职能设定的工作责任，认真履行好高校思想政治教育者角色各项义务的行为。

现代社会，职业角色的成败对于个体的人生获得感、幸福感的影响巨大，因为它不仅意味着社会地位、物质财富、交往关系等有形的东西，还意味着作为人的安全感、尊严感、舒适感、满足感、归属感、成就感等无形的东西。康德说，“人自己加给自己的管束（纪律）只能通过伴随管束的愉悦感成为值得称赞的和示范性的”[①]。高校思想政治教育者角色扮演者在职场能够得到尊重，拥有良好的机会和资源，在职业活动中能感受到自己角色身份的价值，具有良好的职业人际关系就会产生更好的职业生活体验，更加热爱工作、愿意在工作中投入更多时间和精力。角色扮演者是否会自觉遵守职场规范，关键在于角色扮演者依据职场伦理规范的行为是否能给他带来规范所承诺的收益，也就是角色伦理规范是否有助于角色扮演者得到尊重、资源、机会、地位、赞誉等。角色扮演者的角色伦理行为有助于其幸福获得感提升，就会强化他的自律精神，反之，则会降低其伦理行为的自律动力。

高校思想政治教育者角色的职守随着时代的发展有着不同的内容和要求，这给角色扮演者的职场自律带来一定的困扰。人们的角色身份及其伦理建构是相对“耗时”的。稳定是伦理意识的重要元素。在现代这样一个

---

① ［古希腊］亚里士多德:《尼各马可伦理学》，廖申白译注，北京，商务印书馆 2017 年版，第 258 页。

“加速”变化的时代，角色扮演者要具备把握角色演化的历史规律和趋势，构建面向未来的角色伦理观，才能保持这种自律精神。虽然高校思想政治教育者角色职业伦理在不断演化、内容不断丰富，但其内在逻辑是保持一致的，核心价值一致保持着强大的稳定性。

1949 年新中国成立到 1978 年改革开放前期，国家、高校对高校思想政治教育者角色的职业要求主要是对大学生进行革命的政治教育，培养无产阶级意识和共产主义道德追求，自觉地把自己的幸福与国家的发展结合在一起，投身社会主义建设事业。其间也出现过探索中的失误，把阶级和阶级斗争，促使大学生思想革命化，帮助青年一代成为又红又专（主要是政治挂帅）的共产主义者放在了首位，忽略了社会主义生产建设的需要以及大学生全面成长的要求，窄化了高校思想政治教育者角色的工作职能范围。1978 年到党的十八大，国家对高校思想政治教育者角色的岗位职责具有了更加科学的界定，明确高校思想政治教育者角色工作要“更好地为社会主义建设服务”，培养坚定正确的政治方向，爱祖国、爱社会主义，拥护共产党的领导，热心于改革和开放，有艰苦奋斗的精神，努力为人民服务，自觉地遵纪守法，有良好的道德品质的大学生。根据高校思想政治教育者角色的不同岗位分工，形成了既有总体目标要求又有党、政、工、团各系统具体职责划分的各自范围，并不断丰富和完善。以思想政治理论课教师为例，明确了其角色“要有的放矢地继续坚持对学生进行马克思主义理论教育，要经常地、有针对性地进行党的路线、方针、政策和形势教育，爱国主义、国家主义和革命传统教育，理想、道德和纪律教育、社会主义民主和法制教育”① 的责任范围和责任内容，并根据形势的变化，增加了对大学生进行心理健康教育和指导的要求，强调高校思想政治教育者要深入大学生中去，指导大学生处理好学习、成长、择业、交友、健康、生活等方面的矛盾和问题。这一时期还提出高校思想政治教育者要肩负起校园文化建设、优化社区育人环境、主动占领网络思想政治教育新阵地等任务。随着思想政治教育科学化的迅速发展，国家同时要求高校思想政治教育者必须探索和掌握思想政治教育规律，成为学科建设专家，完成一定的学术研究任务。

进入新时代，党和国家在总结历史经验教训的基础上，对高校思想政

① 教育部社会科学司:《普通高校思想政治理论课文献选编（1949—2008）》，北京，中国人民大学出版社 2008 年版，第 123~124 页。

治教育者角色有了更高的要求和更清晰的指向。高校思想政治教育者角色的共同职责体现在3个方面，一是深入学习贯彻习近平新时代中国特色社会主义思想；二是培养担当民族复兴大任的时代新人；三是推进国家意识形态工作尤其是高校思想政治教育的改革创新。根据岗位职责的要求，高校思想政治教育者角色要进一步加强对大学生进行理想信念教育，用社会主义核心价值观引领大学生的思想行为，加强社会主义思想道德文化建设，在日常工作中做好思想政治理论课教学改革，以及哲学社会科学学科体系繁荣创新以及塑造风清气正的校园文化环境等工作。不同的高校根据党和国家对高校思想政治教育者的普遍命令结合本高校思想政治教育的具体情况和不同要求，对所属高校思想政治教育者具体的岗位都提出了明确的工作范围和工作要求。因为高校思想政治教育者队伍人力资源还比较缺乏，高校思想政治教育者面对着很高的角色期待和范围较广的任务范围以及高标准的工作要求，尤其是高校思想政治理论课教师普遍严重缺编，让许多角色承担者感觉压力极大。

总体而言，岗位职责的拓展扩大了高校思想政治教育者角色发挥作用的舞台，为高校思想政治教育者自身的全面发展提供了机遇，同时让高校思想政治教育者普遍感受到较大的压力，也出现了一些高校思想政治教育者重视某部分职责而忽略另一部分职责的现象。随着角色扮演者队伍的壮大和角色功能的细化分工，角色扮演的具体要求和行为方式呈现多样、多变的特征，高校思想政治教育者“角色伦理行为模式”也不再是单一的。高校思想政治教育者很难再通过“模仿”“表演”正确的角色伦理行为占据“舞台”，需要通过正确理解角色伦理的根本要求，做到“万变不离其宗”而实现角色功能，也就是说需要高校思想政治教育者充分发挥自己的“角色主体性”。只有高校思想政治教育者把角色职责要求内化，正确理解自身角色职责的意义及价值，自觉自愿地而不是受外在力量的强迫，同时不以获得相应回报为目的去担当高校思想政治教育工作，高校思想政治教育者角色的岗位职责才能现实化。以感受到自己在角色生活中的一定的尊严、自主为前提，高校思想政治教育者在做好国家、高校额定的工作任务的同时，结合自己的职业发展规划和职业利益要求，自愿承担更多的工作任务，不计较付出与回报的平衡，高校思想政治教育者也就实现了角色职守自律。角色职守自律是一种以外部他律为条件的自律，在角色道德境界中高于在他律约束中的“循规蹈矩”，低于意志自由下的道德自觉，即本心自律。高校思想政治教育者角色的职守自律是高校思想政治教育者角色伦理实现的基础，是高校思想政治教育得以成功的基本保障。

三、在不断进取中增长力量

德福一致之所以很难达成，是因为德是“灵魂中的理性”（亚里士多德）的正确运用，但幸福还需要外部要素的配合，诸如充裕的物质（基于主体的需要）、天时地利人和的运气、可自由使用充满活力的健康身体等。幸福的主观感受必然要客观的外部世界相配合。所以，“全部问题都在于使现存世界革命化，实际地反对并改变现存的事物”[①]，使之满足人的需要，让人的幸福感现实地生长出来。“现存世界革命化”是一个整体的工程，需要全体人民的共同努力。思想政治教育者角色究其根本就是为了激发全社会同心协力以改造客观世界而存在的。因此，思想政治教育者的道德不是“独善其身”的自我修养，而是“心怀天下”的率众前行；思想政治教育者的幸福不是“自给自足”式的“独乐乐”，而是“得济天下”式的“众乐乐”。

高校思想政治教育者角色伦理实现是一个系统工程，受到多种参数的影响。有些参数一直处于快速变化之中，是快变量，例如社会形势、教育对象的心理特征、组织对高校思想政治教育者角色的具体要求等。还有一些是慢变量，例如，党和国家对高校思想政治教育者角色的基本要求、高校思想政治教育队伍整体素质等。一般而言，党和国家对高校思想政治教育者角色的基本要求的明确、稳定，高校思想政治教育队伍素质的稳定是高校思想政治教育者角色伦理实现的关键性变量。

新中国成立后，面对严峻的国际、国内政治经济形势影响，国家采取的是行政权主导下的社会管理体制，高校思想政治教育者角色伦理的实践也具有很强的外部强制色彩。这一时期，高校思想政治教育者队伍整体素质不强，以思想政治理论课教师为例，1958 年，教育部政治教育司在《对高校政治教育工作的几点意见（草稿）》中对全国政治课教师的评价是：一般业务水平较低，教学经验不多，教学质量不高。1979 年，教育部政治理论教育司评价全国思想政治理论课教师，“因水平低而不能上课的占 30%”。其中青年教师“理论水平低，文化科学知识差，有的还读不懂马列著作”[②]。高校思想政治教育者角色伦理的实践是低层次低水平的，既不

---

① 《马克思恩格斯文集》第 1 卷，北京，人民出版社 2009 年版，第 527 页。

② 教育部社会科学司：《普通高校思想政治理论课文献选编（1949—2008）》，北京，中国人民大学出版社 2008 年版，第 77 页。

能充分能动地进行思想政治教育创新，在面对风险以及许多重大问题时也没有足够的判断能力和应对能力。改革开放后，面对国内外非社会主义思潮的冲击，面对社会转型产生的诸多问题，有相当多的高校思想政治教育者失去对角色伦理的坚守，放松思想道德上的自我要求，有的甚至做出违背基本道德规范的行为。随着高校思想政治教育所要面对的形势和问题越来越复杂，对高校思想政治教育者整体素质的要求也越来越高。2019 年 3 月 18 日，习近平总书记在学校思想政治理论课教师座谈会上对思想政治理论课教师提出了“政治要强”“情怀要深”“思维要新”“视野要广”“自律要严”“人格要正”6 个方面的要求，也就是高校思想政治教育者队伍的全方位素质建设要求。高校思想政治教育是复杂的系统工程，需要不断应对来自系统内外的诸多挑战，要求高校思想政治教育者不断提升自身的政治、思想、理论、思维、性格、能力诸多方面的水平，这也成为高校思想政治教育者角色伦理的重要组成内容。纵观高校思想政治教育发展史，国家、社会对高校思想政治教育者角色的伦理价值要求始终是坚持社会主义核心价值观；对高校思想政治教育者的角色伦理期待越来越高，角色伦理规范要求越来越严，乃是因为高校思想政治教育者队伍的不断壮大、角色承担者素质快速提升、角色承担者的主体意识和主体能力明显增强，被赋予了更高地位和更重大的责任。

角色承担者的素质是角色伦理实现的内动力。高素质的思想政治教育者队伍使角色伦理实现系统成为一种有生命、具有自我净化能力的结构。这样的系统具有比较稳定的自我维持能力。当一些异质的，与高校思想政治教育者角色伦理相悖的信息输入，会引起整个系统的敏锐反应，被及时识别并做出反馈和防御。在现实中，任何侵蚀高校思想政治教育者角色伦理的信息、观点都是先从个体、具体问题、某一事件等开始的，如果高校思想政治教育者角色伦理系统对此缺乏敏感和及时应对，这些异质性信息可能就会慢慢扩展，逐渐动摇整个高校思想政治教育者角色伦理系统的根基。现代社会成员通过自媒体形成了非线性的联结状态，信息传播的“零散化”“平权化”“去中心化”使传统管控和干预社会信息传播的治理模式失灵，舆论的自组织特性进一步增强，个体影响外部世界的能力被极大地扩展，获得以舆论强制他人行为和心理的目的能力。[①] 高校思想政治教育

① 郭云峰：《论司法公信力提升的路径与方式：基于系统自组织演化的分析》，《河南财经政法大学学报》2016 年第 4 期。

者个体接纳的外部信息呈现零散、杂多的特征，对于角色伦理的认知会受到冲击。角色承担者个体对角色伦理的动摇或行为上出现背离时，依靠外部约束力来解决都会贻误恰当时机，慢慢引发角色伦理系统失序。只有高校思想政治教育者角色伦理系统内部具备自动解决不良信息、矫正偏离行为的力量才能保证角色伦理长期得到维护。

高校思想政治教育者不仅要努力提升自己的角色素质，还要大力推进高校思想政治教育队伍综合素质的整体提升。整体综合素质高，高校思想政治教育队伍风清气正，抵御各种违背角色伦理道德的思想、言论、行为的能力就强，为高校思想政治教育者个体的伦理坚守提供坚实依靠和强大支持。高校思想政治教育者队伍角色伦理信念越坚定，实践越彻底，高校思想政治教育工作就越有感召力，高校思想政治教育者就对自身所承担的角色越有信心，更有认同感，提升自己的素质以呈现更好角色形象的动机就越强。高校思想政治教育者的素质包括政治素质、思想素质、道德素质、理论素质、实践素质等。这些素质对于高校思想政治教育者角色伦理的实现都具有重要的作用。“天下至德，莫过于忠”，政治素质体现的正是对角色伦理核心价值的坚守，因此，高校思想政治教育者的政治素质决定高校思想政治教育者接纳高校思想政治教育者角色伦理的程度，是高校思想政治教育者实践角色伦理的基本指向。高校思想政治教育者的思想素质、理论素质帮助高校思想政治教育者正确理解角色伦理，是高校思想政治教育者自觉实践角色伦理的重要保证。道德素质、实践素质则保证高校思想政治教育者实践角色伦理效果的重要基础。这些素质是一个有机整体，缺一不可。高校思想政治教育者都应当主动作为，为高校思想政治教育队伍综合素质的整体提升贡献力量。

高校思想政治教育者角色伦理系统的内部维序动力首先来源于高校思想政治教育者角色伦理系统提供的信息量。“系统内部的信息量越大，系统的内在约束力就越大，系统广义的‘自觉性’也就越强。”高校思想政治教育者角色伦理系统从无序向有序、从低级有序向高级有序的演化必然表现为系统内部信息量由少到多的不断增长。[①] 因为，只有当大部分高校思想政治教育者获得按照某种统一角色伦理模式协同运动的“信号”之后，才能消除不同高校思想政治教育者之间多种角色伦理行为模式“耦

① 胡皓、楼慧心：《自组织理论与社会发展研究》，上海，上海科技教育出版社 2002 年版，第 38 页。

合”可能中的不确定性。高校思想政治教育者处在不同的具体角色情境和角色分工之中，接收到的关于环境和高校思想政治教育的信息存在差异，这就带来高校思想政治教育者角色伦理行为的不同模式。只有当不同具体分工中的高校思想政治教育者都能更充分地了解其他高校思想政治教育者的工作情况，获得其角色行为模式形成的信息源，就能够达成更好的合作，并形成对统一角色伦理行为模式的遵循，避免因信息缺乏带来的角色伦理行为偏差。要做到高校思想政治教育者角色伦理系统中的有效信息供给，一是要从外部进行有效信息的输送，通过各种教育培训活动、文件下达等方式进行；二是要强化高校思想政治教育者自身的学习，强化理论学习和时事学习；三是强化高校思想政治教育工作系统之间的沟通交流、相互合作，畅通系统内部信息的流通。足够的信息带来足够的透明化和相互信任，也更容易达成伦理意向和行动的一致性，增强对失序风险的抵御力。

高校思想政治教育者角色伦理行为与高校思想政治教育者自身的利益的有机结合是高校思想政治教育者角色伦理系统的内部维系动力的源泉和生命。高校思想政治教育是人类一项杰出的道德事业，也是高校思想政治教育者成就美好自我的道路。好的教育在于培育有道德的、健全的、完善的人，好的思想政治教育者自身就能够通过教育成为一个有道德的、健全的、完善的人。坚守自己的职责，致力于思想政治教育者角色伦理的实践从而获得人生的幸福和满足，这就是高校思想政治教育者最大的利益所在。高校思想政治教育者角色伦理实现系统把“提高整个人类道德风尚作为我们每一个人的最终目标”[①]，要求我们不仅要用言传，也要用身教，不仅是因为身教的说服力大得多，而是因为我们所遵守的伦理守则，我们所坚持的道德规范就是我们最好的生活方式。具有内在驱动力的高校思想政治教育者角色伦理实现系统中，高校思想政治教育者践行角色伦理不是为了以身作则，做道德楷模给教育对象看，而是这样会让他成为时代道德最好的人。他不仅应当代表他所处的时代可能达到的道德发展的最高水平，成为这个时代最优秀的一分子，而且因为这正是他所热爱的生活方式，他乐在其中。高校思想政治教育者能够在遵循高校思想政治教育者角色伦理的过程中充分感受到快乐和满足，这本身就是最大的感召力。因此，具有

---

① ［德］费希特:《论学者的使命人的使命》，梁志学、沈真译，北京，商务印书馆 1984 年版，第 45~46 页。

自我平衡、自我演化、自我净化、自我发展的高校思想政治教育者角色伦理实现系统不是通过让高校思想政治教育者感受到压抑、克制、牺牲、悲情等方式去践行角色伦理，而是通过展示出践行高校思想政治教育者角色伦理的美好感染人、吸引人。从具体的利益层面和所付出的努力层面，高校思想政治教育者是有所付出、有所牺牲的，因为所有幸福和快乐都不应当是不劳而获的，但这个过程充分体现了高校思想政治教育者道德意志自由的过程。如此，高校思想政治教育者角色伦理的践行具有了最深厚的、最强大的生命力量。

四、在实干笃行中砥砺本心

德福一致意味着“砥砺初心，必果其愿”。由于现实社会尚未实现普遍的“德福一致”，尚存德福背离的诸多事实，故发愿易，守心难，唯具坚韧不拔之志，实干笃行，方能得偿所愿。高校思想政治教育者因先“闻道”而欲“证道”，故不甘于“坐而论道”，必要“起而行道”。高校思想政治教育者能够在高校思想政治教育活动中实现“德福一致”“是因为那行为自身故而选择它的”[①]，非为名利所诱，强力所迫。角色承担者合乎伦理的“那行为自身”，乃是出自其本心、初心。

本心，也可称为初心、天良，是道德最本真的善性。《孟子·告子上》有云：“生，亦我所欲也；义，亦我所欲也。二者不可兼得，舍生而取义者也。”“义”便是为人所共有的“本心”，这种本心容易为身体的欲望所掩盖，在环境中被扭曲，“乡为身死而不受，今为宫室之美为之；乡为身死而不受，今为妻妾之奉为之；乡为身死而不受，今为所识穷乏者得我而为之；是亦不可以已乎？此之谓失其本心”。角色承担者对于本心的坚守是道德意志的彰显，也就是说他“处于一种确定了的、稳定的品质”[②]的自律而保持住本心。这是一个通过提升道德修养，增强道德意志，抵御各种不道德的诱惑，从而更好地承担自己使命的自觉约束，其本质是作为主体的人独有的对于自身的期待和要求。

高校思想政治教育者只有在履行对国家、高校、大学生、高校思想政治教育者角色群体、社会的道德义务具体过程中战胜了各种艰难困苦，抵

① ［古希腊］亚里士多德：《尼各马可伦理学》，廖申白译注，北京，商务印书馆2017年版，第44页。

② ［古希腊］亚里士多德：《尼各马可伦理学》，廖申白译注，北京，商务印书馆2017年版，第44页。

御住形色引诱魅惑之后才能更深刻地理解角色本心“为了什么”，不断增强发自内心的自觉责任感，提高自我评价能力。高校思想政治教育者角色意识中，各种思想政治教育工作所具备的道德认知、道德情感、道德意志等因素只有落实到每一次教学管理活动中，伴随每一个问题的解决，才能有机结合成角色承担者的德性、人性。“人的善就是灵魂的合乎德性的实现活动，如果有不止一种的德性，就是合乎那种最好、最完善的德性的实现活动。”① 高校思想政治教育者应不断在角色活动中追问、锤炼自己从事思想政治教育工作的初心。经过反复淬火纯化的初心越来越坚固，成为高校思想政治教育者自我检视角色行为动机，监督角色行为内容和行为方式的基本尺度，也是其自我评价、反省角色行为后果的判断标准，并自觉弥补、矫正、完善高校思想政治教育者角色的功能发挥。砥砺初心的实践转化为一种主体实现机制，敦促高校思想政治教育者反复通过角色伦理行为选择，积淀成自我的道德行为习惯和主体德行。

从根本上说，高校思想政治教育者角色伦理的实现最终都要落实到高校思想政治教育者角色伦理本心的培育上，一切高校思想政治教育者角色伦理归根到底只有在转化为高校思想政治教育者角色的思想政治教育本心时，才能有效地对高校思想政治教育者角色的思想政治教育行为起到调节作用。对于高校思想政治教育者而言，为何从事思想政治教育工作就是对高校思想政治教育者角色伦理本心的不断追问。正如孟子所云：“非独贤者有是心也，人皆有之，贤者能勿丧耳。”这种本心，这种从事思想政治教育的良知，这种坚守思想政治教育伦理的信念，内置于高校思想政治教育者角色乃至思想政治教育者角色的灵魂深处，颠沛必于是，造次必于是，再大的风雨也不能动摇。

高校思想政治教育者的角色伦理本心正是社会主义核心价值观映照人性的反映，因此赋予角色承担者坚钢不可夺的力量。社会主义核心价值观“其实就是一种德，既是个人之德，也是一种大德，就是国家的德、社会的德”②。社会主义核心价值观符合每一位社会成员内心深处所具有的伦理本心、道德良知。高校思想政治教育者角色伦理的本心上通国家社会之大德，下合每一个人本性中的至善。

高校思想政治教育者角色的伦理本心就是高校思想政治教育角色伦理

---

① ［古希腊］亚里士多德：《尼各马可伦理学》，廖申白译注，北京，商务印书馆 2017 年版，第 20 页。

② 《习近平谈治国理政》第 1 卷，北京，外文出版社 2018 年版，第 168 页。

的正义价值诉求。这种正义价值诉求是要让每一个高校思想政治教育者角色所蕴含的伦理性绽出，形成历史性的凝聚，成为既属于一种公共伦理性质的意义，又属于一种个体道德行为的自我期待。高校思想政治教育者角色的伦理本心就是让每一位高校思想政治教育者，每一位高校思想政治教育对象——大学生，每一位高校组织中的成员都能成为“诗意地栖居”在生活世界中的人。高校思想政治教育者角色所关注的重点不是高校思想政治教育对象获得有关事实性知识、程序性知识或与职业活动直接有关的知识与技能的多少，而是作为一个人、作为一个大学生形成了何种价值观念和价值态度，是否提升了价值理性，建立了合理完整的价值信念。因此，高校思想政治教育者角色的伦理本心能够在日常生活的一言一行中落实、体现。高校思想政治教育者角色的伦理本心盼望大学生形成基于正确价值原则的生活方式，期望通过自己与大学生的共同努力，构建起一个优美的、符合人审美和良知的和谐环境。优美的、符合人审美和良知的环境就是一个建筑、道路、教室、球场、食堂、绿化等都凝固成为伦理“乐章”的环境。在其中，高校思想政治教育者和他的教育对象徜徉在真善美交织的伦理乐章中，和着旋律翩翩起舞，各成奇趣又相映相成。

高校思想政治教育者角色伦理本心向往这样一个社会：伦理与道德得以贯通，协调与自在的共鸣成为可能，思想政治教育成为自然而然生活的一部分，高校思想政治教育进入一种关联人类生存发展的最高境域，消除掉学术自由、思想灌输之间的摩擦从而回归教育之根本。说到底，教育就是唯独人之所创造以及由此创造而实现的人类精神秩序的自律，是人面对“我”的有限性和“我们”的无限性而对接彼此之间无限时间和空间的连接纽带。伦理作为建立和调解“我”与“我们”之间关系的原则体系，与我们的发展方式、原则或方向都紧密地交织在一起。高校思想政治教育者角色伦理不仅是协调高校思想政治教育者相关的一切角色关系的准则，也是高校思想政治者的生活方式和人生方式，也是其为教育对象所做的示范。高校思想政治教育活动的结果——我们的教育对象进入社会中不会感到局促，也不会愤怒和痛心，而是自然地被社会所接纳和喜爱，成为社会中活泼生动的力量，融入滚滚向前的时代洪流中，并歌唱着向前。于是，高校思想政治教育者得大自在、大幸福。

结束语　思想政治教育的伦理属性及其教育者的实践展望

高校思想政治教育是思想政治教育的一部分，高校思想政治教育者角色是思想政治教育者角色的一个子角色，对思想政治教育的伦理属性的理解决定了对高校思想政治教育者角色伦理性质的判断。

第一节　思想政治教育的伦理属性

无论社会或是个人，都有其内在的伦理追求，这就是人们希望在社会中、在自己的行为中能够永远保持的东西。伦理追求是引导社会和个体获得一致性和前行的伦理目标，是一种满足普遍伦理诉求的规范体系。伦理追求能够有效激发社会与个体的生命活力，协调主客体之间、人与环境之间、社会与个人之间的关系，充分体现人的价值和人的尊严。思想政治教育的伦理属性，其核心和焦点在于思想政治教育的存在合理性，也就是思想政治教育是其所在的伦理基础。思想政治教育的伦理基础是在思想政治教育历史中表现出来的伦理精神的概括，也是思想政治教育活动的终极追求，同样也是判断思想政治教育实践活动的伦理尺度。

马克思曾深刻地揭示过与思想政治教育相类似的“思想政治统治”实质，“每一个企图取代旧统治阶级的新阶级，为了达到自己的目的不得不把自己的利益说成是社会全体成员的共同利益，就是说，这在观念上的表达就是：赋予自己的思想以普遍性的形式，把它们描绘成唯一合乎理性的、有普遍意义的思想”[①]。为了让人民接受这种代表统治阶级利益的“唯

① 《马克思恩格斯文集》第1卷，北京，人民出版社2009年版，第552页。

一合乎理性的、有普遍意义的思想”，统治阶级的意识形态家们通过“宣传”“教育”等方式让被统治阶级接受“社会的统治思想”为“自己的思想”。这种思想政治统治是成功的，因为“一般来说，被统治阶级不可能有自己的完整的思想体系，它们总是被同化在统治阶级的意识形态中”[①]。这是在生产力水平低下的时代，人类不得不“用最大限度地浪费个人发展的办法，来保证和实现人类本身的发展”[②]的必然。与此同时，人民群众虽然被统治阶级一次次地用虚假的“共同利益所欺骗”，屈从虚假的公共伦理，但也一次次通过自己的反抗打破了这种以欺骗赖以存在的社会结构，并在这种争取全社会公平正义、争取被压迫者解放的斗争中不断增长智慧，提升境界，为真正思想政治教育的诞生积累力量。

不同于以往知识分子把群众看作可以任意欺瞒和驱策的“乌合之众”，马克思主义石破天惊地指出了人民群众创造历史的真相，开辟了让劳动者当家作主的社会主义道路。无产阶级政党让启迪、引领人民群众更好地改造客观世界，创造一个没有压迫、没有剥削的“自由人联合体”的思想政治教育降临到了人世间。思想政治教育以人民群众集体智慧的汇聚、提炼、扩散的形式满足人民群众优化思想、智慧实践的需求。因此，思想政治教育者是探索者角色、理论家角色，是热爱真理、热爱智慧，擅长向人民群众学习，将人民群众的创造的实践智慧、闪光的伦理思想进行系统性理论转化的角色而不是唯统治阶级之命是从的政治权力附属角色。思想政治教育者更是宣传家角色、教育者角色，帮助人民群众系统掌握理论化的实践智慧、伦理思想，提升科学思维水平和道德境界，进行更加卓越的生产和生活实践，实现对美好生活的向往，而不是欺骗人民群众、愚化人民群众、驱策人民群众的角色。思想政治教育是人民群众不断提升实践智慧、道德素质的中介环节，思想政治教育者是人民群众的一员，是来自人民群众、服务人民群众的社会角色，而不是脱离人民群众、轻视人民群众、压迫人民群众的角色。热爱人民、尊重人民、服务人民是思想政治教育者角色应坚守的基本伦理原则。思想政治教育有意识、自觉地构建出教育者和受教育者相互平等、相互尊重、相互学习、相互促进的伦理关系。这是一种全新的思想关系、政治关系、教育关系。从这个意义上讲，思想政治教育者角色天然具有历史唯物主义精神和社会主义伦理底色，思想政

---

① 俞吾金：《意识形态论》，北京，人民出版社2009年版，第135页。

② 《马克思恩格斯全集》第25卷，北京，人民出版社1974年版，第105页。

治教育者角色与受教育者角色之间是一种流动的，因此真正和谐的伦理关系。

在通往共产主义社会的道路上，思想政治教育发挥着巩固人民民主专政的强大功能。思想政治教育者是维护社会主义意识形态安全的社会角色。在社会主义国家，人民群众虽然在政治上取得了胜利，但“无产阶级和资产阶级之间的阶级斗争，各派政治力量之间的阶级斗争，无产阶级和资产阶级之间在意识形态方面的阶级斗争，还是长时期的，曲折的，有时甚至是很激烈的”[①]，“意识形态关乎旗帜、关乎道路、关乎国家政治安全”[②]。因此，社会主义国家必须开展广泛、积极的思想斗争，建设以马克思主义为指导的社会主义意识形态。思想政治教育在社会主义意识形态建设中承担着培育、传播社会主义主流意识形态，批判、驳斥各种非马克思主义思想观念的功能。毛泽东指出：“思想斗争同其他的斗争不同，它不能采取粗暴的强制的方法，只能用细致的讲理的方法。”[③]思想政治教育通过构建教育者与教育对象之间平等表达机会、平等表达权利的思想交流平台，坚持用马克思主义理论的科学力量、社会主义价值的正义力量赢得胜利。

思想政治教育在社会主义发展阶段还具有协调社会的公共伦理与个体道德冲突，促进社会主义人格健康和谐发展的功能。思想政治教育要解决“社会发展所提出的思想品德要求与人们思想品德水平之间的矛盾”[④]。社会的公共伦理与个体的道德都是源自人的精神自律，是人自己对自己的规定。“随心所欲不逾矩”，即公共伦理与个体道德完善相统一，是理想的社会和理想的个人生活。作为个体的人，成为一个有道德而又自由的人，是美好的愿望。理想的道德生活意味着人们能够自主地选择自己的行为，因而，自由是道德赖以存在的基本前提。道德的基本存在方式便是一个人能够对其行为负责，即行为的后果是由人的自由选择而开启的，选择行为与行为后果之间的因果关系是人对其行为负责的根据。[⑤]对于个体的人，在人类社会没有进入彻底摆脱分工带来的利益冲突、伦理冲突之前，总是

① 《毛泽东文集》第7卷，北京，人民出版社1999年版，第230页。

② 《习近平关于防范风险挑战、应对突发事件论述摘编》，北京，中央文献出版社2020年版，第38页。

③ 《毛泽东文集》第7卷，北京，人民出版社1999年版，第231页。

④ 《思想政治教育学原理》编写组：《思想政治教育学原理》（第2版），北京，高等教育出版社2016年版，第168页。

⑤ 王南湜：《马克思主义道德哲学何以可能?》，《天津社会科学》2015年第1期。

处于社会公共伦理与个体道德自由之间的冲突中，要求个体服从社会公共伦理。社会主义公共伦理面向未来、代表最大多数人利益，思想政治教育通过教育、引导社会成员打破主客观局限，帮助个体充分认识社会主义条件下社会与个人之间利益的根本一致性，从而自觉、自律地遵从社会公共伦理，从而达到道德自由境界。

第二节　思想政治教育者的伦理实践

马克思强调理论必须关注人的现世生活、此岸世界。高校思想政治教育者不能做书斋里的理论家，不能满足于“只是用不同的方式解释世界”[①]，作为实践的人、现实的人，存在的目的必然是发挥自己的创造力去“改变世界”，让世界真正成为属人的世界，人成为世界的人。马克思说：“实际上，而且对实践的唯物主义者即共产主义者来说，全部问题都在于使现存世界革命化，实际地反对并改变现存的事物。”[②] 作为自然的产物，思想政治教育者所追求的个人道德不是抽象的、符合世界完美“本体”的完美印象，也不是生成世界的绝对精神的完美复刻，而是在现实中披荆斩棘，去“必须推翻使人成为被侮辱、被奴役、被遗弃和被蔑视的东西的一切关系”[③]，让各具特色、各具个性的人都能充分实现作为人的可能性。

思想政治教育者必然是行动的角色，是努力发挥创造性潜力，最能体现人本质的角色；是社会主义核心价值观的行动者、实践者。思想政治教育者角色既是那些以高度的自觉呐喊着“天下者，我们的天下；国家者，我们的国家；社会者，我们的社会；我们不说，谁说？我们不干，谁干”[④] 的革命者，也是“引导学生立德成人、立志成才，树立正确世界观、人生观、价值观，坚定对马克思主义的信仰，坚定对社会主义和共产主义的信念，增强中国特色社会主义道路自信、理论自信、制度自信、文化自信，厚植爱国主义情怀，把爱国情、强国志、报国行自觉融入坚持和发展中国特色社会主义事业、建设社会主义现代化强国、实现中华民族伟大复兴的奋斗之中，为培养德智体美劳全面发展的社会主义建设者和接班

① 《马克思恩格斯文集》第1卷，北京，人民出版社2009年版，第502页。
② 《马克思恩格斯文集》第1卷，北京，人民出版社2009年版，第527页。
③ 《马克思恩格斯文集》第1卷，北京，人民出版社2009年版，第11页。
④ 《毛泽东早期文稿》，长沙，湖南人民出版社2013年版，第356页。

人作出积极贡献”[①]的踏踏实实工作者。伦理观念、道德行为是一种在人类的经济生活、政治生活、文化生活、日常生活中创造出来的思想观念和行为规则，不同的生产生活实践方式促成人们形成不同的伦理观念和道德行为。随着中国特色社会主义进入新时代，人类社会面临世界百年未有之大变局，社会中各类风险因子急剧累积，思想政治教育需要不断地创生新的伦理思想，结成强大的共同体应对危机。每一位思想政治教育者都应该意识到，这一个复杂的、各种伦理观念争相竞发的时代，正是最需要思想政治教育者的时代，也是思想政治教育者创新角色伦理、重建角色伦理共同体、解决角色伦理问题的重要契机。思想政治教育者应当正确地选择自己的角色道德行为，增强自我发展、自我完善的能力，形成优秀的道德品质。在这个新的伦理共同体中，思想政治教育者相互产生情感归属，在共同体中扬弃自己的个体性，守护彼此对政治伦理、教育伦理、职业伦理的道德追求，促进自我德性及民族伦理持续升华。

面对“直接碰到的、既定的、从过去承继下来的条件”，实践的思想政治教育者通过捍卫中国特色社会主义伦理政治制度和公共伦理规范，弘扬社会主义核心价值观，培养社会主义的建设者和接班人去实现自己的伦理理想、伦理信念。思想政治教育者角色的生命力在于其丰富且独特的功能属性，在于其准确、鲜明的个性化特征，核心就是对社会主义价值的坚持和传达，并将这种价值坚持和传达作为贯穿角色行为的主线，构建完整的思想政治教育者行为规范体系，如此，角色的价值理念、行为规范和角色活动共同完整而清晰地勾勒出思想政治教育者角色伦理。角色伦理维护着思想政治教育者独具魅力的道德形象，使思想政治教育者角色的功能及其发挥水平得到保证。

思想政治教育要构建人的美好伦理生活，思想政治教育者角色伦理形塑了思想政治教育者的人生，而思想政治教育者独特的个性、生活经验、思想意识也通过不同的扮演方式影响社会对思想政治教育者角色的期望和要求，生成着思想政治教育者角色伦理形态。扮演这样的一个社会角色，思想政治教育者要不断进行艰苦的理论工作和政治实践。他必须积极主动地播撒先进思想的种子，总是“满腔热情、坚韧不拔和卓有成效地进行斗

---

① 《新时代高等学校思想政治理论课教师队伍建设规定》（中华人民共和国教育部令第 46 号令），http://www.moe.gov.cn/srcsite/A02/s5911/moe_621/202002/t20200207_418877.html?eqid=87791f320000424d00000006642e3c63，2020 年 1 月 16 日。

争”[①]。他“不屑于隐瞒自己的观点和意图”[②]，“襟怀坦白，忠实，积极，以革命利益为第一生命，以个人利益服从革命利益；无论何时何地，坚持正确的原则，同一切不正确的思想和行为作不疲倦的斗争”[③]。所以，思想政治教育者应是最具个性的社会角色，也应是社会主义社会以全部的生命姿态追求真善美的模范公民。

思想政治教育者角色并不是高高在上、脱离社会生活的“圣哲”角色，而是芸芸众生中的先进了一步、半步的人。思想政治教育者在日常生活之中，无法脱离社会环境的影响。思想政治教育者具有多重社会角色，承载着多重角色期望，这些角色期望中隐含着复杂的价值追求，常常与思想政治教育者角色产生矛盾。作为家庭成员，思想政治教育者被期望能够有更高的收入和更高的社会地位，能为家庭带来更好的物质生活条件，能够为家庭付出更多的时间和精力。作为教育者，他期望工作时间不限于8小时之内，而是能每时每刻关心教育对象，为教育对象解决思想问题和现实困难。家庭对思想政治教育者的功利期望与国家、社会、教育对象对角色承担者的崇高角色期望出发点不同、价值追求不同，相互争夺思想政治教育者的时间和精力。思想政治教育者必须在诸多的角色期待中，正确区分自我的需求和欲求，合理而充分地发挥社会角色功能，并在解决形形色色角色伦理冲突中获得成熟自我。

社会角色是角色扮演者自我的一部分，全部的社会角色构成了扮演者的自我。职业角色更是成为决定角色扮演者自我的重要的因素。社会角色因为不同的扮演者必然呈现出不同的特点，而通过社会角色的扮演，角色承担者获得了对自我力量、自我形象、自我心理的认知，形成自我期许和自我意志。这种关于自我的概念又会影响他的社会角色形象，不仅影响他的某一种社会角色，而是对其所有的社会角色都形成作用。思想政治教育者角色不是一个只在某个特定的组织内部场域空间“扮演”的角色，更是扮演者自我概念的真实表达，是他向一切人展示的“真我”。虽然思想政治教育者的角色行为需要按照剧本“表演”，但这种表演强化了角色扮演者作为一个传递价值观的公共人的自我认知。思想政治教育者不是在扮演要他演绎的道德形象而是在反复体验、雕琢他自我需要的道德形象。在一次次用社会主义核心价值观塑造教育对象的过程中，社会主义核心价值观

① 《马克思恩格斯文集》第3卷，北京，人民出版社2009年版，第102页。
② 《马克思恩格斯文集》第2卷，北京，人民出版社2009年版，第66页。
③ 《毛泽东选集》第2卷，北京，人民出版社1991年版，第361页。

早已经渗透进思想政治教育者的意识深处，成为思想政治教育者处理自己一切社会关系的准则。思想政治教育者离开其职场，没有面对教育对象的时候，他的其他社会角色形象与他的思想政治教育者角色形象之间依然具有本质上的一致性——都会依据社会主义核心价值观，自觉按照社会主义公民道德规范行事。思想政治教育者的其他社会角色的道德不会与思想政治教育者角色在价值观层面、在道德要求层面产生根本的矛盾，而只是演绎的姿态有所差异。一个思想政治教育者在家庭生活中也不应当自私凉薄，与朋友相交也不会背信弃义。思想政治教育者“人格要正”，这不仅是为了思想政治教育事业，也是为了思想政治教育者自身精神世界的圆融。端正浩然的人格力量不仅在面对教育对象的时候起直接作用，还会在教育对象看不到的时空中成为一种推动社会文明进步的道德正能量，同样也会成为教育者获得人生幸福、处理人生难题的巨大力量。因此，思想政治教育者角色应是一个以自身为中心，能够形成一个不断扩大的道德光源，照亮周围的环境的社会角色。从这个意义上，思想政治教育者角色具有成为道德模范的伦理责任，也就是其自我成长的道德权利与义务。

“伦理性的东西就是理念的这些规定的体系，这一点构成了伦理性的东西的合理性。因此，伦理性的东西就是自由，或自在自为地存在的意志，并且表现为客观的东西，必然性的圆圈。这个必然性的圆圈就是调整个人生活的那些伦理力量。”[①] 调整个人生活的伦理力量必须内蕴伦理实践主体自由本质实现的条件。思想政治教育者角色伦理的实现力量取决于它以何种方式应对思想政治教育者生命中诸质态的“文化”。社会组织、社会空间是思想政治教育者栖居其中的剧场、空间，以规模化的巨大系统、以独特的伦理联结规定了一种文化正义的永久性模型，蕴养思想政治教育者及其关系角色的伦理生命之自由，让社会中一切人的生活表达出“自在自为地”存在意志。因此，思想政治教育者只有在不断推进改造主客观世界的努力中实践角色伦理，才能通达德福一致的角色伦理生活和道德人格完善。

① ［德］黑格尔：《法哲学原理》，范扬、张企泰译，北京，商务印书馆 1961 年版，第 145 页。

参考文献

文件类：

[1] 习近平：《高举中国特色社会主义伟大旗帜 为全面建设社会主义现代化国家而团结奋斗——在中国共产党第二十次全国代表大会上的报告》，北京，人民出版社 2022 年版。
[2]《十八大以来重要文献选编》（上），北京，中央文献出版社 2014 年版。
[3] 中共中央办公厅：《关于培育和践行社会主义核心价值观的意见》，北京，人民出版社 2013 年版。
[4]《中国共产党第十七次全国代表大会文件汇编》，北京，人民出版社 2007 年版。
[5]《中华人民共和国重要教育文献（1949—1975）》，海口，海南出版社 1998 年版。

著作类：

[1]《马克思恩格斯文集》第 1~10 卷，北京，人民出版社 2009 年版。
[2]《马克思恩格斯全集》第 30 卷，北京，人民出版社 1995 年版。
[3]《列宁全集》第 26 卷，北京，人民出版社 2017 年版。
[4]《列宁全集》第 55 卷，北京，人民出版社 2017 年版。
[5]《列宁选集》（第 2 版）第 1 卷，北京，人民出版社 2014 年版。
[6]《毛泽东选集》第 1~4 卷，北京，人民出版社 1991 年版。
[7]《毛泽东文集》第 7~8 卷，北京，人民出版社 1999 年版。
[8]《邓小平文选》第 2 卷，北京，人民出版社 1994 年版。
[9]《邓小平文选》第 3 卷，北京，人民出版社 2001 年版。
[10]《江泽民文选》第 2 卷，北京，人民出版社 2006 年版。
[11]《胡锦涛文选》第 3 卷，北京，人民出版社 2016 年版。
[12]《习近平谈治国理政》第 1 卷，北京，外文出版社 2018 年版。
[13]《习近平谈治国理政》第 2 卷，北京，外文出版社 2017 年版。
[14]《习近平谈治国理政》第 3 卷，北京，外文出版社 2020 年版。
[15]《习近平谈治国理政》第 4 卷，北京，外文出版社 2022 年版。

[16]《习近平关于尊重和保障人权论述摘编》，北京，中央文献出版社 2021 年版。
[17] 习近平:《在纪念马克思诞辰 200 周年大会上的讲话》，北京，人民出版社 2018 年版。
[18]《爱因斯坦文集》第 3 卷，许良英等译，北京，商务印书馆 1979 年版。
[19] 安启念:《马克思恩格斯伦理思想研究》，武汉，武汉大学出版社 2009 年版。
[20] 艾四林:《思想政治理论课新体系与教师队伍建设》，北京，清华大学出版社 2008 年版。
[21] 教育部思想政治工作司组编:《大学生思想政治教育理论与实践》，北京，高等教育出版社 2009 年版。
[22] 陈秉公:《思想政治教育学原理》，北京，高等教育出版社 2006 年版。
[23] 陈桂生:《“教育学视界”辨析》，上海，华东师范大学出版社 1997 年版。
[24] 陈洪捷:《德国古典大学观及其对中国的影响》，北京，北京大学出版社 2006 年版。
[25] 陈立思:《当代世界思想政治教育》，北京，中国人民大学出版社 1994 年版。
[26] 窦立春:《身份的伦理认同》，北京，人民出版社 2020 年版。
[27] 樊浩:《中国伦理精神的历史建构》，南京，江苏人民出版社 1992 年版。
[28] 樊浩:《中国伦理精神的现代建构》，南京，江苏人民出版社 1997 年版。
[29] 冯刚:《改革开放以来高校思想政治教育发展史》，北京，人民出版社 2018 年版。
[30] 费孝通:《社会学概论》，天津，天津人民出版社 1984 年版。
[31] 高清海:《哲学的创新》，长春，吉林人民出版社 1997 年版。
[32] 高清海:《哲学与主体自我意识——论马克思实践观点的思维方式》，北京，北京师范大学出版社 2017 年版。
[33] 高清海:《面向未来的马克思》，北京，中央编译局 2018 年版。
[34] 高兆明:《制度公正论》，上海，上海文艺出版社 2001 年版。
[35] 高兆明:《伦理学理论与方法》，北京，人民出版社 2005 年版。
[36]《蔡元培全集》第 3 卷，北京，中华书局 1984 年版。
[37] 耿有权:《儒家教育伦理研究——以西方教育伦理为参照》，北京，中国社会科学出版社 2007 年版。
[38] 胡皓、楼慧心:《自组织理论与社会发展研究》，上海，上海科技教育出版社 2002 年版。
[39] 金林南:《思想政治教育学科范式的哲学沉思》，南京，江苏人民出版社 2013 年版。
[40] 鲁洁:《当代德育基本理论探讨》，南京，江苏教育出版社 2003 年版。

[41] 罗国杰、马博宣等:《伦理学教程》，北京，中国人民大学出版社 1998 年版。
[42] 李为善、刘奔:《主体性和哲学基本问题》，北京，中央文献出版社 2002 年版。
[43] 刘书林、陈立思:《青年思想政治教育学原理》，北京，中国青年出版社 1999 年版。
[44] 刘俊祥:《人本政治论：人的政治主体的马克思主义研究》，北京，中国社会科学出版社 2006 年版。
[45] 刘德厚:《广义政治论》，武汉，武汉大学出版社 2004 年版。
[46] 邱柏生、董雅华:《思想政治教育学新论》，上海，复旦大学出版社 2012 年版。
[47] 秦启文、周永康:《角色学导论》，北京，中国社会科学出版社 2011 年版。
[48] 奚文清:《角色论——个人与社会的互动》，杭州，浙江大学出版社 2010 年版。
[49] 郑杭生:《社会学概论新修》，北京，中国人民大学出版社 2003 年版。
[50] 赵毅衡:《符号学原理与推演》，南京，南京大学出版社 2011 年版。
[51] 王海明:《伦理学原理》，北京，北京大学出版社 2001 年版。
[52] 万俊人:《寻找普世伦理》，北京，北京大学出版社 2009 年版。
[53] 田秀云等:《角色伦理——构建和谐社会的伦理基础》，北京，人民出版社 2014 年版。
[54] 田秀云:《当代社会责任伦理》，北京，人民出版社 2008 年版。
[55] 张伟:《从分裂到融合的个体道德与公共伦理》，南京，南京大学出版社 2014 年版。
[56] 张东:《德性与理性：大学教学管理伦理诉求研究》，北京，中国社会科学出版社 2018 年版。
[57] 俞吾金:《意识形态论》，北京，人民出版社 2009 年版。
[58] 孙其昂:《思想政治教育学前沿研究》，北京，人民出版社 2013 年版。
[59] 孙喜亭:《教育原理》，北京，北京师范大学出版社 1993 年版。
[60] 宋希仁:《社会伦理学》，西安，陕西人民教育出版社 2007 年版。
[61] 宋希仁:《西方伦理思想史》，北京，人民大学出版社 2004 年版。
[62] 宋林飞:《社会调查研究方法》，上海，上海人民出版社 1990 年版。
[63] 沈壮海:《兴国之魂——社会主义核心价值体系释讲》，武汉，湖北教育出版社 2014 年版。
[64] 申永荷:《社会心理学——原理与运用》，广州，暨南大学出版社 1999 年版。
[65] 赵君:《高校思想政治教育管理队伍建设论》，北京，中国社会科学出版社 2008 年版。
[66] 王凤彬、李东:《管理学》，北京，中国人民大学出版社 2003 年版。
[67] 谭长贵:《动态平衡态势论研究：一种自组织系统有序演化新范式》，成都，电

子科技大学出版社 2004 年版。

[68] 吴康宁:《教育社会学》,北京,人民教育出版社 1998 年版。

[69] 吴彤:《自组织方法论研究》,北京,清华大学出版社 2001 年版。

[70] 杨伯峻译注:《论语译注》,北京,中华书局 2009 年版。

[71] 杨伯峻译注:《孟子译注》,北京,中华书局 2010 年版。

[72] 杨东平:《大学精神》,沈阳,辽海出版社 2000 年版。

[73] 俞可平:《政治与政治学》,北京,中国社会科学出版社 2005 年版。

[74] 阎光才:《识读大学:组织文化的视角》,北京,教育科学出版社 2002 年版。

[75] 项贤明:《泛教育论》,太原,山西教育出版社 2004 年版。

[76] 朱杰人、严佐之等:《朱子全书》第 14 册,上海,上海古籍出版社 2002 年版。

[77] 赵中建:《全球教育发展的研究热点》,北京,教育科学出版社 2003 年版。

[78] 张品兴主编:《梁启超全集》第 2 册,北京,北京大学出版社 1999 年版。

[79] 张耀灿、郑永廷等:《现代思想政治教育学》,北京,人民出版社 2001 年版。

[80] 张晓明、陈建文:《高等教育心理学》,北京,高等教育出版社 2008 年版。

[81] 张艳辉:《课程与教学视野中的大学教师研究》,北京,中国社会科学出版社 2008 年版。

[82] 周海燕:《高校思想政治理论课教师角色研究》,北京,人民出版社 2017 年版。

[83] 张静:《身份认同研究》,上海,上海人民出版社 2006 年版。

[84] [美]安乐哲:《儒家角色伦理学——一套特色伦理学词汇》,孟魏隆译,济南,山东人民出版社 2017 年版。

[85] [美]迈克尔·阿普尔:《意识形态与课程》,黄忠敬译,上海,华东师范大学出版社 2001 年版。

[86] [英]鲍桑葵:《关于国家的哲学理论》,汪淑钧译,北京,商务印书馆 1995 年版。

[87] [德]恩斯特·卡西尔:《人论》,甘阳译,上海,上海译文出版社 2004 年版。

[88] [德]黑格尔:《法哲学原理》,范扬、张企泰译,北京,商务印书馆 1961 年版。

[89] [德]黑格尔:《精神现象学》(上),贺麟、王玖兴译,北京,商务印书馆 1979 年版。

[90] [德]黑格尔:《哲学史讲演录》第 1 卷,贺麟、王太庆译,北京,商务印书馆 1959 年版。

[91] [苏]伊·谢·科恩:《自我论》,佟景韩等译,北京,生活·读书·新知三联书店 1986 年版。

[92] [德]康德:《道德形而上学原理》,苗力田译,上海,上海人民出版社 2005

年版。

[93] [德] 康德:《历史理性批判文集》,何兆武译,北京,商务印书馆 1990 年版。

[94] [波] 彼得·什托姆普卡:《默顿学术思想评传》,林聚任等译,北京,北京大学出版社 2009 年版。

[95] [德] 卡尔·曼海姆:《意识形态与乌托邦》,黎鸣、李书崇译,北京,商务印书馆 2000 年版。

[96] [美] 塔尔科德·帕森斯:《社会行动的结构》,张明德等译,南京,译林出版社 2012 年版。

[97] [匈] 欧文·拉兹洛:《联合国教科文组织国际专家研究报告:多种文化的星球》,戴侃、辛未译,北京,社会科学文献出版社 2004 年版。

[98] [美] 卡尔·米切姆:《技术哲学概论》,殷登祥等译,天津,天津科学技术出版社 1999 年版。

[99] [美] 克拉克·科尔:《大学的功用》,陈学飞等译,南昌,江西教育出版社 1993 年版。

[100] [美] 戴维·伊斯顿:《政治生活的系统性分析》,王浦劬译,北京,人民出版社 2012 年版。

[101] [德] 卡尔·雅斯贝尔斯:《什么是教育》,邹进译,北京,生活·读书·新知三联书店 1991 年版。

[102] [德] 卡尔·雅斯贝尔斯:《现时代的人》,周晓亮等译,北京,社会科学文献出版社 1992 年版。

[103] [德] 尤尔根·哈贝马斯:《重建历史唯物主义》,郭官义译,北京,社会科学文献出版社 2000 年版。

[104] [德] 哈贝马斯:《交往与社会进化》,张博树译,重庆,重庆出版社 1989 年版。

[105] [苏联] 加里宁:《论共产主义教育与教学》,北京,人民教育出版社 1981 年版。

[106] [日] 大河内一男、海后宗臣等:《教育学的理论问题》,曲程等译,北京,教育科学出版社 1984 年版。

[107] [英] 麦克·F. D. 扬:《知识与控制》,谢维和、朱旭东译,上海,华东师范大学出版社 2002 年版。

[108] [英] 彼得·拉斯曼、罗纳德·斯佩尔斯编:《韦伯政治著作选》,阎克文译,北京,东方出版社 2009 年版。

[109] [德] 马克斯·韦伯:《学术与政治》,冯克利译,北京,生活·读书·新知三联书店 2013 年版。

[110] [美] 罗伯特·古丁、汉斯—迪特尔·克林格曼主编:《政治科学新手册》上册，钟开斌等译，北京，生活·读书·新知三联书店 2006 年版。

[111] [英] 亚当·斯密:《国富论》，唐日松等译，北京，中央编译出版社 2011 年版。

[112] [美] 欧文·戈夫曼:《日常生活中的自我呈现》，冯钢译，北京，北京大学出版社 2008 年版。

[113] [德] 费希特:《论学者的使命人的使命》，梁志学、沈真译，北京，商务印书馆 1984 年版。

[114] [德] 费希特:《伦理学体系》，梁志学、李理译，北京，商务印书馆 2007 年版。

[115] [波] 兹纳涅茨基:《知识人的社会角色》，郏斌祥译，南京，译林出版社 2000 年版。

[116] [美] 伯纳德·巴伯:《科学与社会秩序》，顾昕等译，北京，生活·读书·新知三联书店 1991 年版。

[117] [美] R.K. 默顿:《科学社会学》上下册，鲁旭东、林聚任译，北京，商务印书馆 2012 年版。

[118] [法] 埃米尔·涂尔干:《道德教育》，陈光金、沈杰等译，上海，上海人民出版社 2006 年版。

[119] [法] 埃米尔·涂尔干:《社会分工论》，渠敬东译，北京，生活·读书·新知三联书店 2000 年版。

[120] [美] Mclntyre 等:《教师角色》，丁怡等译，北京，中国轻工业出版社 2002 年版。

[121] [日] 佐藤学:《课程与教师》，钟启泉译，北京，教育科学出版社 2003 年版。

[122] [加拿大] 麦克尔·富兰:《变革的力量——深度变革》，中央教育科学研究所、加拿大多伦多国际学院译，北京，教育科学出版社 2004 年版。

[123] [美] 刘易斯·科塞:《理念人——一项社会学的考察》，郭方等译，北京，中央编译出版社 2004 年版。

[124] [英] 齐格蒙特·鲍曼:《立法者与阐释者——论现代性、后现代性与知识分子》，洪涛译，上海，上海人民出版社 2000 年版。

[125] [英] A.J.M. 米尔恩:《人的权利与人的多样性》，夏勇等译，北京，中国大百科全书出版社 1995 年版。

期刊类:

[1] 樊浩:《中国社会价值共识的意识形态期待》,《中国社会科学》2014 年第 7 期。

[2] 李旭东:《“伦理”与“道德”的概念区别——以黑格尔文本为核心》,《金陵法

律评论》2015 年第 2 期。
[3] 詹世友:《角色意识与角色伦理》,《南昌大学学报(社会科学版)》1997 年第 3 期。
[4] 田秀云:《儒家名分论中的合理内涵与现代角色伦理建设》,《道德与文明》2007 年第 6 期。
[5] 黄玉顺:《"角色"意识:〈易传〉之"定位"观念与正义问题——角色伦理学与生活儒学比较》,《齐鲁学刊》2014 年第 2 期。
[6] 龚宏富:《美国德育模式转换与我国高校德育实效性探究》,《黑龙江高教研究》2009 年第 7 期。
[7] 王立胜、聂家华:《论中国社会核心价值体系的演进逻辑与经验启示》,《当代世界与社会主义》2009 年第 1 期。
[8] 武东生、冯乐:《对"政治教育"到"思想政治教育"概念演变的解析》,《思想理论教育导刊》2014 年第 8 期。
[9] 叶舒凤、叶方兴:《论思想政治教育职业群体的社会责任》,《学校党建与思想教育》2015 年第 9 期。
[10] 李辉:《高校教师职业角色的现代性困惑及其出路——兼谈教师职业"去圣化"的双重效应》,《中山大学学报(社会科学版)》2007 年第 6 期。
[11] 侯勇、孙其昂、韩兴雨:《"思想政治教育"概念学科辨析与新认识》,《学术论坛》2010 年第 5 期。
[12] 孟建伟:《从知识教育到文化教育——论教育观的转变》,《教育研究》2007 年第 1 期。
[13] 崔金贵:《大学的卓越灵魂:通识教育、教学改革与管理——哈佛大学哈佛学院前院长哈瑞·刘易斯教授访谈录》,《高校教育管理》2014 年第 4 期。
[14] 陆一:《通识教育核心课程质量监测诊断:"高能课"与"吹水课"的成因分析与甄别》,《复旦教育论坛》2017 年第 3 期。
[15] 杨叔子:《素质·文化·教育》,《高等教育研究》2012 年第 10 期。
[16] 孙其昂:《当前思想政治教育研究中的重要课题》,《学校党建与思想教育》2012 年第 3 期。
[17] 金林南:《从政治的意识到意识的政治——思想政治教育起源的政治哲学探析》,《思想理论教育》2010 年第 19 期。
[18] 戴锐:《思想政治教育的公共化转型》,《马克思主义与现实》2013 年第 1 期。
[19] 胡凯、王灵芝:《思想政治教育的马克思主义人学之维》,《求实》2009 年第 2 期。
[20] 李月玲:《思想政治教育价值再释义》,《理论月刊》2012 年第 1 期。
[21] 郭灏:《思想政治教育本质的元问题反思与辨析》,《思想教育研究》2018 年第

7 期。
[22] 马宁:《思想政治教育的价值复归：现实的个人》,《湖北社会科学》2010 年第 3 期。
[23] 陈志华:《坚持思想政治教育的本质属性——政治性与科学性的有机统一》,《理论与改革》2006 年第 5 期。
[24] 王瑕莉:《论思想政治教育社会性的本质规定及其在当代的彰显》,《思想教育研究》2018 年第 1 期。
[25] 李仁卿:《思想政治教育者的思想导向功能》,《思想政治教育研究》2010 年第 1 期。
[26] 袁祖社:《"富裕社会"的正义信仰何以可能——社会"公共价值"的实现逻辑》,《甘肃理论学刊》2012 年第 4 期。
[27] 高国希:《核心价值观是人类文明的重要成果》,《探索与争鸣》2007 年第 5 期。
[28] 叶汝贤:《每个人的自由发展是一切人的自由发展的条件——〈共产党宣言〉关于未来社会的核心命题》,《中国社会科学》2006 年第 3 期。
[29] 杨明、张伟:《个人主义：西方文化的核心价值观》,《南京社会科学》2007 年第 4 期。
[30] 李合亮:《思想政治教育社会价值与个人价值关系新解》,《教学与研究》2015 年第 5 期。
[31] 李敏:《论思想政治教育社会属性的本质规定及实践运行》,《思想教育研究》2018 年第 8 期。
[32] 陈秉公:《思想政治教育本质研究现状及建议》,《思想教育研究》2014 年第 6 期。
[33] 杨建义:《个体价值：思想政治教育价值的基本向度》,《思想教育研究》2014 年第 3 期。
[34] 褚凤英、孔超:《论思想政治教育的人本价值》,《学校党建与思想教育》2010 年第 20 期。
[35] 王南湜:《马克思主义道德哲学何以可能？》,《天津社会科学》2015 年第 1 期。
[36] 李培超、陈吕思达:《论马克思伦理思想的基本范式》,《湖南师范大学社会科学学报》2017 年第 6 期。
[37] 王学东:《略谈考茨基"灌输论"思想的形成过程》,《国际共运史研究》1988 年第 4 期。
[38] 李建华、肖祥:《中国特色社会主义伦理学的价值坚守与价值解放》,《当代世界与社会主义》2018 年第 3 期。
[39] 张容南:《什么是好的关怀——儒家伦理对关怀伦理的启发》,《哲学动态》

2019 年第 5 期。

[40] 肖祥:《责任伦理的困境与出路》,《中国特色社会主义研究》2019 年第 1 期。

[41] 李基礼:《思想政治教育者的角色冲突及其化解》,《教学与研究》2019 年第 6 期。

[42] 田海平:《国家伦理的基本价值预设及其道德前提》,《学术研究》2016 年第 9 期。

[43] 刘淑萍:《爱国主义 : 公民国家伦理的价值皈依》,《江苏社会科学》2018 年第 6 期。

[44] 李淑芳:《高校“思想政治理论课”青年教师职业倦怠分析》,《内蒙古财经学院学报(综合版)》2010 年第 5 期。

[45] 杜小真:《大学、人文学科与民主》,《读书》2001 年第 12 期。

[46] 尤西林:《大学人文精神的信仰渊源》,《高等教育研究》2002 年第 2 期。

[47] 陈锡喜:《紧紧抓住高校思想政治理论课教师队伍建设的重点环节》,《思想理论教育》2008 年第 17 期。

[48] 鲁洁:《做成一个人——道德教育的根本指向》,《教育研究》2007 年第 11 期。

[49] 鲁洁:《重新认识道德和道德教育》,《人民教育》2015 年第 19 期。

[50] 鲁洁:《道德教育的根本作为: 引导生活的建构》,《教育研究》2010 年第 6 期。

[51] 冯建军:《道德教育: 引导幸福生活的建构》,《高等教育研究》2011 年第 5 期。

[52] 王树荫:《高校思政课教师“政治要强”》,《中国高校社会科学》2019 年第 3 期。

[53] 吴康宁:《教师是“社会代表者”吗——作为教师的“我”的困惑》,《教育研究与实验》2002 年第 2 期。

[54] 赵明仁:《教师教育者的身份内涵、困境与建构路径》,《教育研究》2017 年第 6 期。

[55] 容中逵:《教师身份认同构建的理论阐释》,《教育研究》2019 年第 12 期。

[56] 崔保师、邓友超等:《扭转教育功利化倾向》,《教育研究》2020 年第 8 期。

报纸类:

[1]《习近平在全国高校思想政治工作会议上强调　把思想政治工作贯穿教育教学全过程　开创我国高等教育事业发展新局面》,《人民日报》2016 年 12 月 9 日。

[2]《习近平接受俄罗斯电视台专访》,《光明日报》2014 年 2 月 9 日。

[3]《习近平在会见第四届全国文明城市、文明村镇、文明单位和未成年人思想道德建设工作先进代表时强调　人民有信仰民族有希望国家有力量　锲而不舍

抓好社会主义精神文明建设》,《人民日报》2015 年 3 月 1 日。

[4]《习近平坚持中国特色社会主义教育发展道路　培养德智体美劳全面发展的社会主义建设者和接班人》,《中国教育报》2018 年 9 月 11 日。

[5] 戴木才:《新时代公民道德建设的价值指引》,《光明日报》2019 年 11 月 1 日。

[6] 孙正聿:《时代变革与马克思主义哲学的当代重大课题》,《中国社会科学报》2011 年 6 月 30 日。

[7] 陈翔:《"不忘初心、牢记使命"的政治伦理意蕴》,《中国教育报》2019 年 8 月 15 日。

网络资源:

[1]《让社会主义核心价值观的种子在少年儿童心中生根发芽——习近平在北京海淀区民族小学的讲话引起热烈反响》, http://www.gov.cn/xinwen/2014-06/01/content_2691688.htm，2014 年 6 月 1 日。

[2]《习近平：以时不我待只争朝夕的精神投入工作　开创新时代中国特色社会主义事业新局面》, http://politics.people.com.cn/n1/2018/0105/c1001-29748655.html，2018 年 1 月 5 日。

[3]《新时代高等学校思想政治理论课教师队伍建设规定（中华人民共和国教育部令第 46 号）》, http://www.moe.gov.cn/srcsite/A02/s5911/moe_621/202002/t20200207_418877.html，2020 年 1 月 16 日。

[4]《普通高等学校辅导员队伍建设规定（中华人民共和国教育部令第 24 号）》, http://www.moe.gov.cn/jyb_xxgk/gk_gbgg/moe_0/moe_1443/moe_1463/tnull_21506.html，2006 年 7 月 23 日。

[5]《普通高等学校辅导员队伍建设规定（中华人民共和国教育部令第 43 号）》, http://www.moe.gov.cn/srcsite/A02/s5911/moe_621/201709/t20170929_315781.html，2017 年 9 月 29 日。

[6] 胡军:《读懂"功成不必在我"的深意》, http://theory.people.com.cn/n1/2018/0416/c40531-29929548.html，2018 年 4 月 16 日。

索 引